Forrest
Der äußere Himmel

Steven Forrest

Der äußere Himmel

Die Bedeutung von
Transiten und Progressionen

Aus dem Englischen von
Diane von Weltzien

KAILASH

KAILASH

Eine Buchreihe herausgegeben von Hajo Banzhaf

Die Originalausgabe erschien unter dem Titel
The Changing Sky. You Already Hold the Key to the Stars.
A Practical Guide to the New Predictive Astrology
bei ACS Publications, San Diego, USA.

Die Deutsche Bibliothek – CIP-Einheitsaufnahme
Forrest, Steven:
Der äußere Himmel : die Bedeutung von Transiten und
Progressionen / Steven Forrest. Aus dem Engl. von Diane von
Weltzien. – München : Hugendubel, 1999
(Kailash)
Einheitssacht.: The changing sky <dt.>
ISBN 3-89631-285-5

Umschlaggestaltung: Zembsch' Werkstatt, München
Produktion: Tillmann Roeder, München
Satz: SatzTeam Berger, Ellenberg
Druck und Bindung: Franz Spiegel Buch, Ulm-Jungingen
Printed in Germany

ISBN 3-89631-285-5

Inhalt

Kapitel 13: Wetterwirkung 351

Anhang

Wenn Sie die Zukunft der Menschheit nicht fürchten,
dann ist dieses Buch Ihnen gewidmet.

Wenn Wachstum den Körper eines Jungen in den eines Mannes,
jenen eines Mädchens in den einer Frau verwandelt, wird es dann
nicht auch Weisheit in diese reifen Körper geben und sie lehren
aufzugeben, was kindlich ist? Nein, das wird es nicht. Wachstum
bewirkt die Akkumulation, nicht aber die Verarbeitung dieser
Erfahrungen. Es bewirkt die Ansammlung von Wissen, nicht
aber die Entwicklung der Persönlichkeit … Ein unbewußter und
unbeabsichtigter Prozeß ist keinesfalls dazu in der Lage,
Bewußtsein und Willen hervorzubringen. Es ist unmöglich,
Bewußtsein unbewußt und unbeabsichtigt zu entwickeln. Solche
Qualitäten, mit denen das Wachstum von Muskeln und Organen
nicht vergleichbar ist, können nur durch einen völlig anderen
Prozeß, der von Anbeginn bewußt und beabsichtigt ist, erlangt
werden.

Rodney Collin

Vorwort

Vor Jahren, als ich mit dem Studium der Astrologie begann, enthielten modrige alte Bücher das Versprechen einer bemerkenswerten Macht: Sie würden mich befähigen, in die Zukunft zu blicken. Für einen unsicheren Jungen war dies nach »Superman's« Privatnummer das Nächstbeste. Ich würde mich nie wieder zum falschen Zeitpunkt am rechten Ort befinden, mich nie wieder mit dem Eis in der Hand »Freddies Bande« gegenüber sehen oder im Pizzaimbiß eintreffen, nachdem mein Schwarm Mary schon seit zehn Minuten fort war. Mit der Zukunft in meiner Tasche und der Astrologie auf meiner Seite wäre ich nicht zu bremsen.

So stellte ich es mir jedenfalls vor. Leider funktionierte es nicht, jedenfalls nicht zuverlässig genug. Manchmal waren meine Voraussagen unheimlich genau. Dann wieder geschah es, daß ich gerade in dem Augenblick selbstbewußt in den Pizzaimbiß hineinschlenderte, als Freddie und Mary dort Arm in Arm saßen. Irgend etwas stimmte nicht mit meinen Büchern.

Astrologie kann unglaublich genau sein, doch sie vermag nie vorauszusagen, wer gerade durch die Tür der Pizzeria hereinkommt. Sie spricht nicht zwangsläufig die Sprache konkreter, äußerer Ereignisse. Die Zukunft, die die Astrologie mit so erstaunlicher Genauigkeit vorhersagt, entfaltet sich nicht in der Welt »da draußen«. Sie entfaltet sich zwischen Ihren Ohren.

Astrologie ist nicht zu einer Vorhersage darüber fähig, ob Sie Ihr Auto zu Schrott fahren werden, sie ist auch nicht in der Lage, Sie im voraus das Datum Ihrer Hochzeit, Ihres Todes oder den Liefertermin Ihres neuen Fernsehers wissen zu lassen. Diese Art von Astrologie ist Humbug und unzuverlässig, und ich werde mich mit ihr in diesem Buch nicht befassen. Die moderne astrologische Vorhersage vermag Sie jedoch im voraus über die natürlichen Rhythmen Ihres Lebens – und über Ihre Stimmungen – zu informieren und Ihnen dabei zu helfen, Ihre äußeren Erfahrungen auf die günstigste, harmonischste und wirkungsvollste Weise darum herum zu gruppieren. Wenn sie Ihnen obendrein noch Heftpflaster und Reparaturkosten erspart, um so besser.

Die astrologische Prognose führt uns einen Schritt über das Geburtshoroskop hinaus, welches Bestandteil des Territoriums ist, das ich im vorangegangenen Buch, »Der innere Himmel«, vermessen habe. Dort habe ich mich mit der Dynamik der individuellen Persönlichkeit beschäftigt. In diesem Buch füge ich eine weitere Dimension hinzu: Ich betrachte die Energien, die im Verlauf eines ganzen Lebens durch das Geburtshoroskop fließen. Ich werde die Entwicklung dieser dynamischen Persönlichkeitsmerkmale beobachten, ihre Höhe- und Tiefpunkte ermessen und zusehen, wie sie sich Schritt um Schritt von bloßen Potentialen zu tatsächlichen menschlichen Wirklichkeiten entwickeln.

Ich weise jedoch die Vorstellung zurück, daß diese sich minütlich ändernden astrologischen Energien Entscheidungen für Sie treffen. Sie beeinflussen vielleicht Ihre Stimmungen. Sie tragen möglicherweise dazu bei, die entwicklungsbedingten Herausforderungen, denen Sie sich stellen müssen, zu definieren. Doch sie bewirken keine Ereignisse. Dafür sind Sie selbst zuständig.

Obgleich zugegebenermaßen Fatalismus in der Geschichte der Astrologie zu finden ist, steht er im gleichen Verhältnis zur modernen Astrologie wie beispielsweise die Verwendung von Blutegeln zum Absaugen »schlechten Blutes« zur zeitgenössischen Medizin. Moderne Astrologen sagen Fragen voraus, nicht Antworten. Die alte Praxis der Wahrsagerei ist nichts als ein Skelett in der Rumpelkammer der Astrologie, ein Fehler, der vor langer Zeit begangen wurde und Staub angesetzt hat, uns aber noch immer zu quälen vermag.

Tatsächlich hat mir dieses Skelett erst kürzlich einen Schock versetzt: Ich war als Gast bei einer Radio-Talkshow eingeladen. Augenblicke, bevor wir auf Sendung gingen, reichte mir die Interviewerin einen Artikel, den ihr Vater aus einer Lokalzeitung ausgeschnitten hatte. Als ich die Zeilen überflog, wurde mir mulmig zumute. Die Story stand, um es milde auszudrücken, der Astrologie kritisch gegenüber. In ein paar Minuten würde man von mir erwarten, den Artikel zu widerlegen. Am meisten angst machte mir die Tatsache, daß der Beitrag unwiderlegbar war. Die Argumente gegen die Astrologie waren fundiert. Schachmatt.

In dem Zeitungsausschnitt ging es um das »Committee for the Scientific Investigation of Claims of the Paranormal« – eine Gruppe von Wissenschaftlern, die sich 1976 zusammengetan hatte, um Astrologie, Parapsychologie und andere »veraltete Mythologien« vom Sockel zu stoßen. Beunruhigt durch eine 1984 von Gallup durchgeführte Befragung, die ergab, daß die Zahl der jungen Menschen, die »an Astrologie glauben«, seit 1978 um über ein Drittel zugenommen hatte, entschloß sich das Komitee zu handeln: Es schickte Briefe an alle Tageszeitungen in den Vereinigten Staaten und Kanada und verlangte, daß die aus Pressezentralen stammenden Horoskope um eine entsprechende Warnung ergänzt werden müßten. Die Gruppe wollte, daß die Leser darüber informiert würden, daß astrologische Voraussagen keinerlei wissenschaftliche Basis besäßen. Der Vorsitzende des Komitees, Paul Kurtz, drückte das folgendermaßen aus: »Ebenso, wie wir auf Zigarettenpäckchen darauf hinweisen, daß Rauchen die Gesundheit schädigt, so sollten auch die Horoskope in Tageszeitungen mit einem entsprechenden Hinweis auf ihren Inhalt versehen werden.«

Warum löste das in mir Angst aus? Weil ich im Begriff war, die Astrologie zu verteidigen. – Aber ich mußte feststellen, daß ich mit dem Komitee einer Meinung war! Es hat recht: Diese astrologischen Kolumnen funktionieren nicht. Auch ich teilte den Radiohörern mit, daß solche Voraussagen in Zeitungen und Zeitschriften durch die Bank nichtssagend und falsch sind. Mit ihrer rigiden mechanistischen Sichtweise dessen, wie astrologische Energien auf die Angelegenheiten des Menschen einwirken, haben sie zahllosen ernsthaften Astrologen weltweit geschadet und der Öffentlichkeit ein verzerrtes Bild vom Wesen unserer Kunst vermittelt.

Gegenwärtig gibt es etwa 400 Millionen Menschen, die unter dem Zeichen Waage geboren sind. Welche intelligente Person kann ernsthaft daran glauben, daß es jedem einzelnen von ihnen bestimmt ist, »heute mit einem Liebespartner an der Beziehung zu arbeiten«? Etliche von ihnen *haben* nicht einmal einen Liebespartner. Ich stimme mit dem Komitee überein, daß diese Kolumnenwahrsagerei in die Irre führt. Wenn *das* Astrologie ist, dann sollten wir uns schnellstens davon frei machen.

Ein merkwürdiges Gespann, das Komitee und ich. Denn unsere Eintracht wäre wohl nur von kurzer Dauer. Ich teile die Auffassung, daß der Öffentlichkeit bessere Informationen darüber zustehen, was Astrologie zu leisten und was sie nicht zu leisten vermag. Doch vermutlich würde ich nicht mit dem Komitee übereinstimmen, wenn es darum ginge, die Information in die richtigen Worte zu packen. Hier die vom Komitee vorgeschlagene Formulierung: »Die folgende astrologische Vorhersage sollte allein im Hinblick auf ihren Unterhaltungswert gelesen werden. Solche Voraussagen stehen nicht auf dem Fundament wissenschaftlicher Tatsachen.« Dies ist mein Vorschlag: »Die Astrologie ist das älteste und genaueste Erklärungsmodell der Menschheit. Sie ist jedoch nicht in der Lage, Ereignisse genau vorherzusagen. Die Planeten sind lediglich im Besitz der einen Hälfte der Karten, die andere befindet sich in Ihren Händen. Entscheidungen, die Sie im Rahmen Ihres astrologischen Umfelds treffen, bestimmen darüber, was mit Ihnen geschieht.«

Wir sind frei. Keine rigide, fatalistische Vorhersage vermag uns zu binden. Es gibt kein astrologisches Ereignis, das so böse ist, daß es nicht durch Kreativität, Intelligenz und eine ehrliche Selbsteinschätzung einem konstruktiven Nutzen zugeführt werden könnte – und es gibt keine noch so glänzende Konfiguration, die nicht durch Faulheit zu ruinieren ist.

Der Sinn einer modernen astrologischen Vorhersage, die so lange hinter Schleiern des Aberglaubens verborgen lag, ist es nicht, »Ereignisse vorauszusagen«. Ihr Sinn ist es, den Menschen zu besseren Entscheidungen zu verhelfen, ihnen das psychologische Terrain zu verdeutlichen, durch das ihr Weg sie führt, und ihnen bei der uferlosen, unvorhersehbaren Aufgabe des Erschaffens einer Zukunft als Verbündete zu dienen.

Nicht das Schicksal, sondern die Freiheit bestimmt die Welt, eine Welt der starren Grenzen, gelegentlich unterbrochen durch das Wunderbare – das sagt die moderne voraussagende Astrologie.

Dieses Buch wird Ihnen zeigen, wie sie genaue astrologische Voraussagen treffen können – Voraussagen, die jeglicher Überprüfung standhalten. Sie werden jedoch nicht lernen vorherzusagen, wann Sie das nächste Mal wegen Übertretung der zulässigen Höchstgeschwindigkeit geblitzt werden. Das Ziel moderner voraussagender Astrologie ist es, die Flammen der bewußten Wahl anzufachen, und nicht, sie mit unentrinnbaren Prophezeiungen zu ersticken. Wir sagen die Form des inneren Terrains voraus, nicht die des äußeren.

Die Astrologie ist ein Handwerk, und wie jedem anderen Handwerk auch wohnt ihr nichts von Natur aus Geheimnisvolles inne. Mit ein wenig Vorstellungskraft und Geduld können Sie es mit ihr zu etwas bringen. Mit diesem Buch verfolge ich das Ziel, eine klare Einführung in das *Handwerk* der praktischen astrologischen Vorhersage anzubieten – das Buch, das ich selbst gerne gehabt hätte, als ich vor 20 Jahren anfing, mich mit der Astrologie zu beschäftigen. »Der äußere Himmel« ist kein theoretisches Werk; es ist, so hoffe ich, in der realen Welt des Alltags verankert. Jede Aussage und Vorgehensweise darin habe ich in der Praxis erprobt. Meines Wissens ist jede der dargelegten Vorstellungen und Richtlinien zutreffend. Ich bin mir jedoch darüber im klaren, daß ich die Welt durch meine Augen sehe. Wenn die Welt durch Ihre Augen anders auszusehen scheint, *dann vertrauen Sie Ihren Augen!* Kein Mensch wird jemals dazu in der Lage sein, abschließende Worte über die Astrologie zu veröffentlichen.

Dieses Buch ist nur ein weiteres Glied einer Kette, die sich zurück bis in steinzeitliche Höhlen zu kläräugigen Mondanbetern erstreckt, zu den alten, klugen Kindern der Erdgöttin. Die unendliche Geschichte der Astrologie zieht sich wie ein meandernder Fluß durch Ägypten, China und Mittelamerika. Sie umspült die Küste felsiger griechischer Inseln, auf denen Pythagoras wandelte. Zu Beginn des Zeitalters der Fische kam Christus zu uns – seine Geburt war von Astrologen vorhergesagt worden, die »seinen Stern im Osten gesehen« hatten –, und seine Anhänger wählten das astrologische Bild des Fisches zu ihrem Symbol. Die Astrologie wurzelt in den intellektuellen Traditionen, die in der modernen Astronomie, Physik und Psychologie mündeten. Sie findet sich in Literatur und Sprache, in Kunst und Musik. Trotz der Behauptungen des »Committee for the Scientific Investigation of the Paranormal« befindet sich die Astrologie auf dem Weg ins 21. Jahrhundert. Viele großartige Astrologen tragen derzeit Beweise zusammen, die die wissenschaftliche Basis der Astrologie stützen. – Sollten Sie sich für diese Art von Material interessieren, dann empfehle ich Ihnen die Literaturangaben am Ende dieses Buches, insbesondere die Werke von Michel Gauquelin.

Auf den folgenden Seiten ehre ich die Geschichte der Astrologie, ohne mich von ihr versklaven zu lassen. Die Astrologie ist keine Religion. Tatsächlich verdanken wir einen Großteil dessen, was Sie hier lesen werden, einem der rebellischen Teenager der Astrologie – der modernen Psychologie.

Wenn Sie sich erst seit kurzem mit der Astrologie befassen, erst noch Ihren Platz in diesem weiten Feld finden müssen, dann könnten Sie sich durch die Lektüre meines ersten Buches, »Der innere Himmel«, auf die vor Ihnen liegende Reise vorbereiten. Es behandelt das Geburtshoroskop und führt Sie in die grundlegende Symbolik ein. Obwohl ich mich bemüht habe, den vorliegenden Band Anfängern zugänglich zu machen, so beschreibt das Buch doch Energien, die innerhalb eines bestimmten zeitlichen Rahmens auf das Geburtshoroskop einwirken, und stellt damit den zweiten Band einer Serie dar, bei der der zweite auf den ersten aufbaut.

Meine Frau und ich wollen bald schon gemeinsam einen dritten Band schreiben, der Paarbeziehungen aus astrologischer Perspektive beleuchtet. Doch das ist eine andere Geschichte.

Chapel Hill, North Carolina   *Steven Forrest*
Wintersonnenwende 1984

16

Danksagung

Der einsame Autor, so habe ich entdeckt, ist ein Mythos. Den folgenden Personen gebührt meine Dankbarkeit; ohne sie wäre da nichts:

Alison Acker, Peter Guzzardi, Melanie Jackson, Marc Penfield, Dick und Bunny Forrest, Phyllis Smith-Hansen, Paul Hansen, Jenovefa Knoop, Laurel Goldman, Olivia Slome und aus ganzem Herzen meiner Lehrerin und Freundin Marian Starnes.

Mein Dank geht auch an die anderen Mitglieder der Alpha Lyra Astrological Guilde, von denen ich in Sachen geistiger Stimulation und geteilter Erfahrungen so abhängig bin:

Bernie Ashman, Lee Glenn, Carolyn Kane Max, Simcha Weinstein und Jodie Forrest – meine Partnerin im Leben und in der Arbeit.

Ein besonderes Dankeschön geht an Jodie für ihre sprachliche und existentielle Redaktionsarbeit.

Schließlich danke ich auch den vielen Tausenden, die mich im Laufe der Jahre an ihren Transiten und Progressionen haben Anteil nehmen lassen. Alles, was Sie hier lesen können, ist ihr Geschenk an mich, das ich nun an Sie weiterreiche.

Erster Teil
Die Zukunft erschaffen

Kapitel 1
Wer ist zuständig?

Als sich der Mars im Oktober 1960 über Martin Luther Kings Aszendenten bewegte, wurde der Schwarzenführer verhaftet, weil er ein Sit-in in Atlanta, Georgia, veranstaltet hatte. Mutig verzichtete er darauf, eine Kaution zu stellen, und weigerte sich somit, sein Handeln als »Verbrechen« anzuerkennen. Er wurde ins Gefängnis geworfen. Einige Monate später überquerte Mars auch Ernest Hemingways Aszendenten. Der Schriftsteller richtete eine geladene Schrotflinte auf sich und betätigte den Abzug.

Selbstmord oder ziviler Ungehorsam. Selbstzerstörung oder gewaltfreier Widerstand. Welches sind die gemeinsamen Nenner? Welche *Bedeutung* hat in diesem Zusammenhang der Planet Mars?

Historisch gesehen ist Mars der Kriegsgott. Er symbolisiert den Überlebenswillen, das reine Urfeuer, das in der Tiefe des menschlichen Geistes brennt. Mars ist der Funken, der tief in unser aller Herzen dafür sorgt, daß wir die alltäglichen Widerstände unserer Existenz überwinden – und mit ihnen jene dunklen Hindernisse, die in den stillen Ecken unseres tiefsten Selbst lauern.

Diese Interpretation erklärt den trotzigen Mut, mit dem sich Martin Luther King gegen den Rassismus stellte – aber was ist mit Ernest Hemingways Entscheidung, sein Leben zu beenden?

Hemingways Freitod würde heutigen Wahrsagern und jenen der Vergangenheit vollkommen logisch erscheinen. Für jene, die fatalistische Interpretationen der Lebenskräfte akzeptieren, ist Mars einer von den »Bösen«. Sie bescheinigen ihm einen »unheilvollen« Einfluß und bringen ihn mit Gewalt, Gefahr und Bösartigkeit in Verbindung. Irren sie sich? Nicht zwangsläufig, aber die

Wahrheit ist nicht ganz so einfach. Der Mars besitzt unangenehme Seiten, und zu diesen hat jeder von uns jederzeit Zugang. Uns allen steht es jederzeit frei, im Umgang mit anderen und mit uns selbst kaltblütig, verräterisch und grausam zu sein. Doch sind diese Eigenschaften lediglich der Ausdruck einer Seite der kriegerischen Kraft. Die andere Seite der Münze heißt Mut oder Zivilcourage.

Welchen Weg werden wir wählen – Mut oder Destruktivität? Werden wir, koste es, was es wolle, für uns einstehen, oder werden wir mit eingeklemmtem Schwanz nach Hause laufen und die Türen zuschlagen? Beide Verhaltensweisen sind kriegerischer Natur. Beide befinden sich in Übereinstimmung mit der Bedeutung des roten Planeten, wenn er zum gegebenen Zeitpunkt einen sensiblen Punkt in unserem Geburtshoroskop anfeuert. Wie werden wir reagieren? Die alten Astrologen glaubten, die Pflicht zu haben, diese Frage beantworten zu müssen. Diese Aufgabe ist unerfüllbar. Wir können die Bewegungen der Planeten Millionen Jahre beobachten und dennoch der Lösung dieses Rätsels keinen Schritt näher kommen. Astrologische Vorausschau im traditionellen Sinne versagt aus einem entscheidenden Grund: *Die Planeten nehmen uns die Wahl nicht ab.* Wir selbst müssen uns entscheiden. Ernest Hemingway hätte das Leben wählen können. Martin Luther King stand es frei, wie ein ängstlicher Hase die Flucht zu ergreifen.

Mars bereitet die Bühne, doch ein jeder schreibt seine Verse selbst.

Unsicherheit

»Du wirst einem hochgewachsenen, dunklen Fremden begegnen.« Die Parodierung der Astrologie fördert unweigerlich einen solchen Satz zutage, geäußert in der Regel von einer zahnlosen alten Zigeunerin. Wir lachen, und das ist die richtige Reaktion. Doch wenn wir uns zu dieser Zigeunerin setzen und sie zutreffend beschreibt, wie wir im letzten Jahr unseren Arbeitsplatz aufgegeben haben, und uns prophezeit, daß innerhalb der nächsten drei Jahre unsere Ehe zerbrechen wird, dann erstirbt das Lachen. Wir reagieren mit Angst, dann mit Rebellion und später vielleicht mit Resignation. Vor allem aber fühlen wir uns machtlos, als hätten fremde und unbegreifliche Kräfte Macht über unser Leben.

»Sie konnte doch wirklich nicht wissen, daß ich diesen Job aufgegeben habe ... Ich frage mich ... Suzy kam mir in letzter Zeit etwas distanziert vor ...«

Glück allein vermag die Trefferquote der Wahrsager nicht zu erklären. Dazu stimmen die Prophezeiungen viel zu oft. Die geschicktesten Wahrsager haben vielleicht in der Hälfte der Fälle recht – das reicht aus, um jeden zu beeindrucken. Eine 50prozentige Genauigkeit. Beeindruckend. Doch was ist mit den übrigen 50 Prozent? Diese Astrologen liegen auch ganz oft falsch.

Ob richtig oder falsch, jeder, der Ihr Geburtshoroskop zur Hand nimmt und behauptet, daß Ihre Ehe innerhalb der nächsten drei Jahre zerbrechen wird, mißbraucht die Astrologie – und Sie, nebenbei bemerkt, ebenfalls. Die Symbole sind nicht dafür gedacht, und sie eignen sich auch nicht dafür. Sie als Mensch sind keine Marionette. Die Planeten, die Jahr um Jahr durch Ihr Horoskop wandern, ziehen nicht an Ihren Fäden. Das ist eine überholte Vorstellung, und sie hat zu Mißverständnissen und zu sinnlosen Sorgen und Ängsten geführt. Astrologische Kräfte zeigen sich in *Fragen* und nicht in Antworten. Sie geben Rätsel auf, und jedes ihrer Rätsel kann auf vielerlei Art gelöst werden. Manche dieser Lösungen tragen dazu bei, daß wir ein glücklicheres, engagierteres Leben führen. Andere ziehen uns nur tiefer in den Morast der Sinnlosigkeit. Die schlimmsten von ihnen bringen uns vielleicht dazu, die Schrotflinte auf uns zu richten – im tatsächlichen oder im übertragenen Sinne. Welche Lösung werden Sie wählen? Die Wahl bleibt Ihrem Einfallsreichtum, Ihrer Entschlußkraft und Ihrem Wagemut überlassen. Oder anders ausgedrückt: Sie sind frei.

Freiheit. Das ist eines jener magischen Wörter. Jeder findet sie gut, hungert nach ihr, behauptet, sie anzustreben. Doch was ist Freiheit? Nur allzu oft wird Freiheit mit Glück und Frieden gleichgesetzt. Wahrscheinlich aber ist *Unsicherheit* das beste Synonym für Freiheit. Unsicherheit ist ein weiteres jener magischen

Wörter – aber an ihm hat niemand Interesse. Die Vermeidung von Unsicherheit kommt ebenso häufig vor wie die Vermeidung von eiskalten Schlammpfützen an einem Novembermorgen. Und doch ist die Unsicherheit tief mit dem Stoff des astrologischen Symbolismus verwoben. Kein Astrologe kann voraussagen, was jemand als nächstes tun wird. Er vermag vielleicht eine Aussage darüber zu treffen, wie die Bühne bereitet ist, was an diesem Tag ansteht – und was geschehen wird, wenn wir versuchen, uns davor zu drücken. Der Astrologe ist möglicherweise auch dazu in der Lage, uns mitzuteilen, was wir lernen können, wenn wir kreativ auf eine betreffende astrologische Situation reagieren, und welche neuen Möglichkeiten ein jeder der denkbaren Wege eröffnet – all das, doch was wir tatsächlich tun werden? Niemals.

Schicksal kontra freien Willen? Die altmodische Herangehensweise an die Astrologie ist die Essenz des Fatalismus. »Saturn nähert sich Ihrer Sonne. Bereiten Sie sich auf einiges Ungemach vor.« Ergreift die moderne Astrologie für den entgegengesetzten Standpunkt Partei? Ist alles Freiheit? Nein, jedenfalls nicht unbedingt. Die moderne Astrologie macht sich beide Seiten des Paradoxons zu eigen. Bestimmte Arten von Ereignissen sind »vom Schicksal bestimmt«; andere sind offen für Unsicherheit und Wahl. Wenn beispielsweise der Mars Ihren Aszendenten überquert, dann wissen wir mit einem hohen Maß an Sicherheit, daß Ihnen Streß bevorsteht und daß Ihr Mut herausgefordert wird. Dies ist der Bereich, der durch den Begriff »Schicksal« abgedeckt werden kann. Doch wie Sie reagieren werden – ob mit dem eisernen Trotz eines Martin Luther King oder mit Ihrer eigenen Version von Ernest Hemingways Schrotflintenschuß –, das ist so unsicher wie der Ausgang der morgigen Pferderennen.

Fragen, nicht Antworten: Sie sind das Herz jeder vernünftigen Herangehensweise an die voraussagende Astrologie. Wir müssen die Freiheit des Menschen achten und sie mit unserem Verständnis von astrologischen Symbolen verweben. Wir tun dies nicht aus kleinlichen, beruhigenden philosophischen Gründen, sondern weil der menschliche Wille eine mächtige Kraft ist, eine Kraft, die fähig ist, der eigenen Zukunft Form zu verleihen. Kurz gesagt, jede genaue astrologische Vorhersage muß mit einem Fragezeichen schließen. Wir sind es, und nicht die Planeten, die das Drehbuch des Lebens schreiben. Und mit dieser Freiheit geht Unsicherheit einher.

Drei Ebenen

Das Leben ist ein paradoxes, geheimnisvolles, *großes Ganzes*, und die meisten Versuche, es in seine Bestandteile zu zerlegen, sind im besten Fall faszinierende intellektuelle Übungen und im schlechtesten eitler Selbstbetrug. Jegliche Analysesysteme, ob wir sie nun als religiös oder wissenschaftlich bezeichnen, können nur anhand ihres praktischen Nutzens und niemals anhand ihres abschließenden Wahrheitsgehalts beurteilt werden. Die endgültige, allumfassende Wahrheit kann vielleicht bezeugt, aber niemals exakt beschrieben werden. Keine Worte oder Vorstellungen könnten hierzu jemals mächtig genug sein.

Eine solche Erfahrungskategorisierung hat sich für mich als nützlich erwiesen, um meine Vorstellung von der astrologischen Vorhersage zu systematisieren. Es ist die Vorstellung, daß das Leben auf drei voneinander klar getrennten *Ebenen* abläuft. Die erste und offensichtlichste Ebene ist die *physische*. Sie umfaßt alles, was wir tun, und was wir mit dem Etikett »Wirklichkeit« versehen – Reisen nach Europa, das Ende und der Anfang von Beziehungen, die Begegnung mit »hochgewachsenen, dunklen Fremden«.

Die zweite Ebene ist die *emotionale* und *psychologische*. Gedanken und Gefühle sind die Substanz dieser Dimension – all die inneren subjektiven Reaktionen, die wir bezüglich der tatsächlichen Ereignisse auf der ersten Ebene hervorbringen. Wir geben einen Arbeitsplatz auf: Das ist eine Tatsache und folglich eine Erfahrung auf der ersten Ebene. Doch welche *Gefühle* löst dies in uns aus? Haben wir Angst? Sind wir begeistert? Fühlen wir uns inspiriert, neue Gipfel zu erstürmen? Oder haben wir mit einem Gefühl der Unsicherheit zu kämpfen? All dies ist Bestandteil von Ebene zwei.

Auf der dritten Ebene stoßen wir auf Fragen nach *Sinn* und

Zweck. Wir können sie als die *spirituelle* Ebene bezeichnen, auch wenn wir uns nicht für besonders »spirituell« halten müssen, um sie zu begreifen. Eine Möglichkeit, um sich mit Ebene drei abzufinden, besteht darin, sich vorzustellen, daß wir über persönliche Ereignisse nachdenken, die sich vor vielen Jahren ereignet haben. Von welcher abschließenden Bedeutung waren diese Ereignisse? Auf welche Weise haben sie dazu beigetragen, uns zu dem zu machen, was und wie wir heute sind? Es geht in dieser dritten Ebene darum festzustellen, auf welche Weise sich diese stattgefundenen Ereignisse in unser Gesamtentwicklungsmuster einfügen. Typischerweise ergänzt das Nachdenken über diese Geschehnisse unser Erinnerungsvermögen um eine Ebene der *Selbsterkenntnis*, die es zum damaligen Zeitpunkt noch nicht gab. »Mami hat uns nicht oft gedrückt, aber sie hat uns immer mit Süßigkeiten verwöhnt, wenn wir brav waren.« Damals haben wir uns vielleicht über die Süßigkeiten gefreut. 20 Jahre später, mit dem Bewußtsein der dritten Ebene, begreifen wir vielleicht, auf welche Weise die »Liebe ist Essen«-Gleichung dazu beigetragen hat, daß wir zu zwanghaftem Überessen neigen. Wir scheinen aus uns herauszutreten, um die Verhaltensmuster in unserem Leben zu erfassen – und das ist es, was die dritte, die spirituelle Ebene im wesentlichen ausmacht.

Die Astrologie ist auf wunderbare Weise genau, wenn es darum geht vorherzusagen, was auf Ebene drei geschieht. Das ist ihre wirkliche Aufgabe und ihre größte Stärke. Vor allem ist Astrologie ein Studium des *Sinns* – und Sinn existiert allein in der spirituellen Dimension. Ein auf Prognose abzielender Astrologe kann es auf dieser Ebene zu einer 100prozentigen Trefferquote bringen, obwohl sich die betreffende Symbolik als äußerst subtil erweisen kann und menschliche Irrtümer ihren Preis fordern. Was soll ich hier lernen? Welches ist der übergeordnete Sinn dieses Ereignisses im Rahmen des Gesamtplans meiner persönlichen Entwicklung? Wie werde ich in zwei oder drei Jahrzehnten auf dieses Ereignis zurückblicken? So lauten die Fragen, die wir auf der dritten Ebene stellen. Und wenn wir unser Leben aus dieser Perspektive begreifen wollen, dann können wir keine bessere Verbündete finden als die fundierte Kenntnis von der astrologischen Symbolik.

Auf Ebene zwei, die der emotionalen Dimension, ist die Genauigkeit der astrologischen Prognose deutlich geringer. Sie ist noch immer vorhanden, aber nicht annähernd so treffend wie die für Ebene drei erreichbaren Beschreibungen. Welche *Gefühle* könnten in einem Menschen angesichts solcher spiritueller Angelegenheiten ausgelöst werden? Die Frage läßt viel Raum für die Verschiedenartigkeit der Menschen. Wenn es beispielsweise zu einem astrologischen Ereignis kommt, in dem der Planet Saturn eine Rolle spielt, ist das immer ein sicheres Zeichen dafür, daß die spirituelle Lektion die Notwendigkeit von praktischen, disziplinierten Antworten auf die konkrete Wirklichkeit berührt. Eine Person könnte darauf mit gestärkter persönlicher Entschlossenheit und Selbstrespekt reagieren. Einer anderen stellt sich die Konstellation möglicherweise als Gefühl der eigenen Unzulänglichkeit gefolgt von Gefühlen der Niederlage und Verzweiflung dar. Die Lektion selbst ist der Kategorie »Schicksal« zuzuordnen, doch die emotionale Reaktion darauf ist etwas, was wir selbst erzeugen und wofür wir daher die Verantwortung übernehmen müssen. Doch welcher Art ist das eigentliche *Ereignis*, das durch den transitierenden Saturn ausgelöst wird? Auf Ebene zwei ist eine solche Frage ohne Belang – hier interessieren wir uns nur für Gefühle und Auffassungen und nicht dafür, was »tatsächlich geschieht«.

Ebene eins, die physische, ist von allen dreien diejenige, über die man am wenigsten eine Prognose abgeben kann. Auf welche Weise wird das Individuum in Reaktion auf eine vorübergehende astrologische Konfiguration handeln? Sicherlich, einige Handlungen können durch Gefühle festgelegt sein, die auf Ebene zwei aufsteigen, doch diese selbst sind nicht prognostizierbar. Doch selbst dann, wenn die Gefühle richtig eingeschätzt werden, ist die Unsicherheit noch immer immens. Der Mars lief über Hemingways Aszendenten. Die spirituelle Lektion (Ebene drei) beinhaltete die Erneuerung seines Mutes und seines Überlebenswillens als physisches und psychologisches Wesen. Seine innere emotionale Reaktion (Ebene zwei) hätte Selbstbewußtsein und unnachgiebige Entschlossenheit sein können – wie es offenbar der Fall war, als Mars den Aszendenten von Martin Luther King überquerte. Doch Hemingway schlug einen anderen emotionalen Kurs ein. Wir können nicht wissen, was damals in seinem Kopf ablief, aber wir können mutmaßen, daß er die Umstände als überwältigend empfand und daß er in der einen oder anderen Form Angst und Wut und destruktive Gewalt verspürte – kriegerische Inhalte ohne Zweifel, doch von vollkommen anderer Art als jene von Martin Luther King. Doch auch jetzt befinden wir uns noch immer auf Ebene zwei. Um auf die erste, die physische Ebene zu gelangen, müssen wir uns vorstellen, was Hemingway hätte *tun* können. Hätte er vielleicht nach dem Hund treten können, statt sich das Leben zu nehmen? Hätte er sich mit seiner Frau streiten können? Sicherlich. All diese Handlungen wären möglich gewesen. Sein Selbstmord war alles andere als sein »Schicksal«. Vom astrologischen Standpunkt aus betrachtet, müssen wir den Freitod als seine Wahl betrachten – als nur *eine* von Tausenden Wahlmöglichkeiten.

Es ist sinnlos, vorhersagen zu wollen, mit welcher Handlung ein Mensch auf eine spirituelle Frage reagiert. Vielleicht liegen wir ab und an richtig, aber in den meisten Fällen werden wir uns im Irrtum befinden. Eine Vorhersage darüber zu treffen, was und wie sich jemand *fühlen* wird, ist ein bißchen sicherer, doch selbst hier werden wir oft Überraschungen erleben. Menschen, die unter Druck stehen, sind oft sehr viel einfallsreicher und unverwüstlicher als wir vielleicht erwartet haben. Nur bei der Prognose in bezug auf die spirituellen Themen, mit denen Menschen konfrontiert sind, können wir zuverlässige Genauigkeit erreichen – und bezeichnenderweise ist es genau dieser Bereich, in dem wir einer Person am besten helfen können, Selbsterkenntnis und Glück zu steigern.

Die Tragödie in der Geschichte der Astrologie liegt in ihrer Besessenheit von Ebene eins, der Dimension des Handelns. Sogar ihre Erfolge in diesem Bereich sind jämmerlich im Vergleich zu den verpaßten Gelegenheiten. Es ist so, als hätte sich Albert Einstein für ein Dasein als Baseballspieler entschieden.

Wahrscheinlichkeitsfelder

Seit Jahrhunderten begehen traditionelle Astrologen einen katastrophalen Fehler. Sie haben sich die Zukunft als bereits festgelegt vorgestellt. Sie haben unseren Weg durch das Leben als eine Folge vorherbestimmter Ereignisse betrachtet. Bei Meilenstein eins wirst du geboren; bei Meilenstein 23 heiratest du; bei Nummer 25 bringst du ein dir vorbestimmtes Kind zur Welt usw., bis du bei Meilenstein 82 auf einer bestimmten Bananenschale ausrutschst und in der nächsten Welt aufwachst. Schritt für Schritt, Prophezeiung um Prophezeiung breitet sich das Leben aus. Nichts anderes bleibe einem zu tun als zuzusehen. Man durfte nur dabeisein, konnte aber selbst keinen Einfluß nehmen.

So beeindruckend wie die Weissagungen unserer Zigeunerin auch sein mögen, so hat doch dieses vereinfachte Modell zwei fundamentale Fehler. Der eine ist, daß es nicht Rechenschaft ablegt für das *Gefühl* der Freiheit und Unsicherheit, das wir erleben sobald wir an die Wegkreuzungen des Lebens kommen. Der zweite ist, daß das Modell kommende Ereignisse nicht besonders treffend voraussagt. Diese »hochgewachsenen, dunklen Fremden« sind berüchtigt dafür, daß sie einfach nicht auftauchen – und viele Ehen bestehen auch noch, nachdem ein ganzer Stall voll Astrologen bereits die Auktion für die Eheringe eröffnet hat.

Dennoch, die Wahrsager bringen Ergebnisse zuwege. Was geht also wirklich vor? Wieviel vermag die Astrologie tatsächlich im voraus darüber zu sagen, was uns zustoßen wird? Unser erster Schritt zur Beantwortung dieser Frage besteht darin, die Vorstellung von einer vorbestimmten Zukunft fallenzulassen und sie durch ein sinnvolleres Konzept zu ersetzen.

Ein Geschäftsmann mittleren Alters mit einem Alkoholproblem hat es dennoch fertiggebracht, sein Leben im Gleichgewicht zu halten. Mit einem Mal schlägt eine Wirtschaftsrezession zu. Sein Unternehmen gerät ins Wanken und bricht dann zusammen. Kopfschmerzen kommen, machen ihm das Arbeiten unmöglich. Seine Frau geht mit einem anderen Mann auf und davon und nimmt die Kinder mit. An seinem 52. Geburtstag kündigt ihm die

Bank seine Hypothek, und er verliert sein Haus. Was wird als nächstes geschehen? Welche Voraussage würden Sie treffen? Sicherlich ist die Vorstellung naheliegend, daß sein Leben in wachsendem Maße von Alkohol und Verzweiflung bestimmt wird und wie ein fallendes Blatt langsam Richtung Rinnstein schwebt. Gewiß, die Wahrscheinlichkeit ist groß, daß seine Zukunft genau in diese Richtung verläuft. Doch können wir sicher sein? Ist sein selbstzerstörerischer Abstieg in Stein gemeißelt? Ganz bestimmt nicht. Dieser Unternehmer könnte sich aufrappeln, Hilfe bei den Anonymen Alkoholikern suchen, einen neuen Job finden und ein neues Leben beginnen, das ihm vielleicht sehr viel mehr bedeutet als jenes, das gerade in sich zusammengebrochen ist. Dieser Verlauf ist nicht so wahrscheinlich wie der erste, doch stellt er eine Möglichkeit dar. Was legt fest, welchem Weg der Mann folgen wird? Nennen Sie es die Gnade Gottes. Nennen Sie es den freien Willen. Welche Kraft es auch immer sein mag, sie ist nicht von astrologischer Art. Ihre Quelle liegt andernorts – und wenn unsere astrologischen Vorhersagen genau sein sollen, dann dürfen wir diesen Joker niemals aus dem Blick verlieren.

Die Felder der Wahrscheinlichkeit – hier liegen die Schlüssel verborgen, welche die Rätsel lösen, die die astrologische Prognose an das Mittelalter gefesselt haben. Vorbei ist die Vorstellung von der unentrinnbaren Zukunft. Indem wir sie ersetzen, stoßen wir auf etwas, was uns weit stärker herausfordert – und sehr viel mehr damit übereinstimmt, wie wir uns im Alltag fühlen. Die Zukunft ist zusammengesetzt aus veränderlichen, verflochtenen Mustern der Wahl. Möglichkeiten. Wahrscheinlichkeiten – und Unwahrscheinlichkeiten, die wir zur Wirklichkeit werden lassen können, wenn wir uns dies nur stark genug wünschen. Dieser Geschäftsmann war auf dem Weg zum existentiellen Mülleimer. Der existentielle Mülleimer war das beherrschende »Wahrscheinlichkeitsfeld«, und wenn es sein Ziel gewesen wäre, sich im Alkohol zu ersäufen, dann hätte er sich nur dem Fluß überlassen müssen. Doch in den Teppich seiner Zukunft waren auch noch andere Fäden eingewoben. Magische Fäden. Unvorhersehbare. Fäden der Selbsterneuerung und Heilung – wie etwa seine Fähigkeit, den Telefonhörer aufzunehmen und um Hilfe zu bitten. Das waren die Fäden, denen er folgen mußte, wenn er nur den Mut und die Demut aufbrachte, sich ihnen zu überlassen.

Die astrologische Vorhersage unterstützt uns darin, günstige Wahrscheinlichkeitsfelder von den beängstigenden zu unterscheiden. Doch sie tut auch noch etwas anderes von unschätzbar hohem Wert: diese Art Astrologie lehrt uns, die beängstigenden Felder in Verbündete zu verwandeln. Wenn der Weg des geringsten Widerstands schädlich ist, dann sind wir nicht dazu verdammt, ihn auszuleben. Nichts kann uns dazu zwingen, einem selbstzerstörerischen Kurs zu folgen. Das heißt, nichts als unsere Faulheit. Und Faulheit ist ein weitverbreiteter Zeitvertreib. Der Weg des geringsten Widerstands ist überfüllt. Das ist einer der Gründe, warum die Wahrsager so oft richtig liegen. Verwoben mit der traditionellen astrologischen Vorhersage ist die unbewußte Annahme, daß Menschen sich immer für das entscheiden, was ihnen am wenigsten Mühe bereitet. Als Auffassung von der menschlichen Wesensart ist diese Einschätzung pessimistisch und schädlich – aber sie trifft häufig zu. Wenn es unser Ziel ist vorauszusagen, für welche Handlungsweise sich Menschen entscheiden werden, dann ist es unglücklicherweise unsere erfolgversprechendste Faustregel, daß sie dem Weg des geringsten Widerstands folgen werden – es ist sehr wahrscheinlich, daß wir bei 50 Prozent der Fälle recht haben werden. Doch wenn es unser Ziel ist, *Menschen in ihrem Wachstum zu unterstützen*, dann muß sich diese Einschätzung ändern. Wenn wir helfen wollen, dann müssen wir uns nur an die angeborene Fähigkeit des menschlichen Willens erinnern, diese negativen Wahrscheinlichkeitsfelder in positive zu verwandeln.

Der ganze Zweck der astrologischen Vorhersage ist, Menschen zum Verständnis zu verhelfen, wie sie die Wahrscheinlichkeitskurven ihres Lebens auf Glück, persönliche Erfüllung und Wachstum richten können.

Wenn Mars über den Aszendenten eines Geburtshoroskops läuft, so wird dies in der Regel als unheilverkündendes astrologisches Ereignis gewertet. In Ernest Hemingways Fall hat sich dies ohne Zweifel als zutreffend erwiesen. Was wäre geschehen, wenn

Hemingway ein paar Tage vor seinem Selbstmord eine Sitzung mit einem traditionellen Astrologen gehabt hätte? Er hätte zu hören bekommen, daß ihm eine schwere Zeit bevorsteht, in der er sehr wahrscheinlich einen Unfall haben wird, bei dem Feuer und Blut eine Rolle spielen, und daß er besser während einer kurzen, aber äußerst intensiven Phase der Konflikte und des Stresses die Schotten dicht machen sollte. Für einen Menschen in seiner damaligen psychischen Verfassung hätte eine solche Prognose gewirkt als gebe man einem Ertrinkenden einen Wagenheber in die Hand.

Doch was wäre geschehen, wenn Hemingway einen Astrologen mit einer wirklich modernen Auffassung aufgesucht hätte? Ihm wäre eine vollkommen andere Botschaft zuteil geworden. Hemingway hätte erfahren, daß er sich bald einer grundlegenden spirituellen Herausforderung würde stellen müssen. Daß eine Reihe von Ereignissen und Vorstellungen sich gerade um ihn herum gruppiert, um seinen Mut, seinen Lebenswillen und seine menschliche Würde zu prüfen. Seine Aufgabe wäre es, *ein paar Tage lang*, bis Mars in weniger sensible Bereiche weiterziehen würde, unbeirrbare Entschlossenheit und Selbstkontrolle aufzubringen. Man hätte ihn gewarnt, daß die Phase, in die er eintrat, einer Kurve gleiche, die ihn mit größter Wahrscheinlichkeit zu impulsiven zerstörerischen und gewalttätigen Handlungen führe, und daß nur sein persönlicher Mut der Kurve eine gesündere Richtung geben könne. Er habe die Wahl: Er könne sich entscheiden, seinem wahren Feinde – seiner Angst – ins Gesicht zu sehen und sich gegen sie zu behaupten. Oder aber er könne diese kriegerische Energie gegen sich selbst richten.

Hätte ein solcher Astrologe Hemingway das Leben retten können? Wir wissen es nicht. Menschen sind frei – um zu wachsen oder aber sich das Gehirn fortzupusten –, unabhängig davon, welchen Input sie empfangen. Wir können jedoch vertrauensvoll davon ausgehen, daß der zweite Astrologe dem Mann dabei geholfen hätte, seinem Schmerz nüchtern und sachlich zu begegnen, während der erste nur dazu beigetragen hätte, seine Entscheidung, die Schrotflinte auf sich zu richten, zu verfestigen.

Finden Sie bei der folgenden Lektüre heraus, wie Sie die Astrologie für sich selbst nutzbar machen können. Dieses wunderbare Werkzeug ist Ihr natürlicher Verbündeter. Es wird Sie nicht unterwerfen oder fesseln. Lassen Sie sich von den Zeichen und Planeten führen, doch nicht auf tyrannische, sondern auf sanfte und freundschaftliche Weise. Gestatten Sie der Astrologie, Bestandteil Ihrer Freiheit zu sein, Sie zu unterstützen, Ihren Weg zu erhellen. Lernen Sie, auf das Flüstern des Kommenden zu hören, das durch das Lärmen und Treiben des Gegenwärtigen hindurchsickert. Lernen Sie, die Fäden Ihres Lebens meisterhaft zu verweben, dabei immer auf die vergänglichen Details und zugleich auch auf das Muster und den Plan, das große Ganze achtend. Überlassen Sie die Voraussage von Ereignissen den Wahrsagern und Zigeunern. Sollen sie ihre Prophezeiungen machen. Sollen Sie sich nach den Ereignissen, die sie vorhersagen, verzehren oder vor ihnen zurückschrecken. Unsere Aufgabe ist es nicht, Ereignisse vorherzusagen, sondern sie zu verursachen.

Kapitel 2
Ein rascher Rückblick

Jackie ist ausgelassen und freimütig. Wo immer sie ist, ihre Gegenwart wird rasch spürbar. Zehn Minuten in einer beliebigen sozialen Situation reichen aus, und ihr Mund hat ihr fünf Freunde und drei Feinde verschafft. Ihr Mann Paul ist das genaue Gegenteil. Er fühlt sich unter Fremden nicht wohl und neigt dazu, still zu sein. Ihm kommt es so vor, als ob die Menschen kaum bemerken, daß er sich im gleichen Raum mit ihnen aufhält.

Ein Immobilienhändler droht, ein Stück Wald in der Nachbarschaft des Paares zu roden. Jackie und Paul stellen sich dem Projekt entgegen und erhalten einen Termin, um ihre Position auf der nächsten Stadtratsversammlung zu vertreten. Jackie ist in ihrem Element, voller leidenschaftlicher Intensität und enthusiastischer Erwartung der Gelegenheit, ihren Ansichten Luft zu machen. Paul macht die Vorstellung, vor dem Stadtrat sprechen zu müssen, so nervös, daß er von der wiederkehrenden Phantasie, mit einem falschen Paß nach Brasilien zu fliehen, gequält wird. Beiden steht das gleiche *Ereignis* bevor – öffentlich das Wort zu ergreifen –, doch hat das Ereignis für jeden eine andere *Bedeutung*, deren Grundlage das Wesen ihrer Individualität ist.

Astrologie funktioniert auf die gleiche Weise. Energien bewegen sich durch das Geburtshoroskop und formen von Tag zu Tag, von Jahr zu Jahr die Ereignisse in unserem Leben. Doch um die Bedeutung dieser Geschehnisse zu erfassen, müssen wir zunächst das Geburtshoroskop – also unsere Individualität – begreifen. Für eine Jackie haben die Ereignisse vielleicht die eine Bedeutung. Für einen Paul haben sie möglicherweise eine andere.

Mein Buch »Der innere Himmel« führt ein in die 34 »Worte« des astrologischen »Grundwortschatzes« – die zwölf Zeichen, die zwölf Häuser und die zehn Planeten. Wenn Sie diese begriffen haben, sind Sie in der Lage, Ihr Geburtshoroskop zu entwirren. Das ist der erste Schritt. Damit errichten Sie die Ecksteine. In diesem Buch baue ich auf diesen Ecksteinen auf, füge einen Überbau aus astrologischen Ereignissen hinzu, der sich mit Ihrer voranschreitenden Reife auf Ihr Geburtshoroskop auswirkt.

Das dreigliedrige Symbolsystem

Drei miteinander in Beziehung stehende Symbolsysteme bilden die Sprache der Astrologie. Jedes System ist verschieden und beschreibt eine andere Dimension des Lebens.

Als erstes sind da die *Planeten*. Diese zehn astronomischen Himmelskörper beschreiben die Struktur des Geistes und unterteilen die Psyche in zehn verschiedene Bereiche. Sie stellen eine Blaupause dar, die die elementare Struktur des menschlichen Bewußtseins aufzeigt. Ich stelle mir die Planeten gerne als Schaltplan unseres mentalen Stromkreises vor: Sie verdeutlichen, auf welche Weise wir »verkabelt« sind.

In der astrologischen Interpretation beantworten die Planeten die *Was-Frage*, indem sie uns zeigen, von welchem Teil unseres Geistes wir uns die Richtung weisen lassen. In der planetaren Blaupause werden die Planeten den folgenden Geistesbereichen zugeordnet:

Sonne: Ich-Bildung, Selbstbild und grundlegende Lebendigkeit.

Mond: Emotion, Instinkt und Stimmung.

Merkur: Intelligenz, Beweglichkeit und Informationstransfer.

Venus: Beziehungen, Ästhetik und Entspannung.

Mars: Selbstbehauptung, Selbstverteidigung und Territorialität.

Jupiter: Erkennen von Möglichkeiten, Vertrauen und Humor.

Saturn: Selbstdisziplin, Kompetenz und Wirklichkeitsüberprüfung.

Uranus: Individuation, Innovation und Kampf gegen den Konformitätsdruck.

Neptun: Ich-Transzendenz, Mitgefühl und Phantasie.

Pluto: Persönliche Erneuerung und der Drang, »etwas Bedeutsames« zu vollbringen.

⊙ Sonne	♃ Jupiter
☽ Mond	♄ Saturn
☿ Merkur	♅ Uranus
♀ Venus	♆ Neptun
♂ Mars	♇ Pluto

Abbildung 1: *Die Symbole der Planeten*

Die *Zeichen* sind das zweite grundlegende System der astrologischen Symbolik. Es ist hilfreich, wenn man sie anfangs als körper-
liche, sichtbare Planetenkonstellationen auffaßt. Sie könnten beispielsweise in einer mondlosen Nacht einen Spaziergang machen
und Mars sich wie einen Rubin unter den übrigen Sternen des
Skorpion oder des Schützen abheben sehen. Eine solche Beobachtung weist dem roten Planeten seinen Platz in dem größeren
Raum zu, in dem sich auch unsere Erde dreht.

Zeichen und Konstellationen sind ein und dasselbe – fast. In-
folge einiger Komplexitäten, die die Bewegung der Erdachse betreffen, befindet sich der Widder des Astrologen gegenwärtig an
der Grenze zu den Fischen und dem Wassermann des Astronomen. Wenn Sie ein grundlegenderes Verständnis der astronomischen Zusammenhänge erlangen möchten, dann sollten Sie das
vierte Kapitel in meinem Buch »Der innere Himmel« lesen. Für
unsere Zwecke hier ist es jedoch ausreichend, sich daran zu erinnern, daß die Zeichen dazu dienen, um die Sonne, den Mond und
die Planeten vor dem Hintergrund der Hunderte Billionen Sterne
unserer Heimatgalaxie zu lokalisieren.

Anders als Planeten stehen Zeichen für elementare *Lebenspro-
zesse* mit klar voneinander zu unterscheidenden Zielen und ein-
gebauten Strategien. Alle zwölf kommen in jedem Menschen
zum Tragen, auch wenn die Bedeutung und Art der Rolle, die jedes Sternzeichen für den einzelnen spielt, von Mensch zu Mensch
unterschiedlich ist. Jedes Sternzeichen vermag einen beliebigen
Planeten mit bestimmten Mitteln und Zielen zu unterstützen und
zu motivieren.

Denken Sie daran, daß Sternzeichen immer »etwas wollen« und daher stillschweigend eine Reihe von Prioritäten und Werten offenbaren. Die *Was-Fragen* der Planeten werden von den Sternzeichen um die bedeutende Frage nach dem *Warum* und dem *Wie* ergänzt.

Widder strebt nach Mut und Willenskraft. Seine Strategie ist Abenteuer und Herausforderung.

Stier strebt nach Frieden. Seine Strategie ist Schaffung von Natürlichkeit und Sicherheit.

Zwillinge streben nach Information. Ihre Strategie ist Neugier und Gespräch.

Krebs strebt nach der Sicherheit, die er für die tiefe emotionale Erforschung braucht. Seine Strategie ist der Selbstschutz in der Rolle des Ernährers.

Löwe strebt nach Selbstausdruck. Seine Strategie ist Darstellung.

Jungfrau strebt noch Vollkommenheit. Ihre Strategie ist Analyse und konstruktive Kritik.

Waage strebt nach Harmonie. Ihre Strategie ist Höflichkeit, Toleranz und Liebe zum Schönen.

Skorpion strebt nach Tiefe. Seine Strategie ist Durchdringung, Introspektion und gesundes Mißtrauen.

Schütze strebt nach Erfahrung. Seine Strategie ist das Durchbrechen von Routine.

Steinbock strebt nach Effektivität. Seine Strategie ist Integrität, praktische Veranlagung und Selbständigkeit.

Wassermann strebt nach Individualität. Seine Strategie ist Unabhängigkeit und das Hinterfragen von Autoritäten.

Fische streben nach der Ich-Transzendenz. Ihre Strategie ist Phantasie, Liebe und Bewußtseinserforschung.

♈ Widder	♎ Waage
♉ Stier	♏ Skorpion
♊ Zwillinge	♐ Schütze
♋ Krebs	♑ Steinbock
♌ Löwe	♒ Wassermann
♍ Jungfrau	♓ Fische

Abbildung 2: *Die Symbole der Zeichen*

Das dritte astrologische Symbolsystem ist das der *Häuser*. Wir werden uns gleich ihrer Bedeutung zuwenden, doch zunächst wollen wir sie körperlich begreifen. Astrologische Häuser sind sehr einfach zu verstehen: Mit ihnen bringt die Astrologie zum Ausdruck, ob sich ein Planet oberhalb oder unterhalb des lokalen Horizonts beziehungsweise ob er sich im Osten oder Westen befindet. Dies wird erreicht, indem man den die Erde umgebenden Raum in zwölf Bereiche unterteilt. Wenn es beispielsweise heißt, daß »sich ein Planet im 10. Haus befindet«, dann bringt die Astrologie damit zum Ausdruck, daß er hoch über dem örtlichen Horizont, ein wenig östlich der Himmelsmitte lokalisiert ist.

Solche Vorstellungen lassen sich bildlich sehr viel besser darstellen, als sie mit Worten zu beschreiben sind. Betrachten Sie daher Abbildung 3, die eine vereinfachte Version eines typischen Geburtshoroskops ist. Die horizontale Linie steht für den lokalen Horizont; alles was sich darüber befindet war zum Zeitpunkt der Geburt am Himmel sichtbar, alles was sich darunter befindet war unsichtbar, unterhalb der Erde. (Beachten Sie bitte, daß sich Osten hier, anders als auf traditionellen Karten, auf der linken Seite befindet.) Der östliche Horizont wird als der *Aszendent* bezeichnet. Der westliche Horizont als der *Deszendent*. Der höchste Punkt, den die Sonne oder ein Planet im Verlauf eines Tages erreichen kann, heißt *Himmelsmitte* oder *Medium Coeli*. Der tiefste Punkt ist der astrologische *Nadir*, auch *Himmelstiefe* oder *Immum Coeli* genannt.

Zwölf durchnumerierte »Kuchenstücke« sind zu erkennen. Das

36

sind die Häuser. Das 1. Haus ist immer der Bereich, der sich direkt unterhalb des östlichen Horizonts befindet. Gegen den Uhrzeigersinn folgt das 2. Haus usw., bis der Kreis geschlossen ist.

Betrachten Sie nun das äußere Rad, auf dem sich die zwölf Zeichen befinden. Stellen Sie sich vor, daß sich dieses Rad einmal in 24 Stunden im Uhrzeigersinn um die Häuser dreht, genauso wie dies auch Sonne, Mond und die Planeten tun. Die Abbildung zeigt den Augenblick, da das Zeichen Wassermann im Osten aufsteigt. Mit anderen Worten, der Aszendent ist Wassermann. Das Rad der Zeichen dreht sich weiter, und das Zeichen Wassermann steigt vollständig über dem östlichen Horizont auf – nacheinander durchlaufen Fische, Widder, Stier usw. den Aszendenten. Im Laufe eines Tages steigt jedes Zeichen einmal auf.

Jedes Zeichen beansprucht für sich 30 Grad – ein Zwölftel des Kreises. Häuser können, abhängig von der Jahreszeit und dem Höhen- und Breitengrad des Geburtsorts, von unterschiedlicher Größe sein. Doch eines gilt immer: Häuser »halten still«, und die Zeichen »drehen sich um sie«.

Betrachten Sie die rechte Seite von Abbildung 3, wo Sie das 7. und 8. Haus erkennen. Die Linie zwischen den beiden Häusern wird als Häuserspitze bezeichnet, und in diesem Fall handelt es sich um die »Spitze des 8. Hauses«. Beachten Sie auch, daß neben dieser Spitze die Anmerkung 18 Grad Jungfrau steht. Sie weist darauf hin, daß sich der 18. Grad (von 30) im Bereich des Zeichens Jungfrau gegenwärtig mit der Spitze des 8. Hauses in einer Linie befindet. Wird in diesem Augenblick ein Kind geboren, dann ist die Spitze des 8. Hauses für immer mit dem 18. Grad des Zeichens Jungfrau verbunden. In einem Geburtshoroskop werden Sie immer auf ähnliche Zeichen- und Gradangaben stoßen, die sich auf je eine der zwölf Häuserspitzen beziehen.

Soweit das physische Layout des Geburtshoroskops. Was aber *bedeuten* Häuser? Ihr Zweck ist durchaus praktischer Art. Häuser beheimaten zwölf verschiedene »Verhaltensbereiche«, in die Zeichen/Planeten-Kombinationen ihre verschiedenartigen Energien einbringen. Das eine Haus zum Beispiel steht für den beruflichen Werdegang. Ein anderes für enge persönliche Partnerschaften. Ein drittes ist mit der Sprache assoziiert.

In der astrologischen Interpretation vervollständigen Häuser das Bild, das von Zeichen und Planeten begonnen wurde, indem sie die Frage nach dem *Wo* beantworten.

Das *1. Haus* steht für den Verhaltensbereich, in dem wir eine soziale Persönlichkeit oder einen persönlichen »Stil« hervorbringen – einfach damit unsere Mitmenschen wissen, daß es uns gibt.

Das *2. Haus* steht für den Verhaltensbereich, in dem wir uns unsere Existenz beweisen und unsere Identität mit angemessenen mentalen und physischen Mitteln unterstützen.

Das *3. Haus* steht für den Verhaltensbereich, in dem wir sprechen, zuhören und prüfen.

Das *4. Haus* steht für den Verhaltensbereich, in dem wir uns nach innen wenden und einen Hafen erschaffen, in dem wir unsere Wurzeln suchen können.

Das *5. Haus* steht für den Verhaltensbereich, in dem wir uns durch Spiel und Kreativität erneuern.

Das *6. Haus* steht für den Verhaltensbereich, in dem wir Verantwortung übernehmen und Fertigkeiten entwickeln.

Das *7. Haus* steht für den Verhaltensbereich, in dem wir stützende Partnerschaften entwickeln.

Das *8. Haus* steht für den Verhaltensbereich, in dem wir uns mit unseren grundlegenden menschlichen Instinkten bezüglich Sexualität, Sterblichkeit und dem Geheimnis des Lebens beschäftigen.

Das *9. Haus* steht für den Verhaltensbereich, in dem wir dem Ungewohnten und Fremden begegnen und in dem wir unsere grundlegenden Werte definieren.

Das *10. Haus* steht für den Verhaltensbereich, in dem wir unsere Rolle in der Gemeinschaft durch öffentliche Äußerungen und unseren Beruf zum Ausdruck bringen.

Das *11. Haus* steht für den Verhaltensbereich, in dem wir langfristige Ziele festlegen und Allianzen bilden, die die Ziele unterstützen.

Das *12. Haus* steht für den Verhaltensbereich, in dem wir die

Vergangenheit loslassen und uns selbst die Genehmigung erteilen, ein neues Kapitel des Lebens aufzuschlagen oder mystische Zustände zu erfahren.

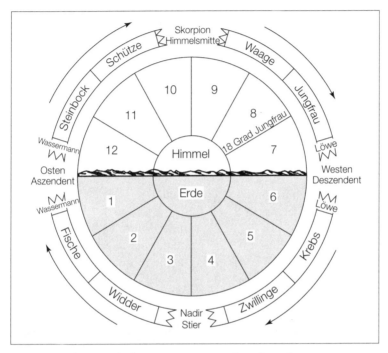

Abbildung 3: *Vereinfachte Version eines Geburtshoroskops*

Die unendlichen Möglichkeiten des Zusammenspiels zwischen diesen 34 »Worten« des astrologischen Grundwortschatzes sind das Herzstück der Astrologie auf der Basis des Geburtshoroskops. Eine jede wird in größerer Ausführlichkeit in »Der innere Himmel« besprochen. Doch die Kenntnis der vorangegangenen kurzen Beschreibungen bereitet Sie ausreichend darauf vor, das übrige Material in dem vorliegenden Buch zu verstehen.

Das Geburtshoroskop

Wie treten Zeichen, Planeten und Häuser in einem Geburtshoroskop in Erscheinung? Blättern Sie vor zu Seite 53, dort finden Sie das Geburtshoroskop von George Armstrong Custer, des Generals, der im Jahr 1876 in der Schlacht am Little Big Horn von Sitting Bull vernichtend geschlagen wurde. Der Astrologe Marc Penfield fand das Horoskop in einer astrologischen Zeitschrift aus der Zeit des Amerikanischen Bürgerkriegs und nahm es in sein Kompendium von Geburtshoroskopen auf. Bevor wir uns detaillierter mit General Custers Horoskop befassen, wollen wir zunächst unseren Einblick in das astrologische Uhrwerk vertiefen.

Wir haben bereits gesehen, wie Zeichen und Häuser im Geburtshoroskop dargestellt werden. Wie aber verhält es sich mit der Sonne, dem Mond und den Planeten?

Suchen Sie nach dem Symbol für die Sonne in Custers Horoskop – der Kreis mit dem Punkt in der Mitte. Es befindet sich in seinem 12. Haus. Dieses Haus ist auf der linken Seite (Osten!) des Horoskops lokalisiert, daraus können wir schließen, daß sich die Sonne bei Custers Geburt im Osten befand. Es war Morgen. Das 12. Haus befindet sich gerade oberhalb der horizontalen Linie, die den lokalen Horizont darstellt – also stand die Sonne noch recht niedrig am Himmel, also kurz nach Sonnenaufgang, als der General geboren wurde.

Auf mehr oder weniger die gleiche Weise zeigt uns das Horoskop die Position der übrigen Planeten. Der Abbildung 1 (Seite 34) können Sie die Symbole für die einzelnen Planeten entnehmen. Vergleichen Sie sie mit dem, was Sie in dem Geburtshoroskop sehen, und Sie können feststellen, wo jeder Planet zum Zeitpunkt von Custers Geburt am Himmel stand. Merkur ☿ befindet sich im 1. Haus und ist im Begriff aufzugehen. Die Venus steht hoch am Himmel im 10. Haus. Pluto ☽ versteckt sich unterhalb des Horizonts im 4. Haus. Neben Custers Sonne stoßen wir auf die Anmerkung »12 ♐ 47«. Das sagt uns, daß sich die Sonne bei 12 Grad 47 Minuten im Schützen befand, als er geboren wurde. (Eine Minute ist 1/60 von einem Grad.) Wäre er genau einen Tag später geboren worden, dann hätte sich die Sonne noch immer im 12. Haus befunden, doch hätte sie sich geringfügig innerhalb des Hauses bewegt und die Gradangaben wären andere.

Werfen Sie noch einmal einen Blick auf Custers Geburtshoroskop. Im äußeren Kreis des Horoskops sind Zahlen und Symbole eingetragen. Wie wir im Zusammenhang mit Abbildung 3 erfahren haben bezeichnen sie die Stelle, an der die Grenze zwischen zwei Häusern das Rad der Zeichen durchschneidet. Als Custer zum Beispiel seinen ersten Atemzug tat, da befand sich das aufsteigende Zeichen, der Schütze, bei 20 Grad ♐, im Osten. Diese Angabe bezeichnet Custers Aszendenten oder die Spitze des 1. Hauses. Sie können dies nachvollziehen, indem Sie auf das linke Ende der Horizontlinie und den entsprechenden Hinweis blicken. (Denken Sie daran, der Osten im Horoskop ist links!) Ähnlich lautet die Angabe bei der Spitze von Custers 3. Haus 6 Grad Fische ♓, womit zum Ausdruck kommt, daß der Beginn seines 3. Hauses auf den 6. Grad im Zeichen Fische fällt.

In der unteren rechten Ecke von Custers Horoskop sehen Sie ein dreieckiges Gitter, in dem zahlreiche Symbole eingezeichnet sind. Sie stehen für die *Aspekte* oder kritischen geometrischen Winkel zwischen den Planeten. Astrologen haben schon vor langer Zeit festgestellt, daß bei Planeten, die zum Beispiel im Winkel von 90 Grad zueinander stehen, der eine die Absichten des anderen durchkreuzt. Dieses Thema habe ich umfassend in meinem Buch »Der innere Himmel« behandelt, doch für jene von Ihnen, deren Interesse für die Astrologie mit dem vorliegenden Band beginnt, faßt Abbildung 4 die Wirkungsweise der einzelnen Hauptaspekte zusammen.

Die Hauptaspekte

In der Praxis kommt es selten vor, daß zwei Planeten *genau* im Winkel von 90 Grad zueinander stehen. Aber auch dann, wenn der Winkel nur annähernd stimmt, »funktioniert« der Aspekt. Astrologen vertreten sehr unterschiedliche Auffassungen darüber, wie streng man bei der Definition der Grenzen oder der *Or-*

ben eines Aspekts sein soll. Wichtig ist nur, daran zu denken, daß ein Aspekt um so wirkungsvoller ist, je mehr er sich seinem Idealwert annähert. Als allgemeine Faustregel schlage ich für alle Aspekte einen Orbis von sieben Grad vor; mit Ausnahme des Sextils, für das fünf Grad angemessener sind. Sollte die außerordentlich wichtige Sonne oder der Mond beteiligt sein, dann kann der Orbis um ein bis zwei Grad erweitert werden.

Aspekt	Symbol	Winkel	Prozeß .
Konjunktion	♂	0°	Verschmelzung, Synthese
Sextil	*	60°	Anregung, Stimulierung
Quadrat	□	90°	Reibung
Trigon	△	120°	Harmonie, Verstärkung
Opposition	♂°	180°	Spannung, Polarisierung

Abbildung 4: *Tabelle der Hauptaspekte*

In Custers Horoskop befindet sich Jupiter im 10. Haus auf 8 Grad 17 Minuten Skorpion und Neptun im 2. Haus auf 10 Grad 22 Minuten Wassermann. Das heißt, daß sie sich in einem Winkel von etwas über 91 Grad zueinander befinden – und somit innerhalb des Orbis des Quadrats liegen. Nun werfen Sie einen Blick auf das Aspekte-Gitter von Custers Horoskop. Suchen Sie die Symbole für Jupiter und Neptun, folgen Sie der Jupiter-Säule nach unten bis sie sich mit der horizontalen Neptun-Säule kreuzt – dort stoßen Sie auf ein Quadrat, das Symbol für diesen Aspekt. Auch die übrigen Symbole in dem Gitter stehen auf ähnliche Weise für eine besondere Beziehung zwischen den Planeten in General Custers Geburtshoroskop.

Himmelskarten

Vergessen Sie nie, daß Geburtshoroskope Himmelskarten sind. Astrologie ist mehr als nur eine weitere vermoderte psychologische Theorie. Trotz ihres fast unergründlichen Alters ist sie als Modell des menschlichen Bewußtseins noch immer einmalig. Doch das ist nur der Anfang dessen, was diese Symbole uns über unser Leben mitzuteilen vermögen. Sie bringen eine Verbindung zwischen Menschheit und Kosmos zum Ausdruck, die noch über Poesie und Mystizismus hinausgeht. In der Astrologie ist diese Verbindung spezifisch, direkt und leicht zu demonstrieren. Sie ist real, sogar im unerbittlichsten praktischen Sinn des Wortes.

Himmelskarten – das ist es, was alle Geburtshoroskope sind. Sie zeigen die Position der Planeten zum Zeitpunkt der Geburt eines Individuums auf. Mehr nicht. Und doch sehen wir durch diese einfachen Diagramme merkwürdige Reflexionen, ein beunruhigendes Schicksal, Abbilder der Freude oder rechtzeitige Warnungen hindurchschimmern. Himmel und Geist sind eins. Das ist die Botschaft der Astrologie.

Kapitel 3
Die Wurzel der astrologischen Prognose

Eines Abends sind Sie beim Einkaufen. Da laufen Sie einer Frau in die Arme, die Sie vor sechs Monaten auf einer Party kennengelernt haben. Lächelnd fragt sie Sie, wie es Ihnen geht. Sie lächeln zurück und sagen: »Gut.«

Haben Sie gelogen? Haben Sie denn Ihre Rückenschmerzen erwähnt? Was ist mit der Erkältung, die Sie gerade auskurieren? Und mit dem Roman, den Sie halb durchgelesen haben? Oder mit dem Streit, den Sie vor kurzem erst mit Ihrer Mutter hatten? Wenn Sie der Frau gesagt hätten, wie es Ihnen *wirklich* geht, dann hätten Sie dazu den Rest des Abends gebraucht und Sie beide zu Tode gelangweilt. Das ist natürlich der Grund, warum wir »gut« antworten – und warum wir die Straßenseite wechseln, um jenen aus dem Weg zu gehen, die die Lektion noch nicht gelernt haben.

Das Leben ist kompliziert. Zehntausende Energien laufen jede Minute in uns zusammen, belagern die grundlegenden Qualitäten unseres Charakters, gleichen sie aus, fördern sie. Die Astrologie spiegelt diese Kräfte wider, hilft uns, sie zu verstehen und das Beste aus den Gelegenheiten zu machen, die sie mit sich bringen. Das ist ihre große Stärke. Doch wenn wir unser Geburtshoroskop fragen, wie es uns geht, dann ist seine Antwort nie ein knappes, höfliches »gut«. Wir sollten uns also genug Zeit nehmen, um zuzuhören; diese Rückenschmerzen, diese Erkältung, das halb gelesene Buch, sie alle sind ein Teil der Antwort – und die Botschaft, die sie uns offerieren, rüttelt vielleicht unangenehm an unseren Annahmen, drängen uns einen Schritt weiter voran auf dem aufregenden, aber oft auch holperigen Weg der Selbstentdeckung.

Das Wurzel- oder Radixhoroskop

Minute um Minute, Monat um Monat, Jahrzehnt um Jahrzehnt verändert sich unsere Stimmung. Die Ausrichtung des Lebens verschiebt sich. Heute sind wir aufs intensivste mit unserem beruflichen Werdegang beschäftigt. Gestern haben wir einen Verwandten zu Grabe getragen. Morgen lernen wir Skifahren. Einen Monat befinden wir uns in einem erhöhten spirituellen Bewußtseinszustand. Wir meditieren. Wir nehmen an einer Yogasitzung teil. Wir rümpfen verächtlich die Nase, wenn wir auf unserem Weg an einem McDonald's vorbeikommen. Den nächsten Monat zählen nur noch Pommes frites und laute Musik. Doch im Inneren des Kaleidoskops hält irgend etwas all das zusammen. Irgendwie herrscht dennoch Einheit und Kontinuität vor. All den Veränderungen zugrundeliegend ist da etwas so Gewaltiges und Allumfassendes, daß es sogar den gesamten tragikomischen Karneval des Lebens einschließt, einzelne Szenen zusammenklebt und verwebt, sie zu einem einzigen multidimensionalen *großen Ganzen* verschmelzt. Spirituell gesehen könnten wir dieses große Ganze als *Seele* bezeichnen. Aus der psychologischen Perspektive ist sein Name das *Ich*. Doch astrologisch betrachtet ist die große einende Kraft das *Wurzel-, Radix- oder Geburtshoroskop*. Ohne das Horoskop könnte es keine astrologische Prognose geben, denn da wäre nichts, worauf eine astrologische Energie einwirken könnte. Mit anderen Worten, wo keine Ohren sind, da ist auch keine Musik.

Das Geburtshoroskop ist die Wurzel der astrologischen Prognose. Es legt den großen Plan für das Leben eines jeden Menschen fest, verdeutlicht die spirituellen Ziele, die dem Auf und Ab alltäglicher Erfahrung zugrunde liegen, weist hin auf Strategien und Mittel, die für das Erreichen dieser Ziele bereitstehen, und warnt vor den finsteren Aussichten, wenn sich jemand für Faulheit und rasche Antworten entscheidet. *Ereignisse und Verwirklichungen, die nicht im Geburtshoroskop »vorhergesagt« wurden, haben keine Aussicht, jemals von bleibender Bedeutung für das Individuum zu sein.* Ja tatsächlich ist es nicht einmal wahrscheinlich, daß es sie überhaupt geben wird.

Ein grundlegender Einblick in die Symbolik des Geburtshoroskops ist die Basis für den Erfolg der astrologischen Prognose, und das Erfassen der Botschaft dieses Horoskops muß immer der vorhersagbare erste Schritt des Astrologen sein.

Das Ignorieren des Geburtshoroskops ist vielleicht der am weitesten verbreitete Fehler bei denen, die die astrologische Vorhersage erlernen. Die Versuchung, vorwärts zu stürmen und auf das Beste zu hoffen, ist immer da – und sie führt unweigerlich zu verheerend verrückten Prognosen. Es ist nicht wahrscheinlich, daß ein gebeugter Professor für Altphilologie mit flaschenbodendicken Brillengläsern den Montblanc erklettert, nur weil Mars sein »Haus der langen Seereisen« auslöst, noch sollte er sich mit dem Gedanken hierzu tragen. Wir dürfen nicht vergessen, wen wir vor uns haben, und müssen uns bemühen, seine Bedürfnisse und Ziele zu verstehen und zu respektieren. Der Montblanc mag vielleicht als Metapher dienen, doch der Berg, vor dem der Professor tatsächlich steht, hat vermutlich mehr mit einer Konferenz zu tun, an der teilzunehmen er sich überlegt, und mit einem Referat, das er dort gerne halten würde – wenn er doch nur seine Furcht vor einem öffentlichen Auftritt oder seine Flugangst überwinden könnte.

Welches sind die tatsächlichen Umstände, mit denen dieser Professor konfrontiert ist? Ohne ihn zu kennen, können wir keine Vorstellung von ihnen haben, und es ist nicht die Aufgabe der Astrologie, diese herauszufinden. Damit würden wir nur ein weiteres Kapitel der Wahrsagerei aufschlagen. Doch indem wir unsere Sprache der natürlichen Sprache seines Geburtshoroskops anpassen, zielen wir mit unserer Interpretation geradewegs auf sein Herz, fordern ihn dazu heraus, sich zu strecken und zu wachsen. Einem Widder, bei dem Mars und Saturn eine Konjunktion bilden, würde vielleicht die Seele im Leib tanzen, wenn wir vom Besteigen des Montblanc sprechen. Solche Erfahrungen hallen in dessen Grundwesen wider. Doch möglicherweise ist dieser Professor eine Jungfrau des 4. Hauses mit Krebs-Aszendent und einer Saturn/Sonne-Konjunktion. Für ihn sind Schüchternheit und Selbstbeschränkung Berge genug.

In diesem Buch werde ich viele astrologische Techniken zur Analyse von Wachstums- und Veränderungsmustern untersuchen. Manche von ihnen sind mit Energien verbunden, die tatsächlich vom Himmel auf uns alle herniederregnen – wie eine Art »kosmisches Wetter«. Andere, ebenso mächtige, haben ihren Ursprung in Entwicklungsrhythmen, die dem Geburtshoroskop selbst innewohnen. All dies wird im Detail besprochen werden. Sie alle sind stark. Sie alle formen die Gezeiten unserer Erfahrungen. Doch keine von ihnen ist ohne das Geburtshoroskop auch nur einen Pfifferling wert. Das ist die Wurzel der astrologischen Prognose.

Einstimmung

Während Sie dieses Buch lesen, ist Ihr Körper eingetaucht in einen fließenden Ozean der Energie. Sie werden überflutet mit unsichtbarer Strahlung jeder Wellenlänge. Röntgenstrahlen durchdringen Sie, ausgehend von Pulsaren und Neutronensternen, die Hunderte von Lichtjahren entfernt sind. Gammastrahlen stürzen aus zerfallendem Uran im Erdkern herauf. Ultraviolette Wellen werden hinausgeworfen aus dem explodierenden Herz der Sonne, um sich in Ihre Zellen zu bohren. Gar nicht zu reden von den menschgemachten eindringenden Energien. Beunruhigend, nicht wahr? Ja, aber nur, wenn wir darüber nachdenken. Andernfalls würden wir keine dieser Energien wahrnehmen, außer vielleicht die ultravioletten Strahlen, die unsere Haut verbrennen, wenn wir zu viele Stunden am Strand verbringen. Warum nicht? Weil wir nicht darauf eingestellt sind. Unsere Sinne reagieren nicht auf diese Wellenlängen. Wenn wir Nachrichten hören wollen, dann müssen wir das Radio einschalten.

Astrologie funktioniert auf die gleiche Art. Wenn ein Vollmond in einem bestimmten Teil eines bestimmten Zeichens – sagen wir in den letzten paar Grad des Schützen – vorkommt, dann steht ein Mensch vielleicht in seinem Bett Kopf, während der andere die Sache verschläft. Wenn wir die Geburtshoroskope der beiden betrachten, dann erkennen wir rasch, warum. Diese Grade des Schützen sind der Aszendent der ersten Person. Für die zweite

Person sind sie kein sensibler Bereich – dieser Teil des Schützen ist eine dunkle Ecke in ihrem 6. Haus und bildet keinen wichtigen Aspekt mit irgend etwas anderem in ihrem Horoskop. Mit anderen Worten, die erste Person ist »eingestimmt« auf die letzten paar Grad des Schützen, während dies bei der zweiten nicht der Fall ist. Astrologisch gesehen macht das den Unterschied aus zwischen dem Verfließen eines vergessenswerten Wochenendes und dem Umzug nach Katmandu unter Zuhilfenahme eines falschen Passes.

Wenn Ihr Radio auf 89,3 FM eingestellt ist, dann ist es das, was Sie hören. Alle anderen Sender spielen zwar trotzdem ihre Programme ab, aber sie fließen einfach durch Sie hindurch, ohne daß Sie es überhaupt merken. Geburtshoroskope sind wie defekte Radios – sie sind bei einem Sender hängengeblieben. Sie nehmen jede Nuance planetarer Strahlung auf, aber nur in dieser bestimmten Wellenlänge. Alles andere könnte ebensogut gar nicht existieren.

In Wahrheit ist die Situation natürlich ein wenig komplizierter. Jedes Horoskop wird tatsächlich von allen Wellenlängen ein wenig beeinflußt, doch oft nur in so geringem Maße, daß man diesen Einfluß aus praktischen Gründen vernachlässigen kann. In einem Raum voller kreischender Kettensägen fühlt sich niemand durch eine summende Stechmücke gestört. Jemand, der beispielsweise die Sonne und drei weitere Planeten in den Zwillingen hat, wird belebt und vielleicht ins Wanken gebracht, wenn Uranus durch dieses Zeichen zieht. Er befindet sich »auf dieser Wellenlänge«. Durchläuft Uranus jedoch die Zeichen Steinbock oder Krebs, dann ist seine Wirkung auf diese Person sehr viel subtiler. Das bedeutet nicht, daß der Vorgang ohne Bedeutung ist, aber er stellt keinesfalls einen derartig kritischen Wendepunkt im Leben dieses Menschen dar. Auf ähnliche Weise sind die Angelegenheiten etwa des 4. Hauses – Zuhause, Familie, tiefe innere Arbeit – für ein Individuum von Belang, wenn es eine Reihe von Planeten in diesem Haus hat. Diese Planeten im 4. Haus stehen für ein Potential, das darauf wartet, freigesetzt zu werden. Wenn Planeten diesen Teil des Geburtshoroskops durchlaufen, dann werden bedeutsame Schritte getan, und Verwirklichung wird sichtbar. Eine solche Periode ist für die betreffende Person von fortdauernder Bedeutung. Wenn andererseits der gleiche Planet das leere 4. Haus im Geburtshoroskop eines anderen Menschen durchläuft, dann wird sehr wenig stattfinden. Dort ist sehr viel weniger Potential vorhanden, das ausgelöst werden könnte. Die Phase ist dennoch von Bedeutung und kann astrologisch erfaßt werden. Aber der erste Schritt des Verstehens besteht in der Erkenntnis, daß sie für das allgemeine Entwicklungsmuster der Person von begrenzter Bedeutung ist.

Wenn das Geburtshoroskop auf eine bestimmte Angelegenheit eingestimmt ist, dann wird diese durch die Einwirkung sich bewegender Planeten auf dramatische Weise verstärkt.

Unsere Fähigkeit, uns auf astrologische Kräfte »einzustimmen« besitzt eine weitere Dimension, die in traditionellen Texten häufig übersehen wird. Sagen wir, eine Frau wird mit einem Horoskop geboren, in dem der Einfluß von Saturn beherrschend ist. Er befindet sich im Steinbock, in Konjunktion mit ihrem Aszendenten und in Opposition zu ihrer Sonne. Mit anderen Worten, Saturn ist immer bei ihr und berührt jede Ecke ihres Lebens. Möglicherweise reagiert sie darauf positiv, auf mutige und selbsterneuernde Weise, lernt ihre Lektion in Sachen Realitätssinn, Selbstzufriedenheit und Geduld. Oder aber sie nimmt den leichteren Weg, wird zynisch und depressiv, wie es die Wahrsager vermutlich prognostizieren würden. Wie immer sie sich auch entscheidet, Saturn ist der »Lehrmeister« in ihrem Leben. Seine strenge Hand beeinflußt all ihre Angelegenheiten, ist immer und kompromißlos präsent. Sie befindet sich auf der Wellenlänge des Saturn, gleichgültig was dieser Planet tut. Sie reagiert zuverlässig selbst auf relativ geringfügige Positionsveränderungen des Planeten. Warum? *Weil sie, egal was Saturn auch tut, auf ihn hört.*

Diese Frau hat vielleicht einen Ehemann, dessen Geburtshoroskop sehr viel weniger »saturnisch« ist. Er ist ein fröhlicher, energiegeladener Löwe mit einem freundlichen Waage-Mond im 1. Haus und einer starken, verbindenden Venus. Sein Saturn befindet sich im 8. Haus und weist keine wichtigen Aspekte auf. Im

Steinbock – einem Zeichen, in dem Saturn einen starken Widerhall findet – hat er keine Planeten, also ist auch diese Wellenlänge
blockiert. Folglich kann sein astrologisches Radio kaum die Sen-
dungen des Saturn empfangen. Was geschieht, wenn der Saturn
einen empfindlichen Bereich in seinem Geburtshoroskop durchläuft? Es wäre ein schwerer Fehler anzunehmen, daß der Planet
nur wenig oder gar nicht auf den Mann einwirken würde. Selbstverständlich wird er das tun. Er könnte ihm ganz entsetzlich ins
Gesicht brüllen. Doch auf lange Sicht wird diese Phase in seinem
Leben sich als sehr viel weniger zentral erweisen, als ein ver-
gleichbarer Abschnitt im Leben seiner »saturnischen« Frau. Für
sie ist Saturn ihr »Hauptfach«. Für ihn ist er nur eine Art »Pflicht-
fach«, das er belegen muß wie einen Kurs in Infinitesimalrechnen
bevor er sich wieder dem eigentlichen Ziel seiner journalistischen
Ausbildung zuwenden kann.

Wie aber werden sich die beiden nun unter dem Einfluß eines
vorüberziehenden Saturn verhalten? Wir wissen es nicht. Wenn es
um solche Fragen geht, dann halten die astrologischen Energien
nur die Hälfte der Karten in der Hand. Die verbleibenden Karten
befinden sich in den Händen des Individuums selbst. Wir wissen,
daß die Frau ihr ganzes bisheriges Leben mit dem Ringplaneten
zugebracht hat. Man könnte behaupten, daß sie alte Freunde sind
– oder wenigstens vertraute Feinde. Ihrem Mann andererseits ist
Saturn relativ unbekannt. Er ist an dessen eisig klare, einsame
Energie nicht gewöhnt. Ob gut oder schlecht, seine Frau nimmt
die Durchreise des Saturn intensiver wahr. Sie erkennt sie als
grundlegenden, anspruchsvollen Wendepunkt in ihrem Leben –
vorausgesetzt, sie verschließt, geplagt durch Depression und
Selbstmitleid, nicht die Augen davor. Und weit eher als ihr Mann
ist sie emotional und psychisch ausgerüstet, um kraftvoll auf
diese Phase zu reagieren. Warum? Weil ihr Geburtshoroskop –
das Kernstück ihrer astrologischen Prognose – so eingerichtet ist,
daß sie sich dieser Herausforderung stellen kann, wenn sie ihr gegenüber nur eine positive Haltung einnimmt.

Was geschieht mit ihrem Mann angesichts eines saturnischen
Angriffs? Er besitzt ebensoviel Freiheit wie jeder andere Mensch
auch. Er kann die Wahrscheinlichkeitskurve zu seinen Gunsten

verbiegen – oder er kann sie passiv aussitzen und damit die negativen Prophezeiungen der Wahrsager erfüllen. Wir wissen, daß für ihn die Lektionen des Saturn schwerer zu begreifen sind. Anders als seine Frau ist er für diese Art Lektionen nicht ausgerüstet. Plötzlich ist er mit einer Phase in seinem Leben konfrontiert, in der die Wirklichkeit selbst rauher und fordernder, weniger günstig und kompromißbereit ist. Er fühlt sich einsamer als jemals zuvor, konfrontiert mit starren Schwarzweißentscheidungen, unfähig, sie wie sonst mit seinem charmanten Lächeln in Grau- oder Pastelltöne zu verwandeln. Für ihn bedeutet die Saturn-Periode etwas anderes als für seine Frau. Er sieht sich herausgefordert, Anpassung und Flexibilität zu beweisen. Obwohl die Phase letztlich von geringerer Bedeutung für ihn ist, kann es sein, daß sie ihn zum Zeitpunkt des Geschehens mehr mitnimmt als dies bei seiner Frau der Fall sein würde. Für sie bedeutet eine saturnische Phase eine Intensivierung *vertrauter* Fragen und Muster. Für ihn schlägt etwas Unvertrautes und Fremdes aus einer unerwarteten Richtung zu – und selbst wenn sich diese Kraft als weniger furchterregend erweisen sollte als bei seiner Frau, so werden doch Überraschung und Schock ihren Preis verlangen.

Diesen beiden Beispielen liegt die unentrinnbare Wucht des Geburtshoroskops zugrunde. Die Bewegung des Saturn, oder eines anderen Planeten, ist für sich allein genommen ohne jegliche Bedeutung. Unser erster Schritt muß immer sein, das Individuum zu verstehen. Erst dann sind wir dazu in der Lage, die Bedeutungen der Ereignisse, denen dieser Mann oder diese Frau ausgesetzt ist, zu entschlüsseln.

Aufgrund dieser Beispiele lassen sich drei weitere allgemeine Prinzipien im Rahmen der astrologischen Prognose formulieren. Verinnerlichen Sie sie, und das mehr technische Material der folgenden Kapitel wird sich leicht und wirkungsvoll von Ihnen einsetzen lassen.

Je stärker ein Planet im Geburtshoroskop gestellt ist, desto dramatischer ist sein fortgesetzter Einfluß auf das Leben des Individuums.

51

Wenn ein Planet eine dominierende Rolle im Geburtshoroskop spielt, dann werden zwar seine folgenden Bewegungen das Individuum tiefer beeinflussen, der Mensch ist jedoch auch von Natur aus besser ausgerüstet, um kreativ auf die anstehenden Fragen zu reagieren.

Wenn ein im Geburtshoroskop schwacher Planet einen sensiblen Bereich durchläuft, dann ist zwar seine Bedeutung im Hinblick auf die Gesamtentwicklung gering, doch seine emotionale Wucht kann im Augenblick des Geschehens größer sein, da das Individuum dazu herausgefordert wird, sich auf neue, ihm nicht vertraute Weise zu entwickeln.

Lassen Sie uns nun alles, was wir bisher erfahren haben, anhand eines konkreten Beispiels in einem Bild zusammenfügen. Wie kommen diese Prinzipien nun wirklich im Alltag zum Tragen?

General Custer ist durch seinen militärischen Fehler am Little Big Horn bekannt geworden. Die Stärke und den strategischen Sinn der unter der Führung von Sitting Bull zusammengezogenen Sioux und Cheyenne unterschätzend, führte Custer mehr als 260 Soldaten in einen Hinterhalt. Durch das nachfolgende Massaker errangen die nordamerikanischen Indianer ihren entscheidendsten Sieg in diesem langen Krieg. Es ist leicht für uns, Custer auf einen zweidimensionalen, dummen Helden in einem Comic zu reduzieren. Das ist die typische Perspektive der Geschichtsschreibung. Lassen Sie uns ihn jedoch durch eine schärfere Linse betrachten, die ihn als das offenbart, was er war – ein menschliches Wesen wie wir. Lassen Sie uns sein Geburtshoroskop zu Rate ziehen, um festzustellen, welche astrologischen Energien sich an diesem Tag auf ihn auswirkten, als er sein Leben verspielte.

Wie die meisten Menschen mit einer extremen Lebensführung hat auch George Armstrong Custer ein extremes Horoskop. Er ist ein »dreifacher Schütze«, bei dem Sonne, Mond und der Aszendent in diesem Zeichen stehen. Wie wir im »Inneren Himmel« erfahren haben, werden diese drei astrologischen Symbole die »primäre Dreiheit« genannt. Gemeinsam machen sie das Skelett der Individualität dieser Person aus. Die Sonne steht für ihre

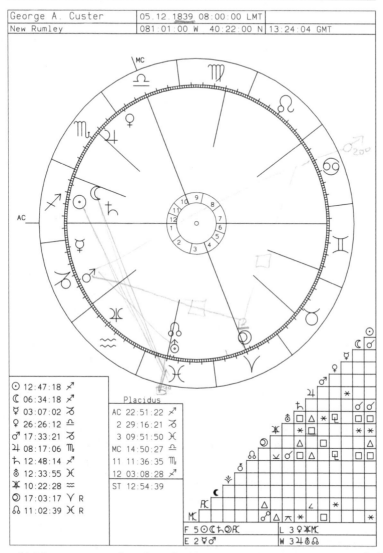

Abbildung 5: *Das Geburtshoroskop von General Custer*

Kernidentität. Der Mond offenbart ihre zugrundeliegenden emotionalen Bedürfnisse und Motivationen – ihre *Seele.* Der Aszendent schließlich – gemeinsam mit dem 1. Haus – gibt an, wie die

53

Person all dieses Material nach außen hin und in das soziale Umfeld hinein in Szene setzt und in eine angepaßte Alltagspersönlichkeit umformt. Aus diesem Grund bezeichnen wir den Aszendenten als *Maske*. Da sich alle drei in einem einzigen Zeichen befinden, begegnet uns in George Armstrong Custer eine ungewöhnliche und extreme Persönlichkeit. Eindeutig kam er in diese Welt, um umfassende Erfahrungen zu sammeln und dies mit hoher Geschwindigkeit und erbarmungsloser Intensität – das ist im wesentlichen das Fundament der Entwicklungsstrategie eines Schützen. Die ihm durch den Schützen zur Verfügung stehenden Mittel waren Überschwang, Vertrauen und Begeisterung – gepaart mit guter Urteilsfähigkeit und der sorgfältig getroffenen Entscheidung für einen Sitz in den hinteren Reihen, jedenfalls wenn er den Versuchungen des Schütze-Schattens erlegen ist.

Die Anwesenheit von Custers Sonne und Mond im 12. Haus fügen eine potentiell vorhandene Unterströmung spiritueller Perspektiven hinzu, die auf paradoxe Weise nahelegt, daß es zu dem von ihm befahrenen existentiellen Terrain gehörte, seine rigide Identifikation mit seinem Ich und seinem Stolz zu transformieren. Bedeutet dies, daß Custer eine Art Guru im Verborgenen war? Nein. Wir dürfen nicht vergessen, daß Häuser im Leben nur *Territorien* darstellen. Ob wir uns gründlich oder oberflächlich in ihnen bewegen, liegt allein an uns. Bei einer erfolgreichen Reise durch eine solche astrologische Landschaft wäre Custers Selbstumwandlung freiwillig und gewollt gewesen. Andernfalls wird die Lektion durch die Umstände aufgezwungen, woher auch die mittelalterliche Vorstellung stammt, daß das 12. Haus das »Haus der Mühen und Schwierigkeiten« ist. Ohne Zweifel kamen in diesem Mann wunderschöne Samen zusammen. Er hätte ein glänzender mystischer Philosoph sein können und war dies in ruhigen Augenblicken vermutlich auch. Aber er zeigt auch die beunruhigende Neigung, mit geschlossenen Augen und einem Bauch voller Bier in unübersichtlichen Kurven zu beschleunigen.

Die letztgenannte Qualität wird durch die Anwesenheit des Merkur (Sprachfunktion) betont, mehr noch aber durch den Mars (Aggressionsfunktion) in seinem 1. Haus. Somit war seine »Maske« die des schlagfertigen Kriegers, rauh und jederzeit bereit.

Der Uranus, mit all seinen Tendenzen zu Explosivität und Impulsivität, befindet sich in den immer leicht abgehoben wirkenden Fischen und bildet ein spannungsgeladenes, instabiles Quadrat mit der Sonne und dem Mond. Etwas Ausgewogenheit erhält Custers Horoskop durch Saturn, der sich in Konjunktion mit Sonne und Mond befindet, was normalerweise ein Hinweis auf Vernunft und Besonnenheit ist. Der arme Saturn begegnet in dieser Konstellation jedoch eindeutig seinem Meister. Konfrontiert mit einer primären Dreiheit im Schützen, der noch Mars und Uranus als Verstärkung zur Seite gestellt sind, hat sogar Saturn wenig mehr zu bieten als ein hochentwickeltes taktisches Einfühlungsvermögen.

Die Versuchung ist groß, sich selbstgefällig den Hut des Magiers aufzusetzen und zu erklären, daß Custers Geburtshoroskop eine auf ihre Erfüllung lauernde Katastrophe ist. Die Tatsache, daß genau dies später eintrat, verleiht dieser Art von Analyse keineswegs mehr Berechtigung. Wenn wir schon nicht dazu in der Lage sind, dem Mann Respekt zu zollen, dann müssen wir doch wenigstens das wunderbare Potential respektieren, mit dem er begabt war. Er hätte lernen können, sich von seiner Aufgeblasenheit und seinem Extremismus zu distanzieren und beides mit Sachlichkeit und ein wenig Humor auf eigene Kosten auszugleichen. Er hätte seine gefährlichen Eigenheiten besser durchschauen können, wenn er nur etwas weniger abhängig von seinem Stolz gewesen wäre. Anscheinend vermochte er diese Schritte nicht zu tun und wurde somit zum Opfer eines der grundlegendsten Gesetze des Lebens: *Das, was wir nicht durchdenken können, müssen wir durchleben.* Es war nicht die Astrologie, sondern die dickköpfige Angst davor, sich vom Leben irgend etwas beibringen zu lassen, die George Armstrong Custer an die Biegung des Little Big Horn geführt hatte.

Was aber geschah astrologisch gesehen an diesem Junitag im Jahr 1876, als Custer seine Truppen in die vernichtende Schlacht führte? Sowohl Saturn als auch Mars durchquerten äußerst sensible Zonen seines Geburtshoroskops. Für den mittelalterlichen Astrologen waren dies »üble« Einflüsse und ihre gleichzeitige Anwesenheit an Wirkpunkten unheilverkündend. Ein moderner Kollege wäre weniger pessimistisch, würde aber ebenfalls schnell

55

erkennen, daß ein kritischer Augenblick erreicht worden war. Custer war an einem Punkt angelangt, an dem er wählen mußte, und sofern es ihm nicht gelang, durch einen Bewußtseinssprung die Kurve der Wahrscheinlichkeit zu seinen Gunsten zu verbiegen, stand ihm der Sturz bevor.

Saturn, der langsamere der beiden Planeten, bereitete die Bühne vor. Er überquerte den 9. Grad des Zeichens Fische – aus mehreren Gründen eine hypersensible Zone für Custer. Saturn bildete eine Konjunktion mit Custers Geburts-Uranus und außerdem ein Quadrat mit Sonne und Mond. Was hatte dies zu bedeuten? Wie wir im nächsten Abschnitt des Buches ausführlich erfahren werden, steht der Durchgang des Saturn immer für eine Art *Konfrontation mit der Wirklichkeit.* Grant Lewi, ein Astrologe aus dem vergangenen Jahrhundert, bezeichnete diese Situation als »den kosmischen Gehaltsscheck«, womit er zum Ausdruck bringen wollte, daß man unter dem Einfluß des vorbeiziehenden Saturn genau das erhält, was einem zusteht, in Freud und Leid. Wir mögen ein Netz aus tröstlichen Halbwahrheiten über uns selbst weben und so viel träumen und planen wie wir wollen, doch wenn der Saturn einen sensiblen Punkt in unserem Horoskop erreicht, dann brechen solche falschen psychologischen Kartenhäuser rasch in sich zusammen. Mit seiner primären Dreiheit im Schützen glaubte Custer vermutlich, er sei unverwundbar. In der Tat wurden im Laufe seiner Jahre als Soldat zehn Pferde unter ihm erschossen, während er selbst nur eine unbedeutende Verletzung davontrug. Am Little Big Horn kollidierte (Quadrat) die Wirklichkeit (Saturn) mit seinem dreisten, übersteigerten Selbstvertrauen (Sonne und Mond im Schützen). Sie stieß (Konjunktion) außerdem mit seiner eigensinnigen Impulsivität (Uranus) zusammen.

Der Saturn befand sich viele Wochen lang in den Orben dieser Aspekte. Doch was löste die Ereignisse vom 25. Juni 1876 aus? Es überrascht nur wenig, daß die Antwort den Kriegsgott auf den Plan bringt. An diesem Tag stand Mars auf 20 Grad im Krebs und innerhalb der Orben zweier im höchsten Maß aufgeladenen Aspekte. Der Planet bildete ein Quadrat zu Custers Pluto und eine Opposition zu der Stelle, an der sich der Mars bei Custers

Geburt befunden hatte – seinem Geburts-Mars. Jeder der Beteiligten hält ein Stück des Puzzles in der Hand.

In Custers Geburtshoroskop befindet sich Pluto im Zeichen Widder im 4. Haus, ein Territorium, das mit den Begriffen »Helden« und »Schatten« assoziiert wird. Da sich der dominante Pluto im Zeichen des Kriegers befindet, ist klar, daß Kriegslust und die Liebe zum Kommandieren in diesem Mann tief verankert sind. Unter dem vorübergehenden Reibungsdruck (Quadrat) durch das Symbol für Aggression und Territorialität (Mars) mußte dieser Hochofen weißglühende Hitze verstrahlen. Da sich Mars auch noch in Opposition zu seinem Geburts-Mars befand, erreichte Custers Grimm seinen Höhepunkt und wurde vielleicht noch zusätzlich durch die frustrierende Konfrontation mit der Wirklichkeit (Saturn) verstärkt. Die in Custers Geburtshoroskop veranlagten verheerenden Potentiale wurden bis an ihre Grenzen ausgereizt. Irgendwo mußte der Damm brechen. Würde es ein Durchbruch in Sachen Selbsterkenntnis sein, oder würden die Wahrsager einen weiteren Sieg davontragen?

Was hätte Custer anders machen können? Gab es denn eine Hoffnung für ihn, als er voller Selbstvertrauen und durch Mars aufgeputscht in dieses unter strategischen Gesichtspunkten gefährliche Tal hineinmarschierte? Selbstverständlich. Er hätte sich beruhigen, umkehren, wieder hinausmarschieren und vorsichtshalber Späher zur Erkundung des Geländes vorausschicken können. Sicherlich wäre eine solche Handlungsweise möglich, ja sogar logisch gewesen. Doch die Fragen, die sich in astrologischer Hinsicht stellen, sind von noch größerer Bedeutung: Welchen Zweck hatten diese vorübergehenden astrologischen Einflüsse? Was hätte der Mann *lernen* sollen?

Saturn war da, um ihm eine Lektion im Hinblick auf die Wirklichkeit zu erteilen. Durch den Quadrat-Aspekt zu Custers Sonne und Mond wissen wir, daß die Lektion etwas damit zu tun hatte, wie die Wirklichkeit manchmal mit den schwachen Seiten und den persönlichen Vorlieben des einzelnen zusammenprallt. Als Custer auf die Katastrophe zu reitet, kommt ihm ein ausgesprochen saturnischer Gedanke in den Sinn: »Da draußen sind irgendwo eine Menge wütender Sioux und Cheyenne. Sie werden von einem Schamanen angeführt, der ein brillanter Stratege sein könnte. Sie kämpfen für ihr Vaterland und für das Leben ihrer Familien. Sie wissen, daß wir ausgezogen sind, um sie zu töten. Ich führe meine Männer auf eine verdächtige Biegung des Flusses zu. Also, wenn ich Sitting Bull wäre, ...«

Ergänzen Sie dies nun um den Einfluß von Mars. Er durchlief General Custers 7. Haus und stand dabei in Opposition zu seinem Geburts-Mars im 1. Haus. Traditionell als das »Haus der Ehe« bezeichnet geht die Bedeutung des 7. Hauses aber noch sehr viel weiter. Es bezieht sich auf jeden, den wir als gleichgestellt betrachten und mit dem wir durch eine relativ stabile Partnerschaft verbunden sind. In manchen mittelalterlichen Texten wird das 7. Haus als das »Haus der offenbaren Feinde« bezeichnet. Diese Beschreibung ist recht zutreffend. Der »würdige Gegner«, den wir nur auf eigene Gefahr hin mißachten und der in uns Vorzüglichkeit und Leistungswillen hervorbringt, ist typisch für 7. Haus-Beziehungen. Jeder, der seit langer Zeit mit einem Lebensgefährten zusammenlebt, wird diese Dimension des Hauses der Ehe bestätigen.

Welche Veränderungen wären Custer in Reaktion auf den Einfluß des Mars möglich gewesen? Da Mars die Lektion des Saturn über die Wirklichkeit erweitert und näher ausführt, ist seine Botschaft vollkommen klar: »General Custer, *Sie sind Ihrem Meister begegnet*. Mit Ihrem Mars im 1. Haus sind Sie ein mächtiger Krieger. Doch nun stellt sich Ihnen ein weiterer Mars, ein weiterer *Wille* entgegen, der dem Ihren ebenbürtig und der auf Sie ausgerichtet ist. Sie müssen sich nicht unterwerfen, aber Sie dürfen Ihren Gegner keinesfalls unterschätzen. Respektieren Sie ihn, machen Sie keine Fehler, und Sie haben gute Chancen.« Custer ignorierte all dies, marschierte wichtigtuerisch zu seiner eigenen Schlachtbank und wies die marsischen Energien mit Draufgängertum und sinnloser Wut zurück. Die Astrologie stellt nur die Frage. Die Menschen beantworten sie. Wie wir alle war auch George Armstrong Custer frei – in diesem Fall eine auf schaurige Weise wahre Grabinschrift.

Am Ende des ersten Kapitels stellten wir uns die Frage, was geschehen wäre, wenn Ernest Hemingway eine Woche vor seinem

Selbstmord einen modernen Astrologen aufgesucht hätte. Wir wollen die gleiche Frage auch in bezug auf General Custer stellen. Was wäre geschehen, wenn er sich über das »astrologische Wetter«, das sich über ihm zusammenbraute, im klaren gewesen wäre? Möglicherweise genau das, was sich dann auch ereignete. Die Wahrheit ist nur dann von Nutzen, wenn sie auch gehört wird, und Hören fällt oft schwer. Wenn er so in seinem blinden Stolz und in seinem Ruhm versunken gewesen wäre, daß er sein Herz nicht einen Moment lang für die Worte des Astrologen hätte öffnen können, dann wäre er in das Tal des Little Big Horn hineinmarschiert, gleichgültig wie wortgewandt der Astrologe auf ihn eingeredet hätte. Doch was wäre geschehen, wenn er sich doch nicht als der Tolpatsch erwiesen hätte, für den wir ihn immer gehalten haben? Was, wenn er bereits *kurz davor* stand, die Lektion dieser Phase seines Lebens zu kapieren? Was, wenn diese Weisheit und diese Veränderung im Begriff waren, zu seinem Bewußtsein durchzubrechen? Hätte ihn die Warnung des Astrologen vielleicht das letzte Stück Weg voran geschoben – wäre damit die Geschichte in eine andere Richtung verlaufen, in eine der zahlreichen Gassen, die sich vor ihr auffächern? Wir können es nicht wissen, doch Fragen wie diese sind das Blut und die Seele der modernen Astrologie.

Custer ist tot. Er hat seine Wahl getroffen. Doch wir befinden uns unter den Lebenden und damit im Reich des Wunderbaren. Die Vergangenheit mag erstarrt sein, doch vor uns breitet sich nicht Schicksal, sondern ein Netz aus Wahrscheinlichkeitskurven aus, die nur darauf warten, erprobt, gewählt und geformt zu werden. Die meisten von uns haben viele Male die richtige Wahl getroffen. Doch viele von uns sind auch bereits in ihr eigenes Little Big Horn marschiert, verführt vom eigenen Stolz und von den eigenen Ankündigungen zum Opfer gemacht. Wenn wir auf diese Weise erst ein paarmal Verletzungen davongetragen haben, dann gelingt es uns vielleicht, unseren Stolz hinunterzuschlucken und nach geeigneten Verbündeten Ausschau zu halten. Freunde. Religion. Psychotherapie. Vorbilder. Sie alle können helfen. Die Astrologie kann Sie auf die gleiche Weise unterstützen.

Lassen Sie uns darin fortfahren, uns diese alte Sprache, die zunächst so fremd und dann doch so merkwürdig vertraut klingt, zu eigen zu machen. Im »Inneren Himmel« haben wir erfahren, wie das Geburtshoroskop und mit ihm sein symbolischer Gehalt entschlüsselt werden kann. Nun gehen wir noch einen Schritt weiter und finden heraus, wie sich diese komplexe Botschaft nicht nur im Laufe des Lebens entfaltet, sondern auch im Verlauf von Minuten und Tagen und Monaten. Unser astrologischer Verbündeter hält weitere Lektionen für uns parat.

Zweiter Teil
Transite

Kapitel 4
Transite I: Definitionen

Die Erde ist wie eines dieser Gipspferdchen auf einem Karussell, dreht sich um die Achse, eilt mit ungefähr 30 Kilometern pro Sekunde durch den Raum. Für ihre fast kreisrunde Umlaufbahn um die Sonne braucht die Erde 365 Tage. Nur zwei Pferdchen auf dem Sonnenkarussell sind schneller – Merkur und Venus. Die übrigen sind langsamer, und ihre Geschwindigkeit nimmt noch ab, je weiter sie von der Sonne entfernt sind. Der Mars – das nächste Pferdchen in Folge – benötigt ungefähr zweieinhalb Jahre für seinen Weg. Nach dem Mars kommt der noch langsamere Jupiter, der die Reise in würdevollen zwölf Jahren bewältigt. Der äußere Rand des Karussells erscheint unseren Augen zu verschwommen, als daß wir ihn klar erkennen könnten, doch soweit wir wissen, ist Pluto das letzte Pferdchen und daher das langsamste, das den langen Weg um die Sonne in gemächlichen zweieinhalb Jahrhunderten zurücklegt.

Wären wir dazu in der Lage, das Karussell von der Sonne aus oder noch besser, von einem weit entfernten Raumschiff aus zu beobachten, dann würden wir sehen, daß alle Planeten im Sonnensystem einem vernünftigen, vorhersagbaren Weg folgen. Unser Standpunkt ist jedoch nicht so fest. Wir beobachten das kosmische Karussell von einem der Pferdchen aus, und das bringt alles durcheinander. Unsere Vorwärtsbewegung addiert sich zu den natürlichen Bewegungen der Planeten, gibt ihnen den Anschein, zu bremsen und zu beschleunigen, in ihrer Spur, scheinbar nach dem Zufallsprinzip, sogar vollkommen zum Stillstand zu kommen. Obwohl die Anordnung im Sonnensystem außerordentlich einfach ist, ist es kein Wunder, daß die Menschheit zehn-

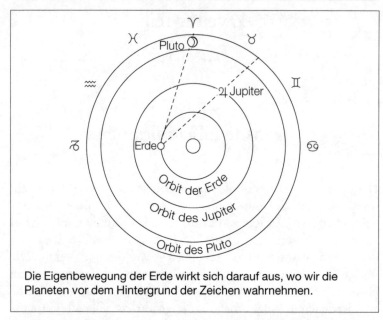

Die Eigenbewegung der Erde wirkt sich darauf aus, wo wir die Planeten vor dem Hintergrund der Zeichen wahrnehmen.

Abbildung 6: *Das Sonnensystem am 1. Januar eines beliebigen Jahres.*

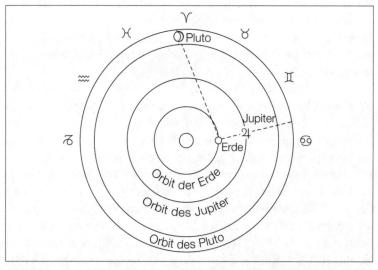

Abbildung 7: *Das Sonnensystem am 1. Juni eines beliebigen Jahres.*

bis zwanzigtausend Jahre benötigt hat, um herauszufinden, was hier eigentlich vor sich geht.

Wir blicken hoch in den Himmel. »Da hinten« sehen wir Mars, der sich Nacht für Nacht vor dem Hintergrund bestimmter Sternengruppen vorwärts bewegt. Plötzlich bleibt er stehen, und dann verfolgt er seinen Weg zurück. Inzwischen hat die Venus aufgeholt und überholt den Mars und entfernt sich von ihm in die entgegengesetzte Richtung. Mars bremst erneut und folgt nun Venus, so daß beide in die gleiche Richtung eilen. Doch die Venus ist schnell. Mars verliert an Boden und bleibt in diesem Rennen zurück. Beide halten auf den langsameren Jupiter zu. Die Venus überholt ihn, während Mars zurückbleibt. Unerwartet bleibt die Venus stehen, wird *rückläufig*, stürzt wieder auf Jupiter zu und erreicht ihn, als Mars sich ebenfalls nähert. Eine Kollision? Nein, ihre unterschiedlichen Entfernungen zur Sonne machen dies unmöglich. Doch die Kombination dieser Planeten mag sich sehr wohl für uns wie ein persönlicher Zusammenstoß anfühlen. Was wir hier haben ist eine *Dreifachkonjunktion* aus Mars, Venus und Jupiter und falls sie auf einen sensiblen Bereich in Ihrem Geburtshoroskop fallen sollte, dann halten Sie besser Ihren Hut fest.

Planetenbewegungen wie diese, von der Erde aus beobachtet, sind die Arbeitspferde der astrologischen Vorhersage. Wir nennen sie *Transite*. In den folgenden Kapiteln werden wir uns nachhaltig mit ihnen beschäftigen. (Um in Erfahrung zu bringen, wie man sie herausfindet, siehe Anhang, Seite 361.)

Transite sind die tatsächliche, physische Bewegung der Planeten um die Sonne, wie sie von der Erde aus wahrgenommen werden.

So wie wir die Bewegungen der Planeten Nacht für Nacht vor dem Hintergrund der übrigen Sterne beobachten können, so können wir dieselbe Bewegung auch vor dem Hintergrund des Geburtshoroskops feststellen. Diese Technik – die Bestimmung der Transite – ist das Herzstück der astrologischen Vorhersage.

Es gibt auch noch andere Techniken. Eingebaut in jedes Geburtshoroskop gibt es bestimmte entwicklungsbedingte Rhythmen, die nichts mit den laufenden Ereignissen am Himmel zu tun haben. Sie werden als *Progressionen* bezeichnet und sind Gegenstand des dritten Teils in diesem Buch. Jetzt aber wollen wir uns den Botschaften zuwenden, die im nächtlichen Tanz der Planeten verschlüsselt sind. Um dies zu erreichen, nehmen wir das grundlegendste Instrument der astrologischen Forschung in Anspruch: die Augen.

Die erste Technik

Viele Menschen sagen, daß sie »nicht an Astrologie glauben«, doch es ist überraschend, wie viele dieser »Ungläubigen« zugeben, daß der Vollmond – dieses alte astrologische Symbol des Emotionalen und Irrationalen – bei ihnen sonderbare Gefühle auslöst. Die meisten Menschen nehmen an dieser Stelle des Mondzyklus eine Steigerung ihrer emotionalen Reaktionsfähigkeit wahr. Es ist weit verbreitet, den Vollmond mit Romantik zu assoziieren. In der Praxis jedoch scheint er auch Launenhaftigkeit, Irrationalität und Grießgrämigkeit hervorzurufen. Jedenfalls hat es allgemein den Anschein, als ob in der gesamten Bandbreite der Emotionen der Lautstärkepegel ein wenig ansteigen würde. Es gibt sogar wissenschaftliches Beweismaterial dafür, daß uns der Mond beeinflußt: 1966 stellte Leonard Ravitz von der Duke University deutliche Veränderungen des elektrischen Potentials – des Maßes positiver oder negativer Ladung – bei schizophrenen Patienten fest, die eindeutig in Beziehung zu den Mondphasen standen. Ähnliche Veränderungen wurden auch bei gesunden Personen beobachtet, doch waren sie nicht so anschaulich. Indem er indirekt eine der ältesten Prämissen der Astrologie unterstützte, bestätigte Ravitz den alten Glauben, daß der Vollmond bestimmte Spannungen verursacht und Geisteskranke beunruhigt.

Die Phasen des Mondes sind das offensichtlichste und unverwechselbarste Beispiel für die gesamte Klasse astrologischer Ereignisse, die wir unter dem Begriff »Transite« zusammenfassen. Diese sind fortlaufende, tägliche astronomische Ereignisse und fähig, Einfluß auf unsere Stimmungslage und unsere Erfahrungen zu nehmen. Die Vorstellung fällt leicht, daß unsere ältesten Vorfahren die Ereignisse am Himmel sehr viel bewußter verfolgt haben als wir heute und entsprechend den durch die Mondphasen verursachten Stimmungswandel in der Gemeinschaft rascher und klarer wahrgenommen haben – möglicherweise liegt hier auch der Ursprung der Astrologie. Das Geburtshoroskop in seiner Konzeption kam vermutlich erst sehr viel später auf. Zu erkennen, daß Menschen unter dem Einfluß des Vollmondes ein wenig nervöser reagieren, ist einfacher, als zu durchschauen, daß jemand, der vor 27 Jahren unter einem Vollmond geboren wurde, allgemein zu größerer Nervosität neigt als andere Menschen.

Vollmond gibt es jeden Monat einmal. Manchmal geht das Ereignis einfach vorüber, ohne auf uns persönlich großen Einfluß zu nehmen. Zu anderen Zeiten fühlt es sich vielleicht so an, als habe uns der KGB irgendwelche Hormone in den Tee getan. Warum nimmt uns der eine Vollmond so mit, während wir den nächsten kaum mitbekommen? Die Antwort auf diese Frage liegt im Geburtshoroskop. Obwohl die Transite aller Wahrscheinlichkeit nach zuerst entdeckt wurden, war es doch das Konzept des Geburtshoroskops, das der Astrologie Leben einhauchte. Wie wir im vorangegangenen Kapitel gesehen haben, gleicht das Geburtshoroskop einem »Radioempfänger«, der auf bestimmte Wellenlängen eingestellt ist. Wenn wir auf die Mitte der Zwillinge eingestimmt sind – vielleicht, weil sich dort unser Geburts-Mond befindet – und ein Vollmond diesen Himmelsabschnitt durchquert, dann kann die emotionale, irrationale Dimension unserer Persönlichkeit ein paar Tage lang ganz schönen Lärm verursachen. Einen Monat später, wenn sich der Vollmond im Krebs befindet, geben wir vielleicht ein Beispiel nüchterner Urteilsfähigkeit ab und versuchen unsere Krebs-Freunde wieder auf den Boden der Tatsachen zurückzuholen.

Das Geburtshoroskop ist, wie ich im »Inneren Himmel« dargelegt habe, eine »Momentaufnahme« des Sonnensystems im Augenblick unserer Geburt, wie es sich vom Ort unserer Geburt aus gesehen dargestellt hat. Da wir nun in den Bereich der astrologischen Prognose eindringen, müssen wir eine weitere Dimension hinzufügen, nämlich die der Entwicklung in der Zeit. Die planetaren Energien, die zum Zeitpunkt unserer Geburt in uns Form angenommen haben, verändern sich, während wir uns weiterentwickeln und betonen oder dämpfen die Mittel, die wir durch unser Geburtshoroskop mitbekommen haben. Mit anderen Worten, das Horoskop befindet sich nicht in einem luftleeren Raum. Die ursprüngliche »Momentaufnahme« ist nur ein Einzelbild in einem Film ohne Ende. Man könnte auch sagen, das Geburtshoroskop ist die Leinwand und die Transite sind der dazugehörige Film.

Der »himmlische Kinofilm« entwickelt sich Tag um Tag weiter, doch das Horoskop, die Leinwand, bleibt konstant. Das Muster, das das Geburtshoroskop symbolisiert, ist kompliziert und enthält die Potentiale für ein ganzes Leben. Beziehungen. Verantwortung gegenüber der Gemeinschaft. Persönlicher Stil. Ästhetisches Empfindungsvermögen. Kinder. Spirituelle Vorstellungen. All dies ist im Geburtshoroskop angelegt, und gleichgültig, welchen Film wir auch auf diese Leinwand projizieren, die angelegten Muster existieren fort. Es bedarf jeder einzelnen dieser Dimensionen, um die vielschichtige Wirklichkeit einer menschlichen Psyche auszubilden – aber es ist vollkommen unmöglich, daß sich ein Mensch all diese vielen Puzzlestückchen gleichzeitig vornimmt. Einen Monat lang beschäftigen wir uns vielleicht intensiv mit unserem beruflichen Werdegang. Ein paar Wochen später überlassen wir möglicherweise unsere beruflichen Angelegenheiten dem »Autopiloten« und wenden uns unserer Partnerschaft oder der Beziehung mit den Kindern zu. Warum? Was ist es, das mit dem Finger zuerst auf Ihre Venus und dann auf Ihren Jupiter weist, Sie auffordert, zuerst das eine und dann das andere zu entwickeln? Die Antwort liegt bei den Transiten.

Transite führen die Entfaltung der im Geburtshoroskop angelegten Themen herbei, sie sind verantwortlich für deren Timing und lösen deren aktives Eintreten in die Welt der Ereignisse aus.

Kompliziertheiten sind in der astrologischen Prognose im Überfluß vorhanden. Viele der Techniken sind subtil. Wie immer ist eine ordentliche, methodische Herangehensweise an die Symbolsprache unser wichtigster Verbündeter. Wenn wir bestimmten, definierten Schritten mit wissenschaftlicher Sorgfalt folgen, dann erschließt sich uns die Botschaft der Transite im Horoskop mühelos. Die Situation erinnert ein wenig an die Suche nach einem farbenprächtigen Kolibri, der sich im blühenden Rhododendron verbirgt. Anfangs ist es unmöglich, ihn zu sehen. Dann entdeckt man ihn. Danach kann man ihn gar nicht mehr übersehen. Transite heben sich auf die gleiche Weise ab, aber nur, wenn Sie mit Ordnungssinn und Konzentration nach ihnen suchen. Sie werden dies lernen, sobald die Definition des Grundvokabulars abgeschlossen ist.

Nebenbei bemerkt, begegnen Sie Astrologiebüchern, die vorbereitete »Bedeutungspakete« der Transite bereithalten, mit Mißtrauen. Sie können von Nutzen sein, sobald Sie erst einmal wissen, was Sie tun, doch anfangs versprechen sie viel und halten nur wenig: nur Mischmaschinterpretationen voller Widersprüche. Warum? Weil sie gegen das erste Gesetz der astrologischen Prognose verstoßen. Sie ignorieren das Geburtshoroskop.

Wirkpunkte

Aspekte spielen beim Verständnis von Transiten eine kritische Rolle. Wenn Sie ein verschwommenes Bild von ihnen haben, dann blättern Sie bitte zurück zu dem Kapitel »Ein rascher Rückblick« (Seite 32). Aspekte sind geometrische Winkel, die Planeten im Geburtshoroskop oder, wie in diesem Fall, zusammen mit durchziehenden Planeten bilden. Sie stehen für *bestimmte grundlegende Beziehungsqualitäten* zwischen verschiedenen »Abteilungen« der Psyche.

Anders ausgedrückt könnte die aggressive, territoriale Funktion (Mars) eines Menschen mit seiner Fähigkeit, sich ein klares Bild von der Wirklichkeit zu machen (Saturn), verschmelzen – wie dies in Abbildung 8 dargestellt ist. Dort sehen wir, wie sich

Mars im Verlauf von ein paar Wochen durch den Tierkreis bewegt. Nur an einer Stelle seiner Umlaufbahn richtet sich der rote Planet auf die Position des Saturn im Geburtshoroskop aus und bildet mit ihm eine Konjunktion. Bei der Fortsetzung seiner Reise finden diese beiden mentalen Funktionen noch einmal in der Spannung (Opposition) und in der Harmonie (Trigon) zusammen. Blättern Sie zu der Tabelle auf Seite 42, wenn Sie Ihrem Gedächtnis in bezug auf Aspekte auf die Sprünge helfen müssen.

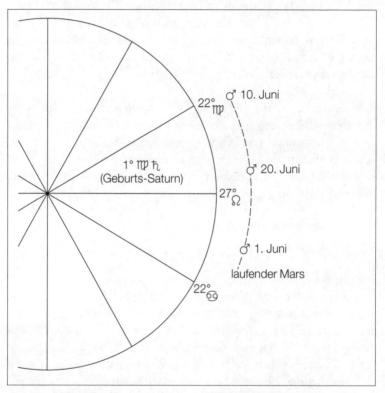

Abbildung 8: *Mars durchläuft die westliche Hemisphäre dieses Geburtshoroskops. Am 20. Juni bildet er eine Konjunktion mit dem Geburts-Saturn.*

Ein Planet fordert uns immer dazu heraus, eine gehobene Bewußtseins- oder Verständnisebene anzustreben. Er symbolisiert eine Erkenntnis, die im Begriff ist, ausgelöst zu werden. Wenn, sagen wir, Uranus einen bestimmten Aspekt mit diesem Geburts-Planeten bildet, dann ist die Wahrscheinlichkeit groß, daß diese Erkenntnis ins Bewußtsein dringt – vielleicht in Verbindung mit einem dramatischen Ereignis. Mit anderen Worten, der durchziehende Planet fungiert als *Auslöser*. Die Wesensart des Auslösers wird bestimmt durch die dem Planeten innewohnende Bedeutung und durch den Aspekt, den er bildet. Nehmen Sie zum Beispiel Sally Ride, die erste amerikanische Astronautin. Ich kenne die Stunde ihrer Geburt nicht, folglich kann ich Ihnen ihr Geburtshoroskop nicht präsentieren, aber mir ist bekannt, daß sie am 26. Mai 1951 geboren wurde. Das ist bereits ausreichend, um zu wissen, daß in ihrem Horoskop eine Sonne/Mars-Konjunktion in den Anfangsgraden des Zeichens Zwillinge vorkommt. Da uns die Geburtszeit fehlt, wissen wir nicht, in welchem Haus diese Konjunktion zur Wirkung kommt, doch wir können sicher sein, daß die auf ihre Entwicklung ausgerichtete Stoßkraft ihres Lebens sich um den von Mars bestimmten Prozeß des Erlangens von Mut durch die Konfrontation mit beängstigenden Umständen drehte. Abenteuer sind also eine mächtige Medizin für sie. Die Tatsache, daß sich die Konjunktion in den Zwillingen befindet, fügt eine weitere Dimension hinzu: Ihre Abenteuer setzen immense mentale Konzentration und eine Bereitschaft voraus, sich in eine Umgebung hineinzubegeben, die schockiert und überrascht, die Sally Rides grundlegende Annahmen bezüglich der Realität in Frage stellt.

Hätte ein Astrologe 1951 Sally Rides Geburtshoroskop betrachten und daraufhin mitteilen können, daß sie einmal in einem Spaceshuttle in die Erdumlaufbahn geschossen würde? Natürlich nicht. Aber er hätte zweifelsohne vergleichbare Aktivitäten für sie prognostiziert, um die prinzipielle Stoßrichtung ihres abenteuerlichen Horoskops zu illustrieren – und sicherlich hätte er die radikale Intensivierung dieser Aktivitäten während der mittleren Monate des Jahres 1983 vorhergesehen, als sie ihren historischen Flug antrat.

Wie? Uranus lief während dieser Zeit durch die ersten Grade des Schützen. Sie hätten das Ereignis vielleicht verschlafen. Ihre

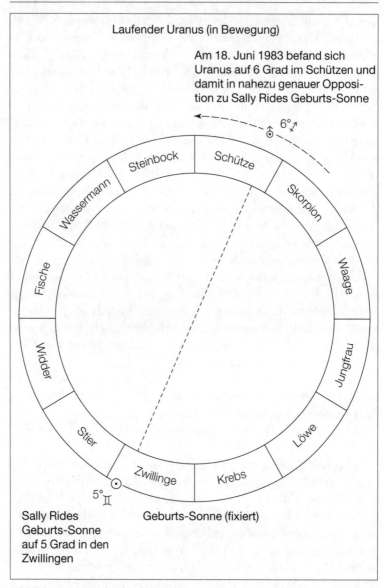

Laufender Uranus (in Bewegung)

Am 18. Juni 1983 befand sich Uranus auf 6 Grad im Schützen und damit in nahezu genauer Opposition zu Sally Rides Geburts-Sonne

6° ♐

Steinbock
Schütze
Wassermann
Skorpion
Fische
Waage
Widder
Jungfrau
Stier
Löwe
Zwillinge
Krebs

5° ♊

Sally Rides
Geburts-Sonne
auf 5 Grad in den
Zwillingen

Geburts-Sonne (fixiert)

Abbildung 9: *Der laufende Uranus.*

Tante Isabel hätte möglicherweise weiter ruhig ihre Häkelarbeit fortgesetzt. Doch für Sally Ride war dieser Transit des Uranus ausreichend, um sie ins All zu schießen. Der laufende Uranus befand sich in Opposition zu ihrer Geburts-Sonne/Mars-Konjunktion und war damit Manifestationsauslöser. Und da der Uranus 84 Jahre benötigt, um die Sonne einmal zu umrunden, kommt ein solcher Transit nur einmal im Leben vor und stellt garantiert das Angebot für einen Durchbruch irgendeiner Art dar.

Wie genau sollen wir vorgehen, um diesen Transit zu begreifen? Zunächst stellen wir uns auf den Teil des Geburtshoroskops ein, den der Transit stimuliert, in diesem Fall die Geburts-Sonne/Mars-Konjunktion in den Zwillingen. Dann kümmern wir uns um die Bedeutung des laufenden Planeten selbst. Uranus: Symbol der Individuation, der sich typischerweise durch explosive, unerwartete Brüche mit der Vergangenheit bemerkbar macht. Und schließlich beschäftigen wir uns mit der Wesensart des Aspekts, der diese Planeten vorübergehend miteinander verbindet. In diesem Fall handelt es sich um die Opposition: Spannung, Polarisierung, oft verbunden mit Streß und Herausforderungen, die von außen, aus der Außenwelt hinzukommen.

Die genaue Bedeutung dieses Transits kann nur Sally Ride selbst vollständig klar sein. Uns bleibt nichts anderes übrig, als zuzusehen und über die Ereignisse in ihrer Innenwelt zu spekulieren. Wir wissen, daß sie im Sommer 1983 einen kritischen Punkt in ihrer zunehmenden Individuation erreichte, in ihrem Bemühen, ihr vollständiges, einzigartiges, nie zuvor dagewesenes Potential als Mensch zu entwickeln. Der Uranus macht dies allein durch seine Anwesenheit klar und deutlich. An die sich entwickelnde Individualität gerichtete Herausforderungen sind es, für die Uranus eigentlich steht. Der Planet sagt uns noch mehr – wir wissen, daß Sally Rides Gegner in diesem Prozeß die Geschichte selbst war, sowohl in Form von in der Gesellschaft vorhandenen Vorstellungen, die ihren persönlichen Zielen entgegenstanden, als auch in der Form der von ihr selbst verinnerlichten Version dieser Vorstellungen. Wie können wir das wissen? Auch hier ist es wieder Uranus selbst, der uns einen entsprechenden Tip gibt. Transite dieses Planeten beinhalten immer den Ausdruck der Spannung zwischen dem *Ich* und der *Gesellschaft*. Die Bedeutung, die all dies für die erste Astronautin hat, ist recht offensichtlich: Daß eine derartige Herausforderung sie unglaublich unter Streß setzte und daß Probleme in der äußeren Welt der Umstände ihren Ursprung hatten, geht daraus hervor, daß es sich bei dem Aspekt um eine Opposition handelt. Daß eine erfolgreiche Reaktion abhängig war von Aufgewecktheit, Mut, raschem Reaktionsvermögen und dem rückhaltlosen Einsatz ihrer Intelligenz in einer Situation, in der sie stark unter Druck stand, ergibt sich aus ihrem Geburtshoroskop selbst – der laufende Uranus nahm Einfluß auf ihre Geburts-Sonne/Mars-Konjunktion in den Zwillingen.

Ein Blick in die Ephemeriden des 26. Mai 1951 sagt uns, daß sich am Tag von Sally Rides Geburt in den Anfangsgraden des Schützen keine weiteren Planeten befanden. Doch indem Uranus diesen Teil des Himmels durchlief, erschuf er eine Gelegenheit für sie, ihre Individualität für den Rest ihres Lebens zu stärken und zu definieren. Auch wenn dieses Himmelssegment in ihrem Geburtshoroskop physisch leer ist, so ist es doch weit davon entfernt, ohne Bedeutung zu sein. Durch die Macht des Oppositionsaspekts sind diese Grade des Schützen mit der Sonne verbunden, die wie kein zweiter Planet Dinge in den Brennpunkt rückt.

Andere Gradzahlen sind ebenfalls mit Sally Rides Sonne verbunden, wenn auch aus anderen Gründen. Die Anfangsbereiche der Fische und Jungfrau sind durch den Quadrataspekt an das Sonnenpotential geknüpft und ergänzen es um *Reibung*. Die Anfangsbereiche von Wassermann und Waage sind durch *Harmonie* beziehungsweise *Verstärkung*, symbolisiert durch den Trigonaspekt, mit der Zwillinge-Sonne verbunden. Widder und Löwe stellen durch den Sextilaspekt die Verbindung zur Sonne her und befeuern die Sonne mit noch einer weiteren Aspektinteraktion: der *Anregung*. Die Konjunktion ist ebenfalls wirksam, sogar offensichtlicher. Sie erzeugt *Verschmelzung*. Hinzu kommen die »Nebenaspekte«, die zwar weniger wirkungsvoll, doch keinesfalls bedeutungslos sind. Bitte werfen Sie einen Blick auf Abbildung 10, in ihr sind alle wesentlichen Wirkpunkte für die Sonne enthalten.

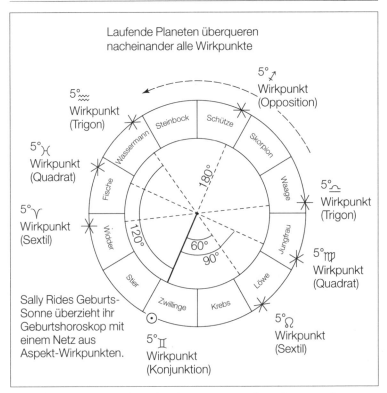

Laufende Planeten überqueren
nacheinander alle Wirkpunkte

5°♒
Wirkpunkt
(Trigon)

5°♓
Wirkpunkt
(Quadrat)

5°♈
Wirkpunkt
(Sextil)

Sally Rides Geburts-
Sonne überzieht ihr
Geburtshoroskop mit
einem Netz aus
Aspekt-Wirkpunkten.

5°♐
Wirkpunkt
(Opposition)

5°♎
Wirkpunkt
(Trigon)

5°♍
Wirkpunkt
(Quadrat)

5°♌
Wirkpunkt
(Sextil)

5°♊
Wirkpunkt
(Konjunktion)

Abbildung 10: *Die Wirkpunkte der Sonne in Sally Rides Horoskop.*

Die Sonne ist nur einer der astrologischen Faktoren, mit denen gerechnet werden muß! Es gibt neun weitere Planeten und daneben noch die Häuserspitzen und verschiedene andere, abstraktere mathematische Punkte wie beispielsweise die Mondknoten. Wie die Sonne steht jeder dieser Planeten und abstrakteren Punkte zu acht Punkten im Horoskop in einer Aspektbeziehung. Ein Transit an jedem dieser Punkte kann den Geburts-Planeten so verstärken, als befände er sich direkt über dem betreffenden Planeten. Unser astrologischer Radioempfänger verfügt über einen sehr komplizierten Mechanismus!

Jeder Geburts-Planet überzieht das Horoskop mit einem Netz aus hochsensiblen aspektischen Wirkpunkten, die alle nur darauf warten, daß sie von einem laufenden Planeten stimuliert und zum Leben erweckt werden.

Sollten Sie jetzt das Gefühl haben, daß sich in Ihrem Kopf alles dreht, dann möchte ich Sie beruhigen: Es gibt Verfahren, die uns helfen, die wirklich wichtigen Transite von den weniger bedeutsamen zu unterscheiden. Außerdem entfalten all diese Wirkpunkte ihre Kraft nicht gleichzeitig. Es gibt sehr viel mehr Wirkpunkte als Planeten, also muß die Bedeutung jedes Fadens in diesem Netz nicht in jeder denkbaren Situation durchschaut werden. Auch hier gilt, der Sinn der Transite liegt darin, *die Entfaltung des Geburtshoroskops in der Zeit herbeizuführen.* So, wie wir auch nicht in der Lage sind, jede Nuance einer beliebigen entwicklungsbedingten Angelegenheit in unserem Leben gleichzeitig zu handhaben, so können auch die Wirkpunkte nicht alle zugleich berührt werden. Ob Sie es glauben oder nicht, Transite vereinfachen die Handhabung des Geburtshoroskops.

Unsere wichtigste Verbündete ist, ich sagte es bereits, eine methodische Herangehensweise. Obwohl es tatsächlich Hunderte von Wirkpunkten in einem Horoskop gibt, so existieren schließlich doch nur zehn Planeten, die diese Punkte durchqueren können. Zu jedem beliebigen Zeitpunkt durchlaufen einige von ihnen vermutlich weniger sensible Regionen des Horoskops und können beruhigt zurückgestellt werden. Damit verbleiben nur einige wenige wirklich kritische Transite, mit denen wir uns beschäftigen müssen. Sogar sie können geordnet und methodisch verstanden werden.

Die Transite sind nicht alle von gleich großer Bedeutung. Manche stehen für das Fleisch und die Knochen des Lebens; andere ähneln eher den Kleidungsstücken. Die Unterschiede zu erkennen ist einfacher, als Sie vielleicht erwarten. Wir müssen lediglich feststellen, wie schnell sich der betreffende Planet bewegt.

Die Langsam-Schnell-Unterscheidung

Wie wir zu Beginn dieses Kapitels erfahren haben, ist das Karussell des Sonnensystems einem sehr strengen Gesetz unterworfen, das die Geschwindigkeitsbeschränkung der Planeten betrifft: Je weiter ein Planet von der Sonne entfernt ist, desto langsamer kommt er voran. Es gibt keine Ausnahmen. Weit entfernte Planeten bewegen sich sehr viel langsamer durch den Raum. Sie müssen erheblich größere Entfernungen zurücklegen. Die Folgen sind dramatisch. Merkur, der der Sonne am nächsten ist, rauscht mit einer Geschwindigkeit von 48 Kilometern pro Sekunde durch den Raum und bewältigt seine Umlaufbahn in 88 Tagen. Pluto hingegen, der sich am anderen Ende des Spektrums befindet, kommt nur mit etwa einem Zehntel der Geschwindigkeit voran und schafft seine um ein Vielfaches längere Bahn nur einmal in 248 Jahren.

Die Reisen der Planeten durch das Geburtshoroskop erfolgen mit einer ähnlichen Geschwindigkeitsbandbreite. Kompliziert wird alles, weil wir das Karussell von einem der sich in Bewegung befindlichen »Gipspferdchen« aus beobachten – von der Erde, die mit einer Geschwindigkeit von etwa 30 Kilometern in der Sekunde vorankommt.

Soweit ist alles klar und methodisch. Doch es gibt einen Haken. Die Venus benötigt 225 Tage, um die Sonne zu umrunden, die Erde benötigt 365 Tage. Beim Mars sind 687 Tage erforderlich. Der nächste Planet, Jupiter, benötigt zwölf Jahre für seine Umlaufbahn – ein gewaltiger Sprung liegt dazwischen. Saturn schafft seine Umlaufbahn in etwa 29, Uranus in etwa 84, Neptun in etwa 165 und Pluto schließlich in etwa 248 Jahren. Grob gerechnet verdoppeln sich die zeitlichen Abstände zwischen den Planeten. Nur die große Lücke zwischen Mars und Jupiter, die statt mit zwei mit sechs multipliziert werden muß, fällt aus dem Rahmen.

Lange Zeit fand man keine Erklärung für diesen Sprung. Mittlerweile aber ist die Frage geklärt. Zwischen Mars und Jupiter ist Platz für einen weiteren Planeten, doch statt dessen stoßen wir dort auf einen interplanetaren Hagelsturm – viele Tausend Objekte, die meisten von ihnen winzig, doch einige wenige groß genug, um sie als »Kleinplaneten« zu bezeichnen. Wir nennen sie Asteroiden. Die

75

größeren sind von astrologischer Bedeutung, doch spielen sie für dieses Buch keine Rolle. (Ich empfehle Ihnen hierzu das Buch von Demetra George, »Das Asteroidenbuch – Mythologie, Psychologie, Astrologie und neue Weiblichkeit«. Mössingen: Chiron, 1991.) In einem romantischeren Zeitalter wurden diese Asteroiden als Überreste eines geborstenen Planeten betrachtet. Dies war eine farbenprächtige Vorstellung, doch sie scheiterte an der Tatsache, daß niemand sich so recht vorzustellen vermochte, *was* einen Planeten zur Explosion bringen könnte. Gegenwärtige Theorien gehen davon aus, daß die Asteroiden ein »nie fertiggewordener« Planet sind, nur das Rohmaterial, wirbelnd mitgerissen und in Stücke gerissen durch die enorme Anziehungskraft des Jupiter und ohne eine Chance, sich jemals zum Planeten zu vereinigen.

Selbst wenn Asteroide nicht die gleiche astrologische Breitenwirkung haben wie die Planeten, so spielen sie doch für das Verstehen der Transite eine entscheidende Rolle. Sie stellen die Grenze dar zwischen dem Reich der inneren »terrestrischen« Planeten und den äußeren Planeten, die bis auf Pluto alle »Gasgiganten« sind. Astrologisch gesehen bezieht sich dieser Unterschied primär auf die Geschwindigkeit und wird so zu einem der grundlegendsten Gesetze der astrologischen Vorhersage.

> Je langsamer sich ein Planet bewegt, desto mehr Zeit haben seine Transite, um Bedeutungstiefe und -komplexität für ein Individuum zu entwickeln, und desto größer sind letztlich deren Bedeutungen.

Beispielsweise könnte der Merkur innerhalb von wenigen Tagen den Orbis eines Quadrats zu Ihrer Venus durchqueren. Ein solcher Transit könnte am Montag ins Spiel kommen und bereits am Sonnabend ein Ding der Vergangenheit sein. Ohne Zweifel ist er von Bedeutung, doch wie groß kann diese sein? Grundlegende Veränderungen der eigenen Individualität oder für das Leben fundamentale Erkenntnisse brechen selten aus dem Nichts hervor. Sie treffen uns vielleicht »wie ein Blitz«, aber wenn wir die Phase näher untersuchen, dann stellen wir im allgemeinen fest, daß sie sich über Monate und manchmal auch über Jahre hinweg aufgebaut hat – und Monate und Jahre sind Zeiteinheiten, in denen sich die äußeren Planeten fortbewegen. Sie schaffen die Voraussetzungen für die Schlüsselfragen, mit denen wir uns lange beschäftigen und die in unserem Leben die Rolle von »Kapitelüberschriften« spielen. Verglichen mit den lange andauernden Transiten von Jupiter, Saturn, Uranus, Neptun und Pluto sind die Auswirkungen der kurzen Transite wenig mehr als unbedeutende Siege und belanglose Ärgernisse. Die Wahrheit ist ein wenig komplizierter, doch das Begreifen dieser Vorstellung bringt uns auf den richtigen Weg, um eine vernünftige Arbeitsbasis für die Techniken der astrologischen Prognose zu schaffen. Auch wenn wir die schnellen Planeten nicht vollständig aus unseren Überlegungen ausschließen können, besteht doch unser erster praktischer Schritt darin, sie im Augenblick zu ignorieren.

Die Transite der langsamen Planeten begründen Sinn, Umstände und Timing der Langzeitentwicklung eines Individuums.

Heißt das, daß wir lediglich auf bedeutungslose und alltägliche Details verzichten, indem wir die Transite von Sonne, Mond, Merkur, Venus und Mars ignorieren? Keineswegs. Die inneren Planeten spielen eine zentrale Rolle in der Transit-Theorie. Es ist nur so, daß sich ihre Rolle von jener der äußeren Planeten unterscheidet. Wir dürfen sie nicht ignorieren. Das würde nicht funktionieren. Die inneren Planeten haben durchaus eine eigene Bedeutung, so daß man sie nicht ignorieren kann. Ihre große Geschwindigkeit beraubt sie der Fähigkeit, wie die äußeren Planeten *Langzeitthemen* zu erzeugen. Doch dies läßt sie eine andere Rolle spielen, in gewisser Weise eine schillerndere. Sie tragen dazu bei, festzulegen, *wann* diese Langzeitthemen aus der Welt der Potentiale in die Welt der Ereignisse vordringen.

Die Transite der sich schnell bewegenden, inneren Planeten verhelfen den großen Potentialfeldern, die durch die äußeren Planeten erschaffen werden, zum Durchbruch.

Äußere Planeten verharren typischerweise mehrere Monate lang in den Orben kritischer Aspekte. Jupiter ist für gewöhnlich der schnellste von ihnen, durchläuft gelegentlich einen Aspekt in wenig mehr als ein paar Wochen. Pluto, der langsamste, kann drei oder vier Jahre am Stück in einem sensiblen Bereich verharren. Aufgrund der Rückläufigkeit haben sie alle die Tendenz, einen Wirkpunkt mehrmals zu überqueren und damit ihren Aufenthalt darin zu verlängern. In der Zeit, in der ein langanhaltender Transit wirksam ist, verinnerlicht das Individuum nach und nach eine neue Weisheit – oder hat zumindest die Gelegenheit dazu. Dies erfordert »Übergangsrituale« in der Form von Ereignissen, bei denen die Bedeutsamkeit einer ganzen Lebensphase durch eine bestimmte Handlung Form annimmt. Um ihren Zeitpunkt zu bestimmen und um ihre erfolgreiche Nutzbarmachung am besten zu beschreiben, wenden wir uns den Transiten der inneren Planeten zu. Sie verhalten sich zu den äußeren Planeten wie im Filmgeschäft die Regisseure zu den Produzenten – sie produzieren das Produkt, das die äußeren Planeten definiert und für notwendig befunden haben.

Beispielsweise bildete der laufende Merkur am Tag von Sally Rides Raumfahrt eine Konjunktion mit ihrer/ihrem Geburts-Sonne/-Mars. Merkur diente als Auslöser und *verschmolz* (Konjunktion) und verstärkte ein intensiviertes Element bestehend aus *Intelligenz*, *Aufgewecktheit* und *Anpassungsfähigkeit* (Merkur) mit ihrer Grundidentität. Der gleiche Transit hatte sie in der Vergangenheit bereits unzählige Male zuvor beeinflußt, bewirkte dabei aber nichts als das Schärfen ihres Verstandes für die Dauer von ein paar Tagen. Am 18. Juni 1983 diente er einem tieferen Sinn. Warum? Weil an diesem Tag Merkur mehr auszulösen hatte als nur sich selbst – er klammerte sich vielmehr an den langanhaltenden Transit des Uranus und sagte einfach: »Jetzt«. Die gleiche Logik ist auch auf die Analyse von General Custers Debakel am Little Big Horn anwendbar. Saturn, im Quadrat zu seiner Sonne und seinem Mond, bestimmte das Grundthema in diesem Kapitel seines Lebens. Mars diente als Auslöser und machte darauf aufmerksam, daß diese bestimmte, nur ein paar Tage andauernde Phase innerhalb des größeren Zyklus einem entscheidenden

»Übergangsritual« gleichkommt. In Custers Fall ein wenig zu entscheidend.

Was bedeutet Rückläufigkeit?

Schließen Sie Ihr linkes Auge. Nun strecken Sie Ihren Zeigefinger auf Armlänge vor sich aus. Öffnen Sie das linke Auge und schließen Sie das rechte. Was passiert? Ihr Finger springt scheinbar nach rechts. Wenn Sie abwechselnd Ihr linkes und Ihr rechtes Auge öffnen und schließen, dann oszilliert der Finger hin und her. Nun stellen Sie sich vor, daß Ihr Finger ganz langsam, in fast nicht wahrnehmbarer Geschwindigkeit nach rechts zieht. Was geschieht? Im Grunde das gleiche. Die offensichtliche Bewegung des Fingers ist noch immer sein Oszillieren. Er rückt drei Zentimeter nach rechts, dann zwei nach links, wieder drei nach rechts usw., kommt nach und nach rechts voran.

Planeten funktionieren auf die gleiche Weise. In den sechs Monaten, die die Erde braucht, um von einer Seite ihrer Umlaufbahn zur anderen zu gelangen, verändert sich die Position des Pluto um weniger als ein Grad. Doch das ist nicht, was wir sehen. Pluto scheint schneller voranzukommen – doch während der folgenden sechs Monate fällt er den größten Teil der Strecke, die er scheinbar zurückgelegt hat, wieder zurück. Es ist so, als sei eine Seite der Erdumlaufbahn unser linkes und die andere unser rechtes Auge. Wir zwinkern die sich langsam bewegenden äußeren Planeten an, überlagern ihre tatsächliche Bewegung mit einem scheinbaren Oszillieren, das mit ihnen selbst nichts weiter zu tun hat. Wenn die Bewegung der Erde den Eindruck erweckt, daß der Planet scheinbar zurückfällt, dann sagt man, der Planet ist *rückläufig*. Wenn ihre Bewegung normal erscheint, dann nennt man dies *direktläufig*. Und wenn er stillsteht, im Begriff ist, entweder rückläufig oder direktläufig zu werden, dann bezeichnet man ihn als *stationär*.

Ein rückläufiger Planet im Horoskop eines Menschen legt nahe, daß der normalerweise nach außen gerichtete Energiefluß dieses Planeten nun teilweise *umgekehrt* fließt. Die psychologische Funktion, die er darstellt, wird mehr verinnerlicht und sinkt tiefer in den Charakter ein, doch geschieht dies manchmal auf Kosten eines leichteren äußeren Ausdrucks. Bei Transiten funktioniert die Rückläufigkeit auf ähnliche Weise. Die rückläufige Phase eines Transits steht oft für die relativ ruhige Zeit des Wachstumsprozesses, in dem die Durchbrüche und Entwicklungen vorrangig im Inneren ablaufen und die innere Einstellung betreffen.

> Wenn ein Planet, der über einen Wirkpunkt läuft, rückläufig ist, dann hat der Entwicklungsprozeß, den er symbolisiert, die Tendenz, sich nach innen zu wenden und sich unabhängig vom Zusammenhang mit äußeren Ereignissen zu entfalten.

In der Praxis hat diese Regel Ausnahmen. Tatsächlich steht sie eher für einen Trend als für ein unumstößliches Gesetz. Sehr wenig läuft im Inneren ab, ohne außen eine sichtbare Wirkung zu zeigen, genauso wie auch im Äußeren nur sehr wenig geschehen kann, ohne uns innen auf irgendeine Weise zu berühren. Außerdem müssen wir die Möglichkeit in Betracht ziehen, daß andere Transite gleichzeitig mit einem rückläufigen Transit stattfinden – der Mars könnte bei irgend jemandem die Häuserspitze des 7. Hauses auslösen, während der rückläufige Saturn gerade eine Konjunktion mit Venus bildet. Der langsame Saturn-Transit legt eine Phase nahe, in der die Person ihren Beziehungsstand (Venus) realistisch bewertet (Saturn). In einer solchen rückläufigen Phase erfolgt eine Bewertung im allgemeinen im Inneren und ist subjektiv. Der Mars dagegen heizt durch seinen Eintritt in das Ehehaus der Person alles auf sichtbare Weise an. Die Ereignisse scheinen die Führung an sich zu reißen, zwingen die Person, obwohl sie das subjektive Gefühl hat, noch nicht »bereit« zu sein oder daß »alles zu schnell« geht, ihr Blatt aufzudecken. Der rückläufige Planet *will* sich nicht nach außen wenden und stellen, doch andere Transite können von ihm genau das *fordern*.

Stationärität spielt beim Verständnis der Transite ebenfalls eine Rolle. Wenn ein Planet stillsteht, im Begriff ist, entweder rückläufig oder direktläufig zu werden, dann erreichen die Ereignisse häufig ihren Höhepunkt. So wie ein stationärer Planet in einem Horoskop für eine besonders mächtige – und vielleicht besonders dickköpfige – Dimension des Charakters einer Person stehen kann, so bedeutet auch ein laufender Planet, der stationär wird, normalerweise eine *Intensivierung* des Entwicklungsdramas.

Ein weiteres allgemeines Prinzip muß noch verstanden werden, bevor wir unsere Theorie der Transite zu einem zusammenhängenden Ganzen verweben können. Diese letzte Vorstellung hat etwas mit den *Aspektorben* zu tun – den breiten Zonen, innerhalb derer Aspekte wirken. Kehren Sie noch einmal zu Abbildung 9 zurück (Seite 70). Sally Rides Geburts-Sonne befindet sich bei 5 Grad in den Zwillingen. Als das Raumschiff abhob, befand sich der laufende Uranus bei 6 Grad im Schützen – ging ein wenig über die genaue Opposition hinaus. Doch damit war er noch immer nah genug dran, um zu funktionieren. Uranus hätte sich mehrere Grad vom genauen Wirkpunkt befinden und dennoch wirksam sein können. Bei Transiten wird nichts »an- oder ausgeschaltet«. Wie die meisten Prozesse im Leben haben auch Transite eine allmähliche, fließende Seite – sie bauen sich langsam auf und verblassen dann wie ein Sommerabend.

Je genauer ein Aspekt mit dem Wirkpunkt zusammentrifft, desto stärker ist seine Wirkung.

Orben lassen sich niemals mit vollkommener Genauigkeit festlegen. Dies würde dem Versuch ähneln, den Beginn der klassischen Moderne oder des Erwachsenseins auf einen bestimmten Tag festzulegen. Als Faustregel können Sie zugrunde legen, daß sich die schnellen Planeten innerhalb der Orben eines transitierenden Aspekts befinden, wenn sie etwa 6 Grad vom Wirkpunkt entfernt sind. Bei den langsameren, äußeren Planeten sollten Sie den Orbis erheblich kleiner ansetzen – etwa 4 Grad sind angemessen. Was ist, wenn jemand versucht, Sie davon zu überzeugen, von kleineren oder größeren Orben auszugehen? Lächeln Sie und stimmen Sie zu. Sie haben ebenfalls recht. Hier stellt sich allein die Frage, wo wir die Grenze ziehen wollen. Da Transite ohnehin schon kompliziert sind, ziehe ich es vor, enge Grenzen zu ziehen und mich auf die Planetenkonstellationen zu beschränken, die von größter Tragweite und am drängendsten sind. Ich werfe also ein weitmaschiges Netz aus. Auf diese Weise fange ich nur die großen Fische. Wenn Sie jedoch Elritzen mögen, dann müssen Sie die Maschen enger knüpfen.

Was haben wir bisher gelernt? Erst an späterer Stelle in diesem Buch werden wir alles zu einem vollständigen Bild zusammensetzen. Hier sind wir erst noch dabei, die zentralen Symbolfäden zu entwirren, die in diese Himmelsveränderungen eingewoben sind. Wie bei der Arbeit mit dem Horoskop müssen wir zunächst die Worte lernen, bevor wir ganze Sätze niederschreiben können. Machen Sie sich keine Sorgen, falls Sie sich fragen sollten, wie all dies in der Praxis umzusetzen ist. Das kommt noch früh genug. Jetzt wollen wir erst einmal rasch wiederholen, was wir über Berge und Täler im Treiben einzelner Transite herausgefunden haben.

Saturn nähert sich einem Wirkpunkt. Wenn er noch etwa 6 Grad davon entfernt ist, wird seine Wirkung spürbar und baut sich mit abnehmender Größe des Orbis auf. Ereignisse finden statt, in denen die Bedeutung der Phase durch verschiedene Übergangsriten, die durch Transite schneller Planeten ausgelöst werden, Gestalt annimmt. Der Aspekt trifft mit dem Wirkpunkt zusammen und verblaßt, wenn Saturn weiterzieht. Der Höhepunkt ist überschritten. Vielleicht ist die Sache damit erledigt. Doch wir wollen uns vorstellen, daß Saturn langsamer wird und schließlich zum Stillstand kommt, bevor er rückläufig wird. Noch einmal kommt es zu einer Art Höhepunkt – das Thema wird sozusagen in voller Lautstärke gespielt. Durch die Rückläufigkeit des Saturn wird das, was die betreffende Person in diesem Zusammenhang beschäftigt, für eine Zeitlang leiser und zu einer überwiegend subjektiven Erfahrung. Die Person wartet den rechten Augenblick ab – oder versucht dies wenigstens. Schnellere Planeten lösen auch weiterhin Ereignisse aus, aber die Person ist jetzt zögerlicher und fühlt sich in dem noch ungewohnten neuen psychologischen Terrain ein wenig unsicher. Die Umstände üben möglicherweise Druck auf sie aus, doch ihre Einstellung ist während der Rückläufigkeit des Saturn eher nachdenklich und ruhig. Die Person fühlt sich nun zu Verzögerungstaktiken hingezogen, die für sie tatsächlich oft eine gute Strategie darstellen. Dann erreicht der Aspekt in seiner Rückläufigkeit erneut einen Höhepunkt, doch diesmal konzentriert er sich vor allem auf die *Innenwelt* der betreffenden Person. Die Rückläufigkeit setzt sich fort, doch der Einfluß des Saturn nimmt langsam ab, bis es zu einer erneuten Stationärität kommt. Wieder erfahren die Ereignisse eine aktive und äußere Beschleunigung, rasen auf eine Schlußexplosion, auf eine Kulmination zu, wenn sich der Planet erneut dem genauen Wirkpunkt nähert.

Dies ist ein ordentliches Bild – ordentlicher vermutlich, als das Leben es jemals sein wird. Dennoch ist es als Richtlinie nützlich und vermittelt uns eine Vorstellung von den gröberen Zügen eines typischen, durch einen der äußeren Planeten hervorgerufenen Transits. Die meisten passen ungefähr in dieses Muster, auch wenn die Überlagerung durch das Feuerwerk der schnelleren Planeten dies manchmal verdeckt. Doch auch andere Faktoren spielen möglicherweise eine Rolle. Es könnte zum Beispiel geschehen, daß ein Neptun-Transit mit der beschriebenen Saturnbahn zusammenfällt, wobei die Berge und Täler des Neptun gegenüber jenen des Saturn leicht verschoben sind. Und schließlich sind da auch noch die rein menschlichen Faktoren. Manchmal ist ein Individuum, ohne daß es dafür astrologische Gründe gäbe, besonders »bereit« für die Lektionen eines bestimmten Transits. In der Regel reagiert die betreffende Person dann rasch und entschlossen und zwingt schon zu Beginn der Phase alle relevanten äußeren Ereignisse in die richtige Bahn. Dann wieder kann sich ein Mensch den Botschaften des Transits gegenüber äußerst verschlossen geben und die entscheidenden Entwicklungsschritte bis zum Ende aufschieben – oder sie vielleicht niemals wirklich vollziehen, die durch den Transit hervorgerufenen Möglichkeiten vielmehr mit lautem Getöse und viel Reibung vergeuden und folglich die Gelegenheit verpassen. Solche Dimensionen sind rein persönlicher Art und können astrologisch weder vorhergesehen noch verstanden werden. Wir sind eben keine Maschinen, sondern Menschen.

Wenn das Fest zu Ende ist

Was geschieht, wenn ein Transit vorüber ist? Das ist eine entscheidende Frage, die in traditionellen Astrologiebüchern häufig übersehen wird. Man ist versucht anzunehmen, daß die Wirkung eines laufenden Planeten vorüber ist, sobald er den Orbis eines bestimmten Aspekts verlassen hat. In Wirklichkeit entfalten solche Einflüsse dann erst ihre Wirkung. Ein Planet hört vielleicht eine Zeitlang auf, das Geburtshoroskop zu beeinflussen, doch der Einfluß, den er mit seinem Transit durch einen Wirkpunkt auf uns genommen hat, bleibt ein Leben lang bestehen. Sollten wir stark und bewußt auf die Themen reagiert haben, die der Transit angesprochen hat, *dann hat sich in uns auf Dauer etwas verändert.* Wir sind nicht mehr die gleiche Person wie zu dem Zeitpunkt, als die Wirkung einsetzte. Diese neuen Erkenntnisse und Fertigkeiten bleiben uns erhalten.

Es macht Ihnen keinerlei Mühe, das hier Geschriebene zu lesen. Ihre Aufmerksamkeit ist bei dem Dargelegten selbst, nicht bei der Art, wie es Ihnen vermittelt wird. Das war nicht immer so. Noch vor einigen Jahren mußten Sie erhebliche Anstrengungen investieren, um die Fertigkeit des Lesens zu erwerben. Selbst dieser Schritt beruhte auf dem Fundament einer noch sehr viel größeren Anstrengung – Sie haben die ersten Jahrzehnte Ihres Lebens damit verbracht, die Grundlagen der Sprache zu erfassen. Die Auswirkungen all dieser Anstrengungen sind jetzt Bestandteile von Ihnen, aber es ist Ihnen nicht bewußt. Sie nehmen sie als gegeben hin, weil sie ein fester Bestandteil Ihrer Essenz als gebildeter Erwachsener sind. Genauso funktionieren auch Transite.

> Nachdem ein Individuum positiv auf einen Transit reagiert hat, bleiben ihm die dadurch erworbenen, neuen Stärken und Einsichten für immer in seiner Persönlichkeit erhalten, bereit, sich mühelos und automatisch immer dann aktivieren zu lassen, wenn es die Umstände erforderlich machen.

Wenn es nicht diesen abschließenden Grundsatz in der Transit-Theorie gäbe, dann wäre der gesamte Prozeß leer. Wir wären nichts weiter als Tischtennisbälle, die durch den Zufall und durch unpersönliche astrologische Energien herumgetrieben würden. Doch das Leben ist ein Entwicklungsprozeß. Durch das Medium Gedächtnis werden wir in unserer Essenz von Augenblick zu Augenblick verändert, erlangen mehr Wissen und mehr Bewußtsein. Wie Heiraten oder der Einstieg ins Berufsleben ist ein Transit vor allem ein *Ereignis*. Und wie bei jedem Ereignis mit Konsequenzen *erinnern* wir uns daran, nicht nur, indem wir uns die offensichtlichen äußeren Einzelheiten ins Gedächtnis rufen, sondern sehr viel tiefgreifender, indem wir *durch die Erfahrung verändert* werden.

Geben wir Transiten die Gelegenheit, uns zu lehren, wie man bedeutsame, bleibende Veränderung in sich selbst erreichen kann. Wir müssen uns nicht darauf beschränken, das Kurzfristige vorherzusagen. Wir können zu Architekten der Dauerhaftigkeit werden.

Kapitel 5
Transite II: Lehrer und Trickser

Sonne, Mond und die Planeten. Wie wir im »Inneren Himmel«
erfahren haben, symbolisieren sie *psychologische Funktionen*.
Ähnlich wie das von Freud entwickelte Modell von Es, Ich und
Über-Ich stehen auch sie für allgemeingültige Straßenkarten zu
Prozessen, die im Inneren des Menschen ablaufen. Sie sind auf jedermann anwendbar. Der wesentliche Unterschied ist, daß das
astrologische Modell um ein Vielfaches genauer ist als jenes von
Freud. Wo er den Geist des Menschen in drei Bereiche unterteilte,
da kennt die Astrologie zehn. Beispielsweise könnten wir uns
dafür interessieren, wie eine bestimmte Frau ihr Selbstbewußtsein und ihren Status ausdrückt. Sofort wenden wir uns ihrem
Mars zu – dem Planetensymbol für diese beiden mentalen Funktionen. In welchem Zeichen befindet er sich? In welchem Haus?
Welche Aspekte bildet er? Wie paßt sich dieser Mars in das allgemeine Bild ihres Horoskops ein? Bald schon entsteht eine Vorstellung. Mars befindet sich im Widder. Ihr »Kriegsgott« – ihre
Selbstbewußtseinsfunktion – wird durch das Zeichen des Kriegers motiviert. Doch befindet er sich in ihrem 4. Haus, in Opposition zu Saturn und Mond – der Krieger ist verborgen und unter
Kontrolle. Nun wollen wir unseren Blickwinkel erweitern: Was
ist mit ihrem restlichen Horoskop? Das Sternzeichen der Frau
ist Fische im 2. Haus mit Aszendent Steinbock – ein merkwür-
diger Rahmen für den feurigen Mars. Das Muster wird greifbar:
Ihre Klinge ist scharf, doch sie bewahrt sie in einer seidenen
Scheide auf. Ihre Feuer sind glühend heiß, doch sie brennen im
Inneren.

Starrheit ist wie immer unser Feind bei jeglicher astrologischer
Arbeit. Der Mars dieser Frau ist lebendig wie alles Lebendige, er
kann sich verändern und wachsen. Wir können nicht wissen, wie
sie die Rätsel löst, die der rote Planet ihr stellt, jedenfalls nicht mit
astrologischen Mitteln. Doch wir können ihr vielleicht helfen, indem wir darlegen, wie dieser Mars zum Einsatz kommen würde,

wenn sie gesund und glücklich wäre – und sie davor warnen, sich in seinen schattenhaften Ausdrucksweisen zu verfangen. Solche Einblicke könnten ihr zu einem beliebigen Zeitpunkt in ihrem Leben von Nutzen sein. Warum? Weil wir von ihrem Geburtshoroskop sprechen und die Planeten in einem Geburtshoroskop ein Leben lang konstant bleiben. Unsere Reaktionen auf diese Planeten können zwar reifer werden, doch die Grundfragen – die Strategien, Mittel und Schatten – bestehen von unserem ersten bis zu unserem letzten Atemzug fort.

Bei den Transiten ist all dies anders. Wir bedienen uns der gleichen Planeten, und sie stehen noch immer für die gleichen Schlüsselvorstellungen. Was sich jedoch verändert, ist unsere Betrachtungsweise. Wir wechseln vom Allgemeinen zum Speziellen, vom Abstrakten zum Unmittelbaren, von der Lebenszeit zu den Tagen, Minuten und Sekunden, aus denen sie sich zusammensetzt. Wenn ein Planet im Geburtshoroskop einem Ehepartner gleicht, dann ähnelt ein transitierender Planet einer Affäre, einem Geliebten, der uns erschüttert, uns beutelt und dann weiterzieht. Dieser Geliebte bringt uns vielleicht etwas über das Leben bei, oder aber er läßt uns mit wütenden Narben zurück. Wie auch immer, der Geliebte ist fort, und es ist unsere Sache, was wir aus der Erfahrung machen.

Die Personifizierung der laufenden Planeten – sie als Geliebte oder Lehrer zu betrachten –, hat sich mir immer als wirkungsvolle Strategie dargestellt. Vielleicht waren die alten Griechen und Römer nicht so weit vom Ziel entfernt, als sie die Planeten als »Götter« bezeichneten. Auf gewisse Weise hat jeder von ihnen eine eigene Persönlichkeit. Wie wir selbst manchmal, sind auch die Planeten halb Engel, halb Teufel. Welche Charakterseite des laufenden Planeten wird uns berühren? Es liegt an uns.

Wie auch immer, der erste Schritt in unserer Interpretationsstrategie ist es, den einzelnen Transit erst einmal zu *verstehen*.

Wir wollen diese Trickser und Lehrer individuell kennenlernen. Wir fangen bei den äußeren Planeten, den langsam vorankommenden »Themengeneratoren«, an. Wie wir im vorangegangenen Kapitel gelernt haben, sind sie diejenigen, die das *sich entwickelnde Themengerüst* erschaffen, das unseren Monaten und Jahren Form gibt. Wenn wir sie dazu überreden können, ihre Geheimnisse mit uns zu teilen, dann sind die Verluste, die wir vielleicht durch die schnellen inneren Planeten erfahren, nichts als folgenlose Unglücksfälle in einem langen, glücklichen Pokerspiel.

Jupiter, der Lehrer

Symbol: ♃
Umlaufzeit: etwa 12 Jahre
Das Geschenk: Die Fähigkeit, Visionen und Potentiale zu entwickeln und neue Möglichkeiten für die Zukunft zu ergreifen.
Die Herausforderung: Können Sie etwas erkennen, das besser ist, als Sie es jemals zuvor kennengelernt haben, völlig neu und positiv, das sich jetzt in Ihrer Reichweite befindet – und können Sie sich einen Weg ausdenken, um es zu erlangen?

Hineinwachsen in die Zukunft – das ist der Geist Jupiters, der über die Wirkpunkte in einem Geburtshoroskop läuft. Für die mittelalterlichen Astrologen war Jupiter der »große Wohltäter«. Sie betrachteten seine Durchreise immer als Ermutigung. Die Wahrheit ist subtiler, wie wir noch sehen werden, wenn wir uns Jupiter, dem Trickser, zuwenden. Es trifft zu, daß dieser Planet uns *Gelegenheiten* vor die Füße legt. Die Frage lautet, sind wir in der Lage, sie zu erkennen? Um in den vollen Nutzen eines Jupiter-Transits zu kommen, müssen wir die Führung unserer Phantasie überlassen. Eine *neue Möglichkeit* befindet sich jetzt in greifbarer Nähe. Wo ist sie? Was hat sich verändert? Auf welche Weise unterschätzen wir uns? Wenn Jupiter an einem Wirkpunkt anlangt, dann ist eine Dimension unseres Charakters – wie sie durch die beteiligten Planeten, Häuser, Zeichen und Aspekte bezeichnet wird – reif für *Heilung* und *Erneuerung*. Zu dieser Heilung kann es in Form einer Krise kommen – was altmodischen Astrologen häufig entgeht. Ein Bankrott, eine Trennung, der Tod eines repressiven Lebenspartners – all dies habe ich bereits unter dem »glücklichen« Einfluß eines Jupiter-Transits geschehen sehen. Belastungen und Begrenzungen, an die man sich gewöhnt hat, geben einem ein Gefühl der Leere und Ziellosigkeit, sobald sie einem von den Schultern genommen wurden. Das Angesicht des Glücks ist manchmal gütig und manchmal grimmig. Lernen Sie, es in beiderlei Gestalt zu erkennen und die Geschenke anzunehmen, die es anbietet – solange es sie noch anbietet. So können Sie den mächtigen Jupiter zu Ihrem Lehrer machen.

Albert Einstein, verfolgt von Hitlers Antisemitismus, erkannte die Zeichen der Zeit und ergriff die Gelegenheit, aus Deutschland in die Vereinigten Staaten zu fliehen – das alles, während Jupiter eine Opposition zu seiner Sonne bildete. Der berühmte Ragtime-Pianist und Komponist Eubie Blake erkannte unter dem Einfluß der Jupiter-Konjunktion mit seiner Sonne den Riß in der Mauer des Rassismus im Amerika des Jahres 1914, und es gelang ihm, seine erste Komposition zu veröffentlichen. Sensibilisiert durch eine Jupiter/Sonne-Opposition erkannte Ted Turner die neuen, bisher nicht genutzten Möglichkeiten des kürzlich ins All geschossenen SATCOM-Satelliten und zog sein phantastisch erfolgreiches nationales Kabel-TV-Netzwerk auf. Diese Männer gestatteten es Jupiter, sich als Lehrer zu manifestieren, und eröffneten für ihr Leben ein neues Reich der Potentiale. Doch hätte es nicht zwangsläufig so kommen müssen. Jupiter besitzt ein weiteres Gesicht, das zu betrachten wir uns nie gestatten sollten.

Jupiter, der Trickser

Die Falle: Die Versuchung, sich der Trägheit und Torheit zu überlassen, während man in dem warmen Gefühl badet, das durch übermäßiges Selbstvertrauen, Arroganz oder noch unvollständigen Erfolg erzeugt wird.

Die Lüge: Mach dir keine Sorgen – alles wird sich von selbst regeln.

Jupiter, der Trickser, verschafft sich nicht mit Rückschlägen und Unglück Geltung, sondern mit Hilfe der inneren Feinde, die wir mit dem eigenen Ich erschaffen. Danach erst rufen wir selbst die Rückschläge und das Unglück hervor. Unter dem Einfluß eines Jupiter-Transits *meinen* wir, Glück zu haben. In der Tat *haben* wir möglicherweise tatsächlich Glück – aber unter Umständen nicht so viel, wie wir glauben. Wir lassen in unserer Aufmerksamkeit nach, und uns entgehen wichtige »Einzelheiten«, die uns später vielleicht in Schwierigkeiten bringen. Überheblichkeit, Aufgeblasenheit, Selbstüberschätzung, Unterschätzung von Gegnern, all dies ist möglich, wenn wir den Täuschungen Jupiters erliegen. Es ist so, als habe der Gefängniswärter den Schlüssel versehentlich direkt vor der Gefängnistür verloren. Wir müssen uns nur bücken, ihn aufheben, uns selbst befreien und fliehen. Doch wir entschließen uns, den Augenblick einen Moment lang zu genießen. Genau für einen Durchbruch wie diesen haben wir ein Stück Schokolade aufgespart. Erst einmal wollen wir uns an dem Anblick des Schlüssels freuen, während wir die Schokolade langsam im Mund zergehen lassen. Kein Grund, in unnötige Hast zu verfallen ...

John DeLoreans Kokainskandal ging durch die Presse, als der laufende Jupiter eine Konjunktion mit seinem Saturn bildete. Seine übertriebene Selbstsicherheit (Jupiter) kollidierte mit der Wirklichkeit (Saturn). Viele Jahrhunderte ist es her, als die Nachhut Karls des Großen bei Roncevalles von den Basken – die man später in dem berühmten »Rolandslied« als Mauren mythologisierte – überwältigt und massakriert wurde (778 n. Chr.). Auch hier war Jupiter, der Trickser, geschäftig am Werk, indem er ein Quadrat mit dem Uranus Karls des Großen bildete. Übertriebene Selbstsicherheit (Jupiter) erzeugte eine Krise (Quadrat: Reibung) in seinem Sinn für Freiheit und Individualität (Uranus). Henry David Thoreau hielt um die Hand einer Ellen Sewell an, als Jupiter eine Konjunktion mit seinem Geburts-Jupiter bildete – und wurde zurückgewiesen. Auch hier übertriebene Selbstsicherheit.

Sowohl als Lehrer wie auch als Trickser kann Jupiter mächtigen Einfluß auf unser Leben nehmen. Denken Sie vor allem daran, daß es weder Zeichen noch Aspekte sind, die Jupiter zum Lehrer machen. Dies bewirkt allein unser Wille, positiv zu denken, der es andererseits jedoch nicht zuläßt, daß sich diese positive Einstellung in Arroganz und Stolz verwandelt.

Saturn, der Lehrer

Symbol: ♄
Umlaufzeit: etwa 29 Jahre
Das Geschenk: Die Fähigkeit, die Wirklichkeit klar zu erkennen und wirkungsvoll und entschlossen auf sie zu reagieren.
Die Herausforderung: Sind Sie fähig, Wunschdenken und Furchtsamkeit beiseite zu schieben und mit Selbstdisziplin, Geduld und praktischen Strategien auf konkrete Themen zu reagieren, und können Sie dies, wenn es erforderlich ist, auch allein tun?

Saturn-Zeiten werden von traditionellen Astrologen mit Entsetzen gesehen. Ich gebe zu, daß ich mir manchmal selbst wünsche, jemand anderer zu sein, wenn ich feststelle, daß ein Saturn-Transit auf mich zukommt. Doch im Rückblick tun diese Saturn-Besuche vielleicht mehr für uns, als die eines anderen Planeten. Die Geschenke, die sie zurücklassen, sind typischerweise von der stillen, aber wertvollen Art – *Reife* zum Beispiel und *Selbstachtung*. Gleichgültig, wieviel wir auch innerlich wachsen und lernen, irgendwann kommt der Augenblick, da müssen wir dieses innere Wachstum *konkret und im Äußeren zum Ausdruck bringen* – und das ist es, was Saturn-Transite bewirken. Saturn ist der Planet der Wirklichkeit. Er bezieht sich weniger auf das, was wir vielleicht *fühlen*, als auf das, was wir tatsächlich *tun* sollen. Seine Transite sind immer ein *Aufruf zum Handeln in der wirklichen Welt.* Wenn sich Saturn einem Wirkpunkt nähert, dann stellen Sie zunächst fest, welchen Teil Ihres Selbst (beziehungsweise welchen Geburtsplaneten) er berührt. Dann fragen Sie sich: Welche Verhaltensweisen stehlen mir in diesem Bereich meines Lebens fortgesetzt meine Zeit, obwohl ich in meinem Herzen weiß, daß ich ihnen entwachsen bin? Dann lassen Sie einen Moment lang Nostalgie, Überschwang und Selbstzweifel beiseite, stellen einen Plan für eine realistische, wirkungsvolle Veränderung Ihres Verhaltens auf und bleiben auch dann dabei, wenn niemand an Ihre Seite eilt, um Sie zu beglückwünschen.

Cesar Chavez, der Anführer des berühmten fünf Jahre andauernden »Trauben-Streiks« der Wanderarbeiter in Kalifornien, erkannte, daß die *Wirklichkeit* von Wut und Verzweiflung seine Gewaltlosigkeitsideale zu Fall zu bringen drohte. Inspiriert durch Gandhi begann er – während Saturn eine Konjunktion mit seiner Sonne bildete – eine 25tägige Fastenperiode, um seine Anhänger bei der Stange zu halten. Eine erhöhte Fähigkeit zur Selbstdisziplin (Saturn) verschmolz mit seinem Selbstbild (Sonne). Mutter Teresa, die für ihre Arbeit mit den Armen von Kalkutta berühmt war, wurde inspiriert, aus dem Kloster auszutreten und ihr venusisches Ideal christlicher Liebe in die Wirklichkeit zu tragen, als Saturn über ihre Venus lief. Während Saturn eine Konjunktion mit seinem mythischen Pluto bildete, kristallisierte sich bei George Lucas das unheimliche Gefühl für Mythen und Geschichten heraus, nahm auf Dauer Einfluß auf das Unbewußte einer ganzen Generation, und erreichte seinen Höhepunkt in seiner epochalen Serie »Krieg der Sterne«.

Saturn, der Trickser

Die Falle: Die Versuchung, sich Verzweiflung und Frustration zu überlassen, wenn sich die Wirklichkeit gegen uns zu wenden scheint.

Die Lüge: Du hast keine Chance.

Saturn ist von allen planetaren Feinden derjenige, der die größte Verbitterung auslöst. Er errichtet eine meterhohe Mauer mitten auf unserem Lebensweg, erfüllt uns mit einem Gefühl von Unmöglichkeit und Selbstmitleid. Wir starren auf diese Mauer, sind überzeugt, auf Dauer festzustecken und keine Aussicht auf ein weiteres Vorankommen zu haben. Wenn uns der Trickser in seinen Klauen hält, dann übersehen wir jedoch häufig, daß die Mauer zwar hoch, aber nicht sehr breit ist. Es steht uns frei, um sie herumzugehen, aber nur, wenn wir unseren Weg den veränderten Bedingungen anpassen. Im Inneren haben wir uns verändert. Im Äußeren nicht. Der Kurswechsel ist also notwendig – aber beängstigend. Es ist typisch für Saturn, daß er *Zusammenstöße mit der Wirklichkeit* organisiert, gleichgültig ob er dies als Lehrer oder als Trickser tut. Dabei ist es die Strategie des Tricksers, der sich dabei auf unsere Dickköpfigkeit und Unflexibilität stützt, uns den Lebensmut zu nehmen und zu deprimieren. Damit *setzt er uns in unserer engen, traurigen Subjektivität fest* und beraubt uns der Energie, die wir brauchen, um uns dieser Wirklichkeit wirkungsvoll entgegenzustellen. Saturn, der Trickser, verläßt sich fest darauf, daß sich wirkliche Veränderungen für uns immer zuerst unnatürlich anfühlen, und nutzt dies, um uns aus der Bahn zu werfen. Seine dunkle Kunst besteht darin, daß er uns zu dem Glauben verleitet, daß wir uns in eine Ecke manövriert haben. Mit diesem Trick zieht er unsere Aufmerksamkeit von der Tatsache ab, daß uns inzwischen Flügel gewachsen sind und wir uns längst darauf konzentrieren sollten, fliegen zu lernen.

General Custers Unflexibilität im Angesicht der Wirklichkeit war bereits das Thema im zweiten Teil des dritten Kapitels (Seite 47). Sein Debakel am Little Big Horn fand statt, als Saturn zu seiner Sonne und zu seinem Mond im Quadrat stand. Die Niederlage Karls des Großen bei Roncevalles ereignete sich unter dem Einfluß eines Saturn/Uranus-Quadrats, wobei sich zusätzlich der laufende Jupiter im Quadrat zum Uranus befand. Der Saturn überquerte den Aszendenten von Charles Manson, als seine Anhänger Sharon Tate ermordeten – und er die Kontrolle über die von ihm selbst erschaffene Wirklichkeit verlor. Unter Druck gesetzt von seinen angeblichen »mentalen Problemen« zog Thomas Eagleton seine Kandidatur für das Amt des Vizepräsidenten zurück, als der laufende Saturn eine Konjunktion mit seinem Jupiter bildete. Hatte ihn der Trickser vorübergehend seiner Mitteilsamkeit, seines Selbstvertrauens und seiner Hoffnungen für die Zukunft (Jupiter) beraubt? Wir können es nicht wissen – doch so hätte mit Sicherheit die Warnung eines modernen Astrologen für diese schwere Zeit in seinem Leben gelautet.

Uranus, der Lehrer

Symbol: ♅
Umlaufzeit: etwa 84 Jahre
Das Geschenk: Die Fähigkeit, unsere wahre Individualität von den Wünschen und Phantasien unserer Familien, Freunde und Kollegen zu unterscheiden.

93

Die Herausforderung: Gelingt es Ihnen, dem Konformitätsdruck standzuhalten, Ihr Recht geltend zu machen, im Angesicht von Zensur und Zurückweisung Sie selbst zu sein – und auch im Angesicht der sozialen Konventionen, die Sie möglicherweise unbewußt verinnerlicht haben?

In bestimmten Traditionen wird der Uranus als der beherrschende Planet der Astrologie gesehen. Ich halte dies für zutreffend. Die Astrologie und der Planet Uranus dienen einem gemeinsamen Zweck – uns von allem zu befreien, was den vollständigen, gesunden Ausdruck unserer Wesensart verhindern könnte. Die Gesellschaft – die uns durch andere aufgezwungen wird – ist hier der Hauptsünder. Vom Augenblick unserer Geburt an erhalten wir umfassende Anweisungen, die uns wissen lassen, wie wir ein richtiger Mensch werden. Was ist Erfolg? Was ist Versagen? Wie lange darf man mit einem Fremden Augenkontakt haben? Wie weit fort von diesem Fremden müssen Sie stehen, um im Rahmen des Schicklichen zu bleiben? Und so weiter und so weiter, bis jede Nuance unseres Lebens nach dem Geist der Gesellschaft schmeckt, in die hinein wir geboren wurden. Es wäre außerordentlich töricht zu behaupten, daß all diese Anweisungen schädlich sind. Die Kultur ist ein Wunder, und wir sollten dankbar für sie sein. Doch ein Teil dieser Anweisungen ist für uns nicht natürlich, und wenn wir glücklich werden sollen, müssen wir uns von ihnen befreien. Und diese Befreiung ist die Essenz der Transformation, die ein Uranus-Transit von uns fordert.

Das Geheimnis von Uranus-Transiten liegt darin zu begreifen, daß sie zwar oft Feuerwerk in die Beziehungen mit unseren Mitmenschen tragen, daß dieses Feuerwerk jedoch zweitrangig ist. Unsere Aufmerksamkeit muß sich immer vorrangig darauf richten, daß wir falschen Beschreibungen unserer selbst gestattet haben, in unserem Kopf Fuß zu fassen. Uranus bietet uns Frieden, Schritt für Schritt, Kampf um Kampf, Erkenntnis um Erkenntnis. Mehr als ein anderer Planet symbolisiert Uranus Veränderung; der Feind, den dieser Lehrer am meisten fürchtet, ist der Gegenspieler der Veränderung: die Gewohnheit. Obwohl wir in der Regel das Gegenteil behaupten, haßt irgend etwas in uns Veränderungen. Wir werden durch Veränderungen in Verlegenheit gebracht, so sehr sind wir von unseren gewohnten Mustern abhängig. Stellen Sie sich einen freundlichen Zwist zwischen sich selbst und einer alten Freundin vor. Sie liebt Kriminalromane. Sie schwören, daß Sie damit niemals Ihre Zeit verschwenden würden. Eines Tages, während Sie auf den Bus warten, stellen Sie fest, daß Sie sich in einer Ausgabe von »Die blaue Hand« festgelesen haben. Wie bereitwillig werden Sie das Ihrer Freundin eingestehen? Es handelt sich nur um eine Albernheit. Unbedeutend. Doch sollte sie zu Besuch kommen, dann entfernen Sie das Buch lieber aus ihrem Blickfeld und legen es ins Schlafzimmer. Warum? Um sich dadurch nicht in Verlegenheit bringen zu lassen, daß man Sie in einer Gegenwart erwischt hat, die mit Ihrer Vergangenheit nicht übereinstimmt. Kämpfe mit Auswirkungen von Geschichte und Kultur sind ohne Zweifel für den Uranus typische Vorgänge, doch wie so oft, erkennen wir den äußeren Feind oft rascher als den inneren. Es ist dieser innere Feind – unser zwanghaftes Festhalten am Status quo und der Stolz, mit dem wir ihn aufrechterhalten –, den wir durchschauen und besiegen müssen, wenn wir Uranus zu unserem Lehrer machen wollen.

Cesar Chavez gibt uns ein gutes Beispiel für einen Mann, der auch im Angesicht besonders krassen sozialen Drucks zu seiner Individualität steht. Während der laufende Uranus eine Opposition mit seiner Sonne bildete, war er mit einem Mordkomplott konfrontiert, das bestimmte kommerziell eingestellte landwirtschaftliche Interessengruppen in Kalifornien gegen ihn anstrengten, weil sie sich über seine erfolgreichen gewerkschaftlichen Aktivitäten ärgerten. Im vorangegangenen Kapitel haben wir uns vor Augen geführt, wie der gleiche Transit für Sally Ride einen persönlichen Durchbruch bewirkte – und über ihre Person auch einen symbolischen Sieg gegen die tief verwurzelten gesellschaftlichen Vorstellungen von Weiblichkeit. Lange bevor Jimmy Carter zum Präsidenten gewählt worden war, hielt er in seiner Kirche in Plains, Georgia, eine Ansprache, in der er die Aufnahme von Schwarzen in die Gemeinde befürwortete. Im Sommer 1965 und im ländlichen Süden wurden solche Gefühle nicht immer überschwenglich willkommen geheißen. Was aber löste Carters Traditionsbruch aus? Der laufende Uranus bildete eine Konjunktion mit seiner Sonne.

Uranus, der Trickser

Die Falle: Die Versuchung, sich deshalb dem Herdentrieb zu unterwerfen, weil es praktisch ist, hohe Belohnungen verspricht und weil die Alternativen unmöglich erscheinen.

Die Lüge: Gegen die Politiker kann man ja doch nichts ausrichten.

Uranus, dem Trickser, in die Falle zu gehen, kann katastrophale Auswirkungen auf das Leben eines Menschen haben. Da seine Transite nur einmal in 84 Jahren auftreten, stehen sie wortwörtlich für die einmalige Gelegenheit. Wenn wir sie verpulvern, dann erhalten wir niemals eine zweite Chance.

Über lange Strecken in unserem Leben kreuzen wir nur umher, leben die Konsequenzen der Entscheidungen aus, die wir zuvor getroffen haben. Die Situation ähnelt einem Spaziergang in einem langen Flur, der es uns nicht gestattet, die Richtung zu ändern. Wir haben uns entschlossen, ein Kind zu haben – folglich liegen 20 Jahre aktive Elternschaft vor uns. Wir bringen es zu einem Abschluß als Elektroingenieur – also werden wir kaum Arbeit als Psychotherapeut finden. Doch wenn der Uranus einen Wirkpunkt berührt, dann teilt er uns damit mit, daß wir das Ende des Flurs erreicht haben. Wir sind frei, bereit, einen Raum voller Türen zu betreten. Falls der Wirkpunkt wirklich entscheidend ist – zum Beispiel eine Konjunktion mit dem Aszendenten –, dann sind wir herausgefordert, *uns neu zu erfinden*. Warum? Weil unsere vorherige Lebensweise verbraucht ist. Wir sind fertig mit ihr, bereit, die vergangenen Jahre hinter uns zu lassen und mit Begeisterung und Kreativität eine neue Lebensphase anzugehen. Gelingt uns dies, dann gehen wir verjüngt aus der Situation hervor. Gestatten wir es jedoch anderen – oder unseren eigenen Ängsten –, diesen Veränderungen Widerstand entgegenzusetzen, dann bleiben wir in der Vergangenheit gefangen, führen ein Leben, das für uns bedeutungslos geworden ist.

Im frühen Stadium seiner Karriere versuchte der Komiker Richard Pryor seine Darbietungen in den Grenzen des »Schicklichen« zu halten, wie die Gesellschaft sie damals definierte. Seine natürlichen Neigungen waren jedoch derber und deftiger. Eine Zeitlang hatte er Uranus, dem Trickser, gestattet, ihn davon zu überzeugen, daß er keine Wahl hatte und sich an die Regeln halten mußte. Im Oktober 1967 führten die Spannungen eine Krise herbei. Mitten in einem 17tägigen Gig im Aladdin Hotel in Las Vegas gab Pryor während eines Auftritts spontan seinem natürlichen Stil mehr Raum – und wurde sofort wegen »Obszönitäten« gefeuert. Der laufende Uranus (seine wahre Individualität) befand sich in Opposition (Spannung, Krise) zu seinem Aszendenten (seiner äußeren Erscheinung). Obwohl diese Episode einen kreativen Durchbruch für ihn darstellte, so muß sie für ihn persönlich doch qualvoll gewesen sein. Astrologisch lautet die Fragestellung folgendermaßen: Was tat er überhaupt in Las Vegas? Hätte er seinen Schritt nicht harmonischer gestalten können? In der dramatischen, schmerzhaften Auseinandersetzung des Richard Pryor, wie er wahrgenommen wurde, und der Person, zu der er sich veränderte, erkennen wir deutlich die Handschrift von Uranus, dem Trickser.

Neptun, der Lehrer

Symbol: ♆
Umlaufzeit: 165 Jahre
Das Geschenk: Die Fähigkeit, Gelassenheit, Inspiration und Transzendenz im Angesicht der Dramen des Lebens zu erfahren.
Die Herausforderung: Können Sie willentlich in einen veränderten Bewußtseinszustand eintreten, Ihr Bewußtsein für das öffnen, was wir Gott oder Ihr tieferes Selbst nennen?

Es ist schwierig, eine mystische Sprache zu vermeiden, wenn wir von den Transiten Neptuns sprechen. Hierbei handelt es sich typischerweise um traumähnliche Phasen, die wir als besonders lebhaft empfinden, schwer in Worte fassen und im nachhinein sogar nur schwer erinnern können. Die menschliche Psyche ist erheblich tiefer und komplizierter und weit mehr als nur ein Modell unserer »Persönlichkeiten«, die wir im Kopf mit uns spazieren-tragen. Wir verfügen über tiefe Wurzeln, die uns mit einem Reich der Geheimnisse verbinden. Wo haben Träume ihren Ursprung? Oder künstlerische Inspirationen? Oder blitzartige Einsichten? Solche Erfahrungen scheinen aus dem Nichts zu kommen, beleben und erfrischen uns, oft auf eine Weise, die wir auf einer logischen Basis nicht verstehen können.

Wenn Neptun einen Wirkpunkt berührt, ist das wie ein Signal, das aus einem verborgenen psychologischen Territorium aufsteigt. Es teilt uns mit, daß uns die Hülle unserer äußeren Persönlichkeit zu eng geworden ist, sich zu sehr mit sich selbst beschäftigt und zu stur von ihrer eigenen Rechtschaffenheit überzeugt ist. Inneres und Äußeres haben sich zu weit voneinander entfernt und setzen uns der Gefahr aus, blind und mechanisch einem Kurs zu folgen, der sich in wachsendem Maße anfühlt, als sei er aller wahren Gefühle oder spiritueller Bedeutung entblößt. Die innere Welt versucht, die Kommunikationswege wiederherzustellen – bevor die äußere sie so sehr überdehnt, daß sie ganz versagen.

Welche Schritte sollen wir unternehmen, wenn sich Neptun einem Wirkpunkt nähert? *Geben Sie alle Vorstellungen irgendeines Handelns auf.* Entspannen Sie sich. Da ist nichts, was wir tun müssen, auch wenn wir uns vielleicht ruhelos und überempfindlich fühlen. *Jede Form des Handelns* ist genau das Hindernis, das Neptun, der Lehrer, versucht zu überwinden. Unsere Aufgabe ist es, nur zu *fühlen*, uns »auf uns selbst einzustimmen«. Wenn Neptun eine Saite anschlägt, dann vergessen Sie nicht: Sie sind das Problem. Etwas in Ihrem Inneren ist entzaubert, ernüchtert darüber, wie Sie die Dinge des Lebens definieren. Ihr äußeres Selbst geht mittlerweile fröhlich weiter seinen Weg und versucht, so zu tun, als ob die alten Verhaltensmuster noch immer voller Leben seien. Hören Sie auf diese tiefere Stimme. Erlauben Sie ihr, Sie zu führen. Phantasieren Sie. Träumen Sie. Fließen Sie. Welcher Art auch immer das Thema ist, die Auflösung bildet sich *außerhalb* der Persönlichkeit, kommt in einem Geistesblitz zu Ihnen, der seinen Ursprung im tieferen Selbst hat. Wenn sich eine Auflösung bildet, dann kommt sie Ihnen nur zugute, wenn Sie aufhören, dieses alte, müde Bild Ihrer selbst aufzupumpen, und *zuhören*.

Wie kann uns das gelingen? Durch Meditation. Wir verbringen Zeit allein, kultivieren einen kontemplativen, empfänglichen Geisteszustand. Wir gestatten es unserem tieferen Selbst zu *spielen*, sich durch Kunst und Phantasie zum Ausdruck zu bringen. Vielleicht machen wir einen übersinnlichen Berater ausfindig. Möglicherweise entwickeln wir Interesse für Astrologie oder ein anderes Symbolsystem, das unser Unbewußtes anspricht und mitteilsam stimmt. Wir vermeiden unsere verinnerlichten Gedankenkreisläufe, sondern gewissenhaft all unsere persönlichen Klischeevorstellungen und Gewißheiten aus. Warum? Weil wir, wenn wir neuen Wein im Krug haben möchten, ihn erst leeren müssen. Ein Wunder zu erschaffen, ist uns unmöglich, aber wir können wenigstens Platz dafür freiräumen.

Peggy Fleming verzauberte die Welt mit übernatürlicher neptunischer Anmut, als sie 1968 olympisches Gold im Eiskunstlauf holte. Neptuns reine Inspiration ergoß sich in sie und floß durch sie hinaus in die Welt als er über ihren Aszendenten (äußeres Erscheinungsbild, »Stil«) lief. Als Neptun mit seiner Sonne ein Trigon bildete, begann Miles Davis seine Karriere als Jazzmusiker in New York. Inspiration (Neptun) beflügelte (Trigon) sein Selbstbild (Sonne). Und hier ist noch ein Mann, der auf seine Art dafür sorgte, Zeit zum ungestörten Nachdenken zu haben: Als Neptun mit seiner Sonne verschmolz verbrachte Thor Heyerdahl 100 Tage an Bord seines berühmten Floßes Kon Tiki auf dem Pazifik. Der alte »Meeresgott« – der normalerweise als Symbol für das »Bewußtseinsmeer« verstanden wird – schlüpfte in sein tatsächliches Element und wurde durch die Berührung mit Heyerdahls Sonne zu einem festen Bestandteil dessen Identität.

Neptun, der Trickser

Die Falle: Die Versuchung, uns selbst mit betörender Unwahrheit und einfachen, selbstzerstörerischen Fluchtmustern zu betrügen und zu ruinieren.

Die Lüge: Iß, trink und sei fröhlich, denn schon morgen könntest du tot sein.

Neptun, der Trickser, ist ein gewitzter und heimtückischer Gegner, der unseren Charakter auf Schwächen abklopft. Wie ein listiger Judomeister wartet er darauf, daß wir den ersten Schritt tun, dann nutzt er wirkungsvoll unsere Bemühungen, um sie gegen uns zu wenden, ohne daß er dabei selbst ins Schwitzen kommt. Er arbeitet mit unseren Wünschen und Ängsten, mit diesen tiefsitzenden und oft irrationalen Gefühlen, die wir in unserem Inneren zu verbergen lernen – jedenfalls bis Neptun in unserem Leben auf einen Wirkpunkt stößt. Wenn wir schlau genug sind, dem Trickser aus dem Weg zu gehen, ist es an der Zeit, diese Gefühle hervorzuziehen, um sie auf neue Weise wieder aufzunehmen und damit unserer äußeren Persönlichkeit die Gelegenheit zu geben, den Vorsprung unseres tieferen Selbst einzuholen. So jedenfalls lautet die Theorie. Der Trickser hat jedoch andere Pläne. Er weiß, daß diese Gefühle zuvor noch keine direkte Berührung mit der Wirklichkeit hatten. Sie haben sein Sicherungssystem noch nicht kennengelernt. Sie sind naiv und unreif – und hungrig. Er liegt auf der Lauer nach ihnen, wie eine alte Hure, die auf ein Schiff voller Seekadetten wartet.

Übertreibung – das ist die Lieblingswaffe des Tricksers. Er liebt es, unsere Bedürfnisse und Ängste ihrer vernünftigen Proportionen zu berauben, die Wahrheit zu äußerst überzeugenden und verheerenden Lügen zu verdrehen. Er liebt Glamour, belegt auch noch die geschmacklosesten Gegenstände und Möglichkeiten mit seinem Zauberspruch übertriebener Begehrlichkeit und verführt uns zu Torheit und Verschwendung. Wenn Neptun in Ihrem Geburtshoroskop einen Wirkpunkt berührt, dann versuchen Sie, bevor Sie handeln, realistisch nachzudenken. Wenn Sie einen »phantastischen Einfall« haben, beruhigen Sie sich erst einmal, warten drei Tage und denken dann noch einmal darüber nach. Die Transite des Neptun eignen sich weit mehr als Grundlagen des *Reflektierens* als des Handelns – und uns dies vergessen zu machen, ist des Tricksers Ziel. Er ist begeistert, wenn wir es mit dem Zigaretten- und Alkoholkonsum übertreiben, weil uns diese Stoffe zu irrationalem Enthusiasmus verführen. Aus dem gleichen Grund mag er auch selbstzerstörerische emotionale und sexuelle Verwicklungen sehr. Und Stolz – wenn sich eine Gelegenheit bietet, ist er sofort dabei. Sobald wir erst einmal eine irrationale Begeisterung für unser eigenes Ich entwickelt haben, hat uns der Trickser fest im Griff.

Eubie Blake fand sich im Alter von 15 Jahren klavierspielend in einem Bordell wieder. Umgeben von all diesen »glamourösen Versuchungen« sagt es viel über Blakes Charakter und über seinen Tatendrang aus, daß es ihm gelang, sich aus diesem Umfeld mit noch funktionsfähiger kreativer Energie zurückzuziehen. Als sich Neptun zum damaligen Zeitpunkt gleichzeitig im Trigon mit seiner Sonne, in Konjunktion mit seinem Jupiter und im Quadrat mit seinem Uranus befand, zeigte ihm der Trickser, wozu er in der Lage war. John DeLorean ist nicht so gut weggekommen. Als er bei seinen Kokaingeschäften heimlich von Bundesbeamten abgehört wurde, befand sich Neptun (Selbstbetrug) direkt über seinem Merkur (Kommunikation und Aufgewecktheit). Ein Punkt für den Trickser.

Pluto, der Lehrer

Symbol: ♇

Umlaufzeit: 248 Jahre

Das Geschenk: Die Fähigkeit, eine altruistische Mission im Leben zu finden und damit dem Bewußtsein das Gefühl eines letztlichen Sinns zu geben.

Die Herausforderung: Vermögen Sie in Ihrem Inneren eine Vision oder eine Gabe zu erkennen, die Sie dem Leben verdanken, und haben Sie den Mut, sich selbst der Aufgabe zu widmen, diese mit anderen zu teilen?

Soweit wir wissen ist Pluto der letzte in der Reihe der Planeten und steht daher für den entferntesten und unzugänglichsten Bewußtseinszustand, den wir uns vorstellen können. Wir klettern die Leiter des Wachstums hinauf, werden immer weiser, liebevoller, in unserem Ausdruck immer einzigartiger ... und was dann? Welche Rolle spielt das? Welche *Bedeutung* hat all das am Ende überhaupt? Das ist Plutos Frage. Welche Bedeutung hat Ihre Existenz vor dem Hintergrund von Jahrhunderten, von unendlichem, vergessenem menschlichen Leid, vor großartigen Siegen,

an die sich keiner mehr erinnert? Wenn Pluto über einen Wirkpunkt läuft, dann sollten Sie Ihre Antwort parat haben, und sie
sollte aufrichtig sein. Nichts als absolute Aufrichtigkeit kann den
vernichtenden scharfen Blick dieses Lehrers überleben.

Unterwerfung – dies ist der Schlüssel, um Pluto in die Rolle des
Lehrers statt in die des Tricksers schlüpfen zu lassen. Doch Unterwerfung zu wessen Gunsten? Die Antwort ist leicht in Worte
gefaßt, doch schwer in die Tat umzusetzen: Wir müssen uns unserer Mission unterwerfen. Wir müssen uns so vollständig mit einer
größeren moralischen Sinnstruktur identifizieren, daß wir unser
natürliches Konzentriertsein auf unser Ich aufgeben. Indem wir
dies tun, erlangen wir einen transpersonalen Bewußtseinszustand, der mehr mit der Menschheit als Ganzes und dem Prozeß
der Geschichte als mit unserem individuellen Streben zu tun hat.

Der laufende Pluto läßt uns nicht immer an seinen Plänen teilhaben – obgleich dies, wie wir noch sehen werden, ebenfalls möglich ist. Die meisten Menschen werden von ihm unbemerkt beeinflußt, und er benutzt sie, um Einfluß auf die *Wurzeln* der
Veränderung auf kultureller oder historischer Ebene zu nehmen.
Parlamentarische Gesetzgebung – und alle fangen an zu gähnen.
In den frühen Morgenstunden einer heißen Dienstagnacht in
einem Bus, der zwischen Dallas und Houston unterwegs ist, be-
spricht ein junger Mann seine Vorstellungen von einem Waffenkontrollgesetz mit einem Fremden. Der Fremde berichtet später
einem Freund von dem Gespräch, der es an einen Mann weiter-
gibt, den er zufällig auf einem Flug nach Chicago kennenlernt.
Und dieser Mann spielt am nächsten Tag Golf mit dem Präsidenten – zu einem Zeitpunkt, da dieser für neue Vorschläge zum
Waffenkontrollgesetz zugänglich ist … Der junge Mann in dem
Bus nach Houston erlebte gerade einen Pluto-Transit. Er weiß
selbstverständlich nichts von diesem Ereigniskreislauf, den er in
Bewegung gesetzt hat. Das spielt keine Rolle. Seine Reaktion auf
den Transit ist dennoch stark. Warum? Weil er das Risiko auf sich
genommen hat, einem Fremden von seinen Moralvorstellungen
zu berichten.

Eine Frau macht eine Phase der Erschöpfung und Not durch,
bevor sie ein Haus für mißhandelte Frauen eröffnet. Warum?

»Weil sie einfach das Gefühl hat, etwas aus ihrem Leben machen zu müssen« – ein Gedanke, der unsere Aufmerksamkeit auf den transitierenden Pluto richtet. Möglicherweise bestand auf der anderen Seite des Kontinents Bedarf nach einem solchen Haus. Pluto zieht an den Fäden und sorgt dafür, daß sie dorthin umzieht. Umstände, die außerhalb ihrer Kontrolle liegen, ergeben sich und veranlassen sie umzuziehen, bieten ihr eine plutonische Gelegenheit, die sie vielleicht nur im Rückblick versteht. Auch hier geht es wie bei dem jungen Mann im Bus nach Houston nicht darum zu *verstehen*. Was zählt ist allein die Tatsache, daß die Frau ihr instinktives Beschäftigtsein mit ihren rein persönlichen Bedürfnissen aufgibt und sich selbst in eine breitere, altruistischere Grundstruktur stellt.

Regeneration und *Transformation* sind Begriffe, auf die wir im Zusammenhang mit Pluto-Transiten häufig stoßen. Zwar sind sie durchaus zutreffend, doch ist es möglich, diese Vorstellungen noch in größere Tiefe fortzuführen.

Pluto regeneriert uns, indem er uns über unsere persönlichen Gewohnheiten hinweg in das Reich moralischer Prinzipien und großer Ideen hebt und damit die zugrundeliegende Motivstruktur des Teils unseres Geburtshoroskops, den der Transit ausgelöst hat, transformiert. Bestandteil dieses Regenerationsprozesses kann sein, daß wir mit der Nase auf Zwänge, Irrglauben und Wunschdenken gestoßen werden, die uns bisher dazu angehalten haben, auf aktuelle Themen eher ichbezogen zu reagieren.

Bruce Springsteen, der eine tiefe Seite des kollektiven Bewußtseins angesprochen hat, unterschrieb seinen ersten Plattenvertrag bei Columbia, als Pluto über seine Sonne lief. Seine Persönlichkeit (Sonne) wurde zu einem Symbol auf der kulturellen, historischen Ebene (Pluto) transformiert. Genau der gleiche Transit trat in Jimmy Carters Geburtshoroskop zu Tage, als er zum Präsidenten nominiert und gewählt wurde. Wie bei Springsteen wurde auch Carters persönliche Vision derart verstärkt und erhöht, daß sie sich auf den Prozeß der Geschichte auswirken konnte. Abraham Lincoln war Wassermann und daher von Natur aus auf die Wassermann-Uranus-Ideale individueller Freiheit eingestimmt. Als sich der laufende Pluto in Opposition zu seinem Geburts-

Uranus befand, erzwangen Umstände außerhalb seiner Kontrolle (Pluto *und* der Oppositionsaspekt) eine Umsetzung seines Gespürs für die Rechte des Individuums (Uranus) in die Tat: Fort Sumter wurde angegriffen, der Bürgerkrieg begann, und Lincoln erließ die Emanzipationsproklamation, die den Sklaven die Freiheit schenkte.

Pluto, der Trickser

Die Falle: Die Versuchung, Rigidität, Dogmatismus und Macht die Gelegenheit zu geben, unsere Wahrnehmungsfähigkeit einzuschränken und unser Ich durch Zynismus, Verzweiflung und Nihilismus zu isolieren.

Die Lüge: Sieh zu, daß du dir den ersten Platz eroberst.

Pluto, der Trickser, ist vielleicht der mitleidloseste aller unserer planetaren Widersacher. Er verdirbt und untergräbt den menschlichen Geist an seinen Wurzeln, und er tut dies auf besonders boshafte Weise. Wo andere planetare Trickser uns mit Lügen bearbeiten, da tut Pluto es mit der Wahrheit. Pluto versorgt uns in zu kurzer Zeit mit mehr Wahrheit als wir vertragen können. Dann tritt er zurück und sieht zu, wie wir uns zerfleischen. Und wie lautet seine Wahrheit? »Dieses ist ein unendliches, eisiges Universum, in dem einzig der Tod sicher ist.« Danach übernehmen und formulieren wir zwei Gesetze, die Pluto, der Trickser, nie ausgesprochen, deren Samenkorn er uns jedoch eingepflanzt hat: »Sieh, daß du dir den ersten Platz eroberst« und »Greif zu, solange der Braten noch heiß ist«. Engstirnigkeit, kleinlicher Opportunismus und Angst kontrollieren uns und machen uns blind gegenüber den transpersonalen Möglichkeiten, in denen die wahren Antworten auf die Fragen verborgen liegen, die Pluto aufwirft.

Als wir uns auf den vorangegangenen Seiten mit Pluto, dem Lehrer, beschäftigten, stellten wir uns eine Frau vor, die von Kräften jenseits ihrer Kontrolle und ihres Vorstellungsvermögens quer durch das Land getrieben wird, damit sie die Gelegenheit erhält, ein Haus für mißhandelte Frauen zu eröffnen. Welche Form könnten diese Kräfte annehmen? Es ist uns unmöglich, diese

Frage abschließend zu beantworten, doch allgemein gesprochen neigt Pluto dazu, durch breiten sozialen oder historischen Druck wirksam zu werden, mit dem er das Individuum überwältigt. Vielleicht war ja der Ehemann dieser Frau in der Stahlindustrie. Als sich gesteigerter Wettbewerb auf die Branche auswirkte, wurde er entlassen – und machte sich mit seiner Familie quer durchs Land auf den Weg, um nach einem neuen Arbeitsplatz zu suchen. Wenn Pluto die Frau in Los Angeles haben will, dann wird er sie mit den erforderlichen Maßnahmen dorthin bugsieren. Das gilt für Pluto sowohl in seiner Gestalt als Lehrer wie auch als Trickser. Doch sobald die Frau erst einmal dort angekommen ist, wo er sie hin haben wollte, läßt er sie allein. Vielleicht ändert sich ihr Bewußtsein und sie erkennt die Bedürfnisse und Möglichkeiten, die sich nun vor ihr ausbreiten. Welche Folgen wird es haben, wenn sich der Trickser durchsetzt? Dann sinkt sie hinab in eine existentielle Verzweiflung, beklagt ihren Umzug in den Westen, fühlt sich betrogen und bestohlen durch die brutale Beliebigkeit des Lebens, findet sich in einem verängstigten, verhärteten, eingeengten Geisteszustand wieder, in dem sich das Selbst mit all seinem Reichtum und seiner Multidimensionalität in ein schwarzes Loch des Egoismus verwandelt.

Sobald dieser durch Pluto bewirkte Kollaps erst einmal stattgefunden hat, wählt die Psyche zwischen einem passiven und einem aktiven Weg, die jedoch beide ins Elend führen. Auf dem Weg der Passivität schmort das Individuum im Saft der Sinnlosigkeit und Vergeblichkeit und rutscht tiefer und tiefer in die Resignation. Auf dem Weg der Aktivität wird Plutos Verzweiflung mit Wut zum Ausdruck gebracht. In einem verzweifelten Versuch, ein Gefühl der Sinnhaftigkeit zurückzuerlangen, macht sich die Persönlichkeit mit Eroberungen und Tyrannei wichtig, und reißt die Herrschaft über jeden an sich, der töricht oder schwach genug ist, sich damit abzufinden.

Adolf Hitler ist das klassische Beispiel für diese zweite Möglichkeit. Während des gesamten Zweiten Weltkriegs befand sich der laufende Pluto im Quadrat zu seiner Sonne. Ein Gefühl der Sinnlosigkeit (Pluto) erzürnte (Quadrat: Reibung) sein Ich (Sonne). Gegen Ende des Krieges wanderte der Trickser in eine

Konjunktion mit Hitlers Saturn: damit prallte seine Selbstverherrlichung (Pluto) auf die Mauer der Realität (Saturn).

Mahatma Gandhi dient auf bewundernswerte Weise in fast jeder
Situation als Beispiel für die Wirkung des Lehrers, doch wissen
wir von einer Lebensphase, in der ihm der Trickser sein Gesicht
zeigte. Gerade als Gandhis Idee von gewaltlosem Widerstand ganz
Indien zu erfassen begann, massakrierten frustrierte, wütende britische Soldaten in Amritsar wahllos eine große Zahl Männer,
Frauen und Kinder. Das moralische Prinzip, Gewalt mit Gewalt-
losigkeit zu begegnen, wurde auf schmerzliche Weise auf die
Probe gestellt. Pluto der Trickser (Engstirnigkeit und Zynismus)
befand sich im Quadrat zu Gandhis Sonne (das Fundament seiner
Identität), vielleicht um ihn zu verleiten, seine Ideale aufzugeben.
Er hielt jedoch durch, die Mordtaten wurden als weltweiter Skan-
dal gewertet, und alles, was danach folgte, ist Geschichte.

Damit sind nun alle Lehrer und Trickser, die großartigen themen-
webenden Planeten, die sich so langsam durch unser Geburtshoroskop bewegen, vorgestellt. Ein gründlicher Einblick in ihre
Geschenke und Lügen ist eine Voraussetzung, um die astrologische Vorhersage wirkungsvoll betreiben zu können. Selbst wenn
wir die rasche, auslösende Bewegung der inneren Planeten ignorieren, verschafft uns die Kenntnis der äußeren Planeten trotzdem einen klaren Blick auf die allgemeine Topographie der kommenden Jahre. Wenn wir auf die Transite der schnelleren Planeten
verzichten, fehlt uns die Möglichkeit, die einzelnen Ereignisse –
die *Übergangsriten* –, mittels derer sich große Themen konkreti-
sieren, terminlich genauer festzulegen.

Ein solcher Verlust ist nicht katastrophal, aber er muß auch
nicht unbedingt sein. Die Schnelläufer können als Ergänzung unserer Kenntnisse von den Lehrern und Tricksern von großer
Hilfe sein. Ein Saturn-Transit könnte Ihnen nahelegen, sich eine
Zeitlang um Geduld, Selbstkontrolle und Realismus im Hinblick
auf Ihre Arbeit zu bemühen. Dieser Rat könnte für acht Monate
Gültigkeit haben. Das zu wissen, ist zwar sinnvoll, doch sich darüber im klaren zu sein, daß die dritte Juniwoche in dieser Hinsicht besonders bedeutsam ist, stellt eine zusätzliche Hilfe dar.

Für ein paar Tage ein unnatürlich hohes Niveau »guten Benehmens« aufrechtzuerhalten ist eins, dies aber mehrere Monate lang zu tun, etwas vollkommen anderes.

Lassen Sie uns nun also einen Blick auf die schnelleren Auslöseplaneten werfen.

Mars

Symbol: ♂

Der Auslöser: Der unmittelbare, gezielte und mutige Willenseinsatz; die Bemühung, als physisches, psychologisches und spirituelles Wesen zu überleben; der richtige taktische Einsatz von Selbstbewußtsein und Aggression.

Der Schuß nach hinten: Erstarrt in Angst wendet sich das Bewußtsein der Selbstzerstörung oder dem sinnlosen Angriff von Zielen zu, die sowohl irrelevant als auch relativ schutzlos sind.

Die Transite des Mars sind bemerkenswert mächtige Auslöser, die solche Dramen beschleunigen, die von den Bewegungen der langsameren Planeten in Gang gesetzt werden. An erster Stelle ist ein durchlaufender Mars ein *Aufruf zu entschlossenem Handeln.* Wir müssen uns einer Angst stellen, einen wirkungsvollen Schlag gegen etwas führen, das sich zwischen uns und unsere legitimen Ziele geschoben hat. Die Nerven können zum Zerreißen gespannt sein. Zartere emotionale Schattierungen geraten dabei gelegentlich in den Hintergrund. Sensibilität und Innenschau haben ohnehin nur wenig mit dem roten Planeten zu tun. Allein wirkungsvolles Handeln zählt. Wir tun, was wir tun *müssen,* und lecken unsere Wunden später. Müssen Sie vielleicht Ihrem Lebenspartner einmal die Leviten lesen? Wenn Mars bei Ihnen einen empfindlichen Bereich durchquert, dann ist der richtige Augenblick dafür. Was ist mit dem Loch in Ihrem Dach? Von alleine wird es sich nicht schließen und wenn Sie sich noch so sehr davor fürchten, die Leiter hinaufzuklettern und auf losen Dachziegeln zu balancieren. Wenn Mars in Aktion tritt, dann bleibt uns nichts, als tief Luft zu holen – und dann das Notwendige zu tun. Vielleicht sorgt die Situation dafür, daß unser Handeln nach hinten losgeht, doch wie gesagt, dies geschieht nur *vielleicht.* Handeln wir nicht, dann ist die Explosion sicher und wird, wenn sie schließlich stattfindet, vermutlich noch zerstörerischer sein.

Ein nach hinten losgehender Mars-Transit ist ungefähr ebenso tröstlich wie ein knurrender Schäferhund mit glasigen Augen und Schaum vor dem Maul. Wir fühlen uns *überwältigt*. Manchmal erleiden wir furchtbare Rückschläge und physischen oder emotionalen Schmerz, die uns nach dem Zufallsprinzip durch Unfälle oder die Bosheit anderer Menschen zu treffen scheinen. Die Analysen solcher Situationen sind einer genaueren Prüfung meist nicht gewachsen. »Aber ich habe mich doch nur beim Geschirrabwaschen geschnitten – das hätte jedem passieren können!« Verführerische Logik. Möglicherweise trifft sie mitunter sogar zu. Warum haben Sie sich ausgerechnet an jenem Abend geschnitten? Befindet sich Mars in Opposition zu Ihrer Geburts-Venus? Regen Sie sich über Ihren Lebenspartner oder Ihre Kollegin wegen einer Sache auf, die besprochen werden muß? Haben Sie die Angelegenheit vielleicht über diese Messer und Gläser ausgetragen? Der angemessene Ausdruck von berechtigtem Ärger ist sicherlich eine Mars-Strategie – doch dieser Prozeß muß mit dem ersten Schritt beginnen, mit dem Erkennen, gegen wen oder was genau sich unser Zorn oder unser frustriertes Selbstbewußtsein richtet. Hinweise dafür finden sich im Geburtshoroskop. Was löst Mars aus? Was haben wir all die Zeit in uns hineingefressen? Sind wir wirklich über das kleine »Geschenk« so wütend, das der Nachbarhund auf unserem Rasen hinterlassen hat – oder ist unser tatsächliches Ziel ein anderes und jagt uns so viel Angst ein, daß wir lieber woanders Dampf ablassen und einen Streit mit den Nachbarn vom Zaun brechen? Solche und ähnliche Fragen führen uns durch eine von Mars bestimmte Zeit, aber nur, wenn wir den Mut aufbringen, sie zu stellen. Ansonsten versinkt das Ich in Depressionen beziehungsweise in dem Gefühl, das Opfer zu sein, oder aber es wendet sich in Wellen dummer, arroganter, feiger Destruktivität nach außen.

Es gibt zahlreiche Beispiele für mutige Taten, die mit der Auslösewirkung des laufenden Mars in Verbindung stehen. Sally Ride bestieg die Raumkapsel, als Mars im Quadrat zu ihrer Sonne stand. Der hervorgerufene Mut (Mars) erzeugte eine Spannung

(Quadrat) zu ihrem Gefühl persönlicher Begrenztheit (Saturn). Der Astronaut Eugene Cernan steuerte Gemini 9 in die Erdumlaufbahn, als Mars im Quadrat zu seinem Mond stand – dann setzte er sechs Jahre später Apollo 17 in den Taurus-Bergen in der Nähe des Mondkraters Littrow auf, als sich Mars wieder im Trigon zu seinem Mond befand. Thor Heyerdahl begann seine berühmte Reise mit der Kon Tiki an dem Tag, als Mars in Opposition zu seiner Sonne stand. Angst (Mars) forderte seine Identität (Sonne) heraus (Opposition). Admiral Peary erreichte als erster Mensch den Nordpol, als Mars mit seinem Merkur ein Trigon und mit seinem Jupiter ein Sextil bildete. Unter derart harmonischen Mars-Aspekten verstärkte (Trigon) Mut (Mars) seine Intelligenz (Merkur) und stimulierte (Sextil) seinen natürlichen Überschwang (Jupiter). Die Fälle, in denen Mars Tapferkeit auslöste, sind zahlreich.

Doch gibt es auch eine dunkle Seite. Im ersten Kapitel haben wir erfahren, daß Ernest Hemingway Selbstmord beging, als Mars seinen Aszendenten überlief, und von George Armstrong Custer wissen wir, daß er am Little Big Horn seinem Schicksal begegnete, als sich Mars in Opposition zu seinem Geburts-Mars und im Quadrat zu seinem Geburts-Pluto befand und ihn mit Arroganz erfüllte, wo er Vorsicht hätte walten lassen sollen. Das Horoskop von Fidel Castro ermöglicht es uns, beide Seiten des Mars zu betrachten. Der rote Planet beherrscht seinen Skorpion-Aszendenten, folglich reagiert er besonders empfindlich auf alle Mars-Transite. Nachdem er jahrelang gegen die korrupte Diktatur Batistas gekämpft hatte, marschierte Castro im Januar 1955 im Triumph in Havanna ein, während der laufende Mars ein Quadrat zu seiner Sonne bildete. Später, als sich Mars in Konjunktion mit seiner Sonne befand, war er vielleicht nicht ganz so mutig. Törichterweise hatte er den Sowjets gestattet, Atomwaffen auf Kuba zu stationieren. Den Preis, den er für diese Entscheidung bezahlen mußte, war die Kubakrise, während derer die Amerikaner die kubanischen Häfen blockierten – eine Situation, die Castro hätte vermeiden können, wenn er den russischen Forderungen nicht nachgegeben hätte. Ein letztes Beispiel: Chiles Präsident Salvador Allende wurde ermordet als sich Mars im

Quadrat zu seiner Sonne befand. War er einfach nur ein unschuldiges Opfer des roten Planeten? Ich schließe eine solche Möglichkeit nicht aus – doch habe ich schon oft festgestellt, daß ein passender Ausrutscher die Bühne für durch Mars inspirierte Katastrophen bereitet. Hätte Allende vielleicht entschlossener auf den Druck, unter dem er stand, reagieren und damit sich selbst und die chilenische Demokratie retten können? Wahrscheinlich werden wir es nie erfahren.

Venus

Symbol: ♀

Der Auslöser: Das Erkennen einer Gelegenheit zum Ausruhen und Umgruppieren; die Wahrnehmung, daß möglicherweise Hilfe durch eine andere Person zu erwarten ist; das Festigen von Allianzen.

Der Schuß nach hinten: Zur Trägheit verführt, schwächt sich das Bewußtsein durch Abgestumpftheit und Maßlosigkeit und sucht die Verstärkung des Ich, während es andere zugleich mit Cleverneß, Schmeichelei und Charme manipuliert.

Vor dem Trickser auf der Hut zu sein, mag einem manchmal ermüdend vorkommen, sich der Führung des Lehrers anzuvertrauen, ist ganz einfach anstrengend. Auch wenn uns der Lehrer für unsere Bemühungen belohnt, während der Trickser uns nur bestiehlt und sich über uns lustig macht, können diese emotionalen Ressourcen am Ende gleichermaßen erschöpft sein. Für unseren Seelenfrieden ist es ein Glück, daß wir einen Großteil unseres Lebens nur einfach »umherkreuzen«, ohne daß einer der langsameren Planeten Eindruck auf einen der wichtigen Wirkpunkte macht. Doch selbst wenn dies geschieht, wird das Bombardement ab und zu unterbrochen. Stehen friedliche Perioden an, dann ist es gut, sie frühzeitig zu erkennen. Denn wir brauchen diese Pause ebensosehr wie den Schlaf. Wenn es uns nicht gelingt, sie richtig zu nutzen, dann verpassen wir die Gelegenheit aufzutanken – und wenn der Druck mit voller Macht zurückkehrt, dann sorgt unsere Erschöpfung dafür, daß wir uns leichter von der List des Tricksers täuschen lassen. Wie erkennt man diese Gelegenheit zur

Neuorganisierung? Wir achten auf die Venus-Transite. Die Venus ist die Göttin des Friedens, und wenn wir kooperieren, dann löst sie in uns *Wiederherstellung und Erholung* aus. Manchmal tut sie dies, indem sie die Umstände so beeinflußt, daß positives Handeln zeitweilig unmöglich wird. Der Ball befindet sich eine Weile außerhalb unseres Spielfelds. Wir können, bis er zu uns zurückkommt, ebensogut ein wenig ausruhen. Ein andermal zeigt uns Venus vielleicht eine andere ihrer altbekannten Identitäten: beispielsweise jene als die Göttin der Künste. Indem sie uns mit Schönheit in Berührung bringt, gibt sie uns die Gelegenheit, zu uns zu finden und uns zu erfrischen. Bei einem Abend im Theater vielleicht oder inspiriert durch Musik, durch einen Morgenspaziergang über taubedeckte Felder oder bei einem untätigen Nachmittag, den wir mit unseren Wasserfarben oder mit den Klängen unserer Gitarre verbringen.

Als die Göttin der Liebe hat Venus noch ein weiteres Geschenk: Wir erkennen, daß wir nicht allein sind. Dies sind die Zeiten, da wir uns unseren Verbündeten zuwenden müssen. Freunden. Unserem Lebensgefährten. Wohlwollenden Fremden. Warum? Die Erfüllung einfacher Bedürfnisse gehört dazu. Eine Umarmung, ein freundliches Wort, zum Ausdruck gebrachtes Mitgefühl oder eine Ermutigung – nichts davon mag von direktem praktischem Nutzen sein, doch dient all dies zu unserer Beruhigung und zur Stärkung unseres Entschlusses. Die Meister der Gehirnwäsche und Verhöre wissen dies sehr wohl: Wenn es ihnen darum geht, einen Geist zu brechen, dann ist Einzelhaft immer ein bevorzugtes Mittel. Gleichgültig, wie schwer die Zeiten sein mögen, denen wir uns stellen müssen, Venus-Transite verschaffen uns mitten in dieser Einsamkeit immer eine Pause – vorausgesetzt wir nehmen dieses kleine Geschenk bereitwillig an. *Empfänglichkeit* – das ist der Schlüssel. Diese Verbündeten bringen oft mehr als nur Bestätigung mit sich. Oft versorgen sie uns mit Weisheit, einer neuen Perspektive oder einem Vorschlag, der sich jenseits unseres Bewußtseinshorizonts befindet. Ohne ihre Unterstützung könnte es zum Beispiel sein, daß wir stundenlang in unseren Taschen nach den Papieren suchen, die sich tatsächlich im Auto befinden, wo ein Freund uns sie zuletzt im Handschuhfach hat verstauen sehen.

Mitunter empfinden wir das, was solche Verbündete zu sagen haben, als bedrohlich. Oder es klingt einfach nicht verlockend genug. Welche Form ein solcher Rat auch annehmen mag, Venus-Transite warnen uns davor, daß wir noch nicht alle Teile des Puzzles in Händen halten, das wir zusammenzusetzen versuchen. Wenn wir es wirklich zum Abschluß bringen wollen, dann sollten wir uns besser zurücklehnen, tief Luft holen und uns für Liebe und Beistand öffnen.

Wie kann es geschehen, daß sich der Venus-Auslöser in einen Fehlschlag verwandelt? Beispielsweise wenn wir ihn einfach nicht erkennen und die Gelegenheit ungenutzt verstreichen lassen. Wir behalten unsere Raserei oder Überreiztheit bei, obwohl uns die Gelegenheit für eine lang schon benötigte Pause mitten ins Gesicht starrt. Ein weiteres Risiko besteht darin, daß wir uns aus Stolz weigern, Hilfe anzunehmen, und uns damit einer fortgesetzten nutzlosen Suche in den Taschen verschreiben. Dies sind die möglichen passiven Reaktionen auf Venus, mit denen wir uns selbst schaden, indem wir uns weigern, Hilfe von außen anzunehmen. Doch es gibt noch trostlosere Möglichkeiten. Die Venus kann uns zu selbstzerstörerischen Extremen zwingen, wenn wir auf ihren Wunsch nach einer Pause überreagieren. Mitten in einer harten Arbeitswoche bietet uns Venus möglicherweise einen ruhigen Abend daheim an, eingekuschelt auf dem Sofa und bei einer Tasse Tee. Doch statt dessen gehen wir aus, trinken bis in die frühen Morgenstunden Bier und rauchen, nur um dann noch erschöpfter und ausgezehrter als jemals zuvor aufzuwachen. Außerdem kann es sein, daß wir uns auf törichte Weise den Magnetismus oder den Zauber zunutze machen, den Venus-Transite uns zuteil werden lassen, und nur um der *Stärkung des Ich* willen die Gelegenheit vergeuden, *wirkliche Hilfe* zu erhalten. Der Transit geht vorüber, und statt unser Boot im ruhigen Zentrum des Orkans auszuschöpfen, haben wir die Gelegenheit damit verschwendet, uns vor dem Spiegel zu schminken und unsere Haare zu frisieren. Und bevor wir begreifen, was los ist, heult der Sturm von neuem auf, unsere Haare sind zerzaust … und unser Boot sinkt.

Albert Einsteins Relativitätstheorie wurde im Sommer 1905 veröffentlicht. Mit ihr erschütterte er die damalige Vorstellung vom Universum und löste in der wissenschaftlichen Welt sehr unterschiedliche Reaktionen aus. Die Debatte über die Gültigkeit seiner Thesen hielt 14 Jahre an – und hätte auch noch 14 Jahrhunderte gedauert, wenn Einstein nicht bei seinen Verbündeten Unterstützung gefunden hätte. Eine britische Expedition zur südlichen Erdhalbkugel wurde mit dem Ziel ausgerüstet, eine Sonnenfinsternis zu beobachten und mit ihrer Hilfe die Frage zu beantworten, ob die Schwerkraft der Sonne Sternenlicht verzerren kann, das dicht an der verdunkelten Scheibe der Sonne vorbeigeht. Traf dies zu, dann würde Einstein recht behalten. War es aber nicht der Fall, dann hätte er sich geirrt. Durch diese Expedition bestätigte sich Einsteins Theorie, und sein Name wurde überall auf der Welt zum Synonym für Genie. Welche astrologischen Zusammenhänge spielten damals für Einstein eine Rolle? Die Venus allein hätte einen solchen Wendepunkt nicht hervorrufen können. Wie die übrigen schnellen Planeten ist sie nur ein Auslöser. Vielmehr befanden sich zum Zeitpunkt der Sonnenfinsternis sowohl der laufende Pluto (die Fähigkeit, Einfluß auf die Geschichte zu nehmen) als auch der laufende Jupiter (Triumph und Gelegenheit) in Konjunktion zu Einsteins Aszendenten (seiner nach außen sichtbaren Persönlichkeit) und errichteten ein mächtiges *Potentialfeld*, das nur auf ein Signal wartete. Die laufende Venus schoß in den gleichen Bereich des Tierkreises – in die Anfangsgrade von Einsteins Krebs-Aszendenten –, als die britische Expedition ihre Ausrüstung zusammenstellte, und war lediglich ein paar Grad über diesen Punkt hinaus, als sich die Sonnenfinsternis ereignete. Mit ihrer Taktik, durch unsere Fähigkeit zur Kooperation mit anderen Menschen Einfluß auf uns zu nehmen, setzte sie die Wirkung von Jupiter und Pluto frei.

Das Beispiel Einsteins zeigt uns die andere Seite der Venus auf recht amüsante Weise. So begierig er danach hungerte, seine Theorien bewiesen zu sehen, so unvorbereitet war er auch auf den folgenden Ruhm. Die Expedition hielt ihre Ergebnisse ein paar Monate lang geheim, bis sie sorgfältig überprüft worden waren. Die Sonnenfinsternis hatte im Mai 1919 stattgefunden. Im November erging die offizielle Mitteilung. Einstein mußte schockiert und bestürzt feststellen, daß er nun berühmt war, und es mit seiner friedlichen, zurückgezogenen Lebensweise vorbei war. Pluto befand sich noch immer über seinem Aszendenten, verstärkte und vergrößerte seinen Selbstausdruck – doch die laufende Venus (persönliche Anziehungskraft) befand sich nun in Opposition (Spannung) zu seiner Sonne (Identität und Selbstbild). Er erntete wie er gesät hatte, wobei die Venus die Berühmtheit auslöste, die er sich unbeabsichtigt verdient hatte.

Merkur

Symbol: ☿

Der Auslöser: Die Öffnung des Geistes für neue Möglichkeiten; der aktive Einsatz von Intelligenz und logischem Denken; die Stimulierung der Lernbereitschaft.

Der Schuß nach hinten: Verwirrt durch seinen Widerstand gegen neue Informationen gerät der Geist außer Kontrolle, entwickelt Nervosität und eine Tendenz zu sinnlosem Geplapper und zielloser Flatterhaftigkeit.

Wenn Lehrer und Trickser ihr Puzzle vor uns ausbreiten, erweist sich ein Rohstoff von zunehmendem Wert: Information. Die Welt »da draußen« ist unendlich kompliziert. Möglicherweise werden wir ihre Geheimnisse niemals vollständig ausloten. Im Verlauf unseres Lebens errichten wir eine zweite Welt, die sich von der ersten jedoch in ihren Details unterscheidet und von der Wahrheit um die Falschheiten, die wir akzeptiert und verinnerlicht haben, und um die Informationen, die uns fehlen, abweicht. So sehr wir auch glauben mögen, daß wir in der wirklichen Welt leben, Tatsache bleibt, daß es jene zweite, mentale und selbst erschaffene ist, in der wir uns aufhalten. Jack und Jill haben sich verabredet, um ins Kino zu gehen. Jack meint, Jill sei wütend auf ihn. Die Wahrheit ist jedoch, daß sie mit *ihm* recht zufrieden ist. Doch sie hat Kopfschmerzen, von denen sie jedoch nichts sagen mag, um ihnen den Abend nicht zu verderben. Er interpretiert ihr Schweigen als Beweis für ihren Ärger und reagiert defensiv, womit er ihre Kopfschmerzen verschlimmert. Die Situation gerät schließlich nur deshalb außer Kontrolle, weil beider Erklärungen und Handlungen auf ihren subjektiven Vorstellungen von der

Welt beruhen, auf Vorstellungen, die in diesem Fall nichts mit der objektiven Wahrheit zu tun haben.

Wie kann man die beiden Welten in Übereinstimmung bringen? Der Prozeß ist beschwerlich und ohne Ende. Trotz offensichtlicher Vorteile, begegnen wir ihm oft mit Widerstand. Der Geist muß begierig sein zu lernen, offen sein für Veränderungen und Neudefinitionen, hungrig auf neue Erfahrungen. Er muß sich seines instinktiven Drangs bewußt sein, Energie in *die Verteidigung veralteter Modelle* von der Welt zu investieren, statt sich *nach noch nie dagewesenen neuen Modellen zu strecken*. Die Transite Merkurs über Wirkpunkten stehen für *mentale Steigerungen* innerhalb dieses Prozesses der Ausrichtung auf die objektive Wahrheit.

Wenn der Schuß des Merkur nach hinten losgeht, dann wird der Geist überreizt. Wir werden nervös. Wir fangen an zu plappern. Wir laufen im Kreis herum und erreichen nur sehr wenig. Warum sind wir so fiebrig? Normalerweise weil wir uns einem bedeutenden neuen Konzept entgegenstellen und verzweifelt versuchen, unser altes Modell von der Welt zusammenzuhalten, statt zuzulassen, daß wir zu einem klareren, reiferen Bild vom Leben und unserem Platz in der Welt gelangen. Einer der Lieblingstricks, die die Psyche in solchen Situationen auf Lager hat, ist reden … und reden und reden und reden. Selbst wenn niemand zuhört, geht das Geplapper im Inneren weiter. Man gewinnt den Eindruck, daß wir unsere veraltete, falsche Vorstellung von unseren Umständen durch die reine Kraft der Sprache und der Wiederholung beibehalten wollen. Und diese zwanghafte verbale Litanei funktioniert tatsächlich. Die Wahrheit »da draußen« bleibt die gleiche – doch wir sind häufig erfolgreich darin, sie zu ignorieren, und verdammen uns durch unsere Haltung zu einem weiteren Zyklus der Schwatzhaftigkeit und der unangenehmen Überraschungen.

Viele von uns haben die Bücher von Carlos Castaneda gelesen, in denen er seine Arbeit mit dem Schamanen der Yaqui-Indianer, Don Juan, beschreibt. Das mentale Bild vom Leben, das sich Castaneda zu Beginn seiner Lehre machte, war offenbar typisch für einen akademischen Anthropologen Anfang der sechziger Jahre –

logisch, linear und »vernünftig«. Als er am 23. Juni 1961 seine
Feldarbeit mit Don Juan begann, wurde er mit einer Sichtweise
des Lebens konfrontiert, die ihm vollkommen fremd und neu
war. Wie vermutet hatte Merkur hier seine Finger im Spiel, doch
nur als Auslöser für weit tiefergehende Ereignisse, die in Castanedas Horoskop brodelten. Manche von ihnen können wir erst verstehen, wenn wir die Bedeutung von *Progressionen* durchschaut
haben. Doch allein durch die Transite werden Hinweise auf eine
grundlegende, rätselhafte Veränderung offensichtlich. Pluto (die
Fähigkeit, auf die Geschichte einzuwirken) verschmolz mit Castanedas Neptun (Erfahrung höherer Realität). Neptun war im
höchsten Maße stimuliert, da er sich zu seiner Geburtsposition
im Sextil (Anregung) befand. Außerdem wird durch ein ganz besonderes Saturn-Ereignis – der Saturn hatte genau eine Runde
durch sein Geburtshoroskop zurückgelegt (Kapitel 7, Seite 159) –
eine Konfrontation mit der Wirklichkeit angedeutet. Auf dieser
unbeständigen, explosiven Bühne hatte Merkur seinen Auftritt.
Er löste diese bemerkenswerte Wende in Castanedas Leben aus,
indem er eine Opposition zu seiner Sonne bildete und die Basis
seiner Identität (Sonne) um Spannung (Opposition) bereicherte.
Auf diese Weise schockierte er Castaneda mit einer neuen und
komplexeren Ebene der Information über das Leben (Merkur).
Sein Schwanken zwischen Akzeptanz und Zurückweisung von
Don Juans Weltsicht ist ein Fallbeispiel zugleich für die auslösende und nach hinten losgehende Wirkung Merkurs.

Sonne

Symbol: ☉
Der Auslöser: Das Ich selbst tritt der Welt entgegen.
Der Schuß nach hinten: Dickköpfiger Stolz, Selbstsucht und
   Konservativismus machen die Gelegenheit zunichte, in den
   äußeren Umständen wie im Inneren voranzukommen.

Transite der Sonne ermöglichen uns vielleicht den klarsten und
unbeeinträchtigsten Blick auf die Elemente unseres Geburtshoroskops. Was immer die Sonne berührt, wird durch diese
Berührung *in unserem Bewußtsein verstärkt*. Obwohl die Sonne

ebenso wie die übrigen neun Planeten ihre ureigenste Bedeutung hat – die Bildung der Identität –, ist diese Bedeutung so breit angelegt, daß sie eine ganz und gar eigene Kategorie einzunehmen scheint. So, wie sich die Sonne astronomisch von den übrigen Planeten abhebt, so spielt sie auch in astrologischer Hinsicht eine einzigartige Rolle, indem sie für den reinen Lebensimpuls steht, der aufgenommen und in neun geistige »Umlaufbahnen« gelenkt wird, um sie zu stimulieren und zu beleben. Wenn die transitierende Sonne einen Wirkpunkt berührt, dann ist es so, als konzentriere sich alle Intensität unserer Lebenskraft in dieser bestimmten Dimension des Seins. Warum aber wird die Sonne dazu degradiert, ein nur auslösender Einfluß zu sein? Die Beschreibung ihrer Wirkweise hört sich doch nach sehr viel mehr, eher nach Tricksern und Lehrern an. Dies träfe ohne Zweifel zu, wenn die Sonne nicht einen tragischen Fehler hätte – sie bewegt sich zu schnell, als daß ihre Transite die Tiefe und Komplexität aufbauen könnten, die für die langsameren Planeten typisch sind. Ihre Reise durch das Horoskop dauert nur ein Jahr und sie hält sich nur für ein paar Wochen am Stück im Orbis eines Aspekts auf.

Die beste Art, sich die Transite der Sonne vorzustellen, ist als großer, himmlischer Suchscheinwerfer. Sie richtet einen superstarken Strahl der Selbsterkenntnis auf uns und durchtrennt dabei die einander überschneidenden Fäden des Netzes planetarer Wirkpunkte, die überall im Geburtshoroskop verteilt sind. Auf welchen Teil des Geistes dieser Suchscheinwerfer auch fällt, er wird vorübergehend in den Mittelpunkt des Ich gestellt, nimmt unsere ganze Aufmerksamkeit in Anspruch und drückt seine Bedürfnisse aus. Bei Transiten der Sonne spielt das Ich sein Blatt aus, ob zu seinem Nutzen oder zu seinem Schaden. Beispielsweise könnte ein Sonnen-Transit unseren Jupiter auslösen. Möglicherweise haben wir diesen Teil unserer planetaren Zusammenstellung bisher bei guter Gesundheit verbracht. Wir sind fest in der Welt verankert, von ruhiger Selbstsicherheit ohne dabei arrogant zu sein. Wenn die Sonne über Jupiter transitiert, fühlen wir uns aufgeweckt und mitteilsam. Wir machen ein paar positive Schritte, und die Welt reagiert, indem sie uns eine Limousine nachschickt. Andererseits kann es auch sein, daß wir uns gestattet haben, eine arrogante Einstellung zu entwickeln – eine typische Jupiter-Krankheit. Die Sonne schlägt zu, und plötzlich hängt diese Arroganz wie dreckige Wäsche zum Fenster heraus. Oder vielleicht haben wir ein anderes Jupiter-Problem – ein unterentwickeltes Selbstbewußtsein. Die Sonne stellt auch das ins Licht. Schließlich bringen wir unseren Ärger mit den Menschen zum Ausdruck, die uns bisher »herumkommandiert« haben, und lassen alle wissen, wie sehr wir uns ständig angegriffen gefühlt haben.

Henry David Thoreau begann mit seinem berühmten Rückzug nach Walden Pond in unmittelbarer zeitlicher Nähe zu seinem Geburtstag (also als die Sonne sich in Konjunktion mit seiner Geburts-Sonne befand). Die Identitätskrise (Sonne), die sich in seinem Inneren angekündigt hatte, kam an die Oberfläche und verlangte nach Ausdruck im Handeln.

Mond

Symbol: ☽

Der Auslöser: Bisher nicht integrierte, unterdrückte oder mißverstandene Gefühle verlangen, zum Ausdruck gebracht und in den bewußten Geist eingefügt zu werden; die Ganzheitlichkeit wird wiederhergestellt.

Der Schuß nach hinten: Stimmungsschwankungen ergreifen Besitz von uns; dunkle, kindische Dimensionen unseres Charakters reißen zeitweilig die Kontrolle über unser Verhalten an sich.

Mond-Transite sind nur selten nach außen hin dramatisch. Normalerweise lösen sie keine Ereignisse von bleibender Bedeutung aus. In Übereinstimmung mit dem Gesetz, das den Unterschied zwischen langsamen, themengebenden Planeten und schnellen, auslösenden hervorhebt, haben die Mond-Transite, die ja von allen am schnellsten vorüber sind, nur wenig Zeit, tiefe Bedeutung zu entwickeln. Beispielsweise kommt es vor, daß der Mond nur zwölf Stunden lang im Orbis eines sensiblen Aspekts bleibt – wohl kaum lang genug, um bedeutende Erkenntnisse in uns Gestalt annehmen zu lassen. Können wir also die Mond-Transite ignorieren? Wenn unser Interesse der Hauptentwicklungsrichtung im Leben eines Menschen gilt, dann lautet die Antwort vermutlich ja. Doch wenn wir uns mit der *Mikrostruktur* persönlichen Wachstums beschäftigen wollen, dann ist die Kenntnis vom Mond unverzichtbar. Die Transite des Mondes erhellen den täglichen Einfluß des unbewußten Geistes auf das Ich, der Seele auf die Persönlichkeit. Der Mond symbolisiert auch im astrologischen Rahmen unsere Gefühle – und Gefühle sind die Leitung, die uns mit all dem fragmentierten und psychologischen Material verbindet, das wir unterdrücken, um den Alltag wirkungsvoll zu bewältigen. Achten Sie sorgfältig auf die Mond-Transite, und sie werden Ihnen dabei helfen, mit den Teilen Ihres Selbst in Berührung zu bleiben, die »außen vor« bleiben, wenn Sie die unvermeidlichen emotionalen Kompromisse des Erwachsenenlebens eingehen.

Ist da vielleicht ein Gefühl der Freude oder des persönlichen Triumphs, mit dem sich zu befassen Sie keine Zeit gefunden haben? Wenn der Mond Ihren Jupiter oder Ihre Venus passiert, dann werden Sie ein fröhliches Liedchen summen, während Sie den Abwasch machen oder den Müll hinaustragen. Warum? Weil Sie im Begriff sind, ein Gefühl in Ihr Bewußtsein zu integrieren, das Sie noch nicht ganz akzeptiert haben. Das Muster ist immer das gleiche: Ich und Gefühle haben den Hang, aus dem Takt zu geraten. Es ist die Aufgabe des Mondes, sie wieder zur Harmonie zurückzuführen.

Historische Beispiele für die Aktivität des Mondes sind schwer auffindbar. Sein Ton ist von unermüdlicher Subjektivität und hat wenig mit den äußeren Ereignissen und all jenem zu tun, *was diese Ereignisse für uns bedeuten*. Der Mond ist von Natur aus *irrational* und bringt häufig entschieden kindliche Dimensionen unseres Charakters zum Vorschein. Lassen Sie sich Beispiele einfallen. Beobachten Sie die Mond-Transite in Ihrem Geburtshoroskop. Der Mond durchläuft innerhalb eines Monats alle Ihre Wirkpunkte und läßt nicht zu, daß die Kluft zwischen Bewußtem und Unbewußtem zu groß wird. Beobachten Sie Ihre Gefühle, vor allem wenn sie an Ihnen zu zerren und Sie in eine bestimmte Stimmung zu zwingen scheinen – eine Stimmung ist immer ein sicheres Anzeichen für lunare Aktivität im Geburtshoroskop –, und setzen Sie diese Stimmung zu der Position des laufenden Mondes in Beziehung. Bald schon werden Sie einen soliden Einblick in diese mysteriöseste und flüchtigste der astrologischen Kräfte haben.

Kapitel 6
Transite III: Der Kreislauf der Häuser

Bisher haben wir uns nur wenig mit den Häusern im Geburtshoroskop beschäftigt. Sind sie in der astrologischen Vorhersage von geringerer Bedeutung als anderswo? Keineswegs. Ihre Rolle ist entscheidend. Bei Transiten ebenso wie bei der Arbeit mit dem Geburtshoroskop liefern die Häuser zentrale Informationen, indem sie die Frage beantworten: *Wo* wird diese Zeichen-Planeten-Dynamik freigesetzt? Wie immer beziehen sie sich auf die eigentlichen *Arenen* des Lebens – Arbeit, Ehe, Familie usw.

Werfen Sie einen Blick auf Abbildung 11. Hier sehen Sie die zwölf Häuser so, wie sie in jedem Geburtshoroskop dargestellt sind und ergänzt um ein, zwei Schlüsselworte, um Ihnen die Bedeutung jedes Segments vor Augen zu führen.

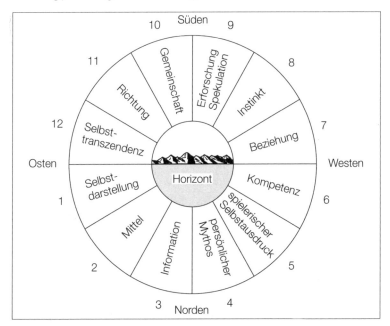

Abbildung 11: *Die zwölf Häuser und ihre Bedeutung.*

Wie wirken sich Transite auf Häuser aus? Gegen Ende des Kapitels werden wir den Prozeß der Interpretation Schritt für Schritt klarmachen, doch jetzt wollen wir uns zunächst einem einfachen Beispiel zuwenden. Der laufende Mars könnte eine Konjunktion mit Ihrem Widder-Merkur bilden. Wir wissen aus vorangegangenen Kapiteln, daß dies die *Verschmelzung* (Konjunktion) von *Selbstbewußtsein* mit Ihrem bereits kraftvollen *Kommunikationsstil* (Merkur im Widder) bewirkt. Soviel verstehen wir, ohne uns der Symbolik der Häuser zuzuwenden. Nun sind wir bereit, einen Schritt weiter zu gehen, um größere Genauigkeit zu erreichen. *Wo wird sich dieses verbale Selbstbewußtsein zeigen?* Um diese Frage zu beantworten, müssen Sie feststellen, in welchem Haus sich die Konjunktion befindet. Befindet sie sich im 10. Haus (Karriere und Rolle in der Gemeinschaft)? Dann hat dieser Transit etwas mit Ihrer Rolle in der Öffentlichkeit zu tun. Sie könnten eine Auseinandersetzung mit jemandem an Ihrem Arbeitsplatz haben oder bei einer Stadtratssitzung das Wort ergreifen. Was bedeutet es, wenn sich die Konjunktion in Ihrem 2. Haus zeigt (persönliche Mittel)? Der Schauplatz ist nun ein anderer: statt des beruflichen Feldes berührt der auslösende Mars nun einen besonders empfindlichen Bereich – Ihr Selbstvertrauen. Innerhalb der wenigen Tage, in denen der Transit Wirkung zeigt, kommt es zu einer Situation, in der Sie sich verbal behaupten müssen, *um sich vor sich selbst zu beweisen*, doch Sie müssen aufpassen, damit Sie nicht am Ende einen Komplex entwickeln.

Wenn es uns gelingt, während eines bestimmten Transits die Wahrscheinlichkeitskurve zu unseren Gunsten zu verformen und damit den Planeten in einen Lehrer zu verwandeln, dann teilt uns das Haus mit, wo wir unsere Belohnung erwarten dürfen. Doch wenn wir nicht aufgeweckt genug sind, um dem Trickser aus dem Weg zu gehen, dann symbolisiert der Transit etwas in uns, das einem Krankheitsprozeß vergleichbar ist – und die Häuser sagen uns, wo wir die dazugehörigen Symptome erwarten müssen.

Außer bei Konjunktionen sind an allen Transiten zwei Häuser beteiligt. Der Geburts-Planet befindet sich in einem und, da der nächstgelegene Wirkpunkt, das Sextil, 60 Grad entfernt ist, der laufende Planet in einem anderen Haus. Auf diese Weise bringen

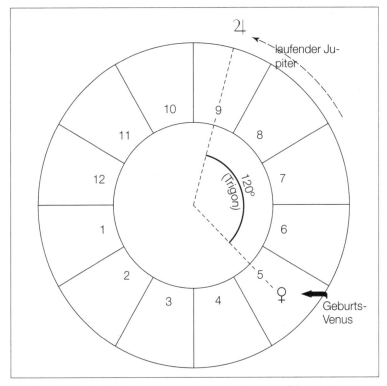

Abbildung 12: *Einfluß eines Jupiter-Venus-Trigons auf das 5. Haus.*

die meisten Transite zwei deutlich unterschiedliche und nicht in Beziehung stehende Lebensbereiche miteinander in Verbindung, binden sie für einige Tage oder vielleicht auch für Jahre zusammen.

Betrachten Sie Abbildung 12. Eine Frau hat ihre Venus im 5. Haus ihres Geburtshoroskops. Wenn sie alles zum Ausdruck bringen soll, wozu sie in der Lage ist, dann müssen ihre *kreativen Instinkte* (Venus) lernen, sich in den Abteilungen des Lebens, die wir *Selbstausdruck, Darstellung und Vergnügen* (5. Haus) nennen, konkret (Häuser!) zu manifestieren. Anders ausgedrückt, ihr Gefühl für Harmonie und Gleichgewicht sollte flüssig und wirkungsvoll in ihrem *Verhalten* zum Ausdruck kommen. Stellen

123

wir uns vor, daß sie stark auf die Konstellation in ihrem Geburtshoroskop reagiert hat – sie ist Künstlerin. Eine Malerin. Eines Sommers gelangt der laufende Jupiter in ihr 9. Haus (»das Haus der langen Seereisen«) und bildet ein Trigon mit ihrer im 5. Haus befindlichen Venus. Welche Folgen hat das? Was geschieht? Eine *Gelegenheit* (Jupiter), die typisch ist für das 9. Haus, ergibt sich und *erhöht das Potential* (Trigon) ihrer Venus. Vielleicht wird ihr ein Stipendium für ein Kunststudium in Italien angeboten. Macht sie sich das Angebot zunutze? Nur wenn sie Jupiter gestattet, ihr Lehrer zu sein, die Chance erkennt und ergreift, die er ihr offeriert. Wenn sie es zuläßt, daß er ihr sein dunkles Gesicht zeigt, dann *läßt sie die Gelegenheit verstreichen*, läßt sich von der Sanftheit des Trigons und vom übergroßen Selbstvertrauen Jupiters einlullen und gibt sich vermutlich der Vorstellung hin, daß solche Angebote nun öfter zu erwarten sind. Wie auch immer, für das 9. Haus typische Möglichkeiten sind nun – ein paar Wochen lang – für die Venus in ihrem 5. Haus relevant. Danach verschwinden diese Verbindungen wieder.

Zyklische Muster

Jedes festgelegte Entwicklungsmuster, das sich innerhalb eines bestimmten Zeitabschnitts wiederholt, wird Zyklus genannt. Wird beispielsweise ein Baby geboren, dann tritt es in den Lebenszyklus als Mensch ein. Falls keine unerwarteten Ereignisse stattfinden, wird dieses Kind wachsen, erwachsen werden, die mittlere Lebensphase und das Alter erleben und schließlich sterben. Das sind die Phasen des Alterungsprozesses. Was wir in diesen Phasen anstellen ist offen und erstreckt sich auf endlose Variationen, doch die Phasen selbst sind unveränderlich. Ähnlich hat auch jeder Planet seine Umlaufbahn, auf der er die einzelnen Zeichen des Tierkreises – oder Phasen – mehr oder weniger genau durchläuft. Stier folgt Widder, Widder folgt den Fischen usw. Die Planeten müssen die Zeichen in dieser Reihenfolge durchlaufen. Die Rückläufigkeit mag das Muster ein wenig komplizieren, doch diese Komplikationen sind nur wie ein Kräuseln auf der

Wasseroberfläche. Das Grundmuster ist ebenso unveränderlich wie unser Alterungsprozeß. Im siebten Kapitel werden wir diese Planetenzyklen im einzelnen untersuchen. Nun müssen wir etwas noch Grundlegenderes verstehen: Die Häuser selbst stellen den Hauptzyklus dar, der jedem Lebensprozeß innewohnt. Wenn wir einem gegebenen Planeten durch die zwölf Häuser folgen, dann sehen wir ein sich aus bestimmten Phasen zusammensetzendes Zyklusmuster, das dieser Planet mit allen übrigen gemeinsam hat. Dabei bringen die Transite des Merkur die Entwicklungsschritte auf einer *mentalen* und die des Neptun auf einer *spirituellen* oder *psychischen* Ebene zum Ausdruck – die Funktion unterscheidet sich also, doch die einzelnen Schritte bleiben die gleichen.

Im »Inneren Himmel« habe ich Ihnen die Häuser in einem statischen Bild präsentiert. Jedes Haus für sich wurde als Repräsentant eines bestimmten *Terrains* dargestellt. Wenn sich dort während Ihrer Geburt ein Planet befand, dann sind Sie ein Leben lang an dieses Terrain gebunden, obwohl die Chancen gut stehen, daß Sie es im Laufe der Zeit geschickter darin navigieren. Diese Sichtweise ist angemessen, solange wir uns auf die Arbeit mit dem Geburtshoroskop beschränken. Sobald wir uns jedoch mit astrologischer Vorhersage beschäftigen, verändert sich alles. Jedes Haus, gleichgültig ob wir dort einen Planeten haben oder nicht, spielt wenigstens eine vorübergehende Rolle in unseren Erfahrungen. Indem laufende Planeten durch leere Häuser wandern, konfrontieren sie uns mit Gelegenheiten und Herausforderungen, die nur sehr wenig mit unserem Geburtshoroskop zu tun haben. Das »Mauerblümchen« wird früher oder später mit einer Menschenansammlung konfrontiert, vor der es sprechen muß. An einer Stelle wird der »Gauner« durch eine bestimmte Situation gezwungen, ein moralisches Statement abzugeben – oder aber er verliert seine Würde und den Respekt vor sich selbst. Solche Ereignisse haben möglicherweise eine nur kleine Wirkung auf das Lebensmuster als Ganzes – sie sind kein Bestandteil des Radix-Horoskops –, doch finden sie statt. Von welcher Bedeutung sind sie? Typischerweise ist es ihre Aufgabe, die Bühne für spätere Ereignisse, die enger mit dem Geburtshoroskop verbunden sind, zu bereiten. Sie stellen Phasen im Entwicklungszyklus dar, und die von ihnen erteilten Lektionen bereiten einen Menschen darauf vor, später reichere und auf direktere Weise relevante Terrains zu betreten.

Die folgenden drei entscheidenden Vorstellungen sollen erinnert werden:

Ein Planet, der durch die Häuser des Geburtshoroskops kreist, konfrontiert uns mit einem kumulierten Entwicklungsprozeß, der sich aus zwölf kritischen Phasen zusammensetzt. Wenn wir auf die Angelegenheit, die der Planet mit seinem Transit durch das Haus zur Sprache bringt, erfolgreich reagieren, dann sind wir gut vorbereitet, um richtig auf das Thema zu antworten, das er uns im folgenden Haus präsentiert. Gelingt uns keine angemessene Reaktion, dann ist der Zyklus zum Teil gescheitert, und der Ausdruck der folgenden Phasen ist proportional zum Maß unseres Scheiterns schwächer ausgeprägt.

Diese drei Vorstellungen sind das Herzstück beim Umgang mit den Häusern in der astrologischen Prognose. Stellen Sie sich die Sache folgendermaßen vor: Eine Frau wird mit dem *Potential* geboren, einmal eine große Geigerin zu werden. Das alleinige Vorhandensein dieses Potentials allerdings beinhaltet noch keine Garantien. Bevor die Frau auch nur anfangen kann, sich auf dieser Ebene auszudrücken, muß sie erst *heranwachsen* und die vorbereitenden Entwicklungsphasen des menschlichen Lebenszyklus erfolgreich durchlaufen. So muß sie beispielsweise die Kontrolle über ihren Körper erlangen. Sie muß lesen lernen. Sie muß ein gewisses Maß an Selbstvertrauen entwickeln. Jede Phase ist wichtig. Jedes Terrain muß durchlaufen werden. In einem jeden von ihnen ist ein mögliches Versagen enthalten – und wenn das Versagen grundlegend ist, dann gibt es keine Hoffnung für sie, das Potential, mit dem sie geboren wurde, zum Ausdruck zu bringen. Häuser funktionieren auf die gleiche Weise. Erfolg im 2. Haus ist keine Garantie für Erfolg auch im dritten, sondern schafft vielmehr die *Voraussetzung* für den Erfolg dort.

Lassen Sie uns noch einmal einen Blick auf die astrologischen Häuser werfen und sie aus einer anderen Warte betrachten als im »Inneren Himmel« – nicht als zu betretende isolierte Territorien, sondern als die eng miteinander verbundenen Phasen des elementarsten aller Lebenszyklen.

Das 1. Haus*

Phase: Anfänge; Erblühen; Wiedererwachen.
Prozeß: Erfindung; Improvisation; Schöpfung.
Verbündeter: Mut.
Folge des Scheiterns: Zusammenbruch unter Druck, gefolgt von Kriegsneurose und Selbstaufgabe.

Das Bewußtsein steht vor einer leeren Wand. Nichts ist da außer dem Drang, eine neue Wirklichkeit oder neue Umstände zu erschaffen, die unabhängig, noch nie dagewesen und keine Fortsetzung der Vergangenheit sind. Die mit dem 1. Haus in Verbindung stehende Zeit ist zwangsläufig »selbstsüchtig«, am Ich und der Willenskraft orientiert. Sie symbolisiert eine radikal erhöhte *Freiheit* – und Freiheit steht immer stellvertretend für Unsicherheit. Wir wissen zwar nicht genau, was wir tun, doch spüren wir einen Zwang zu handeln. Während dieser Phase des Lebensprozesses ist uns unsere Macht bewußt – doch uns ist oft nicht wirklich klar, wie wir sie einsetzen sollen. Ein *Neuanfang* kristallisiert sich in unserem Leben heraus. Wir halten einen Tiger beim Schwanz. Uns bleibt nichts anderes übrig, als festzuhalten und darauf zu vertrauen, daß unsere Intuition uns richtig führt, während wir zugleich daran denken, daß im 1. Haus *Handeln alles bedeutet*. Wir pflanzen den Samen für einen neuen Erfahrungszyklus, eine neue Identität, deren Wesen uns erst nach und nach auf unserem Weg durch die folgenden Häuser offenbart wird.

Eines Morgens wachen Sie auf und spüren, daß etwas nicht stimmt. Merkwürdiges gelbes Licht flackert auf der anderen Seite

---

* Das 1. Haus folgt dem 12. Haus und kann außerhalb dieses Zusammenhangs nicht vollständig verstanden werden. Sie sollten sich mit diesem Abschnitt ein zweites Mal beschäftigen, nachdem Sie die Texte zu den übrigen Häusern gelesen haben.

Ihrer geschlossenen Augen. Sie öffnen sie. Fackeln. Ein zugiger mittelalterlicher Raum. Jemand nähert sich Ihnen respektvoll. »Guten Morgen, Hoheit.« Zu Bett gegangen sind Sie als Kellnerin in Chicago, und nun erwachen Sie als Königin von England. Wie sollen Sie reagieren? Sie improvisieren! Sie tun so als ob. Sie täuschen vor. Sie handeln so, als *glaubten* Sie die Königin zu sein. Warum? Weil das die Realität ist, in der Sie sich nun wiederfinden. Sich der neuen Situation anzupassen, ist beunruhigend und anstrengend – doch die Anpassung nicht zuwege zu bringen, ist undenkbar. Wenn Sie sich verplappern und zugeben, daß Sie eine Kellnerin aus Chicago sind, dann landen Sie schneller im Tower von London als Sie bis drei zählen können. Später haben Sie vielleicht Zeit, um darüber nachzudenken, was eigentlich geschehen ist. Jetzt machen die Geschwindigkeit und der Druck der Ereignisse dies erst einmal unmöglich. Jetzt muß zunächst alle Energie in den Anpassungsprozeß fließen, in dessen Rahmen Sie *sich neu erfinden*. Genau so fühlt sich der dem 1. Haus zugeordnete Zeitraum bei der Umlaufbahn jedes Planeten an.

Es ist Teil seines Wesens, daß sich dieser Prozeß, in dem ein »neues Selbst« erschaffen werden muß, immer unnatürlich anfühlt. Kein Bedienen im Lokal mehr. Sie sind jetzt die Königin. Der König von Spanien hat eine Allianz vorgeschlagen. Er wartet auf Antwort. Heute. Das ist berauschend – und beängstigend.

Das 2. Haus

Phase: Erstarrung; Beistand; Schwung.
Prozeß: Durchziehen; innere und äußere Mittel schaffen; Selbstvertrauen gewinnen.
Verbündeter: Überzeugung.
Folge des Scheiterns: Nervenverlust gefolgt von einem Rückzug in die Vergangenheit.

Die Phase des 1. Hauses entspricht einer Fahrt mit der Achterbahn. Alles ereignet sich in so großer Geschwindigkeit, daß wir kaum Zeit haben, bedächtig zu sein. Wir sind beschäftigt – und müssen im Vorankommen improvisieren. Unsere Tage sind angefüllt. Bis wir im 2. Haus eintreffen, hat sich der Staub gelegt. Wir fangen an, uns mit den neuen Mustern wohler zu fühlen. Langsam fühlt es sich normal an, die Königin von England zu sein – und mit einem Mal steht uns der Luxus offen, schreckliche Angst zu haben. Uns drohen die Nerven vollständig zu versagen. »O mein Gott, in was bin ich da nur hineingeraten?!!« Wir kommen uns in unserer neuen Rolle wie ein Betrüger vor. Wir stellen uns selbst in Frage, fühlen uns unbeholfen und unsicher. Häufig blicken wir verlangend zurück auf die Sicherheit der Vergangenheit – sogar auf die Sicherheit einer durch und durch unglücklichen Vergangenheit. »Wie ich es doch vermisse, morgens um vier aufzustehen, um diese Omeletts zu servieren!« Manchmal führt die Infragestellung unserer Person zu einer besessenen Sehnsucht nach Garantien, wie Geld und Prestige sie bieten. Was immer auch geschieht, wir müssen *weitermachen*. Eine Rückkehr zu vergangenen Zeiten ist nicht möglich. So sehr wir uns dies auch wünschen mögen, die Tür hat sich hinter uns geschlossen. Wir müssen das *durchziehen*, was wir begonnen haben. Wie? Indem wir ein Fundament aus inneren und äußeren Mitteln errichten, das den Anforderungen unserer neuen Umstände angepaßt ist. Manchmal kommt die alte Vorstellung, daß das 2. Haus das »Haus des Geldes« ist, ins Spiel – wir ordnen unsere Finanzen neu, um unserer neuen Richtung Rechnung zu tragen. Dann wieder nehmen diese identitätsfördernden Mittel die Form von Ratgebern und Förderern oder vielleicht von inneren, die Einstellung betreffenden Veränderungen an, die durch die neu erlangten Fähigkeiten und Hilfsmittel unterstützt werden. Überzeugung und Selbstvertrauen sind die Schlüssel – wir müssen uns überzeugend und über jeden Zweifel erhaben vor uns selbst beweisen.

Das 3. Haus

Phase: Aufklärung; das Sammeln von Informationen.
Prozeß: Sich der Umgebung bewußt werden; Suchen; Fragen stellen.
Verbündeter: Neugier.
Folge des Scheiterns: Zu große Ausdehnung gefolgt von Zerstreuung und Konzentrationsverlust.

Wenn unser Weg durch das 2. Haus von Erfolg gekrönt war, dann sind wir erfüllt von einem Gefühl der Rechtmäßigkeit und Autorität. Wir haben uns vor uns selbst bewiesen. Wir werden nun neugierig und kommunikativ, begierig zu lernen – und zu lehren. Ruhelosigkeit und geistige Aktivität werden zu dominanten Zügen des Charakters. Die Phase des 3. Hauses ist typischerweise ein sehr lebhafter Zeitabschnitt – voller neuer Ideen, interessanter Fremder und viel Herumkommen in der Welt.

Obwohl wir nur selten mehr bewußt wahrnehmen als ein dramatisch angestiegenes Aktivitätsniveau in unserem Leben, begreift unser größeres Selbst, daß sein neues Gefährt des Selbstausdrucks voll funktionsfähig ist und daß es nun nach einem Zweck oder einer Richtung suchen muß. Doch wohin soll es sich wenden? Die alten Formeln haben versagt – das ist es schließlich, worum es im 1. Haus ging. Da keine klare Antwort zu Tage tritt, macht das Bewußtsein den einzigen logischen Schritt: Es sieht sich *nach dem Zufallsprinzip* um und versucht, von allem einen Geschmack zu bekommen. Die Strategie ist wirkungsvoll, birgt jedoch die Gefahr, daß wir uns zu weit und immer wieder bis an den Punkt nervlicher Erschöpfung überdehnen. Wenn wir uns dieser Straße überlassen, dann suchen wir schließlich Entspannung in ziellosem Geplapper und in zwanghafter, sinnloser Aktivität.

Das 4. Haus

Phase: Strategischer Rückzug; Eintauchen in das tiefere Selbst.
Prozeß: Einstimmung auf die Wurzeln des Bewußtseins.
Verbündeter: Gefühle.
Folge des Scheiterns: Emotionale Hemmungslosigkeit gefolgt von psychischer Lähmung.

Im 3. Haus existieren wir in einem Universum, das durch *Informationen* definiert wird. Mit dem 4. Haus betreten wir eines, das von *Gefühlen* bestimmt ist. Wir wenden uns nach innen, suchen unsere psychischen Wurzeln. Leider kann uns unser inneres Rätsel derart fesseln, daß wir vergessen zu leben. Selbst wenn unsere Navigation einwandfrei ist, müssen wir dennoch in eine Phase der selbstverordneten Psychoanalyse eintreten. Wir durchstöbern die Erinnerungen, die wir durch die ersten drei Phasen gespeichert haben. »Helden« und »Schatten« – diese aufgeblasenen Wünsche und Ängste, denen wir bereits im »Inneren Himmel« begegnet sind – finden Eingang ins Bewußtsein. Während dieser Zeit verspüren wir oft den Wunsch nach einer tiefen Kontaktaufnahme mit unserer Familie; auch hier ist die Suche nach den Wurzeln das zugrundeliegende Thema. Auch wenn wir dies vielleicht nicht durchschauen, so befinden wir uns doch in einem Prozeß, der uns veranlaßt, einen Mythos von uns selbst wiederzuerschaffen, eine Konstellation grundlegender Werte, Visionen und Inspirationen, die all unseren Handlungen in den folgenden acht Häusern zugrundeliegen und sie hervorrufen werden. Um dieses Ziel zu erreichen, benötigen wir Frieden und Ruhe. Bis zu einem gewissen Grad müssen wir uns aus der Welt zurückziehen. Unweigerlich reduzieren wir die rasende Aktivität aus der vorangegangenen Phase. Wie auch immer, in der Begrifflichkeit des Äußeren ist die vierte Phase eine unklare Zeit – doch im Leben des Geistes ist sie von zentraler Bedeutung.

Das 5. Haus

Phase: Selbstausdruck; Selbstenthüllung; psychisches Auftanken.
Prozeß: Spielerische, ungeplante Verherrlichung des Selbst.
Verbündeter: Spontaneität.
Folge des Scheiterns: Ausschweifung und Egotrip gefolgt von Sich-Verlieren in einem Labyrinth kindischer persönlicher Dramen.

Angespornt durch unseren Kontakt zum tieferen Selbst in der vierten Phase hungern wir nun danach, *zum Vorschein zu bringen, wie wir uns verändert haben*. Im 5. Haus beginnen wir zu erschaffen – und die zugrundeliegende Kreativität nimmt nicht nur die Form von Kunst an, sondern auch von Extravaganz und Verspieltheit. Es ist der Zeitpunkt gekommen, um *uns selbst zu feiern*. Wie? Indem wir äußerlich sichtbare Symbole für die inneren Territorien erschaffen, die wir im 4. Haus erforscht haben. Plötzlich kommen wir mit einem Sportwagen oder einem Segelboot oder einem ausgefallenen französischen Kochbuch wieder zum Vorschein.

Oftmals treten an dieser Stelle neue Freunde oder Lover – unsere »Spielgefährten« – in unser Leben ein und helfen uns, unsere Sucht nach der Vergangenheit zu durchbrechen. Gestatten Sie dem Wort »Spielgefährten« nicht, Sie zu der Vorstellung zu verleiten, daß die Angelegenheiten, durch die Sie mit diesen Menschen verbunden sind, nicht ernst genommen werden müssen. Diesmal ist *Verspieltheit* unser Schlüssel, und wir müssen den Umgang damit jetzt lernen. Nur durch *spielerische Spontaneität* kann unser verkrustetes Ich es neuem Material gestatten, die Wand der Gewohnheiten und Routine zu durchbrechen. Auch wenn unsere aktive Beziehung zu diesen Spielgefährten oft von kurzer Dauer ist, ihre Aufgabe ist durchaus entscheidend: Sie ermutigen uns zu spontaner, unbewußter Selbstenthüllung. Sie helfen uns, das zu tun, was Kindern instinktiv gelingt – das Spiel zu nutzen, um uns mental auf das »Erwachsensein« vorzubereiten. Sie feuern uns an. Wenn wir ihre Hilfe akzeptieren, dann helfen sie uns aus dem Schoß des 4. Hauses heraus und bringen uns auf den Weg, der aus der »Kindheit« hinausführt.

Das 6. Haus

Phase: Erwerb von Fertigkeiten; Unterwerfung unter einen größeren Zweck.

Prozeß: Lernen, sich nützlich zu machen.

Verbündeter: Kompetenz.

Folge des Scheiterns: Gefühl von Unzulänglichkeit gefolgt von stumpfsinniger Plackerei und Groll.

Im 6. Haus reagieren wir gegen die im wesentlichen egoistische Orientierung der fünften Phase. Wieder ist das Bewußtsein von Ruhelosigkeit erfüllt und sucht nach einem größeren Bedeutungsrahmen. Wir fangen an, nach *bedeutsamen Verantwortlichkeiten* zu hungern, die ihre Wurzeln in dem finden, was wir in den vorangegangenen fünf Phasen gelernt haben. Wir sind erfüllt von dem Wunsch eine *neue Ebene der Kompetenz zum Ausdruck zu bringen*. Das 6. Haus steht für eine tiefe Krise: Das ausschließliche Interesse am Selbst reicht nicht mehr aus. Diese Welt ist zu eng für uns geworden. Wir erkennen langsam, daß wir von anderen Menschen abhängig sind, um unsere Identität und unseren Selbstrespekt aufrechtzuerhalten. Wir gehen über die narzißtischen Anliegen des 5. Hauses hinaus und versuchen, langanhaltende Beziehungen zu begründen, indem wir uns für andere unentbehrlich machen – oder wir versagen in dieser Aufgabe und versinken in stumpfsinniger Plackerei, versuchen Liebe zu gewinnen, rufen jedoch nur Groll und Ablehnung hervor. Diese Art der Beziehungsanbahnung ist in vielerlei Hinsicht primitiv, doch stellt sie die Basis für die tieferen Verbindungen dar, die sich in der nächsten Phase ergeben. Wie? Indem sie uns zwei Geschenke anbieten, die die Aufrechterhaltung liebevoller Beziehungen zwischen Erwachsenen möglich machen: Bescheidenheit und Verantwortungsgefühl. Die sechste Phase hat einen vorläufigen Charakter, hinterläßt ein unsicheres Gefühl, als sei sie ein Vorspiel. Das 6. Haus wirkt manchmal wie ein Echo des 2. Hauses, da wir erneut voller Unsicherheiten und Fragen bezüglich unseres eigenen letztlichen Wertes sind. Im allgemeinen beinhaltet diese Phase viel harte Arbeit und Selbstaufopferung insofern, als wir all das zu teilen beginnen, was wir in der ersten Hälfte des Kreislaufs durch die Häuser gelernt haben – und um unseren Durchbruch durch die Barriere in die zweite Hälfte vorzubereiten.

Das 7. Haus

Phase: Kooperation; gegenseitige Abhängigkeit; Anerkennung des »anderen«.

Prozeß: Auslese und Herstellung langanhaltender Partnerschaften.

Verbündeter: Liebe.

Folge des Scheiterns: Abhängigkeit von einem anderen Menschen gefolgt vom Verlust des eigenen Selbst.

Der zweite Halbkreis beginnt. Was wir bereits in der sechsten Phase angedeutet haben, tritt nun deutlich hervor: Von jetzt an ist der enge Rahmen der ichorientierten Persönlichkeit im Kreis der Häuser nicht mehr ausreichend. Andere Wirklichkeiten, in der

133

Regel symbolisiert durch andere Menschen, fördern nun unser Wachstum. Im 7. Haus erkennen wir unsere *Unfähigkeit, allein weiter voranzukommen.* Wir stecken fest. Die Einsichten, die wir in den ersten sechs Phasen erlangt haben, mögen gut sein, doch ergänzen sie sich nicht zu einer geschlossenen Antwort. Was können wir tun? *Wir müssen lernen zu lieben.* Neue Beziehungen finden nun Eingang in unser Leben – und bestehende Beziehungen werden überprüft und neu bewertet. Wir erschaffen – oder erneuern – anhaltende Bindungen mit Lebenspartnern und Menschen, bei denen wir sicher sein können, daß sie über lange Zeit an unserer Seite bleiben und daß sie uns als verläßliche Quellen der Unterstützung, des Verständnisses und der *Einblicke in uns selbst, wie wir sie allein nie zuwege bringen könnten,* dienen werden. Die Menschen, denen wir jetzt begegnen, unterscheiden sich von den »Spielkameraden« aus der fünften Phase insofern als die Bindungen des 7. Hauses weniger »schwindelerregend« sind; sie fühlen sich fast von Anfang an normal und vertraut an. Verglichen mit den Kontakten des 5. Hauses sind sie mit weniger Unsicherheit behaftet – das Verlangen nach Versicherungen und Beteuerungen ist geringer – und geraten wegen banaler Angelegenheiten, wie etwa darüber, wessen Aufgabe es ist, den Müll hinunterzubringen oder den Abwasch zu machen, nicht ins Stocken.

Unser Bedürfnis nach aufrichtigen, gleichberechtigten Partnerschaften zu erkennen, ist der erste Schritt, und die demütigenden Krisen des 6. Hauses bereiten uns darauf vor, indem sie uns helfen, die ichorientierten Perspektiven des 5. Hauses hinter uns zu lassen. Der zweite Schritt besteht darin, unsere natürlichen Verbündeten zu wählen. Wer sind diese? Die meisten von uns verlieben sich von Zeit zu Zeit und wundern sich beim Blick zurück über die eigene Wahl. Oft erkennen wir im nachhinein, daß wir ein subjektives Bedürfnis nach einer Partnerschaft hatten und dieses Bedürfnis der ersten in Frage kommenden Person übergestülpt haben. Im 7. Haus müssen wir uns diesem Problem stellen. Die Essenz dieser Phase des Kreises besteht in der Entwicklung der Fähigkeit, andere Menschen klar und deutlich zu sehen, ohne sich von Abhängigkeiten und Verzerrungen beeinflussen zu lassen, die durch unsere Bedürfnisse und Ängste entstehen, dabei aber nie die eigene Identität aus dem Blick zu verlieren. Romanzen können ein legitimer Bestandteil des 7. Hauses sein, doch im wesentlichen lauten die Lektionen eher *Respekt, Akzeptanz, wirkliche Kommunikation* und, das ist unvermeidlich, *Kompromiß.*

Das 8. Haus

Phase: Integration; Intensivierung der Gefühle; psychisches Großreinemachen.
Prozeß: Aufnahme psychologischer Unterströme.
Verbündeter: Ehrlichkeit.
Folge des Scheiterns: Widerstand, Leugnung und Angst gefolgt von mentaler Depression.

Eine Parallele zu den Prozessen der vierten Phase bildend, wendet sich unser Bewußtsein erneut nach innen und sucht in den Labyrinthen des Unbewußten nach Neubelebung und Selbstbestätigung. Doch diesmal erreichen die Labyrinthe eine größere Tiefe. Wir befinden uns von Angesicht zu Angesicht mit einem Spinnennetz innerer Dimensionen, die gleichzeitig von außerordentlich persönlicher und universeller Natur sind. Wir betreten das Reich des Instinkts – und das Hervortreten dieser neuen Dimensionen erfüllt uns häufig mit Launenhaftigkeit und veranlaßt uns zum Brüten. Material, das wir während der vorangegangenen sieben Phasen praktischerweise unter den Tisch haben fallen lassen, fordert jetzt stürmisch unsere Aufmerksamkeit. Wie nie zuvor werden wir uns unserer Motive und Mehrdeutigkeiten bewußt.

Der Astrologe Stephen Arroyo hat festgestellt, daß sich der Prozeß des 8. Hauses oft wie ein Weg durch das Fegefeuer anfühlt – womit in gewisser Weise genau das zum Ausdruck kommt, wofür dieses Haus tatsächlich steht. Wir werden gereinigt. Zu diesem Zeitpunkt im Zyklus ist das Ich bereits sehr stark – vielleicht zu stark. Da es nicht mehr die schwache, unsichere Kreatur der ersten Häuser ist, besitzt das Ich nun die gefährliche Fähigkeit, sich nicht nur selbst zu belügen, sondern auch eine Lüge erfolgreich aufrechtzuerhalten. Die achte Phase vermag dieses Problem nicht immer zu lösen – möglicherweise sträuben wir uns gegen das anstehende Material und flüchten uns in eine tiefe Depression. Ziel ist es, die Persönlichkeit mit ihren Wurzeln im unbewußten Geist in Einklang zu bringen. Unser größter Verbündeter bei diesem Prozeß ist der Mut, mit uns selbst ehrlich zu sein, und die Bereitschaft, die natürlichen Wachstumsschmerzen einer sich vertiefenden Reife hinzunehmen.

Alle instinktiven psychologischen Prozesse treten an dieser Stelle des Zyklus emotional in den Vordergrund. Beispielsweise vertiefen sich jetzt die Bindungen der Liebe, die wir im 7. Haus gebildet haben, und werden geprüft. Bleiben sie bestehen, dann prägen wir diesen anderen Menschen und lernen die Macht und wahre Bedeutung des sexuellen Instinkts kennen. Außerdem erkennen wir instinktiv unseren Platz im Alterungsprozeß, was dazu führt, daß wir uns auf der Gefühlsebene unserer Sterblichkeit bewußt werden. Manchmal werden wir in dieser Phase mit Todesfällen konfrontiert, die uns daran erinnern, daß uns das Leben wenig Zeit gibt, die wir im Spiel mit uns selbst vertun dürfen. Oft richten wir uns während dieser Phase auf latente Dimensionen des spirituellen und außersinnlichen Bewußtseins aus, weil wir instinktiv spüren, daß es mehr im Leben gibt, als das Auge wahrnimmt. Das Thema des 8. Hauses lautet immer gleich: Du bist jetzt bereit für eine erste Portion Weisheit, aber du mußt sie dir mit Mut erkaufen.

Das 9. Haus

Phase: Expansion; Erforschung; Bildung; Eröffnen neuer Perspektiven.
Prozeß: Aufbrechen von Routine.
Verbündeter: Staunen.
Folge des Scheiterns: Dogmatische Starrheit, gefolgt von lähmender Langeweile.

In dem Film »Nashville Lady« wird Sissy Spacek in der Rolle der Loretta Lynn beschuldigt, dumm zu sein. Ihre bockige Entgegnung lautet:»Ich bin nicht dumm. Ich bin unwissend.« Beim Verlassen der klaustrophobischen, konzentrierten Atmosphäre des 8. Hauses und beim Betreten des weiten Territoriums der neunten

Phase erfüllen uns durchaus vergleichbare Gefühle. Wieder einmal ist das Bewußtsein auf seinem Weg durch eines der »tiefen« Häuser befruchtet worden. In der vierten Phase haben wir mit den persönlicheren Teilen des unbewußten Geistes Kontakt aufgenommen – und haben damit einen Ausbruch an Kreativität und Selbstausdruck in der fünften Phase ausgelöst. Jetzt, nachdem wir das explosivere, zwanghaftere Gelände des 8. Hauses hinter uns gelassen haben, tauchen wir, angespornt von einem Bedürfnis nach einer *Visionssuche*, wieder auf. Was hat das Leben zu bedeuten? Welchen Zweck habe ich letztlich zu erfüllen? Was ist richtig und was ist falsch? Wir kennen vielleicht die Antworten auf diese Fragen nicht, doch wir sind bereit, unsere Unwissenheit zu bekämpfen.

Langeweile ist oft die dominierende Stimmung nach der unablässigen Selbsterforschung im 8. Haus. Wir haben keine Lust mehr auf Psychologie und mentale Labyrinthe. Wir sehnen uns nach etwas Größerem, Substantiellerem. Aber wir haben auch Angst davor – Veränderung ist immer gespenstisch.

Vorausgesetzt unsere Navigation ist erfolgreich, dann ist die neunte Phase eine Zeit der Ausdehnung und Erforschung. Wir sind häufig auf Reisen. Oft sorgen wir für unsere Weiterbildung. Fast unweigerlich begegnen wir außerhalb unserer normalen Kreise faszinierenden Menschen – »Fremden« –, die uns mit neuen, herausfordernden Vorstellungen konfrontieren. In der achten Phase reinigen wir uns von unverarbeiteten mentalen Rückständen, die aus früheren Phasen übriggeblieben sind. Nun, im 9. Haus, sind wir bereit, veraltete Verhaltens- und Denkroutinen aufzubrechen, die diese Überreste hervorgerufen haben. *Alles neu macht der Mai* – das ist der Geist dieses Hauses. Wir benötigen eine breitere Perspektive. Für uns ist der Zeitpunkt gekommen, das Staunen wiederzuentdecken. Unsere Aufgabe ist es, uns vom Leben in Erstaunen versetzen zu lassen.

Das 10. Haus

Phase: Ermächtigung; Deklaration; an die Öffentlichkeit treten.
Prozeß: Kopplung von Selbst und Gemeinschaft.
Verbündeter: Integrität.
Folge des Scheiterns: Verstellung gefolgt von Verleitung zur Übernahme begrenzender Rollen.

Nach der Bildung, die wir im 9. Haus erhalten haben, sind wir nun bereit, eine direktere Rolle in der Gesellschaft zu übernehmen. Wir verfügen über Fertigkeiten. Wir besitzen ein unterstützendes Netzwerk von Beziehungen. Wir haben Werte. Es ist an der Zeit, daß wir uns »einen Job« beschaffen oder unsere Identität auf irgendeine Weise öffentlich oder in der Gemeinschaft zum Ausdruck bringen. Oft wird hier die Entwicklung der beruflichen Karriere betont, doch erstreckt sich die Reichweite dieses Hauses über berufliche Angelegenheiten hinaus. Sie betrifft die gesamte *Gemeinschaft*. Wer sind Sie? So lautet die Frage, vorausgesetzt wir erinnern uns an die Perspektive, aus der heraus sie gestellt wird. Eine Antwort liegt möglicherweise in den Händen unserer besten Freunde. Doch diesmal wird die Frage von der Gemeinschaft *als Ganzes* gestellt. Obwohl der Beruf typischerweise im Brennpunkt des 10. Hauses gesehen wird, habe ich es doch oft erlebt, daß Menschen unter dem Einfluß eines Transits im 10. Haus heiraten. Ihre Beziehung mag unter dem Einfluß des 7. Hauses herangereift sein, doch mit ihrer Hochzeit treffen sie eine Aussage gegenüber der Gemeinschaft – Stoff, der typisch ist für das 10. Haus. Jedes Übergangsritual, das der Öffentlichkeit bedarf, um von Bedeutung zu sein, richtet unsere Aufmerksamkeit sofort auf dieses Haus. Ob es in diesem Ritual um Lob und Anerkennung oder um Rebellion gegen die sozialen Normen geht, spielt keine Rolle; die *öffentliche Sichtbarkeit* ist der Schlüssel. Dies ist eine Zeit des Erblühens. Die persönliche, innere Inspiration, die in der ersten Phase in uns aufkeimte, muß jetzt offen hervorbrechen, sich behaupten und sich ihren Kritikern stellen.

Das 11. Haus

Phase: Selbstausrichtung; Zielsetzung; die Festigung strategischer Allianzen.

Prozeß: Finden des Weges.

Verbündeter: Klar definierte Prioritäten.

Folge des Scheiterns: Zögern bei der Wahl gefolgt von Planlosigkeit.

Der Zyklus der persönlichen Entwicklung, den wir durch die vorangegangenen Häuser verfolgt haben, erreicht hier seinen Höhepunkt. Das 11. Haus steht für eine Zeit der Vervollkommnung. Vor langer Zeit, während der ersten Phase, haben wir uns Ziele gesetzt – doch zum damaligen Zeitpunkt wäre es uns schwergefallen, sie eindeutig zu definieren. Sie gehörten in die Kategorie intuitiven Fühlens. Nun, da wir unsere öffentliche Identität im 10. Haus etabliert haben, erleben wir ein Gefühl der Fülle und der Selbsterkenntnis. Die Improvisationen der ersten Phase haben nun feste Formen angenommen; wir spielen eine uns vertraute Rolle mit Grazie und Selbstvertrauen. Die Zukunft öffnet sich vor uns, und unsere Träume werden auf gewisse Weise wahr. Wenn wir es in der ersten Phase nur gewagt haben, kleinen Träumen nachzuhängen, dann kann die Ernte jetzt mager sein. Waren unsere Träume jedoch weitreichend, und haben wir sie in den übrigen Häusern beibehalten, dann steht uns jetzt eine Zeit des Beifalls und der Belohnung bevor – und der wichtigen Entscheidungen. Wohin sollen wir uns als nächstes wenden? Wie werden wir diese Macht, nun da sie uns zur Verfügung steht, einsetzen? Einfach »erwachsen zu werden« war ein Full-time-Job, der unsere ganze Kraft gekostet hat. Nun, da wir die Reife erlangt haben, da all diese erwartungsvollen Augen auf uns ruhen, wofür werden wir unsere Energie einsetzen? Entscheidungen. Ziele. Strategien. »Was wirst du jetzt tun, nachdem du deinen Doktor hast?«

Antworten auf solche Fragen müssen direkt aus dem Herzen kommen. Nur wir allein können festlegen, welche übergreifenden Ziele und Werte unserem Leben Form geben sollen. Prioritäten setzen – das ist die Fertigkeit, die wir in dieser Phase entwickeln müssen. Wie wichtig ist Ehre und Prestige? Wo liegt das

Gleichgewicht zwischen Familienleben und beruflichem Vorankommen? Dies sind Entscheidungen, mit denen man die groben Konturen eines Lebens festlegt – die Wahlmöglichkeiten, die sich uns im 11. Haus bieten, sind mit ihnen verbunden. Strategische Allianzen spielen hier eine entscheidende Rolle. Wir setzen unsere Ziele alleine fest, doch wir brauchen häufig Unterstützung, um sie zu erreichen. Typischerweise kommt solche Unterstützung von Menschen, die diese Ziele mit uns gemeinsam haben. Wem immer wir auch begegnen, die Phase des 11. Hauses steht für eine Zeit der Führung, die sowohl empfangen als auch gewährt wird und die uns immer näher an die vollständige Verwirklichung dessen heranführt, was wir im 1. Haus forsch und mit Naivität begonnen haben.

Das 12. Haus

Phase: Auflösung; Auslieferung; Selbsttranszendenz.
Prozeß: Loslassen.
Verbündeter: Ein Gespür für das Ewige.
Folge des Scheiterns: Panische Angst vor Veränderung und psychischer Nacktheit gefolgt von Gefühlen der Bitterkeit, Verwirrung und der Wirklichkeitsflucht.

Wenn die »Kraft, die dem Universum seine Form gegeben hat«, ein Psychologe der gemäßigten Mitte wäre, dann würde es nur elf astrologische Häuser geben. Der Kreislauf würde dort sein Ende finden. Wir hätten das erreicht, was zu erreichen wir uns vorgenommen hatten, hätten durch die Schaffung einer von uns aktualisierten Identität, durch das Arbeiten in einem Netzwerk gesunder Beziehungen, die Anpassung an die sexuellen Wirklichkeiten und die bequeme und kreative Integration in die Gemeinschaft, »den Sinn und Zweck eines Lebens verwirklicht«. Was sonst könnte da noch sein – für einen Psychologen der gemäßigten Mitte? Doch diese lebensformende Kraft spielt nach anderen Regeln; sie hat noch eine Karte im Ärmel, ein weiteres Haus, das wir durchlaufen müssen. Nun da wir geschwitzt und uns angestrengt haben, diese von uns aktualisierte Identität zu schaffen, müssen wir sie loslassen. Wir müssen erkennen, daß jede der elf Phasen nur ein letztlich gültiges Ziel verfolgt hat: *eine bleibende Veränderung in der Qualität unseres Bewußtseins zu schaffen.* All die äußeren Ereignisse waren nur Phantasmagorien, in sich selbst und von sich aus unbedeutend, nützlich nur im Hinblick auf unsere Veränderung.

Was für ein Schock! In der zwölften Phase wird dem Ich der Boden unter den Füßen weggezogen. Was das Ich für wichtig hielt, erweist sich nun als leer, als Witz. Der Preis, den es sich so hart erarbeitet hat, der Preis, der dem Ich schließlich im 11. Haus zugesprochen worden war, liegt nun in der Gosse – ungewollt und unbeklagt. Was ist geschehen? Wir sind aus dem Ziel *herausgewachsen*, das wir uns in der ersten Phase gesetzt haben! Nun, da das Ziel erreicht ist, hat es für uns seine Bedeutung verloren. Warum? Weil es um den Prozeß ging und nicht um das Erreichen des Ziels. Ankommen ist enttäuschend – das ist die Formel des 12. Hauses. Und für das Ich ist es der eigentliche Schwindel.

Müssen wir das Ich *sein*? Wenn ja, dann haben die mittelalterlichen Astrologen gut gewählt, als sie das 12. Haus als »das Haus der Mühen und Schwierigkeiten« bezeichneten. Doch wir sind mehr als nur das Ich. Wir sind außerdem *das Bewußtsein, das die Dramen des Ich beobachtet*, sie nachdenklich aufnimmt, sie zu Weisheit destilliert und sie dann, nachdem sie ihren Zweck erfüllt haben, vergißt. Wenn wir dieses *Gespür für das Ewige* in uns tragen, dann verkörpert das 12. Haus eine reiche Phase, »die letzte, für die die erste erschaffen wurde«. Doch wenn wir uns an sterbenden Umständen festklammern und an alten Mythen von uns selbst, dann empfinden wir dies als eine schmerzhafte und verwirrende Zeit. Wir befinden uns am Endpunkt des Zyklus: wir brauchen Zeit für uns allein. Wenn wir in dieser Phase mit der Welt interagieren, dann sind wir geistesabwesend und neigen zu törichten Unfällen. Unser Herz ist nicht bei der Sache, sondern neuerlich in die Tiefe hinabgezogen. Die Blüte hat geblüht, jetzt aber verwelkt sie und fällt ab. Doch tief im Boden, in den Wurzeln rührt sich, bewegt sich, atmet etwas …

Nun, da Sie alle zwölf Häuser kennengelernt haben, nehmen Sie sich einen Augenblick Zeit, blättern zurück zum 1. Haus und lesen den Text ein zweites Mal. Vom Standpunkt der Astrologie betrachtet, ist das Leben keine Gerade, sondern eine endlose Spirale.

Die Häuser in der Praxis

Zwei Faktoren formen die praktische Anwendung all dessen, was wir über den Zyklus der Häuser erfahren haben. Der erste ist das *Wesen der Planeten*, die sie durchlaufen, der zweite ist die *Planetengeschwindigkeit*. Das Wissen um das Wesen der Planeten sagt uns, welchem Teil unseres Charakters die Lektionen der jeweiligen Phasen gelten. Läuft beispielsweise Saturn durch Ihr 12. Haus, dann hat die Saturn-Funktion, *wie Sie sie definiert haben*, ihren Zweck erfüllt; etwas an Ihrer Selbstdisziplin ist zu starr, und Ihre Annahmen über die Wirklichkeit sind zu unbeweglich und schränken Sie ein (Saturn-Themen). Diese alten Muster helfen Ihnen nicht weiter – sie sind in die zwölfte Phase ihres Zyklus eingetreten –, doch da Sie sich vermutlich recht gut an sie gewöhnt haben, neigen Sie dazu, sie automatisch und ohne nachzudenken als gegeben hinzunehmen. Bis Sie diese veralteten Dimensionen erkennen und ausschalten, sind Sie eine Beute für Saturn, den Trickser. Seine Lüge lautet wie immer: »Du hast keine Chance« – und solange Sie sich nicht verändern, behält er recht. Ihre Fähigkeit zur Disziplin ist aus dem Ruder gelaufen, Ihr Gespür für die Realität weist deutliche Lücken auf. Möglicherweise arbeiten Sie zu hart, disziplinieren sich zu streng, laufen mit dem Kopf gegen Wände, die Ihnen schon längst nicht mehr im Weg stehen. Die Wände haben sich nicht verändert – doch Ihr Weg führt nun an anderer Stelle vorüber. Sie müssen sich vorübergehend ergeben, Ihre Saturn-Funktionen aus einem anderen Blickwinkel sehen und *erkennen, daß bestimmte bewährte Verhaltensmuster innerhalb dieses Bereichs nun verbraucht, ihres Schwungs beraubt sind und nun wieder absorbiert und neu definiert werden können.*

Saturn ist ein langsamer Planet, der etwa 29 Jahre braucht, um eine Reise durch die Häuser zum Abschluß zu bringen – womit wir beim zweiten entscheidenden Faktor angelangt sind: der Geschwindigkeit. Wie ich im dritten Kapitel darlegte, haben die Transite eines Planeten um so mehr Zeit, Tiefe und Komplexität, um eine Bedeutung zu entwickeln, je langsamer dieser Planet vorankommt. Dieses Gesetz muß auch auf ihre Reise durch die Häuser angewandt werden. Die langsamen Planeten entwickeln auf ihrem Weg durch die Runde grundlegende Themen, während sich die schnellen auf die Oberfläche des Lebens auswirken und Ereignisse auslösen, die uns darin unterstützen, den Botschaften der Themenweber Form zu geben. Selbst wenn wir lange leben sollten, durchläuft Saturn jedes Haus höchstens dreimal – und jede Passage ist von tiefster Bedeutung. Pluto ist sogar noch langsamer. Während eines durchschnittlichen Lebens kommt er nur mit etwa vier Häusern in Berührung. Zu wissen, um *welche* Häuser es sich dabei handelt und *wann* der Eintrittstermin ist, sagt uns viel über Veränderungen im größeren Bedeutungsrahmen (Pluto), in den hinein die Person zwangsläufig den Stoff ihres Schicksals legen muß.

Im Unterschied zu den schwerfälligen Rhythmen der äußeren Planeten glitzern und tanzen die inneren Planeten wie Leuchtkäfer. Der Mond braucht für seine vollständige Bahn nur einen Monat und verharrt somit nur etwa zweieinhalb Tage in jedem Haus. An einem Tag haben wir das Gefühl (Mond), energetisch aufgeladen und für neue Projekte bereit zu sein (1. Haus). Ein paar Tage später ziehen wir das durch, was wir begonnen haben (2. Haus). Dann sind wir für ein paar Tage ruhelos und neugierig (3. Haus), worauf eine Phase des inneren Rückzugs und der Nachdenklichkeit folgt (4. Haus). Nach einem ruhigen Mittwoch und Donnerstag sind wir am Wochenende bereit zu spielen (5. Haus). Der Montag bringt neue Verantwortlichkeiten mit sich (6. Haus). Mittwoch verabreden wir uns mit einem alten Freund zum Mittagessen (7. Haus). Die nächsten paar Tage sind wir zurückgezogen und brüten über irgendwelchen komplizierten Gefühlen, die dieser alte Freund in uns zu Tage gefördert hat (8. Haus). Nachdem wir diese Gefühle wenigstens zum Teil entwirrt haben, spüren wir nun den Drang, uns zu strecken und etwas anderes zu tun – da sich der Mond im 9. Haus befindet, lassen wir ausnahmsweise unsere Lieblingsfernsehshow ausfallen und machen uns auf den Weg zu einem langen, ziellosen Spaziergang durch die Stadt. Unser Kopf wird frei. Wir gewinnen Klarheit, sehen die Dinge, wie sie sind – und zwei Tage später, wenn der Mond im 10. Haus steht, schreiben wir dem Herausgeber der Zeitung einen Leserbrief über eine illegale Giftmüllkippe, die sich vor den Toren der Stadt befindet. Angefeuert von unserem Brief schließen wir uns einer Bürgerinitiative an, die sich wegen der Müllkippe Sorgen macht (11. Haus). Und wenn sich der Mond schließlich im 12. Haus befindet, fahren wir uns eine Beule ins Auto – und dieser kleine Unfall beschert uns die Erkenntnis, daß die Müllkippe zwar ein ernstzunehmendes Problem ist, daß aber dennoch ein Teil der Leidenschaft, die sie in uns ausgelöst hat, ihren eigentlichen Ursprung in dem unverarbeiteten Zorn auf unseren alten Freund hat. Dies zuzugeben, ist demütigend, doch schon bald spüren wir in uns den Drang, uns zu erneuern ... (erneut 1. Haus).

Wenn Sie durchschnittlich alt werden, erleben Sie diesen Mondzyklus ungefähr 900mal. Jedesmal gestalten sich die Dramen anders, doch wie es für einen Zyklus typisch ist, bleiben die Kernphasen konstant. Lediglich Ihre Bewußtseinsebene verschiebt sich – und das umfassendere Bedeutungsfeld, das durch die Transite der langsameren Planeten erschaffen wird. In unserem Beispiel wurde das Gespräch mit dem alten Freund beim Mittagessen besonders hervorgehoben. Warum? Vielleicht waren Jupiter und Uranus gerade in Ihr 7. Haus gewandert und hatten eine Phase erweiterten Horizonts (Jupiter) und rebellischer Neudefinition (Uranus) innerhalb Ihrer tieferen Beziehungen (7. Haus) angekündigt. Ein unglaubliches Potential braute sich in Ihnen zusammen; der Mond kam daher und löste es aus – und der gesamte Zyklus des Mondes durch die Häuser war diesmal gefärbt von dem weit bedeutsameren Eintritt der beiden langsamen Planeten in eine neue Phase ihres weit längeren Kreislaufs.

Wirkpunkte in den Häusern

Jedes Horoskop enthält ein Netz aus im höchsten Maße energetisch aufgeladenen Wirkpunkten. Wenn ein Planet einen solchen Wirkpunkt berührt, dann wird ein Knopf gedrückt und Ereignisse finden statt, die die Bedeutung dieser Zyklusphase reflektieren und erhellen. Von diesen Wirkpunkten gibt es drei verschiedene Arten: jene, die durch Aspekte mit anderen Planeten in anderen Häusern entstehen; jene, die durch Geburtsplaneten in den jeweiligen Häusern symbolisiert werden; und schließlich die sehr wichtigen Wirkpunkte der *Häuserspitzen* selbst. Jede dieser drei Arten muß verstanden sein, bevor wir das Thema der Häusersymbolik abschließen können.

Mit der ersten Art von Wirkpunkten – den die Aspekte betreffenden – haben wir uns im dritten und vierten Kapitel beschäftigt. Wie wir zu Beginn dieses Kapitels erfahren haben, fügen Häuser dem, was wir zuvor gelernt haben, lediglich Genauigkeit hinzu. Sie helfen uns zu bestimmen, wo sich die durchlaufenden Planetenkonfigurationen entfalten. Nun, da wir einen tieferen Einblick in die Häusersymbolik gewonnen haben, können wir unsere Kenntnis noch erweitern.

Blättern Sie noch einmal zurück zu Abbildung 12 (Seite 123). Dort sehen Sie, wie der laufende Jupiter einen Wirkpunkt im 9. Haus der betreffenden Frau berührt: Er bildet ein Trigon mit ihrer Geburts-Venus im 5. Haus. Dieser laufende Planet berührt einen weiteren Wirkpunkt und bildet ein zweites Trigon, diesmal mit ihrem Aszendenten. Folglich löst Jupiter auf seinem Weg durch das 9. Haus durch einen Harmonisierungs- beziehungsweise Verstärkungsprozeß fast gleichzeitig ihren Aszendenten aus. Immer noch im 9. Haus könnte er vielleicht ein Quadrat zu ihrem Geburts-Mond im 12. Haus bilden. Wieder ein Stück vorangekommen könnte er ein Sextil mit ihrem Neptun im 11. Haus bilden. Auf diese Weise würde er mit Jupiter-Ereignissen, die ihrem Wesen nach dem 9. Haus entsprechen und vorübergehend für die bestehend bleibenden Neptun-Themen in ihrem 11. Haus von Bedeutung sind, diese Dimension ihres Charakters stimulieren. Da zehn Planeten vorhanden sind und jeder von ihnen ein

Netz von sieben klar erkennbaren, Aspekte auslösenden Punkten über das Geburtshoroskop wirft, wird deutlich, daß ein jedes der zwölf Häuser viele solcher sensiblen Zonen enthält.

In vielen Häusern im Geburtshoroskop eines Menschen sind Planeten – also Geburtsplaneten – enthalten. Diese Planeten, die von den Zeichen, in denen sie sich befinden, geformt und durch die Häuser betrieben werden, sind *die grundlegenden »Bits«,* die zu entwirren wir im »Inneren Himmel« gelernt haben. Zehn solcher »Bits« erschaffen gemeinsam das individuelle Geburtshoroskop der einzigartigen Persönlichkeit. Jedes von ihnen ist eine Goldmine – oder ein Minenfeld – der Bedeutung, verleiht den fraglichen Häusern einen besonderen Sinn und dem Vorankommen in ihnen Schlüsselfunktion in bezug auf Glück und Erfüllung des betreffenden einzelnen. Wenn ein laufender Planet einen solchen Punkt berührt – entweder direkt oder durch einen Hauptaspekt –, dann schlägt er eine bedeutsame Saite an. Wie können wir ein solches Ereignis verstehen? Erstens: Wir durchschauen die Bedeutung des »Bits«. Zweitens: Wir erkennen das Wesen des laufenden Planeten, der das »Bit« stimuliert. Drittens: Wir beschäftigen uns mit dem *Aspekt,* der die beiden Planeten miteinander verbindet, und fragen, welcher Art der Prozeß ist, in den beide eingebunden sind. Und viertens: Wir achten auf das Haus, durch das der Planet läuft. *Wo* finden die Ereignisse statt, die das »Bit« stimulieren?

Als wir uns im Horoskop einer Frau mit einem Jupiter-Transit durch das 9. Haus beschäftigt haben, stellten wir fest, daß sich während dieses Transits ein Quadrat von Jupiter zu ihrem Krebs-Mond im 12. Haus bilden würde. Wir wollen unsere Regeln anwenden und zu verstehen versuchen, was hier abläuft.

Erster Schritt: Das »Bit« analysieren.

Krebs-Mond im 12. Haus. Es ist immer riskant einen Teil des Geburtshoroskops wie in einem Vakuum zu betrachten, doch wollen wir es hier um des Beispiels willen dennoch tun. Der Blick in das Geburtshoroskop der Frau zeigt, daß ihre emotionale, subjektive Funktion (Mond) vor allem von einem Drang angetrieben wird, eine sichere Umgebung zu schaffen, um tiefe Gefühle und

Erinnerungen zu pflegen – die »selbstverordnete Psychoanalyse« des Krebs. Der Prozeß kommt in dem Abschnitt zum Ausdruck, den wir als 12. Haus bezeichnen – ewige, sich selbst transzendierende spirituelle Perspektiven. Bestandteil ihrer Disposition sind eindeutig mystische, romantische Elemente – und auch die Themen Rückzug und Selbstschutz sind stark ausgeprägt.

Zweiter Schritt: Das Wesen des laufenden Planeten verstehen.

Jupiter. Als Lehrer: Selbstvertrauen, neue Perspektiven, die Fähigkeit, sich bietende Gelegenheiten zu ergreifen und mutig voranzustürmen. Als Trickser: Selbstzerstörung durch übertriebenes Selbstvertrauen und Stolz.

Dritter Schritt: Den Aspekt begreifen, der den laufenden Planeten mit dem »Bit« verbindet.

Quadrat: Reibung; Konflikt; der Aspekt der »natürlichen Feinde«, die einander bedrohen, aber auch Wachstum und Vorzüglichkeit voneinander erwarten.

Vierter Schritt: Das Haus verstehen, durch das der Planet läuft.

9. Haus: Expansion; Erforschung; Bildung; Eröffnen neuer Perspektiven. Da es Jupiter ist, der durch diese Phase des Häuserkreises wandert, sehen wir eine Zeit der Erneuerung und der gesteigerten Begeisterungsfähigkeit verbunden mit dem Wissen um das Vorhandensein zuvor nicht wahrgenommenen Potentials (Jupiter-Thema). Jupiters Aufenthalt in diesem Haus erweitert den Geist der Frau, indem ihr neue Gelegenheiten für Reisen, Bildung, für die philosophische Expansion und für das Überwinden alter Gewohnheiten geboten werden (Territorium des 9. Hauses).

Was also geschieht? Wie immer hält die Frau die Hälfte der Karten in ihren Händen. Das genaue Wesen der Möglichkeiten, die um sie herum Verbindungen miteinander eingehen, können ebenso wie ihre Reaktionen darauf astrologisch nicht vorherbestimmt werden. Wir wissen, daß während des Transits eine für Jupiter im 9. Haus typische Gelegenheit daherkommt. Dies macht ihrem schüchternen, nach innen gekehrten Krebs-Mond im 12. Haus mehr angst, als ein Hitchcock-Film, den sie allein in einer stürmischen Nacht in einem gruseligen Schlafzimmer, in dem einmal ein Mord geschehen ist, ansieht. Das Geschenk Jupiters wendet also Reibung (Quadrat) auf alle in ihrem lunaren »Bit« versammelten Themen an. Was jedem anderen Menschen als Segen erscheinen mag, erfüllt sie mit unguten Vorgefühlen und Zweifeln. Der Blitz schlägt ein – sie gewinnt in einem Wettbewerb, an dem sie vor sechs Monaten teilgenommen hatte. Der Preis? Eine Reise nach Indien, auf Geschäftskosten. Sie war schon immer von Yoga und Meditation fasziniert gewesen. Doch jetzt, mitten in all dem Hurrageschrei und Feiern, beginnt die stille, zurückgezogene Stimme in ihr, sich Sorgen zu machen: Unbekannte, Fremde kennenlernen ... Gefahren ... merkwürdige Sitten ... Warum habe ich bloß je an dem Wettbewerb teilgenommen? Wenn sie tatsächlich aufbricht, dann ist Ihr Krebs-Mond durch die Reibung mit dem im Moment bestehenden Jupiter-Quadrat gezwungen, einen Entwicklungssprung zu tun und die schwächeren Dimensionen seines Wesens zu transzendieren, die ansonsten ihre Gesamtentwicklung bremsen würden. Das ist die Aufgabe des Lehrers. Doch vielleicht setzt sich der Trickser durch, tröstet sie, zerstreut sie, beruhigt sie mit Rationalisierungen – und sie läßt sich die Reise nach Indien entgehen, wie ihr ein Traum entgleitet, an den sie nie wirklich geglaubt hat.

Die dritte Klasse der Wirkpunkte, die wir bedenken müssen, ist sehr einfach: Es handelt sich einfach um die *Häuserspitzen* selbst. Eine Häuserspitze ist der erste Grad eines Hauses, sozusagen die »Eingangstür«. Normalerweise werden Spitzen ganz genau definiert – für gewöhnlich auf die Minute genau. In der Praxis sind sie jedoch relativ weite Zonen, die die tatsächliche Spitze in einem Bogen von etwa 3 Grad umspannen. Wenn beispielsweise Ihr 3. Haus bei 13 Grad 39 Minuten im Stier beginnt (60 Minuten = 1 Grad), stimuliert ein laufender Planet, der bis zu anderthalb Grad von diesem Punkt entfernt ist – sich also auf 12 Grad 9 Minuten im Stier befindet –, bereits für das 3. Haus typische Aktivitäten und Ereignisse. Und er tut dies auf sehr kraftvolle Weise. Häuserspitzen sind die empfindlichste Zone in jedem Haus. Man könnte also sagen, daß Häuser mit einem Knall anfangen. Die Wirkpunkte von Aspekten innerhalb des Hauses könnten dieses Prinzip in der Praxis modifizieren, doch die allgemeine Regel ist, *daß die unabhängige, innere Energiestruktur jedes Hauses ihren Höhepunkt an der Hausspitze hat und dann langsam abnimmt.* Um dramatische und charakteristische Ereignisse in einem Haus zu finden, müssen Sie dort suchen, wo der laufende Planet in die Phase eintritt.

Innerhalb der inneren Energiestruktur der Häuser kann ein weiteres Muster hervorgehoben werden, auch wenn es etwas weniger zuverlässig ist als das »Gesetz der Spitzen«. *Bei einem bestimmten Transit kann es häufig zu einem zweiten Aktivitätshöhepunkt kommen, wenn sich der Planet dem Ende des Hauses nähert.* Es ist so, als realisierte die Psyche plötzlich, daß die Zeit knapp wird. Bei unerledigten Angelegenheiten wird eine Entscheidung herbeigeführt. Ereignisse – und vor allem Erkenntnisse – intensivieren sich. Das Haus verabschiedet sich ebenso wie es gekommen war: mit einem Knall.

Lassen Sie sich nicht entmutigen, wir lernen hier ebenso wie im »Inneren Himmel« eine neue Sprache. Noch einmal sei gesagt, daß unser erster Schritt darin besteht, die Vokabeln und die Grammatik zu erlernen. Erst dann sind wir fähig, selbständig Sätze zu formen. Wenn Sie meinen, das, was wir auf praktische Weise erlernt haben, noch nicht anwenden zu können, dann machen Sie sich keine Sorgen. Sie befinden sich auf dem richtigen Kurs. Astrologische Vorhersage ist ein Puzzle mit vielen Teilen. Wir müssen ihre Formen kennenlernen, bevor wir sie zusammensetzen können.

149

Kapitel 7
Transite IV: Der Lebenszyklus

Würden Sie eine Karriere für ein fünfjähriges Kind oder ein sexuelles Erblühen für eine bettlägerige alte Dame, die sich an den Regierungsantritt von Woodrow Wilson erinnert, vorhersagen? Solche Prognosen ignorieren den Platz der Person im Lebenszyklus und folglich müssen sie falsch sein, im allgemeinen auf komische Weise.

Im vorangegangenen Kapitel haben wir eine Analogie zwischen den astrologischen Häusern und dem normalen menschlichen Lebenszyklus festgestellt. Die Reife folgt der Adoleszenz so, wie das 10. Haus dem 9. folgt. Beides sind *feststehende Entwicklungsmuster*, auch wenn wir bei jeder Stufe die Wahl haben.

Doch was ist mit dem Lebenszyklus selbst? Was ist mit der Tatsache, daß jeder von uns als Kind beginnt und sich von dort aus weiterentwickelt?

Jede astrologische Vorhersage muß im Kontext mit dem menschlichen Lebenszyklus betrachtet werden und muß sich zum Teil auf die festgelegten Wirklichkeiten beziehen, die mit dem chronologischen Alter eines jeden Menschen assoziiert werden.

Diese Regel ist sehr wirkungsvoll, doch muß sie mit Vorsicht und Einfühlungsvermögen angewandt werden. Die Zeiten ändern sich. Unsere Entscheidungen und Lebensmuster sind nicht mehr so vorgefertigt wie noch vor einem Jahrhundert. Das Werben um eine Frau kann auch für einen 50jährigen Mann ein Thema sein. Sexuelle Belange quälen möglicherweise eine 70jährige Frau. Alter ist nicht mehr in dem Maße wie früher ein bestimmender Faktor für das Verhalten. Die moderne Astrologie muß sich bemühen, diese sozialen Veränderungen zu berücksichtigen, und gleichzeitig begreifen, was in jeder Lebensphase wirklich wichtig ist. Nur wenige Dimensionen der astrologischen Prognose sind so wichtig wie diese – und wenige fallen auf die gleiche Weise der Verzerrung durch die Vorurteile und die Engstirnigkeit des Astrologen anheim.

Hier ist der gesunde Menschenverstand, verbunden mit der eigenen Lebenserfahrung, ein hilfreiches Mittel. Sollten Sie ein älterer Mensch sein, dann liegt fast das ganze Panorama des Lebens hinter Ihnen, und Ihre Position im Hinblick auf das Verständnis dieser Muster ist ausgezeichnet. Jene von uns, die sich im mittleren Abschnitt des Lebens befinden, müssen zum Teil auf der Basis der eigenen Erfahrung und zum Teil auf der Basis unserer Vorstellung und persönlicher Vertrautheit mit Menschen, die bereits weiter vorangekommen sind, sprechen.

Jenseits der persönlichen Erfahrung steht uns all die Weisheit zur Verfügung, die die Menschheit im Laufe von Jahrtausenden angesammelt hat – Weisheiten über den Lebenszyklus, die uns oft durch Klischees und Schlagworte vermittelt werden. »Kinder in der Trotzphase.« »Rebellische Teenager.« »Midlife-crisis.« »Zweite Kindheit.« Menschen sind keine Klischees, doch jede dieser Vorstellungen vermittelt etwas Universelles, das der einzigartigen Erfahrung eines jeden Individuums zugrunde liegt.

Die Astrologie vermag das Verständnis noch zu vertiefen, nicht nur, indem sie diese Klischees mit Lebenskraft reich ausstattet, sondern auch, indem sie unsere Ankunft an verschiedenen Wendepunkten des Lebens genau festlegt. Um diese Ader der astrologischen Theorie zu begreifen, müssen wir unserem wachsenden Bild von den Planetentransiten noch ein weiteres Element hinzufügen. Wir müssen die Zyklen erkennen, die den Umlaufbahnen der Planeten selbst innewohnen. Nicht die Beziehung des Saturn zum Geburtshoroskop, sondern die Beziehung des sich bewegenden Saturn zu sich selbst. Zum Beispiel könnte eine Person mit Saturn im Löwen geboren werden. Sein Geburts-Saturn bleibt natürlich genau dort, aber sein laufender Saturn bewegt sich durch all die Zeichen und bildet Aspekte mit seiner Geburtsposition, um schließlich an seinen Ausgangspunkt zurückzukehren.

151

Planetenzyklen

Abhängig vom Wesen des individuellen Geburtshoroskops können die meisten astrologischen Ereignisse jederzeit im Leben eines Menschen stattfinden. Der Langsamläufer Neptun zum Beispiel kann eine Opposition zur Venus der betreffenden Person bilden, wenn sie 17 Jahre alt ist. Die beiden Planeten befanden sich fast auf einer Linie, als sie geboren wurde; 17 Jahre waren also genug, um den Aspekt zu vollenden. Eine andere Person muß vielleicht warten, bis sie 54 Jahre alt ist, um den gleichen Transit zu erleben – in ihrem Geburtshoroskop hatte Neptun eine weitere Strecke zurückzulegen, bis er an einem Wirkpunkt der Venus ankam. Eine dritte Person erlebt diesen Transit vielleicht nie. Warum? Weil Neptun etwa 164 Jahre benötigt, um die Sonne zu umrunden (oder das Geburtshoroskop!). Deshalb können sich bestimmte Neptun-Aspekte nie herausbilden, es sei denn die Person wird so alt, daß sie als menschliche Ausnahme im »Guinness-Buch der Rekorde« landet. Die Zeit reicht einfach nicht aus. Aus diesem Grund findet eine Art »zufällige Auswahl« statt, wann sich die einzelnen Transite ergeben.

Eine bestimmte Gruppe von Transiten stellt eine Ausnahme dieser Regel und damit den Schlüssel zum Rätsel des menschlichen Lebenszyklus dar. Obwohl wir nicht wissen, wann Neptun in Opposition zu der Venus eines Menschen stehen wird, wissen wir doch ungefähr, *wann er sich zu sich selbst in Opposition befinden wird*. Anders ausgedrückt, wir wissen, wann der laufende Neptun in Opposition zum Radix-Neptun steht. Da Neptun für seine Umlaufbahn im Horoskop etwa 164 Jahre braucht, vollendet er nach etwa 82 Jahren die Hälfte seiner Reise und bildet eine Opposition zu seiner ursprünglichen Anfangsposition. Selbst wenn wir das Geburtshoroskop eines Mannes nicht kennen wissen wir aufgrund der Tatsache, daß er sich in seinem 83sten Lebensjahr befindet, daß der laufende Neptun sich in Opposition zu seinem Geburts-Neptun befindet. Auf ähnliche Weise können wir feststellen, daß der Mann ungefähr 41 Jahre alt war, als Neptun ein Quadrat mit seinem Geburts-Neptun bildete. Warum? Weil 41 Jahre etwa ein Viertel der Neptun-Umlaufbahn ist und wir daraus schließen, daß er sich um 90 Grad oder um ein Viertel des gesamten Weges verschoben hat. Da Dauer und Länge der Umlaufbahnen bei allen Planeten festliegen, ist die gleiche Logik auf sie alle übertragbar. Die Folge ist, daß bestimmte Punkte in der chronologischen Entwicklung des Alters mit bestimmten astrologischen Ereignissen übereinstimmen. Sie miteinander zu verweben, liefert ein astrologisches Bild des menschlichen Lebenszyklus – ein Bild, das für uns alle gleichermaßen gilt. Zum Vorschein kommt das grundlegende menschliche Lebensdrama, das Leben von »Jedermann«, das fundamentale *biopsychische Drehbuch*, auf das jeder allein durch die Tatsache seiner Geburt programmiert ist. Überlagert wird dieses Muster von den persönlichen – und daher zufälligeren – Entwicklungszyklen, die durch alle anderen Arten von Transiten angezeigt werden.

Das Leben »Jedermanns« liefert uns ein hochkompliziertes astrologisches Bild. Wie immer ist es auch hier am besten, wenn wir die wichtigsten Elemente herausgreifen und uns erst später entscheiden, ob wir uns auch mit den Details beschäftigen wollen.

Folgendes steht uns bevor: Zehn astrologische Planeten, ein jeder mit seinem eigenen Zyklus. Im Verlauf der Reise, die jeder Planet durch das Horoskop macht, bildet er eine Konjunktion mit seiner Geburtsposition, dann ein Sextil, ein Quadrat, ein Trigon und eine Opposition. Damit ist der Prozeß jedoch noch nicht abgeschlossen. Der Planet muß noch den Rückweg über die zweite Hälfte des Horoskops zurücklegen, um an seine Ausgangsposition zu gelangen. Dabei bildet er ein weiteres Trigon, dann ein Quadrat, ein Sextil und schließlich wieder eine Konjunktion – worauf erneut ein Sextil folgt usw. Der Mond macht, wie wir im letzten Kapitel erfahren haben, diese Reise während einer Lebensspanne ungefähr 900mal. Der Mars legt sie ungefähr 45mal zurück. Neptun ist langsamer; nur selten gestattet es ihm die Zeit, mehr als die Hälfte des Geburtshoroskops zu durchlaufen. Und Pluto ist noch langsamer.

Es ist nicht sehr schwer, den Zyklus *eines* Planeten zu verstehen. Doch den Überblick über alle zehn gleichzeitig zu behalten, löst bei uns manchmal eher Kopfschmerzen als Weisheit aus.

Eine Vereinfachung ist also notwendig. Welche Wendepunkte im Kreislauf des Lebens sind die wirklich wichtigen? Als wir uns anfangs mit Transiten beschäftigten, standen wir vor einem ähnlichen Dilemma – sie zu durchschauen ähnelte dem Versuch die Mücken in einem Mückenschwarm zu zählen. Der Unterschied zwischen langsam und schnell laufenden Planeten war unsere Rettung und dieser Unterschied ist auch im vorliegenden Fall wieder hilfreich. Die Schnelläufer – Sonne, Mond, Merkur, Venus und Mars – können auch im Zusammenhang mit dem menschlichen Lebenszyklus ignoriert werden. Warum? Weil ihre Umlaufbahn einen zu kleinen Durchmesser hat. Sie wiederholen sich selbst im Rahmen eines Jahrzehnts viele Male. Solche Transite lassen uns vielleicht wissen, wie wir uns an diesem Wochenende fühlen, doch sie machen uns keine Mitteilung darüber, was dieses Jahr im Gesamtverlauf unserer Entwicklung bedeutet. Anders ausgedrückt bedeutet also ein Tag, an dem das Wetter für die Jahreszeit zu kalt ist, für eine Person, die sich mit den Veränderungen des globalen Klimas im Verlauf von Jahrhunderten beschäftigt, nicht viel.

Damit bleiben uns Jupiter, Saturn, Uranus, Neptun und Pluto – die Langsamläufer. Sie sind diejenigen, die das Leben des Jedermanns weben. Als die Lehrer und Trickser, die sie darstellen, schieben sie sich vorhersehbar in wichtige Aspektbeziehungen mit ihren Positionen im Radix-Horoskop, bewirken Herausforderungen und Dramen, Melodramen und Fallgruben, geben dem Muster des menschlichen Lebenszyklus seine Form.

Jeder Planet hat seinen eigenen Rhythmus. Da sie so unterschiedliche Umlaufzeiten haben, erreicht ein Einfluß seinen »Höhepunkt«, während sich die anderen gerade relativ ruhig verhalten. Den größten Teil des Lebens befindet sich Saturn im Ankleidezimmer, während Jupiter sich auf der Bühne tummelt. Wenn Uranus gerade unsere Aufmerksamkeit mit Beschlag belegt, hat sich Pluto in eine dunkle Ecke des Geburtshoroskops zurückgezogen. Da ihre Zyklen von unterschiedlicher Länge sind, sind ihre Phasen zueinander versetzt. Gelegentlich stoßen wir jedoch auf Fälle, in denen sich die Zyklen überschneiden und gegenseitig verstärken. Solche Ereignisse stehen für Krisen – und

Gelegenheiten. Entweder wir verlieren die Kontrolle über unser Leben, oder wir ergreifen die Gelegenheit und katapultieren uns in eine neue und glücklichere Zukunft.

Die langsamen Planeten ziehen ihre Bahnen um uns, wirbeln in empfindliche Zonen hinein und wieder hinaus, der eine verschwindet während der andere erneut auftaucht – bis wir die Mitte unseres neunten Lebensjahrzehnts erreichen. Zu diesem Zeitpunkt kommt es zu einer »großen Konvergenz« der Planeten und folglich zu Umständen, die jenen bei unserer Geburt ähneln (siehe Abbildung 13). Obwohl manche Menschen länger leben und viele dieses Alter nicht erreichen, kann man sich dem Gefühl kaum entziehen, daß wir auf einer archetypischen astrologischen Ebene mit dieser großen Konvergenz in unserem neunten Lebensjahrzehnt den Lebenszyklus abschließen. Wir treten ab wie wir eingetreten sind – mit einem Knall.

Planet	Umlaufzeit in Jahren	
Jupiter	11,88	7 Zyklen = 83 Jahre
Saturn	29,42	3 Zyklen = 88 Jahre
Uranus	83,75	1 Zyklus = 84 Jahre
Neptun	163,74	0,5 Zyklus (Opposition) = 82 Jahre
Pluto	245,33	0,33 Zyklus* (Trigon) = 82 Jahre

* Der Zyklus von Pluto ist komplizierter; siehe weiter unten.

Abbildung 13: *Die Zyklen der langsam laufenden Planeten.*

Jeder dieser Planetenzyklen hat eine bestimmte Bedeutung; ein jeder bezieht sich auf die Entwicklung einer anderen Charakterdimension. Und doch sind die einzelnen Phasen eines jeden Zyklus genau gleich. Die *Konjunktion* stellt immer eine *Intensivierung* der Wirkung dar, die der Planet auf unsere Einstellungen hat. Etwas wird in uns *ausgesät*. Beim *Sextil* herrscht eine immense *Kraft* in der Entwicklung dieser Funktion vor. Wir sind auf neue Weise gereift und spüren Wellen neuer – und häufig unkontrollierter – Kraft. Wir gleichen jungen Löwen. Beim *Quadrat* begegnet der junge Löwe seinem Meister. Wir laufen gegen eine Wand. Unsere Kraft wird in ihre Grenzen gewiesen. Wir müssen uns an die Wirklichkeit anpassen – da draußen sind andere Löwen, die größer sind als wir und andere Pläne haben. Beim *Trigon* spüren wir erneut *Kraft* und sehen *Chancen* – doch diesmal in reiferer Form und gemäßigt durch die Ereignisse, die unter dem Einfluß des Quadrats stattgefunden haben. Nach dem Trigon kommt die *Opposition*. Hier fordern wir die Wirklichkeit selbst heraus. Wir haben uns in komplizierte Umstände hinein ausgedehnt, sind gewachsen, haben uns gestreckt, haben erobert. Das Samenkorn, das bei der Konjunktion keimte, ist nun vollständig erblüht. Der junge Löwe steht auf dem Gipfel seiner Macht. Nun heißt es: jetzt oder nie; er muß den König herausfordern. Vielleicht gewinnt er; vielleicht verliert er. Alles hängt davon ab, wie gut er vorbereitet ist. Oder, anders ausgedrückt, sein Erfolg ist davon abhängig, wie gut er seine Lektionen in der ersten Hälfte des Zyklus gelernt hat.

Als nächstes gelangen wir in den abnehmenden Zyklus. Vorbei ist die Zeit, in der wir uns *nach außen* strecken und die so typisch ist für die zunehmende Phase. Eroberung ist nicht mehr länger unser Ziel. Wir sind nicht mehr daran interessiert, Eindruck auf die Welt zu machen, unsere Marke zu hinterlassen. Jetzt sehnen wir uns nach Hause. Während der abnehmenden Phase streckt sich der Geist dem Ort entgegen, an dem der Zyklus begann. Er kehrt zurück, vielleicht sieghaft, vielleicht nicht, doch immer mit Fragen im Gepäck: Was hatte meine Reise zu bedeuten? Wie kann ich sie mir auf lange Sicht nutzbar machen? Was kann ich aus dieser Erfahrung *lernen*? Wenn die zunehmende Phase für das Handeln steht oder sich in die Umgebung ausbreitet, dann symbolisiert die abnehmende Phase das *Nachdenken* oder einen Prozeß, bei dem die neue Erfahrung in die bereits vorhandenen Erinnerungen und Vorstellungen integriert wird. Die abnehmende Phase ist nicht weniger energiegeladen als die zunehmende, doch die Energie ist weniger sichtbar, richtet sich auf den Prozeß, in dem die Ereignisse der zunehmenden Phase *geordnet* und mit dem Stoff des Charakters verwoben werden. Zunächst läuft dieser integrative Prozeß harmonisch ab (*abnehmendes Trigon*), obwohl das Risiko besteht, daß wir einschlafen, die bedrohlichen

Elemente dessen, was wir durchgemacht haben, vergessen und verfälschen. Dem folgt die konfliktreiche Zeit während des *abnehmenden Quadrats*. Wir haben das Gefühl, »aus dem Takt geraten« zu sein. Wir sträuben uns dagegen, uns selbst im Licht der hinzugekommenen Erfahrung neu zu definieren. Wenn dieser Widerstand vollständig ist, dann kann sich das abnehmende Quadrat wie eine bösartige, verlorene Schlacht mit der Wirklichkeit anfühlen. Danach folgt das *abnehmende Sextil* – eine ideale Zeit für Aufregung und Stimulierung, da die neu integrierten Erfahrungen uns beleben. Auf diese Weise ermächtigt gleiten wir zurück in die *Konjunktion*. Ein *neues Samenkorn* wird gesät, und der endlose Kreislauf wendet sich mit einem neuen oder einem zu wiederholenden Thema wieder nach außen, abhängig davon, ob wir die Lektion beim ersten Mal gelernt haben oder nicht.

Jeder Planetenzyklus kann auf der Basis dieses Paradigmas des Zu- oder Abnehmens verstanden werden und unseren Einblick in die astrologischen Aspekte um eine neue Ebene bereichern. Die Grundbedeutung der Quadrate, *Reibung*, verändert sich nicht. Doch nun erkennen wir, daß die Reibung des zunehmenden Quadrats durch das Aussenden unseres Willens in die äußere Welt entsteht. Im abnehmenden Quadrat hingegen handelt es sich um die Reibung zwischen den neuen Umständen, die wir nun erschaffen haben, und unserem alten Selbstbild, das vermutlich innerlich das, was es äußerlich erreicht hat, noch nicht eingeholt hat. Man könnte also schlußfolgern, daß wir bei zunehmenden Aspekten mit unserer Außenwelt interagieren, während bei abnehmenden das mit uns interagiert, was wir durch diese Außenwelt dazugelernt haben.

Neptun und Pluto bewegen sich so langsam, daß beide gemeinsam im Laufe eines Lebens nur eine Handvoll dieser Aspekte bilden. Weil sie relativ selten vorkommen, ist jeder dieser Neptun- und Pluto-Aspekte besonders wichtig. Jupiter kommt sehr viel schneller voran und schließt einen Zyklus mit seinen sieben Hauptaspekten in nur zwölf Jahren ab. Jeder Aspekt ist von Bedeutung. Doch wenn wir uns mit ihnen allen beschäftigen wollten, würde sich das Bild in einem inakzeptablen Maß verkomplizieren. Da unsere Ziele in diesem Buch mehr praktischer als theoretischer Art sind, ist einiges Sieben erforderlich. Im Laufe der Jahre habe ich festgestellt, daß einige dieser Wendepunkte im höchsten Maße emotional und im Hinblick auf die Entwicklung aufgeladen sind. Andere wiederum scheinen mit dem Hintergrund zu verschmelzen. Wir werden uns auf die wirklich zentralen beschränken. Allgemein gesprochen sind Konjunktionen immer Knotenpunkte der Bedeutung. In Anbetracht von Jupiters Geschwindigkeit werden wir lediglich seine Rückkehr an seine Geburtsposition (die Konjunktion) berücksichtigen, die uns etwa alle zwölf Jahre eine gesteigerte Jupiter-Aktivität beschert. Die gleiche Logik läßt sich auch auf den Saturn anwenden, der seinen Höhepunkt nur etwa alle 29 Jahre erlebt. Den Konjunktionen folgen, was die Kraft ihrer Wirkung betrifft, als nächstes die Oppositionen und dann die Quadrate. Bei Uranus erweitern wir unser Blickfeld und schließen diese beiden Aspekte in unsere Betrachtungen mit ein. Neptun mit seinem Zyklus von etwa 164 Jahren beginnt nur selten seine abnehmende Phase, bevor ein Mensch das Ende seines Leben erreicht hat. Da dieser Planet so langsam vorankommt, hat jeder seiner Aspekte genug Zeit, um im Hinblick auf seine Bedeutung, Tiefe und Komplexität zu entwickeln. Jeder Aspekt muß daher genau geprüft werden. Das gleiche gilt für Pluto, der im Verlauf eines Menschenlebens kaum jemals die zunehmende Phase zum Abschluß bringt und die Opposition erreicht.

Eines sei noch angemerkt, bevor wir diese Planetenzyklen einen nach dem anderen ansehen wollen. Planetenzyklen sind fast kreisförmig, aber doch nicht ganz. Technisch gesehen sind sie Ellipsen – »gestreckte« Kreisbahnen. Aus diesem Grund braucht ein Planet für einen Teil seiner Umlaufbahn ein wenig länger als für den anderen. Die daraus folgenden Auswirkungen sind für Jupiter und Saturn gering, doch bei Uranus, Neptun und Pluto sind sie spürbar. Die praktische Folge dieser Abweichung ist, daß man nicht so einfach sagen kann, wann sich die einzelnen Aspekte bilden, und daß es nicht ausreicht, die Kreisbahn in Halbe und Drittel zu gliedern – es ist fast so einfach, aber eben nicht ganz. Um im einzelnen Fall sicher sein zu können, an welcher Stelle die äußeren Planeten ihren Wendepunkt erreichen, ist es erforderlich, sie in den Ephemeriden nachzuschlagen, einem Buch, das die Planetenpositionen in Zeiträumen von Jahrzehnten aufführt. Verwenden Sie die hier angegebenen Näherungswerte nur als Richtlinien – sie kommen der Wahrheit sehr nahe, stellen aber dennoch nur Durchschnittswerte dar. Wir wollen nun jeden Zyklus einzeln untersuchen und dann alle in ihre chronologische Reihenfolge stellen, um zu sehen, auf welche Weise ihr Zusammenspiel die grundlegende biopsychische Melodie erzeugt, derer sich jeder von uns bedient, um die Kontrapunkte und die Verzierungen der Individualität zu improvisieren.

Saturn

Zyklus der Identität
Umlaufzeit: 29,42 Jahre

Traditionelle Astrologen verwenden häufig das Wort »Beschränkung« im Zusammenhang mit Saturn. Logisch betrachtet ist dies eine zutreffende Bewertung des Ringplaneten, doch auf der emotionalen Ebene führt sie in die Irre. Gedankenlos betrachten wir eine Beschränkung als lästiges existentielles Hindernis auf unserem Weg. Die Wahrheit jedoch ist, daß sich Beschränkungen für uns oft *gut anfühlen*. So wie uns ein Wegweiser an einer verregneten Landstraße mitten in der Nacht zu beruhigen vermag, so helfen uns Beschränkungen, zu erkennen, wer wir sind und wohin wir uns wenden sollen. Das ist die Aufgabe des Saturn-Zyklus – er soll uns unsere Identität erklären, sie definieren und stärken, *indem er uns mit einer Reihe von Beschränkungen konfrontiert.* Nur wenn wir uns Saturn, dem Trickser, und seiner Lüge: »Du hast keine Chance« unterwerfen, entwickelt der Prozeß einen bitteren Beigeschmack.

Baby Sally erwacht eines Morgens mit einer grundlegenden Erkenntnis: »Ich bin ein Mädchen«. Auf gewisse Weise ist dieser Umstand eine Beschränkung, ebenso wie es eine Beschränkung ist, ein Junge zu sein. Sie hat einen ihrer »Wegweiser« gefunden. Vorausgesetzt, daß sie sich keinen bizarren chirurgischen Eingriffen unterzieht, wird sie vermutlich ein Mädchen bleiben, und die

Erfahrung von Männlichkeit bleibt ihr verschlossen, Zutritt verboten. Ist sie traurig darüber? Vielleicht. Doch es ist wahrscheinlicher, daß sie sich freut. Ihr Gefühl von Weiblichkeit wird zu einem der Bollwerke ihrer Identität. Indem sie diese grundlegende Beschränkung erfaßt, fühlt sie sich sicherer, besser *definiert*. Später erkennt sie noch weitere Beschränkungen: ihre Rasse, ihre Staatszugehörigkeit, ihre Religion. Eine jede von ihnen leistet ihren Beitrag zum Aufbau ihrer Identität. Jede ist ein Wegweiser – und ein Geschenk des Ringplaneten. Mit ihrer zunehmenden Reife buchstabiert Saturn ihr ihre Wegweiser noch ausdrücklicher, definiert ihre Identität noch genauer – und schränkt sie noch drastischer ein. »Ich bin feministische Vegetarierin, für ein Waffenkontrollgesetz und wähle die Demokraten.« Mehr Wegweiser, mehr Grenzen. Dieser Prozeß setzt sich selbstverständlich fort, bis sie stirbt. Jeden Tag grenzt sie sich mit größerer Genauigkeit ab. Doch es gibt Gipfelpunkte in diesem Prozeß. Es kommt zu entscheidenden Augenblicken, wenn sie gezwungen ist, sich entscheidend neu zu definieren und vielleicht zugleich ausgediente Definitionen ablegen muß.

Zwei solche Saturn-Ereignisse, Saturn-Rückkehr genannt, bezeichnen Crescendos in dem vermutlich ursprünglichsten aller astrologischen Zyklen. Sie finden immer dann statt, wenn der Saturn einen Zyklus innerhalb des Geburtshoroskops (oder einen vollständigen Umlauf um die Sonne – beides ist das gleiche) beendet und zu seiner Geburtsposition zurückgekehrt ist. Die erste Saturn-Rückkehr findet statt, wenn wir 29 Jahre alt sind; die zweite im Alter von 58 Jahren. Sie unterteilen das Leben in drei Saturn-Zyklen und liefern uns den ersten Schlüssel, um uns einen Zugang zur Biographie des Jedermann zu verschaffen.

Während des ersten Saturn-Zyklus sind wir dabei, unsere *persönliche* Identität zu skizzieren. Während des gesamten Verlaufs dieser Phase stellen unsere Wegweiser Einblicke in unsere Persönlichkeit dar. Ihr Zweck ist es, uns schließlich zur Reife zu führen. Sie sind Träume des Menschen, *der wir sein könnten*. Zu Beginn des Zyklus sind diese Träume unrealistisch, voller glorreicher, unerreichbarer Mythen – »Wer bist du, Timmy?« »Ich bin Superman!!!« Wenn ein Vierjähriger die Rolle eines seiner Helden übernimmt, dann schlägt er damit nicht nur seine Zeit tot; er schafft damit die grundlegenden Nervenschaltkreise, die ihm später dabei helfen werden, als Erwachsener Verantwortung zu übernehmen. Doch ein Sechzehnjähriger, der die gleichen Spiele spielt, ist in Schwierigkeiten; seine Träume sollten mehr mit der Wirklichkeit konvergieren. »Superman« ist out, doch die Aussage: »Ich möchte ein Popstar sein«, ist ein legitimer Wunsch, wenn er inspirierend wirkt. Ein Popstar zu sein, ist vielleicht nicht sein wirkliches Ziel; doch mitten in seinem ersten Saturn-Zyklus ist dieser Traum sein bester Wegweiser.

Schließlich aber müssen Träume Übereinstimmung mit der Wirklichkeit finden – und die Wirklichkeit ist ein notorisch harter Verhandlungspartner. Superman gibt es nicht. Und auf jeden Popstar kommen Hunderte hungernder Musiker. Bei der Saturn-Rückkehr ist die Zeit gekommen, um sich zu einigen. Vielleicht entscheidet sich der aufstrebende junge »Popstar« statt dessen Musiklehrer zu werden. Er hat sich auf einen Kompromiß einlassen müssen; doch das Herz seiner Jugendvision ist dabei intakt geblieben.

Bei der Saturn-Rückkehr stellt sich uns die Wirklichkeit entgegen, läßt uns ernüchtern, fordert uns heraus, verlangt, daß wir endlich *erwachsen werden*. Typischerweise ist es schwierig, einen Wechsel von der Jugendzeit ins Erwachsenenalter zu bewerkstelligen, ja es ist eine klassische »Identitätskrise«. Auch wenn unsere Träume bereits gereift sind, so ist es doch wahrscheinlich, daß sich noch immer jugendliche Elemente in ihnen finden: Wir wollen Ruhm, Reichtum, eine perfekte Ehe, Erleuchtung. Und selbst dann, wenn diese Dinge in unserem Leben bisher fehlten, konnten wir uns immer auf den tröstenden Satz zurückziehen: »Wenn ich erst erwachsen bin …« Bei der Saturn-Rückkehr bricht diese Ausflucht in sich zusammen. Dies ist eine tiefe psychische Erschütterung: »O mein Gott, ich werde schon 30.« Wir sind erwachsen, und etwas tief in unserem Inneren weiß das – aber es weiß leider nicht, welcher Schluß daraus zu ziehen ist.

Saturn verlangt von uns nicht, mit dem Träumen aufzuhören; es geht vielmehr darum, daß wir, da wir erwachsen sind, einen Weg finden, um *unsere Träume wahr werden zu lassen*. In persönlicher, beruflicher, philosophischer Hinsicht ist die Saturn-Rückkehr eine Zeit des Engagements. Engagement wofür? Für reale Möglichkeiten, mit unseren Träumen übereinzustimmen – Möglichkeiten, die nur durch Selbstdisziplin, ehrliche Selbsteinschätzung, vernünftige Kompromisse und das Akzeptieren der Wirklichkeit konkretisiert werden können.

Nach der ersten Saturn-Rückkehr träumen wir noch immer – doch nun sind unsere Träume gemäßigter. Wir haben uns der praktischen Durchführbarkeit nicht unterworfen. Statt dessen sind wir mit der realen Welt in einem Handel übereingekommen, haben ihn mit Entschlossenheit und Geduld besiegelt und sind bereit, uns der nächsten großen Lebensphase zuzuwenden. Astrologen sehen diese Phase als zweiten Saturn-Zyklus, doch die meisten von uns nennen sie *Reife*.

Personen, die gut mit der Saturn-Rückkehr zurechtkommen, sind in der Lage, sich in ihrem Leben Intensität und ihre Mission oder Inspiration zu bewahren, weil die Erwachsenenidentität, die sie geschaffen haben, die Wegweiser der Jugend widerspiegelt, zwar in gemäßigter und eingeschränkter, aber doch in erkennbarer Form. Wenn die Entwicklung einer Persönlichkeit das Ziel des ersten Zyklus ist, dann ist das Ziel der zweiten, ein Schicksal zu errichten. Wer den ersten Zyklus erfolgreich bewältigt hat, ist bereit: Er hat Saturn zu seinem Lehrer gemacht. Der Teenager, der sich in seinen Phantasien als Gitarrenheld sah und deshalb gewissenhaft übte, lehrt nun Musik an einer Universität. Das kleine Mädchen, das Krankenschwester spielte, studierte Medizin und ist nun eine hervorragende Neurochirurgin. Das Kind, das schon früh Hemingway gelesen hat – und selbst zwei unveröffentlichte Romane vollendet hat –, schreibt nun Bestseller. Viel Lobendes könnte man über solche Menschen sagen, doch vielleicht lassen sich ihre Leistungen am knappsten zum Ausdruck bringen, indem man sich die folgende, einfache Vorstellung auf der Zunge zergehen läßt: Sie hassen Montage nicht. Warum? Weil das Erwachsenenleben, das sie für sich geschaffen haben, die beseelte Inspiration ihrer Jugend widerspiegelt. Das, dem sie sich am »Montagmorgen« stellen müssen, ist auf enge Weise damit verbunden, wer sie sind. Sie leben ihre Vision.

Das Grauenvolle an einer verpaßten Saturn-Rückkehr ist, daß sie so häufig hinter den Schleiern der »Reife« und »praktischen Durchführbarkeit« versteckt wird. Wenn wir 30 werden, meinen wir plötzlich, in den Abgrund zu blicken – und geraten aus den Fugen. Wir ergeben uns. »Früher habe ich geträumt, doch heute komme ich nur noch zurecht.« Die Falten, die sich in unserem Gesicht zu zeigen beginnen, verraten chronische Anspannung, die Erscheinung eines Menschen, der sich gegen den nächsten Schlag wappnet. Die Träume, die uns noch geblieben sind, werden unwirklich, versponnen – oder beschränken sich auf Phantasien eines Urlaubs auf Hawaii, einen auffälligen Porsche oder sexuelle Abenteuer. Ein merkwürdiges Gemisch aus Nostalgie und Zynismus bezüglich unserer Jugend macht sich in unserem Bewußtsein breit, und unsere Vorstellung von den mittleren Lebensjahren wird zu einer von edler Vergeblichkeit angesichts versagender Systeme. »Früher habe ich darüber nachgedacht, wie man die Welt retten kann. Jetzt beschäftigt mich nur noch, wie ich selbst über die Runden komme« – so lautet das Motto von Saturn, dem Trickser, und auch unser Motto, wenn es ihm gelingt, uns am Wendepunkt in die Irre zu führen.

Junge Leute, die noch im ersten Lebenszyklus stehen und Menschen begegnen, die unter dem Druck der Saturn-Rückkehr zusammengebrochen sind, betrachten sie häufig mit Verachtung, bezeichnen sie als leer, langweilig, materialistisch. Jene von uns, denen es gelingt, sich ihre Träume bis in den mittleren Lebensabschnitt zu bewahren, vertreten meist eine mitfühlendere Einstellung: Wir wissen, was für ein knappes Entrinnen die Saturn-Rückkehr darstellen kann. Uns ist klar, wie leicht uns der Trickser die Lebenskraft stehlen kann. Jene von uns, die Saturn zu ihrem Lehrer gemacht haben, urteilen weniger rasch – und bringen mehr Verständnis auf.

Die zweite Saturn-Rückkehr im Alter von 58 Jahren hat viel mit der ersten gemeinsam. Auch hier erreichen wir wieder einen Wendepunkt, an dem wir einen anderen Gang einlegen und in eine neue Lebensphase eintreten müssen. Ein zweites Mal wird unser gesamter Organismus herausgefordert, *die Wirklichkeit zu akzeptieren*. Bei der ersten Saturn-Rückkehr waren wir herausgefordert, die Jugendzeit hinter uns zu lassen und die Jahre der Reife zu beginnen. An diesem zweiten Wendepunkt wechseln wir von den *Jahren der Reife ins Alter*. Werden wir mit 58 Jahren wirklich alt? Befindet sich ein 27jähriger Mann noch in seinen Jugendjahren? Nicht wirklich. Hierbei handelt es sich nur um zweckmäßige Etikettierungen, die dem Geist jeder dieser Phasen Form geben. Es soll zum Ausdruck gebracht werden, daß der dritte und typischerweise letzte Saturn-Zyklus im Alter von 58 Jahren *beginnt*. Bezeichnet wird der Augenblick, da der Samen gesät wird – und wenn die Pflanze schließlich blüht, sind wir zu einem oder einer der »Dorfältesten« geworden und erfreuen uns an dieser Lebensphase ebenso, wie wir die vorangehenden zwei genossen haben.

Ein solches Erblühen geschieht nicht automatisch. Derjenige, der sich beklagt und verbittert ist, die Gegenwart verflucht und in den verfälschten und romantisierten Erinnerungen an die Vergangenheit lebt, hat die Lektion der zweiten Saturn-Rückkehr verpaßt. Hier ist es unser Ziel, einen würdevollen Übergang in das letzte Lebensdrittel zu bewerkstelligen und die Regeln akzeptieren zu lernen, nach denen wir nun zu leben haben. Im ersten Zyklus liegt die Betonung des Lebens auf der Selbstentdeckung. Wir bringen viel Zeit damit zu, in den Spiegel zu starren. Im zweiten Zyklus verschwinden diese Gewohnheiten zwar nicht, doch stehen sie nicht mehr im Mittelpunkt. Nun sind wir mit unserem Schicksal und den Produkten unserer Selbstentdeckung beschäftigt. Leistungen sind das Kernstück des zweiten Lebenszyklus. Wir arbeiten. Eventuell sorgen wir für eine Familie, wenn wir gut navigieren, dann symbolisieren wir vielleicht etwas für die Gesellschaft. Dann steht die zweite Saturn-Rückkehr und der dritte Lebenszyklus vor der Tür: Was kommt nach dem »Schicksal«? Das Lebensende kommt näher, doch unsere Lebenskraft ist noch stark. Worauf sollen wir diese Energie richten? Sicherlich sind wir noch nicht bereit für das Altersheim.

Der dritte Lebenszyklus ist der Zyklus der *Spiritualität* oder der *Unsterblichkeit*. Hierbei geht es nicht um vom Entsetzen getriebene Kircheneintritte auf dem Totenbett. Unsere Aufgabe ist es, *einen Anhaltspunkt für unsere Existenz zurückzulassen*. Wir müssen lehren, was wir gelernt haben, die Weisheit weitergeben, die wir erlangt haben. Warum? Weil es dort ist, wo wir auf natürliche Weise Zufriedenheit finden. Vereinfacht dargestellt könnte man sagen, daß wir uns auf den Tod vorbereiten, obwohl dies eine Nüchternheit nahelegt, die in diesem Zusammenhang unangemessen ist. Der Instrumentenbaumeister sucht nun Lehrlinge, um ihnen seine Geheimnisse anzuvertrauen. Die brillante Psychotherapeutin schreibt in dieser Lebensphase ihre Bücher. Der wohlhabende Industrielle ruft eine Stiftung ins Leben. Die Großeltern richten ein Konto ein, um für die Ausbildung ihrer Enkelin zu sparen. Hinter all diesen Handlungen steht die Vorstellung, *die Fackel an die nächste Generation weiterzugeben*, worin die Essenz der dritten Lebensphase zum Ausdruck kommt. Ist Altruismus das Motiv? Nein. Nicht Altruismus, sondern ein aufgeklärtes Interesse am Selbst. Wir werden älter. Früher oder später wird der Tod uns einholen. Wir müssen anfangen, das loszulassen, was wir geschaffen haben, uns daran erfreuen, indem wir es freiwillig denen geben, die nach uns kommen, statt es zu horten. Wie für die mythischen vedischen Könige des alten Indiens ist die Zeit auch für uns gekommen, auf unsere Königreiche zu verzichten, sie an unsere Söhne und Töchter weiterzureichen und unser Interesse vom Vergänglichen auf das Ewige zu verlagern.

Viele versagen darin. Viele fürchten sich davor, älter zu werden, und ihre Angst verzerrt die Weisheit, die sich in ihre Gene und Chromosomen schmiegt. »O mein Gott, bald werde ich 60 sein!« Saturn, der Trickser, hat einen großen Tag. Der Geschäftsmann verläßt seine Frau, mit der er seit 30 Jahren verheiratet ist, kauft sich einen roten Sportwagen und läßt sich das Herz von einer 28jährigen Frau brechen. Wenn unsere Haltung die der Leugnung statt der Akzeptanz ist, dann stehen uns gefährliche Zeiten bevor.

Wie steht es mit einigen Beispielen für die Saturn-Rückkehr aus dem wahren Leben? Sie bezeichnet eine so dramatische Zeit, daß Beispiele leicht zu finden sind.

Muhammad Ali wurde der Champion-Titel im Schwergewicht aberkannt, weil er sich während des Vietnamkriegs dem Einzugsbefehl widersetzte. Nachdem er sich langsam wieder Ansehen erboxt hatte, erhielt er seine Chance zum Kampf mit dem Mann, der zum damaligen Zeitpunkt gerade die Weltmeisterschaft im

Schwergewicht innehatte, Joe Frazier. Ali kämpfte während seiner Saturn-Rückkehr mit ihm – und verlor. Auch wenn es ihm später gelang, den Titel zurückzuholen, zu diesem Zeitpunkt prallte er auf die Mauer der Wirklichkeit. Nachdem er seine Großspurigkeit teilweise abgestreift hatte, nicht locker ließ und hart trainierte, konnte er den nächsten Kampf zu seinen Gunsten entscheiden und Weltmeister werden. Carlos Castaneda prallte bei seiner Saturn-Rückkehr auf eine Mauer anderer Art – er lernte Don Juan kennen, den Yaqui-Schamanen, der seine nüchterne Weltsicht so sehr erschütterte. Er mußte seine »Jugendjahre« zurücklassen – oder aber sein Schicksal aufgeben. Er entschied sich für den Weg des Schicksals, doch seine Reise reflektiert die Unentschlossenheit, die typisch für diese entscheidende Phase des Lebenszyklus ist. Manchmal beinhaltet unser Übergangsritus zum Zeitpunkt der Saturn-Rückkehr eine große Leistung, eine Aufgabe, die man als Erwachsener ernst nehmen muß. Für viele Menschen handelt es sich dabei zum Beispiel um eine Dissertation. Für Diana Ross war es das Abwerfen ihres Babydoll-Images in ihrer überraschend mutigen Darstellung der Sängerin Billie Holiday in dem Film »Lady Sings the Blues«. Für Regisseur George Lucas nahm die Saturn-Rückkehr die Form seines ersten bedeutenden Films »American Graffiti« an. Gautama Buddha verließ im Alter von 29 Jahren den Palast seines Vaters und begab sich in die Wildnis auf der Suche nach Erleuchtung – wieder die Saturn-Rückkehr.

Tristan Jones ist ein Schriftsteller und Forscher mit einer langen Liste abenteuerlicher Heldentaten, die er im allgemeinen allein in kleinen Segelbooten unternahm. Beispielsweise brachte er, bis auf seinen Hund Nelson völlig allein, zwei Jahre eingeschlossen im arktischen Eis bei Grönland zu. Bei der zweiten Saturn-Rückkehr wurde er mit einer Beschränkung konfrontiert, die für einen Mann seines Temperaments von dramatischen Ausmaßen war: Ihm mußte ein Bein amputiert werden. Wie reagierte er darauf? Während ich dieses Buch schreibe, ist er mit seinem Trimaran »Outbound Leg« (Auslaufendes Bein) unterwegs, um für die Organisation zu werben, die er gegründet hat, um behinderten Männern und Frauen bei der Überwindung ihrer Handicaps zu helfen und ihnen Abenteuer zu ermöglichen. Im Alter von 60 Jahren ist dieser bemerkenswerte Waliser ein lebendiges Beispiel für die gesunde Reaktion auf den dritten Zyklus. Er hat für sich einen Weg gefunden, um die Fackel weiterzureichen.

Uranus

Zyklus der Individualität
Umlaufzeit: 83,75 Jahre

Den Planeten Uranus scheint eine besondere Verwandtschaft mit der Menschheit zu verbinden. Als das astrologische Symbol des Genies, der Individualität, der Rebellion gegen Begrenzungen und der dickköpfigen Dummheit scheint er uns näher zu stehen als den Bären und Ottern und Goldfischen, mit denen wir unseren Planeten teilen. Wie zur Besiegelung dieser Beziehung stellen wir fest, daß die 84jährige Umlaufzeit des Uranus um die Sonne ziemlich genau der menschlichen Lebenserwartung entspricht. Es ist so als habe der Große Geist bestimmt, daß Uranus uns die Gelegenheit verschaffen soll, uns zu befreien und jeden Aspekt unseres Geburtshoroskops zu realisieren – genau einmal.

Freiheit – das ist die zentrale Vorstellung des Uranus. Die Gesellschaft bildet uns aus, hegt und pflegt uns, bringt uns Manieren und Fähigkeiten bei, Sprachen und Moral. Dafür sollten wir dankbar sein. Doch in dem Apfel wohnt ein Wurm. Es geschieht so oft, daß uns die Gesellschaft zu Marionetten macht, wirkliche Erfahrung durch Posen und Stil ersetzt, wirklich menschliche Begegnungen durch eingeprägte Rituale. Uranus ist das Gegenmittel, er schlägt in uns die Trommel der Rebellion, flößt uns Mißtrauen gegenüber Autoritäten ein, Ehrlichkeit bis zu dem Punkt, da sie Skandale bewirkt, und ist eifrig in Sachen Unfug.

Wenn man etwa 14 Jahre ist, bildet der laufende Uranus ein zunehmendes Sextil zu seiner Geburtsposition. Die Aufregung, die charakteristisch ist für diesen Aspekt, läßt unsere sich entwickelnde Individualität den ersten Blick auf wirkliche uranische Freiheit erhaschen. Wie viele Mütter und Väter bestätigen können, sind unsere ersten Versuche mit dieser explosiven Energie häufig tolpatschig. Die Pubertät steht an. Der sehr starke Sexual-

167

trieb führt uns plötzlich in komplizierte soziale Situationen, die die Entwicklung unserer Individualität umgehend beschleunigen. Wir sind unvorbereitet, aber reif, um zu lernen. Die *Abnabelung vom Elternhaus* ist hier die entscheidende Lektion. Einfühlsame Eltern müssen sich in dieser Phase besonders darum bemühen, daß sich ihre Söhne und Töchter ernst genommen fühlen, denn das uranische Sextil ist wahrhaftig der Aspekt, der das Ende der Kindheit ankündigt.

Der nächste uranische Wendepunkt, das zunehmende Quadrat, erscheint im Alter von etwa 21 Jahren. Ihm mißt die Gesellschaft große Bedeutung bei. Zwischen dem wachsenden Bewußtsein unserer Individualität und dem Erkennen der Grenzen, die die Kultur uns auferlegt, kommt es zu *Spannungen*. In dieser Phase sind wir bereit anzuerkennen, daß die absolute Rebellion gegen die Gesellschaft zur Selbstzerstörung führt. Etwas, angereichert mit großartigen kindlichen Wutanfällen, stirbt in uns mit dem uranischen Quadrat ab, und wir passen uns der Wirklichkeit an, daß wir das Leben mit fünf Billionen anderer Menschen gemeinsam haben. Ernste Gefahren liegen auf diesem Weg. Wenn der Prozeß zu weit geht, kann der Geist der jungen Person an dieser Kreuzung gebrochen werden und aus ihm einen flachen und konventionellen Menschen machen. Oder vielleicht weigert sich das kindliche Feuer zu reifen, und das Individuum begibt sich an dieser Stelle auf einen kriminellen, gefühllosen und letztlich selbstzerstörerischen Weg.

Die Wirkung des Trigons setzt im Alter von etwa 28 Jahren ein und bereitet das Feld für die Saturn-Rückkehr. Die Individualität ist nun gereifter und bereitet sich darauf vor, den Sprung in die mittleren Lebensjahre zu wagen. Wir haben das Gefühl, daß unsere Persönlichkeit nach und nach harmonisch mit der sozialen Wirklichkeit funktioniert und sich dabei erfolgreich durch die Rituale und Metaphern ausdrückt, die uns von der Gesellschaft, in die wir hineingeboren wurden, nahegelegt werden. Die berühmte »Unsicherheit der Jugend« schwindet an dieser Stelle langsam – es sei denn, wir fliehen an unseren eigenen Walden Pond wie es Henry David Thoreau tat, als dieser uranische Aspekt Einfluß auf ihn zu nehmen begann.

Von allen uranischen Aspekten, die sich in diesem Zyklus der Individualität herausbilden, ist die Opposition am bedeutendsten. Sie wirkt im Alter von etwa 42 Jahren und korrespondiert mit der klassischen »Midlife-crisis«. Unter dem Einfluß der extremen Spannung der Opposition haben wir es einfach satt, uns sagen zu lassen, was wir tun sollen. Wir spüren, daß wir vor der zweiten Lebenshälfte stehen – und dieser Schreck läßt uns handeln. Uranus erfüllt uns mit dem Bedürfnis, zur Abwechslung einmal das zu tun, was wir wollen. Unsere Individualität ist gereift: Sie sucht sich auszudrücken. Wenn wir in einem Beruf feststecken, der uns bedeutungslos erscheint, oder in einer Ehe, die sich wie ein Produkt unserer Jugend anfühlt, dann steht uns eine explosive Phase bevor, da diese Strukturen wahres Dynamit sind. »Ich bin, was ich bin« – das ist der Geist dieser schmerzlichen, aber auch aufregenden Zeit. Unter diesem Einfluß begann Timothy Leary seine LSD-Experimente und war im Begriff, seine Professorenstelle in Harvards psychologischer Fakultät zu verlieren. Ted Turner ließ sein Medienimperium in den Händen anderer zurück und ging segeln, um mit seiner Jacht »Courageous« den America Cup zu gewinnen.

Nun beginnt die abnehmende zweite Hälfte des uranischen Kreislaufs. Die Individualität nimmt eine nachdenklichere Färbung an, kommt weniger im »Ausagieren« ihrer Dramen zum Ausdruck. Das abnehmende Trigon im Alter von etwa 56 Jahren ist eine abgeklärtere Phase, in der die gesammelten Lebenserfahrungen in uns Gestalt annehmen. Wir kennen uns selbst gut und fühlen uns mit unserem eigenen Wesen wohler, als zu irgendeinem anderen Zeitpunkt des bisherigen Zyklus. Wir sammeln Kraft für die zweite Saturn-Rückkehr, die zwei Jahre später bevorsteht. Egal, welchen Geschlechts wir sind, der italienische Ausdruck liebevollen Respekts – »ein Mann mit Bauch« – paßt jetzt zu uns. Ob wir dünn wie eine Bohnenstange sind oder ein Bäuchlein pflegen, wir bewegen uns jetzt mit natürlicher Autorität. Unsere Individualität fühlt sich in der Welt zu Hause, auch wenn »Mademoiselle« oder »Men's Health« nicht an uns herantreten, um uns auf ihrer Titelseite abzubilden.

Das abnehmende Uranus-Quadrat taucht im Alter von 63 Jahren auf. Dieser Transit kann ein wirklicher Schock sein. Erneut kommt es zu Spannungen zwischen uns und der Gesellschaft. Wir spüren, daß wir zugunsten jüngerer Leute »abgeschoben« werden sollen. Häufig fühlen wir uns körperlich schwächer und weniger in der Lage, unser Terrain zu verteidigen. Um positiv auf die Herausforderung durch diesen Aspekt reagieren zu können, müssen wir unsere Individualität auf eine Weise neu definieren, die uns von der Zustimmung der Gesellschaft weniger abhängig macht. Ein freudiger Rückzug in den Ruhestand mit Plänen für zahlreiche persönliche Projekte ist eine gesunde Reaktion auf diese uranische Herausforderung. Andere Möglichkeiten sind denkbar, doch sie alle verlangen eine sorgfältige Überprüfung unserer Gründe und ein Heraussortieren jener Motive, deren Ziel es ist, Punkte in der Gesellschaft zu sammeln.

Das abnehmende Sextil im Alter von etwa 70 Jahren kündigt das an, was wir als die »goldenen Jahre« bezeichnen könnten. Diese Lebensphase erweist sich oft noch einmal als sehr schwungvoll. »Der hitzige alte Mann«, »die temperamentvolle alte Frau«, das sind die Archetypen, die an dieser Stelle versuchen, in unserer Persönlichkeit ans Licht zu treten.

Schließlich, im Alter von 84 Jahren, kehren wir zur Konjunktion am Anfang der Reise zurück. Symbolisch ist dies das Ende des Lebens – obwohl einige von uns weiterleben und eine Art Wiedergeburt in einen neuen Uranus-Zyklus erfahren. Was dieser neuerliche Zyklus zu bedeuten hat, das zu erklären müssen wir den Neunzigjährigen überlassen. Die Konjunktion selbst steht für die *Abrundung unserer Individualität.* Wir haben den vollständigen Kreis durchlaufen. Wir haben alles gesehen. Ein wunderbarer Mensch, hinter dem die Fülle des Lebens liegt, der in sich Adel des Geistes und Großzügigkeit des Herzens vereint, der sich mit seiner Individualität vollkommen wohl fühlt, der nichts mehr beweisen, niemanden beeindrucken will, der allen gütigen Respekt entgegenbringt und auf Verstellung mit verschmitztem Humor reagiert, der mit seinem Sterben bereits Frieden geschlossen hat und sich daher nicht gezwungen fühlt, sich an irgend etwas festzuhalten, nicht einmal an der Erinnerung – das ist der Geist der Uranus-Rückkehr und das Ziel des Lebens, jedenfalls auf der psychologischen Ebene. Wenige erreichen dieses Ziel, doch jene, denen es gelingt, sind für uns alle eine Inspiration. Eubie Blake ist ein gutes Beispiel. Mit Mitte 80 erlebte er eine Renaissance. Columbia Records veröffentlichte die erfolgreiche Platte »The Eighty-Six Years of Eubie Blake«. War es nur seine Kunst, die die Menschen inspirierte? Der Mann *selbst* wurde zu einem Symbol für die unvergängliche Würde und den Humor des menschlichen Geistes.

Die andere Seite der uranischen Münze wird in dem iranischen Diktator Ayatollah Khomeini sichtbar. Unter dem Einfluß des Uranus-Transits gab er im Krieg mit dem Irak Kindern automatische Waffen in die Hand und schickte sie an die Front. Sein uranisches Ich, der Schatten wirklicher Individualität, geriet außer Kontrolle und spuckte Feuer wie ein Vulkan. Auch die egoistischen alten Männer und Frauen, die uns mit ihren endlosen Schilderungen ihrer körperlichen Leiden langweilen und die Moral und den Lebensstil ihrer Mitmenschen kritisieren sind Beispiele für ein Scheitern an der uranischen Konjunktion. An Khomeini sehen wir, wie sich dieses Scheitern durch ein Mißgeschick der Geschichte zu einer derartigen Größenordnung auswachsen kann, daß die ganze Welt davon betroffen ist. Uranus – Lehrer des Genies, Trickser der entschlossenen Dummheit – zieht weiter seine alterslose Bahn um unseren Planeten.

Neptun

Der Zyklus der Spiritualität
Umlaufzeit: 163,74 Jahre

Neptuns lange Umlaufzeit begrenzt die Zahl der Wendepunkte, die er erzeugen kann. Sofern wir nicht gerade 110 Jahre alt werden, wird keiner der abnehmenden Hauptaspekte entstehen. Aus praktischen Gründen steht die Opposition im Alter von etwa 82 Jahren für das Ende des menschlichen Lebenszyklus. Außer der Opposition müssen wir nur das zunehmende Sextil, Quadrat und Trigon berücksichtigen. Der Vorstellung folgend, daß die Transite der langsameren Planeten ihre Kraft durch die Tatsache erlangen, daß sie mehr Zeit haben, um in ihrer Bedeutung Tiefe und

Komplexität zu entwickeln, wissen wir, daß das langsame Tempo des Planeten bei allem, was er in uns auslösen mag, dafür sorgt, daß es tatsächlich sehr tiefgreifend und komplex sein muß. Wie wir im »Inneren Himmel« erfahren haben, ist Neptun der *Planet des Bewußtseins an sich*. Im vierten Kapitel haben wir Neptun den Lehrer eingeführt, den laufenden Planeten, der unser Herz für das öffnet, was wir vielleicht unsere innere Stimme oder die Stimme Gottes in uns nennen würden. Transzendenz, Gelassenheit, offen sein für Inspiration – das sind seine Geschenke. Doch auch der Trickser ist lebendig, wie wir im fünften Kapitel gesehen haben. Er verführt uns mit den Versuchungen von Glanz und Publicity, betört uns, auf einem Weg der langsamen moralischen Erosion und des geistigen Verfalls zu flüchten.

Ein jeder von uns ist mehr als nur seine Persönlichkeit – das ist die Botschaft Neptuns. Jenseits von uns befindet sich eine Welt der Geheimnisse, *eine reale Welt*, zu der wir nur Zugang bekommen, wenn wir den richtigen Schlüssel zu drehen wissen. Und das Geheimnis des Schlüssels liegt in der Erkenntnis, daß wir mit unserem Bewußtsein an Orte gehen können, die unserem Ich verwehrt sind. Subtile Einstellungsveränderungen sind hier erforderlich, Veränderungen, die uns von unserer alltäglichen Ausrichtung auf das Ich entfernen, Veränderungen, die unter Zuhilfenahme bestimmter neptunischer Techniken zu bewirken sind. Diese Techniken haben viele unterschiedliche Namen – Meditation, Gebet, Hypnose, Trance, das Starren in den Weltraum. Sobald Neptun auf seiner langen Reise an einem der Wirkpunkte anlangt, sind wir bereit, um dieser kosmischen Perspektive einen Schritt näherzukommen. Oder aber die kosmische Perspektive kommt auf uns zu – wenn das Ich zeitweilig ausgeschlossen ist, dann sind diese beiden Erfahrungen nicht voneinander zu unterscheiden. Wie auch immer, wir sind bereit für den Quantensprung in Sachen Bewußtsein – oder, wenn wir scheitern, für eine beschämende Phase schlechter Wirklichkeitsüberprüfung, Wirklichkeitsflucht und Dummheit, die dunklen Geschenke von Neptun, dem Trickser.

Neptun läßt uns reichlich Zeit, um den Lehrer vom Trickser zu unterscheiden. Anders als bei Saturn und Uranus sorgen die Langsamkeit dieser Transite und die Verschwommenheit der von ihnen hervorgerufenen Themen dafür, daß die Dauer des neptunischen Wendepunkts sich über zwei, manchmal über drei Jahre erstreckt. Die Alterszuweisungen, die wir später noch machen werden, beziehen sich auf den jeweiligen Höhepunkt der Planetenaktivität. Denken Sie daran, auch das vorangegangene und das folgende Jahr bei den Vorstellungen, die wir nun entwickeln werden, einzubeziehen.

Das zunehmende neptunische Sextil findet um unser 28. Lebensjahr statt, trifft mit dem uranischen Trigon zusammen und überschneidet sich häufig mit den Anfangsstadien unserer ersten Saturn-Rückkehr. Vom astrologischen Standpunkt betrachtet sind die späten Zwanziger wichtige Jahre. In dieser Zeit treffen wir viele Entscheidungen, sowohl praktischer als auch philosophischer Art, mit denen wir die Form unseres Erwachsenenlebens festlegen. Zum saturnischen und uranischen Gulasch gibt Neptun die Gewürze spiritueller Reife – wenigstens in der Möglichkeitsform – hinzu. Die Stimulierung durch das neptunische Sextil läßt in uns ein Verlangen nach einer umfassenderen Perspektive im Leben entstehen.

Einige beginnen mit einer Psychotherapie. Andere geben ihre jugendliche Rebellion gegen die Kirche auf und kehren in ihren Schoß zurück. Wieder andere fangen an, zu meditieren. Häufig kommt in dieser Zeit ein äußerer Auslöser hinzu, der unsere mystische Sensibilität vertieft. Das war auch bei Carlos Castaneda der Fall. Unter seinem neptunischen Sextil begegnete er erstmals Don Juan.

Die große Gefahr des neptunischen Sextils ist, daß es in uns den Drang auslöst, uns ins Vergessen zu flüchten. An dieser Stelle, unter dem hypnotisierenden Blick des Tricksers, wird der Jugendliche, der »gerne mal ein Glas trinkt«, zum ausgewachsenen Alkoholiker. Oder die leichtgläubige junge Frau folgt einem selbsternannten Guru und seinen süßen Versprechungen. Das Sextil steht wie immer für eine schwindelerregende Energie mit großer Macht, die jedoch einen Hang zum Exzessiven hat.

Viele Jahre vergehen, bevor ein weiterer Neptun-Aspekt zum Tragen kommt, und auch diesmal stellen wir fest, daß er mit einem uranischen Wendepunkt zusammenfällt und der Periode eine Qualität von besonderer Tragweite verleiht. Bei dem neptunischen Aspekt handelt es sich um das zunehmende Quadrat, das sich typischerweise um unseren 41. Geburtstag konzentriert – und in die »Midlife-crisis« übergeht, die durch die mächtige uranische Opposition um das Alter von 42 Jahren angeregt wird. Das Quadrat übt, wie es seine Eigenschaft ist, Reibung auf unsere wachsende spirituelle Sensibilität aus. Wir sind jetzt hungrig, sehnen uns nach einer *direkten Erfahrung* mit Gott oder nach Wahrheit oder Höherer Wirklichkeit. Wir wollen Beweise, und die uranischen Energien sorgen dafür, daß wir einfachen »Weihnachtsmann«-Antworten, die von Personen mit spiritueller Autorität gegeben werden, mit Mißtrauen begegnen. Die Saat des Zweifels ist gesät; er vermag den Glauben zu zerstören – oder auf eine neue Ebene zu heben. Quadrate verlangen *Einsatz*. Es kommen Kräfte auf, die unseren Glauben in Frage stellen. Um sie auszuhalten, muß der Glaube wachsen, oft durch eine »große Leistung«. Unter dem Einfluß des zunehmenden Neptun-Quadrats mußte Cesar Chavez erleben, daß seine gewaltfreien spirituellen Werte während der dunkelsten Tage des United-Farm-Workers-Streiks im Jahr 1968 bis an ihre Grenzen herausgefordert wurden. Er hätte aufgeben können, doch statt dessen brach er zu einer neuen Ebene innerer Stärke durch – er fastete ohne Unterbrechung vom 13. Februar bis zum 10. März, inspirierte damit seine Anhänger und auch sich selbst. Drei Wochen später wurde er 41 Jahre alt, hatte an Tiefe und Weisheit gewonnen und hatte sich ebenso erfolgreich wie beeindruckend durch diese knifflige Passage navigiert.

Die nächste Phase des Zyklus, das zunehmende Neptun-Trigon, findet im Alter von etwa 55 Jahren statt, ein Jahr vor dem abnehmenden Uranus-Trigon. Als ein weiterer »guter« Aspekt – nach den Astrologen des Mittelalters – stellt das neptunische Trigon die Möglichkeit innerer spiritueller Harmonie in Aussicht, die uns mit Frieden erfüllt. Kann man sich darauf verlassen? Nein – das Risiko der Trigone ist unsere Tendenz, sie zu verschlafen und die Gelegenheit zu verpassen, die sie uns bieten. Unter dem Einfluß des zweifachen Trigons haben die betroffenen Jahre oft eine abgeklärte Qualität – die »Mann-mit-Bauch«-Phase. Das Risiko ist groß, daß sie *zu* abgeklärt sind. Lethargie und Trägheit versetzen uns in Schlaf, manchmal unterstützt von ein paar Gläsern teuren Whiskeys. Vielleicht wäre das gar nicht so schlimm, wenn auf das Neptun-Trigon nicht unmittelbar die zweite Saturn-Rückkehr folgen würde. Wir knallen mit 120 Stundenkilometern schlafend gegen die Mauer. Vernünftig genutzt dienen diese Jahre der *Vorbereitung*. In dieser Zeit muß die spirituelle Basis für den dritten Saturn-Zyklus vorbereitet werden. Weil es jetzt einfach ist. Jetzt, bevor der Druck zunimmt. Hilfe, innere Führung, »Engel« – alles steht uns jetzt zur Verfügung, wird durch das Trigon bereitgestellt ... wenn wir doch nur *aufwachen* würden.

Sir Francis Chichester, der englische Pilot und Seemann, ist ein Beispiel für die geheimnisvolle Seite des neptunischen Trigons. 1957 wurde unter diesem Aspekt bei ihm ein fortgeschrittener Lungenkrebs diagnostiziert. Man ging davon aus, daß der Tod unabwendbar war. Er entschloß sich zu einem Aufenthalt in einem spirituell orientierten, auf natürlicher Basis arbeitenden Krankenhaus – und wie durch ein Wunder wurde er wieder gesund und lebte noch fast zehn Jahre.

Krebs ist furchterregend. Was ist so »abgeklärt« daran, wenn man erfährt, daß man nur noch sechs Monate zu leben hat? Eine solche Stoßrichtung ist für das neptunische Trigon nicht typisch. Sie ist eher bei Quadraten zu beobachten. Wir dürfen jedoch nicht vergessen, daß das Leben des Jedermanns einfach das Rückgrat unserer Erfahrungen ist – andere Zyklen, die mit der inneren Logik unseres Geburtshoroskops zu tun haben, überlagern diese umfassenderen Muster. Als Sir Francis seine Krebsdiagnose erhielt, war mehr im Gange als das Trigon; der laufende Uranus übte darüber hinaus Reibung (Quadrat) auf seinen Geburts-Mars (Mut, Überlebensinstinkt) aus. Diese Situation verkomplizierte das Bild, verfeinert aber auch unser Verstehen dessen, wie das »generische« Neptun-Trigon auf dieses bestimmte Individuum einwirkte.

Die Opposition von Neptun zu seiner eigenen Geburtsposition findet um das 83. Lebensjahr statt, mitten in der großen Planetenkonvergenz, auf die ich bereits hingewiesen habe. Auch dieser Aspekt ist als Endpunkt zu verstehen. Abschlußprüfung. *Ich bin nicht dieser Körper. Ich bin nicht diese Persönlichkeit. Ich bin ein Bewußtsein.* Das sind die Gefühle, die jetzt nach einem Durchbruch in unser Bewußtsein streben. Der Geist existiert unabhängig von biologischen Prozessen – das ist die Botschaft des Lehrers. Doch wenn der Trickser sich durchsetzt, dann tun sich die Schleusen des tieferen Selbst auf und ertränken die Persönlichkeit in einer Flutwelle fragmentierter Bilder. Freiwillige Senilität ist die dunkle Seite der Opposition, Weisheit aber ihr Ziel.

Ich habe einmal ein Interview mit dem großen mystischen Schweizer Psychologen Carl Gustav Jung gesehen, das kurz vor seinem Tod stattfand. Zu dieser Zeit befand er sich im allerersten Stadion seiner Neptun-Opposition. Das Interview kam flott voran, und Jung beantwortete komplexe theoretische Fragen klar in seinem Englisch mit deutschem Akzent. Nur einmal zögerte er. Der Interviewer fragte: »Professor Jung, glauben Sie jetzt an Gott?« Jung sah fort, dachte einen Moment lang nach – und antwortete. »Jetzt? Schwer zu beantworten. Ich weiß. Ich brauche nicht zu glauben. Ich weiß.«

Für Jung, wie für alle anderen, die mit diesem letzten neptunischen Wendepunkt erfolgreich umzugehen wissen, beruht die Existenz des »Jenseits« nicht mehr länger auf Mutmaßungen, sie wird so real und so faßbar wie die Berührung durch den Nachtwind. War unsere Navigation erfolgreich, dann ist das Durchschreiten dieser Tür keine Quelle der Beunruhigung mehr. Es ist eine Quelle der Verwunderung.

Pluto

Der Zyklus des Schicksals
Umlaufzeit: 245,33 Jahre

Pluto läßt sich mit solch einer schildkrötenhaften Langsamkeit durch die Zeichen treiben, daß er es während eines Menschenlebens kaum bis zur Opposition schafft. Damit haben wir nur vier plutonische Wendepunkte – die relativ seltene Opposition, das Trigon, das Quadrat und das Sextil. Jeder wirkt sich drei oder vier

Jahre lang auf uns aus, womit sie reichlich Zeit haben, um Bedeutung zu entwickeln. Diejenigen, die positiv auf den Ruf Plutos reagieren, werden von ihm fortgerissen, über die Welt rein persönlicher Belange hinaus in einen größeren *gemeinschaftlichen* oder *historischen* Rahmen getragen. Diejenigen, die sich an engeren Perspektiven festhalten, werden häufig vorübergehend von einer Krankheit des Geistes, einem Gefühl ultimativer Leere und Sinnlosigkeit all ihrer Bemühungen überwältigt. Wie immer richtet der eisige Pluto seinen durchdringenden Blick auf uns; indem er unser *Schicksal* im weiteren Sinne an sich reißt, fordert er uns dazu heraus, uns zu transpersonalisieren.

Die komplizierte Umlaufbahn des Pluto macht es schwer, seine Phasen mit chronologischen Altersangaben in Verbindung zu bringen. Im gesamten Verlauf seines 248 Jahre betragenden Zyklus kommt er nur sehr langsam voran, präsentiert uns seine erste Herausforderung – das Sextil – erst, nachdem wir das vierte Jahrzehnt begonnen haben. Pluto bewegt sich jetzt sehr viel schneller – und mit »jetzt« meinen wir die zweite Hälfte des 20. Jahrhunderts. Das Leben wird beschleunigt. Menschen, die um das Jahr 1950 geboren wurden, erleben ihr plutonisches Sextil zusammen mit ihrer ersten Saturn-Rückkehr, lange bevor dies in Jedermanns Zeitplan vorgesehen ist, womit sie bereits einen ersten Geschmack von der »Midlife-crisis« erhalten, während sie ihre Jugendjahre zum Abschluß bringen. Warum? Weil die Umlaufbahn Plutos sehr elliptisch und seine Geschwindigkeit aus diesem Grund weniger konstant als bei den anderen Planeten ist. Aus Gründen, die am besten von Philosophen und Theologen entziffert werden sollten, hat das Leben diesen abweichenden Zeitrahmen in das biopsychische Drehbuch eingewoben und dafür gesorgt, daß jede Generation eine Variation des grundlegenden Pluto-Themas spielt. Um genau herauszufinden, wann bei einer bestimmten Person die Pluto-Aspekte stattfinden, ist es erforderlich, in den Ephemeriden nachzuschlagen.

Unabhängig davon, wann es stattfindet, der Eckstein des Pluto-Sextils ist *Reizung*. Doch diese Reizung findet auf eine neue Weise statt: Jedermann wird stimuliert, seine Marke in der Welt zu setzen. Er verspürt den Drang, etwas großes zu tun – und

177

gleichzeitig wird er verfolgt und angetrieben von einem frustrierenden Empfinden von der Absurdität des Lebens. »Ist das alles?« Und der Trickser antwortet: »Ja, das ist alles.« Und er macht uns zum Gefangenen einer engen, sinnlosen Existenz, während wir zugleich die Energie des Sextils in Machtkämpfen am Arbeitsplatz, bei Freunden oder in engeren Beziehungen verbrauchen. Selbst wenn unser Herz beim Lehrer ist, hat dieser Transit dennoch eine »Jetzt-oder-nie«-Aura. Angefeuert vom Summen des Sextils ermahnt uns eine Stimme im Inneren: »Tu doch etwas!« Und dieses »Etwas« muß mehr sein, als nur der Kauf eines neuen Autos. Wie ein Stein, den man in einen Teich wirft, muß es Wellen in die Gemeinschaft aussenden, unsere Anwesenheit der größeren Welt mitteilen.

Cesar Chavez stellt ein Beispiel für eine starke Reaktion auf diese Phase dar. Der berühmte kalifornische Trauben-Streik begann, als Pluto zu seiner Geburtsposition ein Sextil bildete und beförderte ihn aus der Dunkelheit in das Reich der Geschichtsveränderer. Mahatma Gandhis Inspiration des indischen Volkes erreichte unter diesem Pluto-Aspekt ein derart wahnsinniges Niveau, daß die Briten ihn schließlich wahrnehmen mußten – sie luden Gandhi nach London ein.

»Vorwärts, vorwärts, vorwärts!« lautet die plutonische Litanei unter dem zunehmenden Quadrat. *Wann* genau dieser Aspekt stattfindet, hängt wiederum von der Chronologie ab und muß in den Ephemeriden nachgeschlagen werden. Das durchschnittliche Alter ist 62 Jahre, doch in der gegenwärtigen Zeit findet der Aspekt sehr viel früher statt. Personen, die beispielsweise während der mittleren Dekade dieses Jahrhunderts geboren wurden, erleben das Pluto-Quadrat gegen Ende ihres dritten Lebensjahrzehnts. Wann immer es auch stattfindet, die bewirkte *Reibung* kann äußerst energetisierend sein – der Trick ist, zu erkennen, daß *solche Energie genutzt werden muß*. Sie muß in den Dienst einer Mission gestellt werden. Das Ich bringt sich schon allein in genug Schwierigkeiten, ohne daß es noch von dieser Art plutonischer Energie befeuert wird. Unter dem Einfluß des Quadrats steigt der Druck. Das Leben schreit uns ins Gesicht, insistiert, verlangt etwas von uns – doch in einer fremden Sprache. Um diesen Test erfolgreich zu bestehen, müssen wir ein neues existentielles Vokabular erlernen, das über die Ich-Orientierung hinausgeht, und uns der Transformation des eigenen Selbst durch altruistische Bemühungen widmen. Warum? Nicht, weil es »richtig ist«, sondern weil es sich »gut anfühlt«. Unter dem Einfluß des Pluto-Quadrats ist unser Glück, ob wir dies erkannt haben oder nicht, mehr davon abhängig, was wir tun, um unsere Gemeinschaft statt nur unsere Figur oder unser Einkommen zu verbessern. Diese plutonische Mission muß großartig sein. Wir müssen kein Cesar Chavez oder ein Mahatma Gandhi sein. Aber in einem *idealistischen Übergangsritus* müssen wir unserer Entwicklung jenseits der engstirnigen jugendlichen Motivationen Form geben und in den größeren Bedeutungsrahmen einpassen, der für die zweite Lebenshälfte angemessen ist.

Geraldine Ferraro wurde durch dieses Quadrat auf die Spur ihres umfassenderen Schicksals katapultiert. Unter dem Einfluß dieses Aspekts wurde sie wider Erwarten zur Vizepräsidentin der Vereinigten Staaten nominiert. Wie dies bei Pluto oft zu beobachten ist, schienen Ereignisse *jenseits ihrer Kontrolle oder ihres Verständnisses* sie über ihren Kopf hinweg *in den Prozeß der Geschichte zu ziehen.* Auf einer weniger farbenprächtigen Skala kann man oft feststellen, daß dieser Pluto-Aspekt Menschen dazu bewegt, ehrenamtlich in Kirchen oder Gemeinden tätig zu werden – oder aber der Trickser, wenn er sich durchsetzen kann, führt sie in trostlose Phasen, in denen das Leben jegliche Bedeutung zu verlieren scheint.

In der Folge des Quadrats scheint das Trigon auf eine fließende Zeit hinzuweisen. Wenn wir am vorangegangenen plutonischen Wendepunkt ein starkes Fundament errichtet haben, befindet sich unser Schicksal jetzt auf einer Schlittenfahrt, die durch Kräfte kollektiver oder historischer Art beschleunigt wird. Angetrieben durch das umfassendere Schicksal der europäischen Völker, wurde Karl der Große unter dem Einfluß des Trigons zum Kaiser des Heiligen Römischen Reiches gekrönt. Typischerweise ergibt sich das Trigon im späteren Leben – als Teil der großen Konvergenz im neunten Lebensjahrzehnt. Auch hier zeigt sich wieder, daß zeitgenössische Menschen in dieser Hinsicht ein »beschleunigtes« Leben führen – bei Personen, die in der Mitte des Jahrhunderts geboren wurden, erscheint das Trigon bereits gegen Ende des sechsten Lebensjahrzehnts, und erst die *Spannung* der Opposition ist für die große Konvergenz vorbehalten.

Von welcher Bedeutung ist die plutonische Opposition, dieser Aspekt, den nur so wenige unserer Vorfahren je erlebt haben? Vor zwei Jahrhunderten kam Pluto ebenso schnell voran wie heute – doch wie vielen Menschen war es damals vergönnt, ihren 60. Geburtstag zu erleben? Das ist ein Rätsel, dessen Lösung wir allein herausfinden müssen, und die Antwort macht dann eine Aussage nicht nur über Jedermann, sondern auch über die damalige Zeit. *Spannung* – so lautet das Thema. Wenn Pluto sich nun in Opposition zur Position bei unserer Geburt befindet, haben wir eine Art »Jüngstes Gericht« erreicht. Das Leben wendet sich uns fragend zu und will wissen: »Welche großen Leistungen hast du vollbracht? Woran erinnerst du dich mit transpersonalem Stolz und mit transpersonaler Befriedigung? Welche Marke hast du zurückgelassen?« So lauten die Fragen, die die meisten von uns noch beantworten müssen. Allerdings nicht vor einem alttestamentarischen Gott, sondern vor dem strengeren Tribunal unseres Gewissens des 20. Jahrhunderts. Es sind harte, herausfordernde Fragen – und sie sind von einer Art, wie sich ihnen nur ein kleiner Teil der Generationen, die durch diese Welt gekommen sind, gestellt hat oder noch stellen muß.

Jupiter

Der Zyklus der Gelegenheit
Umlaufzeit: 11,88 Jahre

Jupiter ist der größte Planet im Sonnensystem und nach der Sonne der massereichste. Von den langsamen, das Leben bestimmenden Planeten ist er der Erde am nächsten. Die Intuition sagt uns, daß ein solches Schwergewicht, das in so kurzer Entfernung bei uns vorbeikommt, einen deutlichen Einfluß auf unsere Angelegenheiten nehmen muß. Und das ist es, was Jupiter tut – sein Einfluß kann unsere Dachsparren zum Klappern bringen. Doch der gigantische Planet hat einen tragischen Fehler, der ihn der Tiefe beraubt, die wir bei den Transiten von Pluto und anderen Planeten festgestellt haben. Sein Fehler ist seine Geschwindigkeit. Was die Anforderungen von Lehrern und Tricksern betrifft, so fegt Jupiter geradezu durch das Geburtshoroskop und bewältigt seine gesamte Umlaufbahn in nur zwölf Jahren. Das hört sich nach einer langen Zeit an, doch ihm bleiben damit nur etwa fünf Monate in den Orben jedes einzelnen Aspekts. Tiefe Bedeutung kann sich zwar, wie wir gleich sehen werden, in einer solchen Zeit entwickeln, doch verglichen mit der schwerfälligen Geschwindigkeit der äußeren Planeten, hat Jupiter kaum genug Zeit, um das Innenleben eines Menschen richtig durcheinander zu bringen.

Die Jupiter-Rückkehr – mit anderen Worten die Konjunktion – ist also der einzige Aspekt, mit dem wir uns befassen müssen. Die anderen sind ohne Zweifel ebenfalls von Bedeutung, doch in diesem Kapitel geht es darum, den menschlichen Lebenszyklus zu erfassen, und unsere Strategie verlangt von uns, daß wir unter der überwältigenden Quantität der Informationen, die die Astrologie erzeugt, sorgfältig auswählen. Selbst wenn wir uns auf seine Rückkehr zu seiner Geburtsposition beschränken, erzeugt Jupiter in der Regel sieben Wendepunkte während eines Menschenlebens von normaler Dauer. Diese, wie wir es bei Uranus getan haben, noch um Quadrate und Oppositionen zu ergänzen, würde uns überfordern und unsere Ziele zunichte machen.

Traditionell wird Jupiter als das »große Glück«, als glücksbringender Einfluß gesehen. Jupiter, der Trickser, hat, wie wir im vierten Kapitel erfahren haben, ein ganz anderes Gesicht. Er kann uns in unserem Stolz, unserer Faulheit und in unserem übertriebenen Selbstvertrauen in die Falle gehen lassen. Er ist der Planet, der über den Zyklus der Gelegenheit herrscht – doch die Gelegenheit muß erst ergriffen werden, und manchmal erweist sie sich als glitschig. Kein Grund, eine schlechte Meinung von Jupiter zu haben; er kann uns mit wunderbaren Möglichkeiten versorgen. Es geht jedoch darum zu erkennen, daß kein Planet etwas *mit uns macht*. *Wir arbeiten mit den Planeten*, und genauso wie bei einem Ping-Pong-Spiel hängt das Ergebnis von *beiden* Spielern ab.

»Glück« ist eine Vorstellung, die bei näherer Überprüfung häufig in sich zusammenfällt. Immer wieder einmal kommt ein Pferd als erstes ins Ziel, doch häufiger sieht man, wenn man »Glück« sagt, lange, harte Arbeit, eine Vision und entsprechende Beharrlichkeit, die die »glückliche« Person zur rechten Zeit an den rechten Ort führen. Jupiter hat etwas mit diesen beiden Seiten zu tun: Er ist oft deutlich sichtbar durch einen Transit konfiguriert, wenn die Gans ein goldenes Ei legt, aber er kündigt auch den Moment an, wann wir die Ernte unserer Bemühungen einfahren sollen, und fordert uns auf, den Weg für weitere befriedigende Muster des Selbstausdrucks vorzubereiten. Wir müssen also lernen, der Jupiter-Rückkehr jedes Gramm Gelegenheit abzuwringen, ohne daß der Planet unsere Mängel so sehr verstärkt, daß wir dem Sieg die Niederlage aus den Klauen reißen.

Die Jupiter-Rückkehr kündigt an, daß die Bühne für gutes Glück bereitet ist. Die Gelegenheit ist da und muß nur ergriffen werden. Besser ist es jedoch, wenn man sie nicht als Geschenk betrachtet. Die Gelegenheit ähnelt mehr einem Termin zum Vorsprechen. Wir haben eine *Chance*, aber garantiert wird nichts. Die aufstrebende Schauspielerin, die Probeaufnahmen mit einem großen Produzenten machen darf – und »ihren Sieg« in der Nacht davor feiert –, kann sehr wohl einen Reinfall erleben. Da entschwindet ihre Jupiter-Rückkehr, und eine weitere Geschichte, unter dem Motto »hätte sein können«, findet ihren Platz in der Menschheitsbibliothek. Überschwenglichkeit muß nun unter Kontrolle gehalten und mit Urteilsvermögen und Bescheidenheit gemäßigt werden. Unrealistisch hohe Standards können uns hier in die Quere kommen. Wir müssen lernen, die *Türen der Gelegenheit* zu erkennen, und durch sie hindurchspringen, solange sie noch geöffnet sind. Dann erscheinen andere Wege.

Francis Ford Coppola erhielt seinen ersten Job als Filmregisseur – für einen unbedeutenden Streifen namens »Dementia 13« – bei seiner Jupiter-Rückkehr. Er nutzte die Tür zu dieser Gelegenheit und seine Hartnäckigkeit wurde belohnt. Er konnte sich als Regisseur etablieren. Als seine nächste Jupiter-Rückkehr herankam, stärkten ihm sein »Pate« und ein Oscar den Rücken. Bei Leonard Nimoy, damals ein unbekannter Schauspieler, kam es im

Juni 1966 zur Jupiter-Rückkehr. Mehrere Wochen später, im September wurde die erste Folge von »Raumschiff Enterprise« ausgestrahlt, sicherte ihm seine außerordentlich glaubwürdige Darstellung des vulkanischen Wissenschaftsoffiziers Mister Spock einen Platz in der Filmgeschichte. Eine Jupiter-Tür hatte sich unerwartet für ihn geöffnet. Nimoy war flexibel genug, sich die Chance nicht entgehen zu lassen. Seine erfolgreiche Steuerung dieser Jupiter-Rückkehr versorgt ihn auch zwei Jahrzehnte danach noch mit Wohlstand und Gelegenheiten. William Shatner, der den Captain Kirk zu Nimoys Mister Spock gibt, ist nur vier Tage älter. Folglich bilden ihre Radix-Jupiter eine Konjunktion – und bei Shatner kam es in der Zeit, bevor die erste Folge von »Raumschiff Enterprise« ausgestrahlt wurde, ebenfalls zu einer Jupiter-Rückkehr und auch er nutzte die Chance, die sein Leben veränderte. Sir Francis Chichester demonstrierte wie kaum ein anderer die reine Überschwenglichkeit der Jupiter-Rückkehr. Im Jahr 1960 wettete er unter dem Einfluß dieses Aspekts mit einem Freund um eine halbe Krone, daß er ihn bei einer Fahrt über den Atlantik in einem kleinen Segelboot schlagen könne. Der Freund ließ sich auf die Wette ein. Sie brachen ein paar Monate später auf, und Chichester gewann das Rennen – und die halbe Krone.

Was aber ist mit dem Trickser? Jupiter wird in der Regel als günstiger Einfluß gesehen, doch ich nehme an, daß viele Menschen dumme, verhängnisvolle Fahrfehler gemacht haben, während sich dieser Planet auf einem Wirkpunkt befand. Dummheit in einem Fahrzeug ist ein gutes Beispiel: Bei Autos und bei Jupiter hängt die Latte gewöhnlich höher, als man im Augenblick erkennt. Überschwenglichkeit steigt zu Kopfe und bewirkt Gefühle der Unbesiegbarkeit. Um von der Jupiter-Rückkehr zu profitieren, müssen wir uns nach außen ins Leben strecken und kalkulierte – doch niemals unnötige – Risiken eingehen. Vor allem müssen wir uns vor der Gefahr hüten, uns selbst zu überschätzen, was für gewöhnlich nur zu Vermessenheit und Beschämung oder zu noch Schlimmerem führt. Unter dem Einfluß der Jupiter-Rückkehr hielt Henry David Thoreau im November 1840 um die Hand einer Ellen Sewall an – und wurde abgewiesen.

Der Lebensplan

Das also ist Jedermanns Leben, das grundlegende biopsychische Drehbuch, das in den Zellen unseres Körpers und in den Synapsen unserer Gehirne festgeschrieben ist. Was sagt uns das? Daß das Leben selbst ein Zyklus mit vorhersagbaren Phasen ist. Daß ein jeder von uns auf der mentalen Ebene, ebenso wie auf der physischen, dem Alterungsprozeß unterworfen ist, sich einer Reihe vorhersehbarer Krisen und Wendepunkten stellen muß. Daß keiner dagegen immun ist. Daß es, mit Ausnahme eines verfrühten Todes, keine Möglichkeit gibt, einem der Schritte auszuweichen oder aber einen von ihnen rascher herbeizuführen. Daß der Zyklus so alt wie die Menschheit selbst ist, und daß er in einer einzigen ewigen Geschichte die individuellen Biographien aller Frauen und aller Männer, die jemals gelebt haben, beschreibt – oder die jemals leben werden, bis das erste Kind in der fremden Umgebung einer anderen Welt erwacht.

Was ist mit unserer Freiheit geschehen? Sind wir dazu verdammt, für immer und ewig die Szenen dieses uralten Dramas zu wiederholen? Das biopsychische Drehbuch teilt uns eine Menge mit, doch was es uns *nicht* erzählt, das trägt Lebenskraft in die kalten Infinitesimalrechnungen von Jedermanns Leben. Jeder dieser existentiellen Schritte ist eine *Frage*, keine Antwort. Jeder von uns reagiert anders. Zum Beispiel reagierte Cesar Chavez, wie wir bereits gesehen haben, auf den laufenden Pluto, der ein Sextil zu seiner Geburtsposition bildete, indem er die Farmarbeiter bei ihrem Streik für fairere Arbeitsbedingungen anführte. Die Reizung des Sextils gab ihm nicht nur das Charisma, sondern auch den Glauben an seine Mission, was ihn in die Lage versetzte, die beeindruckenden plutonischen Energien in die richtige Richtung zu dirigieren. Genau der gleiche charismatische Aspekt war in Charles Mansons Geburtshoroskop in Kraft, als seine Anhänger den grausigen Tate-LaBianca-Mord begingen. Auch in Hitlers Geburtshoroskop ist er während des Zweiten Weltkriegs aktiviert. Worin besteht der Unterschied? Die Antwort liegt nicht innerhalb der Reichweite der Astrologie. Sie befindet sich in unseren Händen. Es gibt keinen »Jedermann«, es sei denn als Abstraktion. Es gibt nur Menschen, die ihre eigene Wahl treffen. Wie bringen wir das biopsychische Drehbuch in die Praxis der astrologischen Vorhersage ein? Konkrete Interpretationsstrategien greife ich erst später auf. Im Augenblick sind wir erst noch dabei, das Vokabular zu erlernen. Dennoch gibt es zwei sich gegenseitig beeinflussende Prinzipien, die wir uns merken müssen, wenn das Wissen um Jedermanns Leben uns helfen soll, statt uns zu verwirren.

Die Bedeutung eines beliebigen Transits wird zum Teil durch den Zeitpunkt seines Auftretens in Relation zu den feststehenden Phasen des Lebenszyklus bestimmt.

Die feststehenden Phasen des Lebenszyklus werden überlagert von einem Netz aus Transiten, das für jedes Individuum einzigartig ist und das die Bedeutung der feststehenden Phasen grundlegend beeinflußt.

Nehmen Sie beispielsweise die Opposition, die der laufende Uranus zum Geburts-Merkur einer Frau bildet. Nach einem gründlichen Blick auf das »Radix« (das Geburtshoroskop) gibt es bestimmte Verfahrensweisen, denen man bei der Entschlüsselung der Transite folgen muß – Verfahrensweisen, mit denen wir uns ausführlich im vierten Kapitel beschäftigt haben. In dieser Phase ihres Lebens also, plaziert ein explosives Element uranischer Individualität Spannung (Opposition) auf ihrer Intelligenz und ihrem Stil des Selbstausdrucks (Merkur). Der soziale Druck schiebt sie in eine Richtung; ihre innere Stimme in eine andere. Soviel trifft zu, egal ob sie 17 oder 93 Jahre alt ist.

Wenn wir verstehen, welchen Platz diese Frau im Lebenszyklus innehat, dann können wir ihre Lebensgeschichte vertiefen. Der uranische Transit findet statt, als sie beinahe 29 Jahre alt ist und gerade ihre erste Saturn-Rückkehr erlebt. Dieses Wissen bestätigt die Vermutung, daß sie einen Wendepunkt erreicht hat, und folglich sticht jedes astrologische Detail leuchtend hervor. Warum? Weil dieser uranische Transit, obwohl er normalerweise nicht von großer Tragweite wäre, eine Entscheidung würzt, die

die nächsten drei Jahrzehnte ihres Lebens bestimmen werden. Das biopsychische Drehbuch wirkt sich also auf die Deutung dieser Uranus-Merkur-Interaktion aus. Wie? Sie ist im Übergang von Jugendjahren zur Reife begriffen; das ist das universelle Thema, das der Lebenszyklus selbst jetzt in ihr auslöst – alles andere muß im Licht dieses Ereignisses gesehen werden. Was fügt das Uranus-Merkur-Element ihrem Erleben dieses Wendepunktes hinzu? Bestimmte Gewohnheiten des Selbstausdrucks (Merkur), die mit ihrer Jugend in Zusammenhang stehen, sind nun reif, aufgegeben zu werden (Uranus). Doch die Menschen in ihrem Umfeld haben sich an diese für sie typische Art gewöhnt und beharren darauf, daß sie sie beibehält. Dieser Kampf um ihr Recht, sich auszudrücken, wird zu dem Übergangsritual, das für sie ihren Eintritt ins Erwachsenenalter bezeichnet. Tief beeinflußt von den uranischen Obertönen nimmt ihre Saturn-Rückkehr einen rebellischen Geschmack an – und wenn diese Frau sie erfolgreich steuern soll, dann muß sie insbesondere vorsichtig mit konventionellen Antworten auf die Fragen sein, mit denen sie konfrontiert ist. Normalerweise ist eine solche Rebellion keine bestimmende Dimension der Saturn-Rückkehr, doch in ihrem Fall hat das uranische Element des Freigeists bei ihr den Knoten gelöst.

Der Name der Frau lautet übrigens Diana Ross, und das astrologische Drama materialisierte sich durch ihr Schauspieldebüt in dem Film »Lady Sings the Blues«. Indem sie das in der Öffentlichkeit bekannte Bild eines glitzernden Teenagers aufgab und den uranischen Schritt machte, um die Bluessängerin Billie Holiday darzustellen, teilte sie ihre Identität als Erwachsene auf eine Weise mit (Merkur), die all jene, die sie gerne auch weiterhin als Karikatur ihres adoleszenten Selbst gesehen hätten, überraschte und schockierte (Uranus). Auf diese Weise interagierte also ein Transit, dessen Timing mit ihrem individuellen Geburtshoroskop verbunden war, mit dem universellen biopsychischen Drehbuch, um ein einzigartiges Übergangsritual zu schaffen. Keines der Elemente wäre ohne das andere zu verstehen. Sie getrennt zu betrachten, ist tatsächlich nur um des Lernens willen sinnvoll. In der Praxis sind das Thema und seine Variationen eins.

Damit ist der Überblick über die Planetentransite abgeschlossen. Falls Sie meinen, verwirrt zu sein, dann machen Sie sich bitte keine Sorgen, und glauben Sie nicht, daß Sie zurückblättern müssen, um das aufzufrischen, was Sie vielleicht vergessen haben. Lesen Sie einfach weiter. Später werden wir darüber sprechen, wie man all dies Material zu einem kohärenten Ganzen verschmelzen kann. An dieser Stelle ist es am besten, wenn Sie sich die astrologische Vorhersage noch als Puzzle vorstellen. Unser erster Schritt besteht darin, die Schachtel auszuleeren und die einzelnen Stücke auszubreiten, um blauen Himmel von grünem Wald zu trennen. Erst danach fangen wir an, alles zusammenzusetzen. Zunächst einmal befinden wir uns noch im Anfangsstadium unseres astrologischen Puzzles; wir betrachten lediglich die einzelnen Bauteile.

Was haben uns diese Bauteile bisher mitgeteilt? Obwohl wir bereits viele Details erforscht haben, ist die Essenz der vorangegangenen Kapitel einfach. Erstens haben wir gelernt, daß das Geburtshoroskop selbst die *Wurzel der astrologischen Vorhersage* ist. Wir müssen es gründlich durchschauen, bevor wir anfangen können, über seine Transite nachzudenken. Zweitens haben wir gelernt, daß Transite »nicht irgend etwas mit irgend jemand *machen*«; den Menschen steht es *frei, kreativ auf sie zu reagieren*. Drittens haben wir gelernt, daß sich Transite in zwei Hauptkategorien gliedern: die schnellen und die langsamen. Die langsamen sind die »Lehrer« und »Trickser«, die den *großen Themen* des Lebens Form geben; die schnellen sind die »Auslöser«, die Tag um Tag die Situationen erschaffen, durch die wir diese großen Themen erleben. Schließlich haben wir gelernt, daß sich bestimmte langsame Transite bei allen Menschen zum gleichen Zeitpunkt im Leben ergeben. Die Themen, die diese besonderen Transite zum Vorschein bringen, sind universeller Natur und stoßen uns allen zur gleichen voraussagbaren Zeit zu. Dieses zugrundeliegende biopsychische Drehbuch wirkt sich darauf aus, wie wir auf andere Transite reagieren und was sie für uns bedeuten.

Es ist ausreichend, wenn Sie sich diese Zusammenfassung merken können.

Dritter Teil
Progressionen

Kapitel 8
Progressionen I: Was sind Progressionen?

Pflanzen Sie eine Eichel. Versorgen Sie sie mit nährstoffreicher Erde, mit Wasser und Sonnenlicht. Geben Sie ein wenig Glück hinzu. Was geschieht? Ein Eichenschößling schießt aus dem Boden. Ein Jahrhundert später ist aus der kleinen Eichel ein großer Baum geworden. Setzen Sie sich jetzt hin und malen Sie ein Bild von der Eiche, wie sie in 100 Jahren aussehen wird, malen Sie es *heute*, während noch nichts anderes da ist als eine keimende Eichel. Wie gehen Sie vor? Wir wissen, wie eine Eiche im allgemeinen aussieht. Wir kennen die Form der Blätter, die Beschaffenheit der Rinde. Wir können erraten, wie dieser Baum in 100 Jahren aussehen wird, doch ist dies nichts als Spekulation. Unser Bild ist nichts als eine *Extrapolation in die Zukunft* von verallgemeinerten Tatsachen, die wir schon heute kennen. Vielleicht wird der Baum in 20 Jahren vom Blitz getroffen. Er überlebt, aber jetzt ist sein Stamm in der Mitte gespalten. Oder vielleicht zwingt ihn der unaufhörliche Westwind, all seine Äste nach einer Seite auszurichten. Oder er verkümmert aufgrund von Trockenheit, verliert all seine Blätter wegen des sauren Regens. Keine dieser äußeren Einflüsse können vorhergesehen werden, während wir noch die Eichel in der Hand halten. Sie kommen erst später zum Tragen, wenn die Eichel *mit der Umwelt in Wechselwirkung tritt*. Mit der Eichel und der Staffelei vor uns, die Pinsel in der Hand, können wir über solche äußeren Einflußfaktoren nur phantasieren. Dennoch ist unser Bild von der Zukunft der Eiche weitgehend zutreffend. Es mag sich in Einzelheiten von der Wirklichkeit unterscheiden, doch wird niemand unser Bild von dem Baum mit einem Zebra oder einer Chrysantheme verwechseln. Warum nicht? Weil das Wesen des Samens das Wesen der Blüte bestimmt. Begreifen Sie das Erste, und Sie haben zumindest die ungefähren Züge des Zweiten.

Das ist die Essenz der astrologischen Technik namens *Progressionen*, ein eigenständiges astrologisches Prognosesystem, das neben den Transiten steht, doch anders funktioniert. Progressionen stellen ein Werkzeug dar, mit dessen Hilfe man die entwicklungsbedingte Logik des Samens selbst durchdringen kann – in diesem Fall das individuelle Geburtshoroskop. Sie stehen in starkem Kontrast zu den Transiten, die als *äußere Einflußfaktoren* zu sehen sind. Wenn Transite die Blitzschläge des Lebens, der Westwind, Trockenheit und Überschwemmungen sind, dann stellen Progressionen den *genetischen Code* jeder einzelnen menschlichen »Eichel« dar. Sie sagen uns, wann wir unsere Zweige ausbreiten, wann wir blühen und wann wir Samen bilden sollen.

Handelt es sich dabei nicht einfach um mehr Material von der Art des Lebenszyklus, wie wir es im vorangegangenen Kapitel kennengelernt haben? Nicht wirklich – auch wenn wir feststellen werden, daß bestimmte Progressionen, ebenso wie bestimmte Transite, in ihrem Timing einen universellen Charakter haben und daher weitere Wendepunkte für Jedermann bezeichnen. Die meisten Progressionen sind eher persönlicher Natur. Noch einmal, sie ähneln dem genetischen Code. Doch der Samen, den zu begreifen sie uns gestatten, ist nicht der universelle menschliche, es ist der einzigartige Samen. Nicht der genetische Code von Jedermann, sondern der eines »Wassermanns im 3. Haus« oder eines »Schützen im 7. Haus und einem Mond im Stier im 12. Haus«. Ebenso wie ein Mensch die Gene für frühes Kahlwerden und ein anderer die für eine wallende Mähne schneeweißen Haars mitbekommen hat, so ist der eine astrologisch darauf programmiert, im Alter von 45 Jahren natürlich in eine Zeit intensiver beruflicher Tätigkeit hineinzuwachsen, während die innere Entwicklungslogik eines anderen ihn dazu drängt, sich im gleichen Alter aus der Welt zurückzuziehen. Wie kann das geschehen? Nicht durch Transite, sondern durch den sich abspulenden Entwicklungsrhythmus seines Geburtshoroskops, ein Rhythmus, den wir durch Progressionen messen. Ebenso wie Transite können wir Progressionen nutzen, um eine beliebige Phase im Leben eines Menschen zu analysieren – Vergangenheit, Gegenwart oder Zukunft. In der Praxis funktionieren sie auf die gleiche Weise; der einzige Unterschied besteht darin, daß sie etwas tiefer im Inneren messen als Transite.

Progressionen enthüllen den »genetischen Code« des Wachstums, der der inneren Entwicklungslogik jedes individuellen Geburtshoroskops, unabhängig von seiner weiteren Umgebung, innewohnt.

Wenn wir Progressionen erst einmal verstanden haben, dann vervollständigen sie unser astrologisches Prognosesystem. Wir halten die Eichel selbst in Händen. Das ist das Geburtshoroskop. Im zweiten Teil des Buches haben wir erfahren, wie Transite das »kosmische Wetter« vorhersagen, dem die Eichel unterworfen ist. Mit den Progressionen entwirren wir die verborgene Agenda der Eichel selbst und entschlüsseln den ihr innewohnenden Entwicklungscode.

Die astrologische Vorhersage kann, wie sie zweifelsohne vermuten, zu einem verwirrenden Labyrinth der Symbole werden. Der Umgang mit ihr ist schwieriger als die Analyse des Geburtshoroskops, genauso wie die Abiturklassen höhere Anforderungen stellen als die Grundschule. Eine methodische Herangehensweise ist entscheidend. Das ist der Grund, warum der letzte Teil dieses Buches sich allein darauf beschränkt, wirkungsvolle Interpretationsstrategien zu entwickeln. Aber bei Progressionen haben wir einen heimlichen Trumpf in petto: Fast alles, was wir bereits über Transite erfahren haben, gilt *auch* für Progressionen. Nachdem wir das eine erfaßt haben, haben wir schon den halben Weg zum Erfassen des anderen zurückgelegt. In beiden Systemen zeichnen Planeten Wege im Geburtshoroskop nach, stimulieren Potentiale, die bereits in das Radix eingebaut sind, prallen auf Aspekt-Wirkpunkte, richten Aufmerksamkeit zunächst auf Selbstvertrauen, dann auf Verantwortlichkeiten, dann auf sexuelle Themen. Jede Regel in den vorangegangenen sieben Kapiteln gilt auch weiterhin. Lediglich die Langsam-Schnell-Unterscheidung ist von geringerer Bedeutung, und das liegt nur daran, weil *alle* Progressionen langsam sind. Ja, sie sind so langsam, daß nur die schnelleren unsere Aufmerksamkeit fesseln. Die anderen bedeuten für uns nicht mehr als ein abschmelzender Gletscher für eine Eintagsfliege.

> Wenn wir die Unterschiede im Hinblick auf die Geschwindigkeit berücksichtigen, dann gelten alle übrigen Grundgesetze der Transit-Theorie auch für Progressionen.

Selbst wenn Sie jetzt zum ersten Mal etwas über Progressionen erfahren, aber die ersten sieben Kapitel verstanden haben, dann haben Sie den kommenden Teil bereits zur Hälfte gemeistert. Obwohl sie anders abgeleitet werden und auf der theoretischen Ebene etwas anderes bedeuten, tanzen Transite und Progressionen im Geburtshoroskop zur gleichen Melodie.

Die symbolische Zeit

Transite sind reale Ereignisse. Wenn Sie merken, daß der laufende Uranus Ihren Schütze-Aszendenten überquert, dann nimmt der Planet diesen Teil des Himmels *tatsächlich und physisch* ein. Sobald wir die grundlegende astrologische Prämisse akzeptiert haben, daß es Parallelen zwischen Ereignissen am Himmel und auf der Erde gibt, weisen Transite eine bestimmte *Logik* auf. Um Progressionen zu verstehen, müssen wir diese Logik aufgeben. Transite kann man *beobachten*, Progressionen nur *berechnen*. Keine Progression nimmt, wie Transite das tun, Bezug auf ein *tatsächliches astronomisches Ereignis*; mit Progressionen verabschieden wir uns von der Logik des Kosmos und tauchen ein in die moderige, urzeitliche Logik des Bewußtseins selbst. Wir betreten ein inneres Universum, in dem nicht die *wirkliche*, sondern die *symbolische Zeit* herrscht.

Vielleicht überrascht es Sie, aber die Progressionen auf der Basis symbolischer Zeit sind bei der Beantwortung der Fragen, die sich uns auf unserem Weg durch die Erfahrung stellen, ebenso wirkungsvoll wie die Transite auf der Basis wirklicher Zeit. Wie symbolisch auch immer sie sein mögen, sie korrespondieren mit etwas sehr wirklichem im Leben des Geistes.

Wie erhält man Progressionen? Tatsächlich gibt es verschiedene Arten von Progressionen, von denen eine jede anders berechnet wird. Doch sie alle haben einen gemeinsamen Nenner: Eine kurze Zeitspanne stellt eine lange Zeitspanne dar. Die existentiellen Ereignisse, die zehn »lange Einheiten« nach der Geburt dauern, spiegeln sich in den astronomischen Ereignissen, die zehn »kurze Einheiten« nach der Geburt dauern. So ist zum Beispiel bei *sekundären Progressionen* die lange Einheit das Jahr, während die kurze Einheit der Tag ist. Wenn Sie also die sekundäre Progression eines Mannes an seinem 35. Geburtstag berechnen wollen, dann sehen Sie in die Ephemeriden und finden heraus, wo sich die Planeten 35 *Tage* nach seiner Geburt befanden: Damit erhalten sie seine sekundären Progressionen. In diesem Fall wird ein natürliches planetares Maß – die Rotation der Erde um ihre eigene Achse – mit einer anderen Art natürliches planetares Maß – der Umlaufbahn der Erde um die Sonne – gleichgesetzt. Anders ausgedrückt: Der Tag wird symbolisch mit dem Jahr gleichgesetzt.

Obwohl wir uns noch mit anderen Systemen beschäftigen werden, stellen diese sekundären Progressionen oder, wie sie auch genannt werden, Sekundärdirektionen oder »Ein-Tag-ein-Jahr-Entsprechung« zusammen mit den Transiten das Zuggespann der astrologischen Prognose dar. Wir wollen sie genauer betrachten.

Sekundäre Progressionen

Der Tag gleicht dem Jahr! Wörtlich genommen ist die Vorstellung absurd. Doch Astrologen geht es nicht darum, daß sie wörtlich genommen werden. Die Vorstellung ist rein *symbolischer* Art, und auf dieser Ebene ist sie durchaus sinnvoll. Wir alle bedienen uns im Alltag dieser gleichen Argumentation. Beispielsweise sagen wir: »In Menschenjahren ausgedrückt ist Struppi 70 Jahre alt«. Jeder weiß sofort, daß der Hund nicht wirklich so alt ist, sondern daß er diese Lebensspanne proportional zum menschlichen Lebenszyklus zurückgelegt hat. Wir haben eine lange Zeiteinheit (den Lebenszyklus des Menschen) mit einer kurzen Zeiteinheit (dem Lebenszyklus des Hundes) gleichgesetzt. Die *Phasen* des einen spiegeln sich in den *Phasen* des anderen wider, obwohl die Dauer der Zyklen sehr unterschiedlich ist. Auf gewisse Weise haben wir das Leben des Hundes durch Progression »vorgerückt«. Auf einer sogar noch einfacheren Ebene könnten wir mitteilen: »Joe erlebt gerade eine persönliche Renaissance.« Auch das ist eine Progression – wir haben eine Parallele zwischen Joes Leben und dem Leben der Zivilisation gezogen, und dabei festgestellt, daß sich die Phase des einen in der Phase des anderen widerspiegelt. Das ist *symbolische Logik*, und sie hat nicht nur astrologisches an sich.

Die Erweiterung dieser Argumentation führt uns zu sekundären Progressionen. Wenn Astrologen behaupten, daß der Tag dem Jahr gleicht, dann bringen sie damit eigentlich nur zum Ausdruck, daß es zwischen diesen beiden natürlichen planetaren Rhythmen *Parallelen* gibt. Auch hier gilt, daß die Phasen des einen in den Phasen des anderen widergespiegelt werden. Das Schlußglied in der Kette ist die Erkenntnis, daß himmlische Zyklen parallel zu persönlichen verlaufen – was selbstverständlich die Grundlage jeglicher astrologischer Theorie ist. Wenn wir das akzeptiert haben, kann man Progressionen – auf sehr abstrakte Weise – verstehen.

Der Beweis für ihre Gültigkeit liegt in der Überprüfung der Theorie an der Realität. *Funktionieren* Progressionen? Schon bald werden Sie das selbst herausfinden. Meine Erfahrung legt nahe, daß zwar Transite den Vorteil haben, ein »natürlicheres« System zu sein, weil sie auf tatsächlichen astronomischen Vorgängen basieren, daß jedoch Progressionen in gleicher Weise wirkungsvoll sind. Sich ohne sie in astrologischer Prognose zu versuchen, würde einem Flug durch Nebelbänke ohne Radarsystem gleichen. Es kann durchaus sein, daß Sie hier eine Eiche und dort eine Schafherde sehen, aber zerklüftete Berge könnten unbemerkt an ihren Flügelspitzen vorbeihuschen.

Tage gleichen Jahren. Die Position der laufenden Planeten eine Woche nach Ihrer Geburt gleichen ihren progressiven Positionen an Ihrem siebten Geburtstag; ihre Position an Ihrem 40. Geburtstag entspricht jener, wo sie sich nach 40 Tagen befanden usw. Auf diese Weise sind die *Progressionen* eines ganzen Lebens in den *Transiten* der ersten zwei oder drei Lebensmonate komprimiert. Die Hauptauswirkung ist, daß sich Progressionen im Schneckentempo entfalten. Die langsamen Planeten – die Lehrer und Trickser aus der Transit-Theorie – kommen vielleicht nur ein Grad in mehreren Wochen voran, und dieser eine Grad steht für ihr progressives Vorankommen im Verlauf von Jahrzehnten. Da jegliche astrologische Prognose letztlich auf der *Veränderung* von Planetenpositionen basiert, können uns diese superlangsamen Progressionen nicht viel mitteilen. Ob sie eine sehr subtile oder gar keine Bedeutung haben, ist eine fragliche Sache. In der praktischen Astrologie ignorieren wir sie, mit Ausnahme einiger weniger spezieller Sonderfälle.

Da gehen sie dahin, die Lehrer und Trickser, fliegen aus dem Fenster. Gerade die Qualität, die ihnen bei den Transiten soviel Macht verlieh – ihr langsames Vorankommen –, beraubt sie nun einer wichtigen Rolle beim Verständnis der Progressionen. Uns bleiben jedoch die inneren Planeten – Merkur, Venus und Mars, außerdem noch die Sonne und der Mond. Sie kommen im Laufe von Wochen schnell genug voran, um klare Veränderungen in ihren Aspekt-, Zeichen- und Hauspositionen anzuzeigen. Sie sind es, die zusammen mit zwei weiteren Punkten – dem progressiven Aszendenten und der progressiven Himmelsmitte –, die gemeinsam das Bollwerk der Progressions-Theorie bilden.

Was genau geben sie zu erkennen?

Die Schnelläufer bewahren sich die gleiche grundlegende Bedeutung, die wir im »Inneren Himmel« kennengelernt haben. Im vierten Kapitel dieses Buches haben wir gesehen, daß sie als *Auslöser* für die Dramen fungieren, die von Jupiter und Saturn und den übrigen Langsamläufern vorbereitet werden. Im Zusammenhang mit Progressionen transzendieren die schnellen Planeten ihre rein auslösende Rolle und werden selbst zu Lehrern und Trickstern.

> Die schnellen, inneren Planeten sind in der Progressions-Theorie die Lehrer und Trickser. Das Vorankommen der Langsamläufer ist zu gering, um von Bedeutung zu sein.

In Reaktion auf ihre neue Würde, müssen wir diesen früheren »auslösenden Planeten« eine zentralere Rolle in unserem Drehbuch des Lebens zuweisen. Merkur bleibt das Symbol des Intellekts und Informationstransfers, doch nun geht er in seiner Funktion darüber hinaus, den Sekretär oder Forschungsassistenten für die schwerfälligen, äußeren Planeten zu spielen. Im Zusammenhang mit den Progressionen symbolisiert Merkur *das sich entwickelnde mentale Bild, das sich ein Mensch von der Welt macht* – anders ausgedrückt, er steht *für die sich im Laufe des Lebens verändernde Grundlage, auf der alle Entscheidungsprozesse fußen.* Ähnlich symbolisiert die progressive Venus *die sich entwickelnden Einstellungen, Bedürfnisse und Herausforderungen in der Beziehungsabteilung* – auch dies eine weit bedeutungsvollere Rolle, als wir sie der laufenden Venus zugebilligt haben. Die Grundvorstellung für jeden einzelnen Planeten bleibt unverändert, doch jetzt haben sie aufgrund der Langsamkeit ihrer progressiven Bewegung die Zeit, um in Sachen Bedeutung die Tiefe und die Komplexität zu entwickeln, die für Lehrer und Trickser charakteristisch sind.

Eine nützliche Faustregel beim Einprägen der Bedeutung von progressiven Planeten ist es, sich an die allgemeine Funktion zu erinnern, die sie im Geburtshoroskop haben, und dieser dann einfach die Worte »sich entwickelnd« voranzustellen. Die Geburts-Sonne zum Beispiel steht für *Identität*. Die progressive Sonne wird folglich zu der sich entwickelnden Identität. Auf die gleiche Weise funktioniert dies auch bei allen anderen Planeten.

Wie wir es in der Radix-Astrologie gelernt haben, sagt es uns eine Menge darüber, was ein bestimmter Mann in einer Beziehung braucht und welche Fallgruben Selbstsucht, Dickköpfigkeit und Unbesonnenheit vor ihm ausbreiten können, wenn wir wissen, daß sich seine Venus in der Jungfrau und in seinem 6. Haus befindet. Mit den Progressionen vertieft sich unser Verständnis von dieser Konstellation noch. Wir wissen, daß seine Venus schließlich in die Waage und das 7. Haus wechseln wird. Das Geburtshoroskop bleibt das Geburtshoroskop, doch dem natürlichen Erfahrungsverlauf zufolge, *entwickelt* sich dieses Individuum bis es eine Konfrontation mit den Waage-Bedürfnissen und -Themen im 7. Haus erfährt – und das ist ebenso sicher wie eine keimende Eichel früher oder später herausfinden muß, wie sie Eichenblätter hervorbringen kann. Warum? Weil Waage-Entwicklungen im 7. Haus Bestandteil des *genetischen Codes* sind, der bei einer *sich entwickelnden* Jungfrau-Venus im 6. Haus eingebaut ist – und dies trifft unabhängig davon zu, welches »Transit-Wetter« gerade über dem Prozeß niedergeht.

Ähnlich wie laufende schieben sich auch progressive Planeten in einen Aspekt mit unterschiedlichen Wirkpunkten im Geburtshoroskop. Ein Mensch könnte beispielsweise mit einer so plazierten Sonne geboren werden, daß sie sich schließlich in der Progression in eine Konjunktion mit dem Planeten Uranus vorschiebt. (Nicht alle Geburtshoroskope sind so beschaffen, daß dies möglich ist – aufgrund der Langsamkeit der progressiven Sonne erlebt nur jeder Fünfte diesen bestimmten Sonne/Uranus-Aspekt.) Sollte dies geschehen, dann wissen wir, daß die *sich entwickelnde Identität* der betreffenden Person mit einer Reihe typisch uranischer Themen kollidiert. Diese Person wird zu einem radikalen Bruch mit der Vergangenheit herausgefordert, vor allem mit jenen konservativen inneren Kräften, die Menschen in gewohnheitsmäßige, selbstbeschränkende Muster zwingen. Für die Zeit, in der sich die progressive Sonne innerhalb der Orben der Konjunktion befindet, in der Regel dauert dies vier oder fünf Jahre, können wir verläßlich vorhersagen, daß die Ereignisse eine dramatische Wende nehmen werden und daß sich das Muster der Gelegenheiten, das den Mann oder die Frau umgibt, auf Dauer verändern wird. Nun werden die »Joker« ausgespielt – unwahrscheinliche uranische Ereignisse, die farbige, unvorhersehbare und ungewöhnliche Fluchtrouten in eingebürgerten, aber veralteten Lebensstilen zum Vorschein bringen, werden sich ergeben. Im vierten Kapitel haben wir erfahren, wie Sally Ride an Bord eines Space-shuttles ins All geschossen wurde, während der laufende Uranus sich in Opposition zu ihrer Sonne befand. Nun können wir ein weiteres Teil in ihr Puzzle einsetzen. Sie machte einen explosiven uranischen Transit durch, und gleichzeitig befand sich auch ihre progressive Sonne in Konjunktion mit ihrem Geburts-Uranus – ein klassischer astrologischer Doppelschlag. Ihre sich entwickelnde Identität war bereit, einen uranischen Bruch mit der Vergangenheit zu vollziehen. Interessanterweise wirkte sich der gleiche progressive Aspekt auf das Geburtshoroskop des Astronauten Eugene Cernan aus, als Gemini 9 die Erde umkreiste.

Noch einmal sei gesagt, daß unsere Regeln für die Interpretation von Progressionen im wesentlichen mit jenen für Transite identisch sind. Erstens, wir befassen uns mit dem *Radix* selbst. Welcher Teil des Geburtshoroskops wird durch die Progression stimuliert? Auf welche bereits vorhandenen Potentiale wirkt sich die Progression aus? Um es anders auszudrücken, Wasser kann nicht brennen, egal mit welcher Flamme man darauf einwirkt. Zweitens, wir verstehen das *Wesen des progressiven Einflusses.* Sprechen wir von einem sich entwickelnden Selbstbewußtsein (progressiver Mars)? Von seiner sich entwickelnden nach außen gerichteten Maske (progressiver Aszendent)? Von ihren sich entwickelnden Bedürfnissen in der Beziehung (progressive Venus)? Drittens, wir denken über den Aspekt nach, der sich zwischen dem progressiven Planeten und dem Radix-Planeten bildet. Welche Art Prozeß bringt er aus diesen beiden Dimensionen der Individualität in Gang? Der astrologische Symbolismus ist so reich und vielseitig, daß es keine Grenzen für das gibt, worauf wir hier stoßen könnten, es sei denn unser Einfühlungsvermögen, unser Mitgefühl oder unsere Vorstellungskraft. Ist die unbekümmerte äußere Maske (progressiver Aszendent im Schützen) eines jungen Mannes nun in einen Zustand der *Reibung* (Quadrat) mit seinem inneren mystischen Wesen (ein Fische-Neptun im 4. Haus) geraten? Hat sich die natürliche Entwicklung des Mutes und des Selbstbewußtseins einer Frau (progressiver Mars) nun bis zu dem Punkt entfaltet, daß sie ihre Entschlossenheit zu einer bedeutsamen Karriere (Geburts-Saturn über Himmelsmitte) *verstärken* (Trigon) kann? So groß ist die Macht der Progressionen, daß wir diese elementaren Krisen und Gelegenheiten, die in den entwicklungsbedingten genetischen Codes jedes individuellen Geburtshoroskops eingebaut sind, erkennen und vorhersagen können, wann ein jeder von uns wie eine Eichel bereit ist, seine Zweige auszubreiten – oder den Wachstumsprozeß in Vorbereitung auf einen langen Winter zu verlangsamen.

Rückläufige Progressionen

Es kommt oft vor, daß ein Mensch geboren wird, während einer der inneren Planeten gerade rückläufig ist – sich also durch die Zeichen zurück bewegt. Dann weist auch der progressive Planet anfangs eine Rückläufigkeit auf. Oder aber ein laufender Planet wird zwei Wochen nach der Geburt einer Person rückläufig. Das bedeutet, daß dieser Planet in der Progression ebenfalls zunächst *stationär* und dann *rückläufig* wird, wenn die Person 14 Jahre alt ist (Tage gleichen Jahren!) und dies vielleicht ihr Leben lang bleibt.

Mars *durchläuft* normalerweise *jeden Tag* etwa einen Dreiviertelgrad. Folglich kommt der *progressive* Mars *jedes Jahr* um die gleiche Distanz voran. Da sich der laufende Mars jedoch auf eine Stationärität zu bewegt, wird er im Verlauf vieler Tage nach und nach langsamer, bis er schließlich zum Stillstand kommt. Dann gewinnt er langsam wieder an Schwung und beginnt seinen Weg in die entgegengesetzte Richtung. Am Himmel dauert ein solcher vermeintlicher Richtungswechsel ein oder zwei Wochen. Übertragen auf den gemächlichen Rhythmus der Progression, kann sich dieser Wechsel über ein *Jahrzehnt* hinziehen was einen »ausgebremsten« progressiven Mars zur Folge hat. Sollte dieser Mars auf einem Wirkpunkt zum Stillstand gekommen sein, dann muß der *sich entwickelnde Mut* standhalten und sich auf eine lange Belagerung einstellen.

Selbst wenn die Stationärität eines progressiven Planeten nicht auf einem Wirkpunkt zum Tragen kommt, allein schon die Tatsache, daß er rückläufig oder wieder direktläufig wird, ist von Bedeutung. Unweigerlich kommt es zu einem »Gezeitenwechsel« in dem Bereich, den der Planet symbolisiert. Eine progressive Venus, die rückläufig wird, legt ein relatives Verstummen des sozialen Wesens, vielleicht sogar den Rückzug aus der aktiven Beziehungssuche nahe, vorausgesetzt das Radix bestätigt solche Möglichkeiten. Wechselt sie direkt und erneut die Richtung, dann weist die progressive Venus damit auf eine Entwicklung in die entgegengesetzte Richtung hin – ein Öffnen und eine Stärkung des sozialen Kreises, eine erneuerte Unbefangenheit im intimen Rahmen, vielleicht das Aufkommen von Gewandtheit und Grazie bei einem Menschen, der bisher einen sozial eher unbeholfenen Charakter zur Schau trug. Es sei hier noch einmal erwähnt, daß sehr viel von den Versprechungen des Radix-Horoskops selbst abhängt. Wir müssen auch daran denken, daß Übergänge wie diese *Jahre* brauchen. Um die Wirkung progressiver Stationärität zu begreifen, müssen wir aus dem Leben zurücktreten und uns darin üben in Zeiträumen von Jahrzehnten statt von Monaten zu denken. Wie bei der Kontinentaldrift sind ihre Auswirkungen bedeutend – doch für die Mäuse und Eulen, die diese kontinentalen Wälder bewohnen, sind sie nicht wichtig.

Die Orben progressiver Aspekte

Wie präzise muß ein progressiver Aspekt sein, damit wir seine Auswirkungen zu spüren bekommen? Dies ist eine äußerst schwierige Frage. Wie immer beim Thema Aspektorben sind dogmatische Antworten unweigerlich falsche Antworten. In Wirklichkeit geht es um folgendes: Wann hört ein Einfluß auf, so subtil zu sein, daß wir ihn nicht mehr ignorieren können? In Anbetracht der außerordentlichen Langsamkeit aller Planeten mit Ausnahme des Mondes, baut sich ihre Kraft nach und nach über eine Reihe von Jahren auf, erreicht ihren Höhepunkt, wenn der Aspekt genau getroffen wird, und verblaßt dann langsam über viele Jahre. Ich persönlich habe mich dafür entschieden, einen Orbis von anderthalb Grad beiderseits des Wirkpunkts zu tolerieren. Bei der progressiven Sonne erweitere ich das Maß um einen weiteren Grad. Ich würde niemals behaupten, daß diese

Zahlen etwas Magisches an sich haben. Nichts wird an der von ihnen bezeichneten Stelle »an- oder abgedreht«. Ich zweifle nicht daran, daß man Progressionen über ein größeres Zeit- und Raummaß hinweg spüren kann, als diese Angaben nahelegen. Ihr Einfluß außerhalb dieser Orben ist nur einfach subtiler, und außerdem werden sie normalerweise von anderen astrologischen Ereignissen, die den Bühnenmittelpunkt für sich beanspruchen, überdeckt.

Ein Aspektorbis von anderthalb Grad (zweieinhalb bei der Sonne) isoliert aus praktischen Gründen die dynamischste Phase eines progressiven Planeten über einem Wirkpunkt.

Wenn wir uns auf diese Orben beschränken, hat ein progressiver Planet noch immer genug Zeit, um seine Wirkung zu entfalten. Die progressive Sonne zum Beispiel kommt einen Grad im Jahr voran. Geben Sie auf beiden Seiten zweieinhalb Grad hinzu, und Sie erhalten fünf Jahre energetischen Wirkens mit einem besonders kraftvollen Höhepunkt in den mittleren Jahren. Der progressive Mars ist für etwa den gleichen Zeitraum aktiv – sein Orbis ist kleiner, doch dafür ist er langsamer. Die progressive Venus und der progressive Merkur sind etwas schneller, bleiben aber dennoch einige Jahre innerhalb der empfindlichen Orben. Der progressive Aszendent und die progressive Himmelsmitte verfügen über ähnliche Phasen der dynamischen Aktivität, obgleich der Aszendent aus Gründen, denen wir uns im folgenden Kapitel zuwenden, wechselhafter ist. Bei Planeten, die rückläufig werden können – also bei Merkur, Venus und Mars –, verlängert sich die aktive Phase mitunter um viele Jahre. Und das ist vielleicht der überzeugendste Grund für kleine Aspektorben: Unsere Aufmerksamkeitsspannen sind so geartet, daß wir »Lebensphasen« erfassen können, die ein paar Jahre dauern, doch wenn wir anfangen, über Jahrzehnte zu sprechen, dann werden die »Lebensphasen« leicht zum »Leben allgemein«. Die Prognose verliert ihre emotionale Wirkung. Denken Sie daran, Eulen und Mäusen ist die Kontinentaldrift egal.

Andere progressive Techniken

Progressionen erscheinen in einem verblüffenden Aufgebot von Formen. Bisher haben wir uns lediglich mit sekundären Progressionen beschäftigt. Diese »Ein-Tag-ein-Jahr-Entsprechung« ist von allen Arten vielleicht die am häufigsten verwendete, und im weiteren werden wir uns allein mit ihr befassen. Wenn wir im folgenden das Wort »Progressionen« verwenden, dann sind damit ausschließlich sekundäre Progressionen gemeint. Obwohl auch andere Techniken Ihre Aufmerksamkeit wert sind, möchte ich Ihnen vorschlagen, daß Sie nicht durch die gleichzeitige Anwendung mehrerer Systeme zusätzliche Verwirrung schaffen. Wie Sie weiter unten feststellen werden, erschafft man bei gleichzeitiger Anwendung mehrerer progressiver Systeme eine Situation, in der der Schatten des Hades an jedem Wirkpunkt gleich siebenmal umherspringt – und beim Astrologen ist Verstehen schnell durch Verwirrung ersetzt.

Jede dieser progressiven Methoden hat ihre Anhänger. Jede scheint zumindest zeitweilig zu funktionieren. Jede geht von einer etwas anderen Prämisse aus und liefert Antworten auf einen geringfügig unterschiedlichen Fragenkatalog. Ich persönlich halte die sekundären Progressionen für die allgemein effektivste aller Techniken. Da ich mit diesem Buch das Ziel verfolge, ein praktisches, durchführbares System astrologischer Prognose anzubieten, will ich nur die Techniken näher beschreiben, die ich selbst täglich in meiner astrologischen Arbeit verwende – Transite und sekundäre Progressionen. Was folgt ist keine umfassende Studie aller übrigen progressiven Systeme, sondern eher eine Speisekarte, aus der Sie Ihren Nachtisch bestellen können, nachdem Sie den Hauptgang verspeist haben.

Primäre Progressionen

(Normalerweise als Primärdirektion bezeichnet): Vor einem Jahrhundert war diese Methode sehr populär, aber inzwischen ist sie aus der Mode gekommen. Mathematisch sind Primärdirektionen kompliziert. Ein Lebensjahr wird ungefähr mit einem Grad

Veränderung in den Graden der Himmelsmitte und anderer Häuserspitzen gleichgesetzt. Die Planeten bewegen sich sehr wenig. Der vermutlich einzige Grund, warum Primärdirektionen noch immer in astrologischen Texten Erwähnung finden, ist, daß die Leute wissen wollen, warum sekundäre Progressionen sekundär heißen.

Tertiäre Progressionen

Die tatsächliche Position der Planeten *einen Tag* nach der Geburt entsprechen ihren progressiven Positionen im Alter von *einem Mondmonat*. Der Mondmonat ist hier nicht die Zeit zwischen zwei Neumonden, sondern das durchschnittliche Zeitmaß zwischen zwei aufeinanderfolgenden Konjunktionen des transitierenden Mondes mit seiner Geburtsposition, also etwa 27,32 Tage. Dieser Zyklus wird als »tropischer Monat« bezeichnet. Wo befinden sich Ihre progressiven Planeten 243 Mondmonate (ungefähr 20 Jahre) nach Ihrer Geburt? Zählen Sie in den Ephemeriden 243 *Tage* vor – die Planetenpositionen, die sie dort antreffen stehen für Ihre tertiären Progressionen. Verglichen mit den sekundären Progressionen kommen die tertiären schnell voran, womit zum Ausdruck kommt, daß sie sehr aktive Progressionen sind, voller Feuerwerk und Farbe. Einige Astrologen schwören auf sie. Ich selbst habe bisher nicht viel Erfahrung damit gesammelt. Hiermit habe ich sie Ihnen vorgestellt, aber machen Sie sich keine Sorgen, falls Sie Ihnen kompliziert erscheinen – mir geht es manchmal nicht anders.

Kleinere Progressionen

Auch sie basieren auf dem tropischen Monat. Diesmal sind die tatsächlichen Positionen der Planeten 20 tropische Monate nach der Geburt die progressiven Positionen für das Alter von 20 Jahren. Mit anderen Worten: Hier soll der Monat und nicht der Tag dem Jahr ähneln. Kleinere Progressionen kommen wie tertiäre Progressionen, verglichen mit der glazialen Geschwindigkeit der sekundären Progressionen, schneller voran. Ich empfinde sie als unglaublich genau, doch ihre Geschwindigkeit beraubt sie der Fähigkeit, die gemächliche, fast symphonische Entwicklung des Lebens *als Ganzes* zu messen – das jedoch ist etwas, was mit sekundären Progressionen hervorragend klappt. Ich rate Ihnen, sich erst mit den kleineren Progressionen zu beschäftigen, wenn Sie tiefer eingestiegen sind.

Sonnenbogendirektionen

Sie sind eine Variation des Themas der sekundären Progressionen. Jeder Planet wird um die gleiche Entfernung vorverlegt, *den die Sonne nach der sekundären Progression zurückgelegt hat.* Wenn die Sonne also um 32 Grad vorangekommen ist, dann gilt dies auch für Merkur, Venus, Mars und die übrigen Planeten. In diesem System werden auch die äußeren Planeten vorverlegt. So haben Sie beispielsweise einen »dirigierten Pluto«. Das ist ein großer Vorteil in der Hinsicht, als daß viele weitere bewegliche Punkte entstehen. Obwohl das System »langsam« ist, geschieht die meiste Zeit sehr viel. Meiner Meinung nach antworten Sonnenbögen, da sie auf der Sonne basieren, auf die Sonne bezogene Fragen. Folglich sagen sie uns viel über das Ich und das Selbstbild. Das ist schön, aber damit bleiben viele Dimensionen unseres Menschseins außen vor. Obwohl ich keine Tradition kenne, die sich diese Vorstellung zu eigen gemacht hat, meine ich, man könnte emotionale Entwicklungen mit »Mondbögen«, Beziehungsentwicklungen mit »Venusbögen« usw. messen, wobei jeder errechnete Bogen auf der durch die sekundäre Progression bestimmte Planetenbewegung basiert und zur Position *jedes* Geburtsplaneten hinzugefügt wird.

Grad-für-Jahr-Progressionen

Ein Grad wird zur Position jedes Planeten für jedes zusätzliche Lebensjahr hinzugefügt. Wenn Sie zum Beispiel mit Merkur auf 1 Grad in den Zwillingen geboren wurden, dann befindet sich Ihr progressiver Merkur an Ihrem 21. Geburtstag auf 21 Grad in den Zwillingen. Dieses System ist weitverbreitet, doch ich begegne ihm mit Mißtrauen. Die Gradeinteilung ist eine Schöpfung von Menschenhand; sie hat nichts natürliches an sich. Ich vertrete die Auffassung, daß Grad-für-Jahr-Progressionen funktionieren, weil sie Sonnenbögen imitieren – der tägliche Bogen der Sonne beträgt etwas weniger als 1 Grad, folglich sind die beiden Systeme fast gleich, vor allem wenn sie auf relativ junge Menschen angewandt werden. Der Hauptvorteil der Grad-für-Jahr-Progressionen ist, daß Berechnungen entfallen. Betrachten Sie sie als die »Schnell-Sonnenbögen« und sie könnten Ihnen hilfreich sein.

Dodekadische Progressionen

Sie ähneln den Grad-für-Jahr-Progressionen, haben jedoch eine natürlichere Basis. Der Tierkreis ist in zwölf Zeichen unterteilt; bei dodekadischen Progressionen wird diese Unterteilung noch einen Schritt weitergeführt – jedes *Zeichen* wird noch einmal in zwölf Einheiten unterteilt, wobei auf jede Einheit ungefähr zweieinhalb Grad fallen. Die progressive Position der Planeten wird errechnet, indem man eine Einheit (also zweieinhalb Grad) mit einem Lebensjahr gleichsetzt.

Es gibt noch weitere progressive Systeme, doch dies sind die gebräuchlichsten. Jedes kann so wie hier beschrieben zum Einsatz kommen – aber auch *rückwärts!* Tage oder Monate oder Grade oder irgend etwas anderes *vor* der Geburt zu zählen, Planeten in *vorangehende* Tierkreisgrade zu schieben, ist ebenfalls eine anerkannte Technik. Ihre Ergebnisse werden als *konverse Progressionen* bezeichnet, und auch sie haben ihre Anhängerschaft.

Dreht sich Ihnen der Kopf? Meiner auch. An dieser Stelle entsteht fast automatisch das Bedürfnis herauszufinden, welches System denn »das Richtige« ist – und die anderen ad acta zu legen. Das geht leider nicht. Jedes dieser Progressions-Systeme liefert zumindest teilweise zutreffende und dramatische Ergebnisse. Ich ziehe sekundäre Progressionen vor, weil sie mir durchweg zuverlässig zu sein scheinen. Beschäftigen Sie sich mit den anderen, wenn Sie wollen. Auch sie sind ein Bestandteil des Bildes. Möglicherweise wurde nirgendwo sonst in der Astrologie dem mensch-

lichen Intellekt ein so großer Spielraum für Experimente gegeben. Das grundlegende Radix und die Transite – sie sind *empi-
risch*; wir berechnen sie nicht, sondern *beobachten* sie. Diese Verbindung mit der fundamentalen Struktur der Natur hat dazu
beigetragen, die Astrologie auf dem Boden der Wirklichkeit zu
erden. Progressionen andererseits sind *synthetische* Techniken,
Erfindungen des Geistes. Und wie die meisten menschlichen Erfindungen sind auch sie mächtig. Die Frage lautet: Sind wir selbst
auch mächtig genug, um sie *unter Kontrolle* zu halten? Verwenden Sie Progressionen, doch seien Sie vorsichtig. Lassen Sie es
nicht zu, daß sie mit Ihnen davonlaufen. *Theoretisch* sind all diese
Techniken interessant, aber *praktisch* rate ich Ihnen, am besten
damit zu beginnen, daß Sie sich auf sekundäre Progressionen beschränken. Zusammen mit den Transiten rüsten sie uns mit einem
System der Selbsterkenntnis aus, das keine Schatten der Erfahrung, keine Rätsel und keine Paradoxe des Lebens zurückbehält,
ohne ein brauchbares Symbolsystem zu ihrer Erhellung.

Kapitel 9

Progressionen II: Mehr Lehrer und Trickser

Astrologe (*geheimnisvoll*): Ihr progressiver Neptun bildet einen Quincunx-Aspekt mit Ihrer Radix-Venus im Haus der Mühen und Schwierigkeiten.
Klient (*ängstlich*): Ist das ... schlecht?

Dieser Dialog wurde jahrhundertelang durchgespielt. Der Astrologe starrt hintergründig auf das Geburtshoroskop, gibt dann eine unverständliche Erklärung ab, während der hilflose Klient zusieht und nervös sein Urteil erwartet. Wer kann hierbei etwas gewinnen? Nur Sadisten und Masochisten. Nur solche Menschen, die sich unwiederbringlich dem Dasein als Schaf verschrieben haben – und jene, die sich veranlaßt sehen, die Rolle der Wölfe zu übernehmen. Obwohl es diese Astrologie unglücklicherweise auch heute noch gibt, ist sie im Aussterben begriffen. Die Menschen sind nicht mehr länger bereit, unpersönlichen Planetenenergien ihr Schicksal zu überlassen. Der moderne Astrologe ist kein Prophet; er ähnelt mehr dem Mann vom Wetteramt, der einen Tag mit Regen und Sturm ankündigt. Meistens trifft die Prognose des Meteorologen einigermaßen genau zu – doch Sie können selbst entscheiden, ob sie einen Regenmantel anziehen oder nackt herumlaufen und eine Lungenentzündung bekommen möchten, Sie haben die Wahl.

Im fünften Kapitel habe ich Lehrer und Trickser eingeführt – die »gute« und die »schlechte« Seite eines jeden laufenden äußeren Planeten. Nun sind wir bereit, dasselbe bei Progressionen zu tun, jeden Einfluß als Energie zu sehen, die verstanden und kreativ zum Einsatz gebracht werden muß – damit wir nicht über unsere eigenen Füße stolpern, nicht an der Lektion scheitern und uns Schwierigkeiten und Beschämung ersparen. Jede Progression erzeugt ebenso wie jeder Transit eine bestimmte Art persönliches »Wetter«. Soviel ist vorhersagbar. Jenseits dieser Vorhersage begeben wir uns in das Reich der Freiheit – und damit in die Ungewißheit. Wenn die Wettervorhersage auf Regen und Wind lautet, dann rät uns der Lehrer, uns entsprechend anzuziehen, während der Trickser uns lächelnd und unvorbereitet hinausschickt – oder uns mit den Zähnen klappernd unter dem Bett liegen läßt, als seien Tornados und eine 35prozentige Chance für einen atomaren Holocaust angekündigt.

Lehrer und Trickser. Worüber genau reden wir hier eigentlich? Der Geist mag Mythen; Helden und Schurken vermögen immer unsere Aufmerksamkeit zu fesseln. Von »Merkur dem Trickser« oder von »Venus der Lehrerin« zu sprechen, heißt, sie heraufzubeschwören. Es versetzt den Geist in Aufregung und schärft den Verstand. Aus diesen Gründen belebt es unsere Annäherung an die Astrologie, von Lehrern und Tricksern zu sprechen, macht sie interessant und wirkungsvoll. Doch müssen wir achtgeben, uns nicht von der Macht unserer eigenen Mythologie täuschen zu lassen. Lehrer und Trickser sind nicht die Mächte von Licht und Dunkelheit »da draußen« im Weltall. Sie wohnen im Inneren. Sie sind Ihr eigener Lehrer, Ihr eigener Trickser. Transite und Progressionen kündigen Entwicklungsschritte an, die in Ihnen ablaufen. Man kann auf ihnen reiten wie auf dem Kamm einer vollkommenen Welle oder über sie stolpern wie über im Weg stehende Möbel – allein abhängig von der Wahl, die Sie treffen, und dem Engagement, das Sie aufbringen.

Der Lehrer in Ihnen hat keine Botschaft und keine Lehre. Er spricht nur die Sprache des Lebens, von endlosen Veränderungen. Ihr innerer Lehrer rät zu Flexibilität und Wachstum, zu Offenheit gegenüber konstruktiver Kritik und gegenüber dem Experimentieren. *Der Lehrer möchte, daß Sie den natürlichen Rhythmen Ihrer Erfahrung vertrauen.* Er hat Freude daran, alte Verhaltensmuster, alte Glaubensbekenntnisse, ausgediente Vorstellungen und Einstellungen zu verabschieden. Er sonnt sich in Widersprüchlichkeit – in der Unvereinbarkeit von Vergangenheit und Zukunft, von Tod und Leben, von Kindheit und Reife. Für den Lehrer ist nichts heilig als die Wahrheit. Und Wahrheit ist etwas, dem wir uns immer nähern, es aber niemals vollständig erreichen. Er ist der Teil von Ihnen, der so tief an das Leben glaubt, daß er jede Erfahrung gerne und bereitwillig zugleich als Lektion und Geschenk annimmt. Wenn er ein Motto hat, dann könnte es das folgende sein:»Was immer du siehst, es ist mehr als das.« Sein Gegenspieler ist der Trickser, der Teil Ihres Geistes, *der Veränderungen haßt*. Sie machen ihm Freude, wenn Sie sich defensiv an der Vergangenheit festhalten, es zur persönlichen Ehrensache machen, nichts zu lernen und nie mehr zu sein, als Sie jetzt gerade sind. Der Trickser ist schlau – aber auch faul. Er kann überlistet werden, wenn Sie sich nicht zu seinem Mitverschwörer machen. Um ihm eine Niederlage beizubringen, müssen Sie die Möglichkeit aktiv in Betracht ziehen, daß Sie sich *irren*. Sie müssen über das Bild von der Welt hinausgehen, das Ihr Ich für Sie gezeichnet hat, ein Bild in dem Sie oft ein hilfloses Opfer sind, das sich in dem Netz der Umstände verfangen hat, über die es keine Kontrolle hat. Sie müssen es dem inneren Lehrer gestatten, Ihnen ein neues, ein klareres Bild zu präsentieren. Dieses Bild könnte Sie einen Augenblick lang beschämen, doch es weist auch über die Sackgassen hinaus und auf einen immer weiter führenden Weg der Authentizität und des vibrierenden Lebens.

Mit Progressionen erhalten wir einen neuen Satz Lehrer und Trickser. Mächtige Allianzen können hier geschmiedet werden, wenn Sie bereit sind, diese Kräfte kennenzulernen und ihre grimmige Freundschaft anzunehmen. Sonst stehen Sie einer Mafia von inneren Schwindlern und Dieben gegenüber, von denen einer verräterischer ist als der andere, ein jeder mit dem vollständigen Wissen über Ihre Laster und Verletzbarkeiten bewaffnet und versessen darauf, Ihrem vertrauensvollen Geist das Feuer und die Freude zu stehlen.

Beängstigend.

Legen Sie das Buch noch nicht beiseite – diese Trickser sind sowieso da. Die Astrologie kann Ihnen nur helfen. Lernen Sie sie kennen, und mit der Unterstützung der Lehrer, können Sie glücklicher sein, als Sie es heute sind. Wir sprechen hier nicht einfach nur über die Astrologie; das ist das Leben. Gehen Sie die Straße hinunter. Suchen Sie einen Moment lang Blickkontakt mit Fremden, wählen Sie nach dem Zufallsprinzip aus. Öffnen Sie Ihr Herz für das, was Sie sehen. Wer sind sie? Jeder Ton der menschlichen Symphonie ist da draußen, doch einige sind traurige Töne.

Manche bewegen sich mechanisch, während andere dies mit dem Geist und der Würde wilder Tiere tun. Manche blicken sich teilnahmslos, ängstlich um. Andere schauen gar nicht zurück. Wieder andere strahlen Sie an, als hätten sie den ganzen Kosmos zwischen ihren Ohren. Wer hier von »Gewinnern« und »Verlierern« spricht, der reduziert die Symphonie auf einen Werbesong. Unser Ziel ist es nicht, Menschen in Schubladen zu stecken. Ganz im Gegenteil. *Die Vorstellung, daß Menschen veränderbar und fähig sind, sich selbst zu ändern, ist der Eckstein der Entwicklungsastrologie.* Jene glücklichen Gesichter und magischen Augen, denen Sie auf der Straße begegnen, gehören zum Volk des Lehrers; die Dunklen hingegen sind die Opfer des Tricksers. Vielleicht ist es von allem das Geheimnisvollste, daß sich der eine jederzeit in den anderen verwandeln kann. Macht das Wissen um die Astrologie den Unterschied zwischen beiden aus? Natürlich nicht. Der Unterschied ist die Bereitschaft, zu fließen und zu wachsen, sich dem legitimen, unentrinnbaren *Schmerz* des Lebens zu stellen – und dem Lehrer seine Geschenke der Erneuerung und Neudefinition dankbar abzunehmen. Wenn die Astrologie etwas Hilfreiches zu tun vermag, dann ist es, uns als Führer zu dienen, uns den Lehrern des Lebens vorzustellen – und uns die Verbrecherfotos der Trickser unter die Nase zu halten. Alles andere liegt bei uns.

Sonne, die Lehrerin

Symbol: ☉

Das Geschenk: Die Fähigkeit, Grundwerte und -prioritäten zu verändern, und es damit dem tatsächlichen Verhalten gestatten, Entwicklungen im sich verändernden Innenleben widerzuspiegeln.

Die Herausforderung: Sind Sie stark genug, um die grundlegendste Basis Ihrer Identität zu verändern und sich selbst die Freiheit zu gewähren, zu dem Menschen zu werden, der Sie niemals zuvor waren?

Ein Freund ruft Sie an. Seine Frau hat ihn gerade verlassen. Am Tag darauf hat ihn sein Boß gefeuert. Gerade als er nach der Schnapsflasche greifen wollte, erhielt er einen Anruf von einem

Schulfreund aus Dublin, der ihm einen neuen Job anbot – in Irland. Er nahm an. Er fühlt sich benommen und möchte, daß Sie sich mit ihm auf einen Kaffee treffen. Er erklärt, daß er »schwerwiegende Veränderungen« durchmacht. Sie stimmen zu. Aber tut er das wirklich? Zwei Jahre später kehrt er zurück in die Vereinigten Staaten, um Urlaub zu machen. Wieder treffen Sie sich mit ihm auf einen Kaffee. Sein Leben ist wieder im richtigen Fahrwasser. Er liebt seine neue Arbeit. Er hat wieder geheiratet. Sie verlassen das Restaurant mit einem warmen Gefühl, denken liebevoll bei sich: »Er hat sich nicht verändert.« Und Sie haben recht. Er hat sich tatsächlich nicht verändert. Er erzählt noch immer die gleichen Witze, trägt die gleiche Art Kleidung. Die Beziehung zu seiner neuen Frau weist eine verblüffende Ähnlichkeit zu jener mit der Frau auf, die ihn verließ. Trotz all des Feuerwerks, seine *Essenz* ist kaum berührt worden.

Solche Ereignisse lassen sich astrologisch verstehen – der laufende Uranus könnte sie auslösen –, aber sie haben nur wenig mit einer progressiven Sonne zu tun. In einem solchen Fall verändert sich nicht nur die Identität, sondern das *Fundament*, auf dem sie fußt. Die schüchterne, graue Maus wirft ihren Job als Sekretärin hin und zieht nach Italien, um dort Skilehrerin zu werden. Der übereifrige Geschäftsmann mutiert zum Yogi. Der Alkoholiker gibt das Trinken auf. Das sind »Ereignisse« – doch sie deuten auf weit tiefgreifendere Entwicklungen, die sich am Fundament des Charakters abspielen, genauso wie ein Erdbeben auch die tieferen Bewegungen im Mittelpunkt der Erde widerspiegelt.

Nur müssen wir bei der progressiven Sonne als Mittel der Voraussage lange warten, bis sich etwas tut. Das ist der einzige Nachteil. Jahre vergehen, in denen sich der Einfluß der Sonne allein im Untergrund auswirkt. Da sie nur um 1 Grad im Jahr vorankommt, bewältigt sie selbst in einem langen Leben nur ein Viertel des Geburtshoroskops – und berührt damit auch nur ein Viertel der im Radix vorhandenen Wirkpunkte. Wir müssen vor ihrem Einfluß auf der Hut sein, denn wenn dieser schlafende Riese erwacht, dann passiert mehr als nur durchschnittliche Ereignisse – nein, die Regeln, denen das Spiel folgt, werden aus den Angeln gehoben.

Sich entwickelnde Identität – darin liegt die Bedeutung der progressiven Sonne. Der »persönliche Mythos« ist niemals gleichbleibend. Er wird immer von den Erfahrungen beeinflußt, nach denen er sucht. Der Prozeß ist ein allmählicher, aber ein unaufhaltsamer. Wenn die progressive Sonne einen Wirkpunkt überquert, *dann kommt es zu Erkenntnissen, die das Selbstbild an seinen Wurzeln erschüttert.* Fast unweigerlich werden diese Erkenntnisse von farbenfrohen äußeren Ereignissen begleitet. Wenn man sich daran erinnert, daß die progressive Sonne vier bis fünf Jahre in den Orben eines Wirkpunktes bleibt, dann ist es leicht nachzuvollziehen, daß der Prozeß eine äußerst komplexe Erscheinung annehmen kann. Ein Schimmer der Erkenntnis taucht am Horizont auf, ein paar hastig hingeworfene Ereignisse kommen hinzu, die ihrerseits die ursprüngliche Erkenntnis vertiefen und zu weiteren äußeren Entwicklungen führen, die sich während der Jahre, in denen der Aspekt der progressiven Sonne seine größte Genauigkeit erreicht, zu einem schwungvollen Crescendo aufbauen. Danach folgt eine Phase, in der sich alles setzt, in der die Identität die neuen Einsichten integriert und stabilisiert. Überlagert wird der Prozeß von anderen Transiten und Progressionen, die ebenfalls ihr Blatt ausspielen und das fundamentale solare Ereignis bereichern – so, wie eine Gegenströmung im Meer dafür sorgt, daß kleinere Wellen mit weißen Schaumkronen die größeren, langsameren Wogen durchschneiden.

Die Progression der Sonne durch die *Zeichen und Häuser* des Geburtshoroskops ist vielleicht der tiefste astrologische Lebensrhythmus. Es ist möglich, das allgemeine Entwicklungsdrama eines Menschen nur anhand dieses einzigen Indikators zu vermessen. Verbinden Sie ihn mit dem *biopsychischen Drehbuch*, das wir im siebten Kapitel eingeführt haben, und sie haben eine ganze Biographie wenigstens im Skelett skizziert. Indem Sie feststellen, wann die progressive Sonne in ein neues Haus oder Zeichen wechselt, unterteilen Sie das Leben nicht nur in einzelne Kapitel. »Bände« ist ein besseres Wort. In einem durchschnittlichen Leben berührt die progressive Sonne nur drei Zeichen und nur drei Häuser, so langsam kommt sie voran. Wenn sie von einem Zeichen in ein anderes wechselt, dann werden die *tieferliegenden*

Werte und Motivationen, die den Wahlmöglichkeiten des Menschen Form verleihen, gravierenden Veränderungen unterworfen. Wenn die progressive Sonne in ein neues Haus schreitet, dann werden damit die *Umstände und das charakteristische Verhalten* eines Individuums in eine neue Arena gestellt. In beiden Fällen bleiben die neuen Muster etwa drei Jahrzehnte aktiv.

Zum Beispiel wurde ein Mann mit der Geburts-Sonne auf 6 Grad in der Jungfrau geboren. Da wir wissen, daß die progressive Sonne etwas langsamer als 1 Grad pro Jahr vorankommt, erkennen wir, daß sie in die Waage wechselt, wenn er Mitte 20 ist – und daß er, wenn er zentriert und glücklich bleiben will, etwas von seiner sich selbst hinterfragenden Jungfrauenhaftigkeit aufgeben und seinem Selbstbild mehr waagehafte Motivationen und Werte hinzufügen muß. »Menschen wie ich.« »Ich bin kreativ.« »Schönheit ist, auf einer gewissen Ebene, Bestandteil meiner Essenz.« Wenn ihm dieser Übergang gelingt, dann öffnet sich sein Leben in eine vollkommen neue Richtung. Klappt es nicht, dann verpaßt er das Schiff – und wird vermutlich das Opfer schattenhafter Waage-Eigenschaften wie etwa Unentschlossenheit, Angst, sich zu engagieren, oder Zerstreuung. Er hat die Wahl. Der Mann in diesem Fall ist der Sänger Michael Jackson, und der Eintritt der progressiven Sonne in die Waage fiel zusammen mit dem unglaublichen Erfolg seines Albums »Thriller« und mit seinem Abräumen von Grammys im Jahr 1984.

Jane Fondas progressive Sonne verließ Ende 1967 die konservative Domäne des Steinbocks und trat in jene des rebellischen Wassermanns ein. Sie wurde bald von der Strömung der Zeit mitgerissen, wurde zu einem Symbol für den Protest gegen den Vietnamkrieg. Drei Jahre später, während der Kambodscha-Invasion und der Ermordung protestierender Studenten durch die Nationalgarde in der Kent State University, hatte sich ihre progressive Sonne um ein paar Grad in den Wassermann hineingeschoben – und bildete ein genaues Quadrat zu ihrer Himmelsmitte. Ihr sich entwickelndes Selbstbild (progressive Sonne) trat mit ihrer etablierten Rolle als hirnloses Hollywood-Sexsymbol (ihre Geburts-Himmelsmitte) in eine von *Reibung* (Quadrat) bestimmte Beziehung ein. Sie mußte wählen. Das Quadrat mit der Him-

213

melsmitte braute sich bereits zusammen, seit die Sonne in den Wassermann eingetreten war, doch jetzt, während des Höhepunkts, hatte Jane Fonda die Wegscheide erreicht. Wer würde dominieren – ihre sich entwickelnde Identität oder der Druck der Gesellschaft?

Während Veränderungen der progressiven Sonne in ihren Häuser- oder Zeichenpositionen für wichtige Neuanfänge stehen, müssen wir außerdem sorgsam darauf achten, ob die Sonne über Aspekt-Wirkpunkte in Kontakt mit Geburts-Planeten kommt. Gehen Sie immer so vor, daß Sie zunächst das Wesen des Geburtseinflusses verstehen, und dann erkennen, daß die sich entwickelnde Identität nun diesen Einfluß auf eine neue Weise integrieren muß. Ein langsamer, durchdringender *Strahl der Selbsterkenntnis* erhellt diesen Teil des Geburtshoroskops, intensiviert ihn, verlangt, daß er sich *rasch entwickeln* möge, damit er mit den Bedürfnissen der reifenden Persönlichkeit aufschließt.

Stephen Hawking ist ein brillanter englischer Astrophysiker. 1963, als er 21 Jahre alt war, wurde er von der langsam fortschreitenden, auszehrenden Muskelstörung namens »amyotrophische Lateralsklerose« befallen. Er versank in Verzweiflung, brach seine Doktorarbeit ab. Ein paar Jahre später, als sich seine progressive Sonne einem vollkommenen Trigon mit dem heiteren Jupiter näherte, lernte er Jane Wilde kennen, heiratete sie und kehrte zu seinen Studien zurück. Seine sich entwickelnde Identität (progressive Sonne) wurde unterstützt und gefördert (Trigon), als sie seine latent vorhandene Fähigkeit, Chancen zu erkennen (Geburts-Jupiter), auslöste. Sein Glaube an das Leben (wieder Jupiter) war wiederhergestellt.

Als Elisabeth Kübler-Ross ihr einflußreiches Buch »Interviews mit Sterbenden« veröffentlichte, befand sich ihre progressive Sonne in *Opposition* zu ihrem Geburts-Jupiter. Anders als bei Stephen Hawking kam ihre sich entwickelnde Identität an einen Punkt, wo sie in einen Zustand der Spannung (Opposition) mit den fröhlicheren, jovialeren Dimensionen ihres Charakters geriet. Hier haben wir ein gutes Beispiel dafür, wie gefährlich es ist, einen Planeten für »gut« oder »schlecht« zu halten. Jupiter, der von traditionellen Astrologen so oft als positiver Einfluß gesehen wird, bringt uns häufig in Schwierigkeiten, indem er das Leben einfach mit weißer Farbe übertüncht und seine dunkleren Seiten leugnet. Kübler-Ross kam im Zuge ihres Wachstums offenbar an einen Punkt, an dem sie, wenn sie ihr Gefühl persönlicher Integrität (progressive Sonne) aufrechterhalten wollte, einen genauen Blick auf den Sterbeprozeß werfen und sich damit einer Tabuzone zuwenden mußte – ein dem Jupiter eindeutig nicht gemäßes Handeln. Sie vertraute ihrem Weg, worin die Essenz der Arbeit mit der progressiven Sonne besteht, öffnete für sich selbst Türen und unterstützte in der Folge Tausende anderer Menschen.

Die Berührung von progressiver Sonne und Saturn hat von Wahrsagern immer einen schlechten Namen erhalten. Eine derart negative Einstellung ist jedoch unbegründet. Saturn fordert heraus – doch wenn wir uns der Herausforderung stellen, dann hilft uns ein solcher Aspekt, *Großes zu leisten* und damit unseren Selbstrespekt und unsere Würde zu untermauern. Saturn verlangt *Vorzüglichkeit* und größte *Disziplin*. Wenn wir gut auf die Berührungen der progressiven Sonne mit dem Ringplaneten reagieren, dann trägt unsere Hartnäckigkeit, unser Einsatz und unsere Konzentration unweigerlich Früchte. Wir erschaffen äußere Strukturen (Saturn!), die für unsere Mitmenschen sichtbar machen, was wir innerlich erreicht haben. Unter der Konjunktion von progressiver Sonne und Saturn gewann Peggy Fleming bei den Olympischen Winterspielen 1968 die Goldmedaille im Eiskunstlauf, während George Lucas seinen Film »Krieg der Sterne« freigab. Bei beiden Ereignissen verschmolz (Konjunktion) die sich entwickelnde Identität (progressive Sonne) mit einer neuen Ebene der Reife, des Selbstvertrauens und der Autorität, indem sie Körper und Geist einsetzte, um ein neues großes Werk zu schaffen – die klassische Saturn-Strategie.

Sonne, die Trickserin

Die Falle: Die Schwierigkeit, das Ich im Selbstbild zu sehr in den Mittelpunkt zu stellen, dabei die Bedürfnisse im größeren psychischen Zusammenhang zu übersehen, die Rechte anderer zu verletzen und sich selbst in alberne Aufgeblasenheit hineinzusteigern.

Die Lüge: Du bist der Mittelpunkt des Universums.

Nehmen Sie alle Planeten und binden Sie sie zu einem einzigen »Riesenplaneten« zusammen. Legen Sie diesen Riesenplaneten in die eine Schale einer gigantischen Waage. Geben Sie die Sonne in die andere Schale. Und die Waage senkt sich auf der Seite der Sonne. Geben Sie einen weiteren Riesenplaneten hinzu und noch einen und noch einen. Alles in allem müssen Sie mehr als 700 solcher Riesenplaneten dazulegen, bis die Waage ins Gleichgewicht gerät, soviel mehr Masse als das Sonnensystem, das sie umkreist, besitzt die Sonne. Wenn nicht der Schwung wäre, dann würde jeder der Planeten nach innen auf den Mittelpunkt des Sonnensystems zu rasen und durch die überwältigende Anziehungskraft der Sonne aus dem Himmel gerissen werden – und die Sonne würde die Planeten so lässig verspeisen, wie Sie ein paar Erdnüsse.

Der menschliche Geist funktioniert auf die gleiche Weise. Die solare Identität ist das allmächtige *Zentrum* der Psyche. Ihre »Anziehungskraft« ordnet all die ungleichen planetaren Funktionen zu einem *stimmigen großen Ganzen* an. Und doch besteht immer die Gefahr, daß die Sonne das System zerstört, es zusammenfallen läßt wie einen Ballon, dem die Luft entweicht. Mentales Gleichgewicht – Glück also – hängt davon ab, daß jeder einzelne Planet seinen unabhängigen Schwung beibehält und es somit der Persönlichkeit gestattet, ihre angeborene *Ganzheit* zu erfahren. Wir sind also weit mehr als nur unser Ich.

Wenn wir es zulassen, daß die progressive Sonne zum Trickser wird, dann geht das Gleichgewicht zwischen dem Ich und dem umfassenderen Selbst verloren. Reiner Egoismus reißt das Ruder an sich. Am Anfang ruft dieses Ungleichgewicht Gefühle der Leichtfertigkeit hervor. Wir halten uns für »ganz zentriert«, fühlen uns selbstsicher, energetisch aufgeladen, dynamisch, als könne uns nichts bremsen. Diese Überheblichkeit ist im allgemeinen nur von kurzer Dauer. Entweder wir rufen ein Unglück hervor, leben ein »Hochmut-kommt-vor-dem-Fall«-Szenario aus – oder wir bekommen genau das, was wir zu wollen meinen, und damit eine Verwirklichung der Vorstellung, daß »Gott, wenn Er wirklich böse mit uns ist, unsere Gebete erhört«. Die solare Progression fordert uns dazu heraus, die *Ganzheit unseres Selbst* im Leben voranzubringen, neue Identitätsmuster zu erschaffen, die die erhöhte Reifeebene widerspiegeln. Die Strategie des Tricksers besteht darin, *nur das Ich, unabhängig von Gefühlen, Grundwerten und spirituellen Empfindsamkeiten, vorankommen zu lassen.* Solche Fortschritte brechen schon bald auseinander, ähnlich wie eine Armee, die sich zu weit in feindliches Territorium vorgewagt hat. Der Winter kommt, und der Hunger erweist sich als gründlicherer und unerbittlicherer Gegner als jegliche direkte Konfrontation mit einem physischen Feind.

Stephen King veröffentlichte viele Jahre lang mit wenig Erfolg. Als die progressive Sonne sich auf ein Quadrat mit seinem Geburts-Mars zu bewegte, arbeitete er an einem besonders brutalen Roman. Sein Schreiben scheint den Zustand innerer Anspannung widergespiegelt zu haben, der für diesen astrologischen Aspekt charakteristisch ist, denn er beschreibt die Zerstörung einer Stadt durch ein verstoßenes Mädchen im Teenageralter, das übermenschliche Kräfte besitzt – ohne Zweifel ein Mars-Thema. Eines Tages explodierte King in seinem inneren Druck und warf das unvollendete Manuskript in den Mülleimer. Seine Frau holte die Blätter wieder heraus und drängte ihn, daranzubleiben. Er beendete das Buch – und »Carrie«, wie er es nannte, verkaufte sich mehr als vier Millionen Mal und brachte ihn auf den richtigen Weg, um einer der reichsten Schriftsteller der Geschichte zu werden. Seine sich entwickelnde Identität (progressive Sonne) prallte (Quadrat) mit dem richtigen Einsatz von Willenskraft (Mars) zusammen. Scheinbar hatte der Trickser fast gewonnen. Wie? Indem er Stephen Kings Ich mit einem *Gefühl der Unmöglichkeit, des sinnlosen Zorns und der Niederlage* erfüllte, während er ihn zeitweise blind machte für *nicht-solare Themen*, die seine Erfahrungen in einen größeren Bedeutungszusammenhang gestellt hätten, Themen wie etwa, daß er Spaß am Schreiben hat und über eine lebhafte Phantasie verfügt. Hätte er selbst das Manuskript wieder aus dem Mülleimer gezogen? Wir können es nicht wissen, doch die Geschichte zeigt, wie offen die Schlachten zwischen unserem inneren Lehrer und unserem inneren Trickser manchmal sein können.

Merkur, der Lehrer

Symbol: ☿

Das Geschenk: Die Fähigkeit, vertraute, doch zugleich veraltete Vorstellungen von der Welt durch neue Ideen und Ansichten zu ersetzen.

Die Herausforderung: Können Sie sich selbst gestatten, morgen klarer zu sehen als heute?

In seiner wunderbar anschaulichen Einführung in die »moderne Physik«, »Die tanzenden Wu Li Meister«, beschreibt Gary Zukav ein Atom als Kugel von der Größe eines 14stöckigen Gebäudes mit einem Salzkorn in der Mitte und einer Staubverunreinigung in der Nähe des Randes. Das Übrige ist leerer Raum. Sie und ich sind also wenig substanziell. Nur Geister. Vor ein oder zwei Jahrhunderten erkannten Wissenschaftler, daß die Farben, die wir sehen, nur ein winziger Ausschnitt des Energiespektrums sind, das unsichtbar auf uns herniederregnet. Wenn unsere Augen nur anders gestimmt wären, würden wir die Hitze in den Flügeln eines Falken »sehen«, doch der Regenbogen, an dem er vorbeifliegt, würde uns entgehen. Später zeichnete Albert Einstein ein Bild des Universums für uns, in dem die Zeit selbst langsamer wird und Formen sich verändern und Masse zunimmt, wenn wir sie auf sehr hohe Geschwindigkeiten beschleunigen. Nichts davon hört sich vernünftig an. Es hat wenig mit der Welt zu tun, die wir tatsächlich erfahren. Warum? Weil die Welt, die wir erfahren, ein mentales Konstrukt ist – nicht die ganze Wahrheit, nur ein Modell, das uns schlüssig erscheint. Wenn wir über die »Wirklichkeit« sprechen, dann meinen wir tatsächlich eine Reihe von Vorstellungen, die wir in unseren Köpfen mit uns herumtragen. Die

»Wirklichkeit« ist wenig mehr als eine Lüge, auf die wir uns geeinigt haben. Für sich genommen funktioniert unser Verstand auf die gleiche Weise. Wir strecken uns mit unserer Neugier nach außen, testen die Welt, fühlen sie, sammeln Eindrücke. Dann ordnen wir diese Eindrücke zu einem Muster, das uns irgendwie sinnvoll erscheint. Dieses Muster oder *Modell von der Beschaffenheit der Welt* ist die Basis für weitere Experimente, für eine noch größere Ausweitung unserer Neugier. Diese Experimente unterstützen manchmal das Modell, manchmal stellen sie es auch in Frage. Und genau da wird der Prozeß heikel. Wir *mögen* unsere alten Modelle. Wir fühlen uns ihnen verhaftet. Sie loszulassen, beschämt und verwirrt uns. Es fällt uns leichter, nicht in das Bild passenden Input zu ignorieren und so zu tun, als ob unser altes Modell noch immer vollkommen funktioniert – und wir vertreten diese Position, indem wir die Welt selektiv wahrnehmen, nur das sehen, was wir zu sehen erwarten und alles andere leugnen. In Indien sagt man dazu:»Wenn ein Taschendieb auf einen Heiligen trifft, dann sieht er Taschen« – nur, daß wir in diesem Fall selbst die Taschendiebe sind und die Taschen dem Universum gehören.

Im »Inneren Himmel« habe ich Merkur als Symbol für unsere Fähigkeit vorgestellt, ein Modell von der Welt zu konstruieren, das für uns als Individuen funktioniert. Merkur ist der mentale Planet, der Sprecher und der Zuhörer, der Frager. Wenn wir unseren Horizont in die astrologische Vorhersage hinein erweitern, dann erkennen wir das Erstellen von Modellen der Welt als endlosen Prozeß von Versuch und Irrtum. *Der progressive Merkur symbolisiert unser sich entwickelndes mentales Bild vom Leben, das sich durch Erfahrung langsam vertieft.*

Er symbolisiert die Taschen, die zu sehen wir *erwarten* – und die Möglichkeit, daß wir eines Tages auch den Heiligen wahrnehmen, der sie trägt.

Der Knackpunkt beim Verstehen von Merkur-Progressionen ist die Erkenntnis, daß Sie bereit sind, klarer zu sehen, sobald der Planet einen Wirkpunkt überquert. Eine fundamental neue Vorstellung versucht, zu Ihnen durchzubrechen, doch um sie aufzunehmen, müssen Sie Ideen in Frage stellen, von denen Sie seit langem annehmen, daß es sich bei ihnen um bewiesene Wahrheiten handelt. Merkur der Lehrer rät Ihnen, *alles in Frage zu stellen*, vor allem sich selbst. Wie die mittelalterlichen Astronomen, die meinten, die Erde sei der Mittelpunkt des Weltalls, haben Sie Ihre Zeit damit verschwendet »Welten im Inneren von Welten« zu konstruieren, um Ihre Wahrnehmungen zu erklären. Wie jene alten Astronomen brauchen Sie einen Kopernikus, der Ihnen eine *absolut einfache, absolut unerwartete* neue Vorstellung offeriert, die alles an die richtige Stelle rückt. Der einzige Unterschied besteht darin, daß Sie diesen Kopernikus in sich selbst finden müssen.

Wo wird der Durchbruch stattfinden? Die Antwort ist eine weitere Frage: Welchen Teil Ihres Geburtshoroskops löst dieser progressive Merkur aus? Wenn es die Venus ist, dann wird Ihr neues Modell von der Welt etwas mit Beziehungsvorstellungen oder kreativer Inspiration zu tun haben. Berührt er den Mars im 10. Haus, dann legt Ihnen der progressive Merkur neue strategische Einsichten bezüglich Ihrer Karriere nahe. Nehmen Sie sich also Ihr Radix-Horoskop vor. Wie immer ist das unser erster Schritt. Können wir noch weiter gehen? Ja – häufig vermitteln die Zeichen und Häuser, durch die der progressive Merkur wandert, ein klares Bild von der Art des Durchbruchs. Durchwandert Merkur das Zeichen Wassermann im 7. Haus? Dann werden Einsichten vermutlich durch Partner und nahe Freunde an Sie herangetragen, vor allem wenn sie eine »Wassermann-Natur« haben – Menschen die innovativ und unabhängig sind und bereit, mit etablierten Vorstellungen zu brechen. Finden Sie heraus, um welche Einsichten es sich handelt, geben Sie sich Mühe, für zwei oder drei Jahre – denn so lange bleibt Merkur vermutlich in den Orben des Wirkpunktes – offen für diese neuen Perspektiven zu sein. Diese Freunde mit der »Wassermann-Natur« sind die Botschafter des Lehrers. Ob sie es wissen oder nicht, sie halten den Schlüssel zu der Schatzkiste in Händen, die Sie zu öffnen versuchen. Was ist, wenn Merkur durch die Jungfrau im 1. Haus zieht? Dann dürfen Sie keine Botschafter erwarten; die Einsichten müssen allein aus Ihnen selbst hervorbrechen (1. Haus), und um sie als das zu erkennen, was sie sind, müssen Sie eine disziplinierte Analyse der Situation (Jungfrau) vornehmen.

Der Schauspieler Ben Kingsley wurde mit einem stationär rückläufigen Merkur im späten Steinbock geboren. In der ersten Hälfte seines Lebens verfolgte der progressive Merkur auch weiter seine rückläufige Bahn. Als er 20 Jahre alt war, legte der Planet eine weitere Pause ein, wurde langsam direktläufig und kehrte nach und nach an den Ort zurück, an dem er sich bei Kingsleys Geburt befunden hatte. Nur eine Minderheit erlebt eine progressive »Merkur-Rückkehr«. Sie kündigt eine Zeit an, in der die Fähigkeit, neue Vorstellungen und Fertigkeiten aufzunehmen, eine erstaunliche Höhe erreicht, die der Offenheit des Geistes während des ersten Jahres der Kindheit ähnelt. Wie reagierte Kingsley? Er schreckte uns auf und inspirierte uns mit seiner übernatürlich überzeugenden Darstellung von Mahatma Gandhi in dem Film »Gandhi«. Sein merkurischer Einfallsreichtum und seine Intelligenz strahlten wie das Licht in einem Leuchtturm.

1923 brach ein 21jähriger Zeichner namens Walt Disney von Kansas City nach Hollywood auf mit nichts in der Tasche als 40 Dollar und ein paar Skizzen für einen Trickfilm, den er »Alice in Cartoonland« nannte. Der progressive Merkur befand sich in Opposition zu seinem Geburts-Neptun. Ein kurzsichtiger Astrologe hätte ihm vielleicht gesagt, daß sein Verstand (progressiver Merkur) unter der Spannung (Opposition) zu zerreißen drohte und ihn mit irrealen und glamourösen Wahnvorstellungen (Neptun) erfüllte. Ein anderer Astrologe hätte möglicherweise prophezeit, daß Disney von einer Vision (Neptun) inspiriert wurde und daß er ihr vertrauen müsse, auch wenn sie dem gesunden Menschenverstand (Opposition) zu widersprechen schien, weil die ganze Schubkraft seines intellektuellen Lebens (progressiver Merkur) nun davon abhing, daß er auf seine kreative Inspiration vertraute (Neptun).

Welcher Astrologe hat wohl recht behalten? Im Rückblick wissen wir, daß der zweite die Wahrheit gesagt hätte. Dies sollte uns jedoch gegenüber der Tatsache nicht blind werden lassen, daß der erste ebensogut hätte recht haben können. Ein progressiver Merkur in Opposition zu Neptun *kann* den Verstand aus dem Gleichgewicht bringen, einen Menschen dazu verführen, verrückte, unrealistische Entscheidungen zu treffen, die ihm rasch ins Gesicht schlagen. Ein moderner Astrologe würde beide Möglichkeiten beschreiben und einem modernen Walt Disney raten zu erkennen, daß seine Vorstellungskraft sich auf einem inspiratorischen Höhepunkt befindet und daß er sich seines gesunden Menschenverstands bedienen soll, um die irrationalen Enthusiasmen und Übertreibungen auszusortieren, die immer in der Gefolgschaft eines solchen inneren Erblühens auftreten. Mit anderen Worten, der Astrologe würde sagen: »Walt, hier ist dein Wetterbericht. Nun zieh dich an, wie es dir paßt.«

Merkur, der Trickser

Die Falle: Die Versuchung, Energie in Rationalisierungen, Abwehrreaktionen und Unnachgiebigkeit fehlzuleiten, die eigentlich zum Lernen und für Klärungsprozesse benötigt wird.
Die Lüge: Du kennst dich aus.

Wer bei gesundem Verstand ist, für den sind Modelle von der Welt nur ein Zwischenstopp auf dem Weg. Wir denken uns eine Theorie aus. Sie paßt zu der Wirklichkeit, die wir relativ gründlich erlebt haben. Wir verwenden die Theorie, bis eine bessere daherkommt – oft als Folge neuer Erkenntnisse, die die Schwachpunkte im alten Bild sichtbar gemacht haben. Dieser Prozeß setzt sich endlos fort. Theorie um Theorie führt uns und wird dann abgelegt. So jedenfalls verhält es sich mit Merkur als Lehrer. Instinktiv weiß er, daß man »mit den richtigen Fakten alles beweisen kann«, folglich mißtraut er allen Theorien als den spekulativen Produkten menschlichen Intellekts, wertvoll zwar, aber immer gefährlich, wenn wir zu stark an sie glauben.
Merkur, der Trickser, spielt mit unserer Angst, uns von diesen ausgedienten Bildern zu trennen. Er spielt mit unserem natürlichen Zögern, *Sicherheit gegen Unsicherheit, Vertrauen gegen Zweifel einzutauschen*. Er ist der Teil von uns, der die alten Theorien vorzieht. Er blockiert den gesunden merkurischen Prozeß des Beobachtens und Probierens, indem er uns davon überzeugt, daß wir schon *weise genug sind*. Seine Lüge lautet, »Du kennst dich aus«, und seine Täuschung liegt darin, uns weiß zu machen, daß Meinungsstetigkeit eine Tugend ist. Wenig menschliche Ei-

genheiten machen ihm mehr Spaß als unsere Neigung, leidenschaftlichen Meinungen Unterschlupf zu gewähren.

Wenn der Verbündete des Tricksers unsere Rigidität ist, dann ist der größte Freund des Lehrers die Wirklichkeit selbst. Für gewöhnlich widerlegt uns die Erfahrung, wenn wir in begrenzten Sichtweisen steckengeblieben sind. Weiße Rassisten treffen früher oder später auf Schwarze, die nachweislich intelligenter sind als sie selbst. Schwarze Rassisten leben in einer Welt, die von mehr als nur ein paar vorurteilsfreien, vertrauenswürdigen Kaukasiern bewohnt werden. Vertrauen übersteht Überprüfung: Lügen nicht. Wie also übersteht der Trickser? Er *rationalisiert!* Er begründet und argumentiert, droht und bettelt – und wenn diese Taktiken versagen, dann verlegt er sich aufs Plappern. Er plappert bis er seine offensichtlichen Lügen selbst glaubt. Er plappert bis jene, die mit ihm diskutieren so müde oder verwirrt oder verzweifelt sind, weil es ihnen nicht gelingt, je einen richtigen Kontakt zu ihm herzustellen, daß sie aufgeben – und dann interpretiert er ihre Kapitulation als Zustimmung. Und was gewinnt er dabei? Nur das Recht, morgen ebenso dumm zu sein wie heute – das und seine geliebte Beständigkeit.

Ein abstoßender Charakter, dieser Merkur-Trickser – denken Sie jedoch daran, daß er ein Bestandteil von Ihnen, von mir und von allen anderen Menschen ist.

Wenn sich ihr progressiver Merkur auf einem Wirkpunkt befindet, überprüfen Sie sich. Reden Sie vielleicht zu viel? Hören sich Ihre Argumente leer an, wenn Sie sie noch einmal im Kopf ablaufen lassen? Was ist es, wovon Sie nichts wissen wollen? Ihr Geburtshoroskop kann Ihnen helfen, die Antwort zu finden. Wenden Sie die Techniken an, die wir bei »Merkur, der Lehrer« skizziert haben. Welchen Teil Ihres Horoskops beeinflußt der progressive Merkur? Wo befindet er sich im Hinblick auf Zeichen und Häuser? Öffnen Sie sich für die Botschaft der Symbole, und wenn Sie mutig sind, werden Sie etwas erkennen, das Sie zuvor noch nicht hätten verstehen können, selbst wenn es Ihnen auf den Kopf gefallen wäre. Warum? *Weil Sie noch nicht bereit gewesen wären für diese Klarheit.* Lassen Sie es nicht zu, daß die Dickköpfigkeit des Tricksers Ihnen diese Gelegenheit stiehlt. Er raubt

Weisheit und läßt Sie mit nichts zurück als einem Mundvoll Wörtern.

Der Ayatollah Khomeini proklamierte die Islamische Republik Iran, als sein progressiver Merkur ein Trigon mit Jupiter bildete. Sein sich entwickelndes mentales Bild von der Welt (progressiver Jupiter) verstärkte (Trigon) seinen Glauben und seinen Optimismus (Geburts-Jupiter). An der Oberfläche klingt das gut, doch wir müssen immer auch zwischen den Zeilen solcher Formeln lesen. Jupiter kann uns zum Übermaß und zu einem illusionären Größenwahn verleiten. Das ist seine dunkle Seite. Da Jupiters Gewißheit und Leidenschaft die sich entwickelnde Weltsicht des Ayatollah aufpumpte, befand sich dieser, ähnlich wie im vorangegangenen Beispiel Walt Disney, an einer riskanten Stelle. Gelegenheit war eindeutig vorhanden, aber da war auch die Möglichkeit eines prahlerischen Absturzes. Ein Entwicklungsastrologe würde das Ergebnis dieser Progression nicht vorhersagen, sondern nur einen Wetterbericht liefern:»Dein Geist ist jetzt inspiriert und energetisiert, aber vielleicht nicht so sehr wie du meinst. Sei vorsichtig!«

Venus, die Lehrerin

Symbol: ♀

Das Geschenk: Die Fähigkeit, durch die Aufnahme von Beziehungen, das Schaffen von »Kunst« und die willentliche Entspannung ein Gleichgewicht in der Psyche herzustellen.

Die Herausforderung: Können Sie Ihr Herz öffnen, um Liebe hinein und kreativen und emotionalen Ausdruck hinauszulassen?

Meister des Zen-Buddhismus verwirren ihre Schüler, indem sie sie fragen:»Was ist der Klang des Klatschens der einen Hand?« Die Vorstellungskraft des Verstandes ist überfordert; wie eine Zeichnung, die nicht in der richtigen Perspektive erstellt wurde, bricht eine solche Frage die Gesetze, nach denen diese Welt funktioniert. Mittelalterliche Gelehrte diskutierten darüber, ob Gott mächtig genug sei, um zwei Berge ohne ein dazwischenliegendes Tal zu erschaffen. Auch hier die gleiche Reaktion, wir sind sprachlos; die Frage verstößt gegen die Regeln. Bei jedem dieser Rätsel werden wir aufgefordert, uns ein Universum ohne die Erwähnung von Beziehung vorzustellen. Und es gelingt uns nicht. *Zwei* Hände werden zum Klatschen gebraucht. Die bloße Existenz zweier Berge macht zwangsläufig das Vorhandensein eines Tals erforderlich, das die *Beziehung* zwischen ihnen darstellt. Die Wahrheit ist, daß das Wissen um Beziehungen die Grundlage des menschlichen Bewußtseins ist. Ohne dieses Wissen würde das Universum, wie wir es erleben, auseinanderfallen.

Im Geburtshoroskop repräsentiert Venus den Teil des menschlichen Bewußtseins, der *Beziehungen als solche wahrnimmt und sie ins Leben ruft* – dabei dürfen wir jedoch nicht vergessen, daß diese »Beziehungen« zwischen Farben und Formen und Klängen ebenso wie zwischen Menschen bestehen können. Venus ist der Planet der *Harmonie*. Venus im Geburtshoroskop symbolisiert die Art von Erfahrungen, die am besten dazu geeignet sind, uns zu *beruhigen*, indem wir darin unterstützt werden, uns als *Teil des Ganzen* zu fühlen, eingewoben in den Gobelin wie ein farbiger Faden. Ein Großteil dieses Gefühls entsteht, indem wir uns in einem Netzwerk befriedigender *menschlicher* Beziehungen etablieren. Die Venus ist also der romantische Planet und symbolisiert Freundschaftsbande und Partnerschaften auf allen Ebenen. Um dies vollständig zu begreifen, müssen wir weiter vordringen. Öffnen Sie Ihr Herz für einen vollkommenen Sonnenuntergang. Reagieren Sie im Inneren auf diese Schönheit. Lassen Sie sich hypnotisieren von den wirbelnden Wölkchen zarten Rots und Oranges vor dem Hintergrund eines sich vertiefenden Blaus. Was geschieht? Ihre Venus summt. Ihr Geist hat sich nach außen ausgestreckt und sich für den umfassenderen Gobelin des Lebens geöffnet. Was Sie spüren ist nicht der Sonnenuntergang, sondern viel eher *Ihre Beziehung* zu diesem Sonnenuntergang. Das ist es, woher all die Gefühle kommen. Sie erleben den einzigartigen Stoff, indem sowohl Sie als auch die veränderlichen Farben nur einzelne Fäden sind. Welche Wirkung hat dieser Prozeß auf das Bewußtsein? Indem wir uns selbst in Beziehung zur uns umgebenden Welt erleben, spüren wir *Gelassenheit* – das Zeichen, daß Venus, die Lehrerin, etwas damit zu tun hat.

Das Bedürfnis der Venus, sich mit anderen Teilen des Lebens verbunden zu fühlen, bleibt ein Leben lang bei uns, doch die Art dieser Verbindung verändert sich mit den Jahren. Während ihrer Teenagerzeit kann eine Frau ein sozialer Schmetterling sein und sich, wenn sie 40 ist, dennoch dafür entscheiden, zurückgezogen in den Wäldern von Vermont zu leben. Die Bedürfnisse ihrer Venus werden nun durch Sonnenuntergänge und Frauenschuh und ein paar gute Freunde, die nicht weit entfernt wohnen, befriedigt. Was ist geschehen? Ihre Beziehungsmotivation hat sich im Fluß der Zeit und mit der Ansammlung von Erfahrungen verändert. Um es astrologisch auszudrücken, *ihre Venus hat sich vorgeschoben*. Vielleicht ist sie aus dem lebhaften 3. Haus in das einsiedlerische 4. Haus gewandert, oder aus dem nach Erfahrungen hungernden Schützen in den einzelgängerischen Steinbock. Was ihr einst etwas gab, erscheint ihr nun leer; was zuvor unbegreiflich war, fühlt sich nun reich und vielschichtig an.

Bei der Beschäftigung mit den Progressionen der Venus fällt uns ein, daß man, wenn man sich verliebt, gerne Gedichte schreibt. Im Schaltkreis des menschlichen Geistes motivieren uns die gleichen Kräfte, die uns Bindungen mit anderen Menschen eingehen lassen, auch Schönheit zu schaffen. Die Energetisierung dieser mentalen Schaltkreise veranlaßt uns auch dazu, uns zurückzulehnen und es der Schönheit zu gestatten, unseren Geist zu beruhigen und zu inspirieren – nachdem wir uns mit unserem neuen Gedicht vor unserer neuen Geliebten gebrüstet haben, lehnen wir uns vielleicht gemeinsam zurück und betrachten den aufgehenden Mond.

Harmonie ist hier der Grundton. Ob wir uns nun an dem Fluß von Bewußtsein und Aufmerksamkeit zwischen uns und einem geliebten Menschen erfreuen, oder ein ähnliches Fließen zwischen uns und dem gelben Mond bemerken oder aber vor der Staffelei sitzen und die Leinwand mit Phantasielandschaften füllen, wir verbinden unsere Aufmerksamkeit mit dem, was jenseits unserer Persönlichkeit liegt – und wir werden darin von Venus, der Lehrerin, geführt.

Um es uns auf diese Weise gutgehen zu lassen, müssen wir unsere Abwehrmechanismen mäßigen. Das Ich muß schmelzen.

Wir müssen uns willentlich entspannen. Erinnern Sie sich an das letzte Mal, als Sie sich mit Ihrem Gefährten oder Ihrer besten Freundin gestritten haben? Und erinnern Sie sich daran, wie gut es sich angefühlt hat, als sich Ihre Augen zum ersten Mal nach dieser Auseinandersetzung trafen? Das ist Venus. Sie schenkt uns die Weisheit zu erkennen, daß das Bedürfnis nach Offenheit und Frieden in uns das Werk der Lehrerin ist.

Wenn Venus sich in ein neues Haus schiebt, dann muß sich unser *Verhalten* in Sachen Beziehungsaufnahme radikal verändern, muß sich neue *Arenen und Ausdrucksstile* erobern. Ein neuer Ozean muß überquert werden; alte Navigationsmethoden helfen uns jetzt nicht mehr weiter. Walt Disney wurde mit einer Venus im 5. Haus geboren. Das Verhalten, mit dem er sich selbst zum Ausdruck brachte (5. Haus), war von der Venus gefärbt – Kreativität in irgendeiner Form war entscheidend für sein Wohlergehen. 1928, als er 26 Jahre alt war, wechselte seine progressive Venus in sein 6. Haus – und seine Kreativität erreichte einen Wendepunkt. Er reagierte so energisch, wie es dem 6. Haus entspricht – die Betonung lag auf harter Arbeit, Professionalität, wachsender Verantwortung, verbesserten Techniken. Obwohl seine progressive Venus nun viele Jahre lang im 6. Haus bleiben würde, wissen wir außerdem, daß solche Übergänge normalerweise mit einem dramatischen Ereignis beginnen, das bereits *ahnen läßt*, was noch kommen wird. In Disneys Fall war das Ereignis die Ausstrahlung seines Zeichentrickfilms »Steamboat Willy« – und die Geburt von Mickey Mouse.

Aspekte, die durch die progressive Venus gebildet werden, sind von kürzerer Dauer als ihr Lauf durch Zeichen und Häuser, der für gewöhnlich zwei oder drei Jahre dauert. Diese kurzen Phasen stehen für eine Zeit des *Zurechtrückens* unseres Beziehungslebens. Hier folgt eine hilfreiche Methode, um sich dies vorzustellen: Eine Beziehung muß zwischen der *Gesamtheit* einer Person und der *Gesamtheit* einer anderen bestehen. Auf einer realistischen Basis können wir also nicht die »Art zu Lieben« oder die »Kreativität« einer Person aus den zusammenhängenden Prozessen ihrer Individualität herauslösen.

Um es astrologisch auszudrücken, man liebt oder erschafft

nicht nur durch seine Venus oder durch sein 5. oder 6. Haus –
man liebt und erschafft durch die Gesamtheit seines Geburtshoroskops. Wenn Venus einen Wirkpunkt berührt, dann ist der
Teil Ihrer Psyche, mit dem dieser Wirkpunkt verbunden ist, bereit zu lernen, wie man Liebe austauschen und sie in die kreativen
Prozesse integrieren kann, um beide zu bereichern. Der heilige
Franziskus von Assisi zum Beispiel begann öffentlich zu predi-
gen, als sich seine progressive Venus in Konjunktion mit Mars befand. Seine sich entwickelnde Fähigkeit zu lieben (progressive
Venus) verschmolz (Konjunktion) zu diesem Zeitpunkt mit seinem Mut und seiner Initiative (Mars). Er hatte Liebe schon
immer gekannt, er hatte Feuer schon immer gekannt – doch zwischen den beiden war eine Mauer gewesen. Durch diesen progressiven Aspekt stürzte die Mauer ein, eine Katalyse fand statt
und seine Fähigkeit, seine besondere Art von Liebe auszudrücken, nahm eine Leidenschaft und eine Dynamik an, die
früher unmöglich gewesen wäre.

Es ist eine weitverbreitete Erfahrung, daß die Erfahrung von
Liebe sich mit den Jahren vertieft. Ein 50jähriger Mann, der seine
Frau liebt, mit der er seit 30 Jahren verheiratet ist, fühlt anders, als
ein Teenager bei seiner ersten Verabredung. Für gewöhnlich wird
das Wort »Reife« in diesem Zusammenhang heraufbeschworen;
als Astrologen würden wir statt dessen sagen, daß die progressive
Venus des älteren Mannes viel mehr Wirkpunkte berührt hat, als
die des jungen. Der Mann liebt nun nicht nur mit seiner romantischen Empfindungsfähigkeit (Venus), sondern vielleicht auch mit
seinem Intellekt (Merkur), seiner Individualität (Uranus), seinem
Alleinsein und seiner Selbstdisziplin (Saturn), abhängig davon,
wie weit seine progressive Venus vorangekommen ist. Normalerweise hat die Venus bis zum Lebensende eine ausreichende
Strecke zurückgelegt, um mit jedem Planeten wenigstens einen
Aspekt zu bilden. Das gesamte Geburtshoroskop wird schließlich in den Dienst der Liebe gerufen.

Ähnliche von Venus beeinflußte Prozesse wirken sich auch auf
die Kreativität aus. Ausbrüche der Inspiration können jederzeit
stattfinden, normalerweise wenn starke Venus-Transite oder -Pro-
gressionen im Spiel sind. Doch häufig gelingen einem Künstler

seine besten Werke spät im Leben, wenn die Venus auf ihrer Reise bereits zahlreiche Wirkpunkte überquert hat und der kreative Ausdruck aus der Gesamtheit der Vision des Individuums hervorgeht.

Venus, die Trickserin

Die Falle: Die Hauptschwierigkeit, Manipulation und Scheinheiligkeit anheimzufallen, womit vorübergehend harmonische, doch nicht authentische Beziehungen geschaffen werden.

Die Lüge: Offenheit ist alles – wenn du sie vortäuschen kannst, dann hast du gewonnen.

Die Lüge, die ich oben wiedergegeben habe, stammt von dem Komiker George Burns. Sie verkörpert die Täuschungen von Venus, der Trickserin. In gewissem Maße hat jeder von uns eine natürliche venusische Fähigkeit, sich mit einem anderen Menschen zu einigen. Jeder von uns kann den anderen *sehen*, und mit diesem Individuum eine gemeinsame Sprache und ein gewisses Maß gegenseitigen Vertrauens schaffen. In diesem Prozeß ist *Offenheit* entscheidend. Wir müssen uns bemühen, echt zu sein, und die andere Person darin unterstützen, zu verstehen, wer wir sind, was wir vielleicht zu bieten haben und was wir wollen. Wir teilen etwas von unserem Innenleben mit, legen dar, welche Geschenke wir bei uns führen – und warnen die Person, möglicherweise unbewußt, vor dem, was an uns gefährlich ist. Wenn Offenheit den Prozeß dominiert, gewinnen beide, und der unvermeidliche Schmerz menschlicher Interaktion ist auf ein Minimum reduziert. Das ist der Weg, den Venus, die Lehrerin, beschreitet.

Die Trickserin hat andere Pläne. Sie (oder er!) strebt danach, die natürlichen Prozesse der Beziehungsaufnahme zu behindern, zu untergraben und sie zu verzerren, um sie niederen Belangen dienstbar zu machen. Sie erfaßt das Wesen der anderen Person – und verwendet dieses Wissen dann, um ein illusorisches Bild von sich selbst im Geist des anderen zu erzeugen. Warum tut sie das? Um zu bekommen, was sie will! Indem sie sich den Anschein gibt, die Bedürfnisse des anderen zu erfüllen, schmeichelt die Trickserin sich ein und manipuliert den anderen dazu, ihr heißhungriges Ich zu unterstützen.

Welcher Art ist der Hunger der Trickserin? Das hängt davon ab, welchen Wirkpunkt die progressive Venus berührt. Eine Frau hat ihren Neptun im 5. Haus. Die progressive Venus löst ihn durch ein Sextil aus, und die Frau erliegt der Trickserin. Ihr sich entwickelndes Bedürfnis nach Liebe (progressive Venus) stimuliert (Sextil) ihren Drang nach glanzvollen (Neptun) Liebschaften (5. Haus). Sie wird zur Femme fatale, pflastert ihren Weg mit gebrochenen Herzen – und findet selbst wenig Befriedigung dabei. Warum? Weil es diesen Männern nicht gestattet war, sie deutlicher zu sehen, als die Frau sie sah. Nur Schatten, die mit anderen Schatten tanzen, einander ausbeuten und manipulieren.

Was ist mit der kreativen Dimension des Planeten? Die Trickserin kann hier ebenfalls tätig werden, uns dazu verlocken, uns vor der Menge zu produzieren, unsere natürliche Stimme zu betrügen und sie durch eine zu ersetzen, die allein uns dient. Diese Krankheit ist nicht allein für Künstler reserviert. Jeder kann ihr erliegen. Auch unsere Kleidung ist ein Ausdruck von Kreativität – die Trickserin würde uns dazu bringen, unsere Garderobe allein im Hinblick auf unsere Wirkung und aus egoistischen Motiven auszuwählen. Die Lehrerin hingegen würde vielleicht Freude daran haben, unseren Kleiderstil zu verändern, damit er das widerspiegelt, was wir im Inneren geworden sind – um damit geistesverwandte Menschen anzuziehen und jenen eine klare Botschaft zu übermitteln, mit denen wir nichts zu tun haben. Jeder Aspekt des Lebens, angefangen damit, wie wir unsere Wohnung einrichten, bis hin zu den Witzen, die wir erzählen, ist kreativ und Selbstdarstellung – und kann unter dem Druck der Trickserin zur Manipulation werden. Wir »täuschen Offenheit vor«, Leute fallen darauf herein – und wir vermissen die tiefere Befriedigung wahrer Kreativität und authentischer Beziehungsaufnahme.

Eine beunruhigende Vorstellung von der Wirkung der Trickserin kann man im Geburtshoroskop von Peter William Sutcliffe, dem berüchtigten »Yorkshire Ripper«, sehen. Angeblich davon überzeugt, daß er eine göttliche Mission zu erfüllen hatte, indem er Prostituierte ermordete, erschlich sich Sutcliffe von 1975 bis zu seiner Verhaftung Anfang 1981 das Vertrauen von 13 Frauen –

nur acht von ihnen waren Prostituierte – und ermordete und verstümmelte sie dann brutal. Es ist nie möglich, eine vollständige astrologische Analyse einer Situation zu liefern, wenn nur ein einziger progressiver Faktor berücksichtigt werden kann, aber im Fall des »Rippers« sehen wir die unverkennbare Hand von Venus, der Trickserin. Als die schrecklichen Morde begannen, befand sich die progressive Venus im Sextil zu seinem Geburts-Merkur. Während die Jahre seines Wütens verstrichen, bewegte sich die progressive Venus in ein weiteres Sextil, diesmal mit seinem unsozialen Uranus. In seinem Geburtshoroskop bilden Merkur, Uranus und die Sonne eine dreifache Konjunktion in den Zwillingen in seinem 7. Haus. Unter diesen progressiven Venus-Sextilen wurde Sutcliffs angeborener Hunger nach menschlichen Kontakten (starkes 7. Haus) durch seine sich entwickelnde Fähigkeit zur Beziehungsbildung – auf eine kranke Weise – stimuliert und erregt (Sextil). Die Arbeit der Trickserin. Während all der Jahre, in denen er mordete, war noch eine andere Venus-Energie in Kraft, diesmal jedoch eine weit entscheidendere – seine sich entwickelnde Identität (progressive Sonne) verschmolz (Konjunktion) mit seinem persönlichen Magnetismus (Geburts-Venus). Keiner dieser Faktoren läßt Mord erkennen – tatsächlich hätten die meisten Wahrsager wohl eher auf Romantik verwiesen –, doch die Trickserin in ihm verzerrte die Energien, und Peter William Sutcliffe wurde zu einem Symbol menschlicher Verderbtheit und für den schwarzen Abgrund, in den eine ungebändigte, fehlgeleitete Venus uns katapultieren kann.

Mars, der Lehrer

Symbol: ♂

Das Geschenk: Die Fähigkeit, entschlossen zu handeln, in die Offensive zu gehen, das rechtmäßige Territorium zu verteidigen und Anspruch auf das zu erheben, was einem rechtmäßig gehört.

Die Herausforderung: Sind Sie mutig genug, um wie ein »spiritueller Krieger« zu leben – oder werden Sie sich zurücklehnen und sich vom Leben überrollen lassen?

Der »spirituelle Krieger« – enträtseln Sie diese Vorstellung und Sie wissen, worum es beim progressiven Mars geht. Beide sind ein und dasselbe. Dabei handelt es sich jedoch nicht um die traditionelle Sichtweise. Für den Astrologen von gestern bedeuten die Progressionen des roten Planeten Unglück. Als »Gott des Krieges« stand Mars für Konflikt, Verletzung und Schmerz. Dies mag manchmal zutreffen, aber wir müssen noch tiefer blicken. Der Mars ist ein Planet der *Herausforderung*, und die Bedingungen für diese Herausforderung sind vernünftig: Können Sie in dieser manchmal grausamen, immer wettbewerbsorientierten Welt die *Verantwortung für Ihr eigenes Überleben übernehmen*?

Initiative, Strategie, Konfrontation – das sind sicherlich Wörter von höchster Bedeutung im Vokabular des Mars, doch für Mars, den Lehrer, sind sie zweitrangig. Weit wichtiger ist es, die *Einstellung* eines spirituellen Kriegers zu erwerben: innere Transformation und nicht äußere Feuerwerke. Für den spirituellen Krieger ist der »Feind«, dem er sich als erstes stellen muß, immer im Inneren, nie im Äußeren. Dieser Feind ist unsere Angst, unsere Unaufmerksamkeit, unsere Aufgeblasenheit, alles, das die Kraft unseres Willens verschwimmen läßt und uns anfällig für vermeidbare Verletzungen macht. Wenn der innere Feind besiegt ist, schrumpft der äußere. Die wirkliche Schlacht – die Schlacht mit unserem Geist – ist gewonnen. Alles was bleibt, ist, diesen inneren Sieg in angemessenem Verhalten auszudrücken. Wenn der progressive Mars einen Wirkpunkt berührt, dann ist der Zeitpunkt gekommen, um zu *handeln*, um *entschlossen* zu handeln, voller *Selbstvertrauen* und mit *Autorität*. Vor allem muß dieses Handeln seine Wurzeln in kristallklarer Selbsteinschätzung haben und eine zielstrebige, unzweideutige Intention widerspiegeln. Was geschieht, wenn wir in unserer äußeren Anstrengung versagen? Das spielt keine Rolle. Wir haben trotzdem den Sieg errungen. Wir verlieren vielleicht eine Schlacht, doch selbst noch in der Niederlage gewinnt unser Geist an Kraft. Das ist das Geheimnis des Kriegers und der Schlüssel für seinen Gleichmut im Angesicht von Sieg und Niederlage.

Ein nieseliger Sonntagnachmittag. Sie haben zu lange geschlafen. Sie wachen auf, sind gelangweilt, haben Kopfschmerzen, sind unkonzentriert und matt. Sie hatten vorgehabt, das Haus zu putzen, doch Ihr Energieniveau dämpft diesen Vorsatz. Sie frühstücken. Sie blättern halbherzig durch die Zeitung. Sie fühlen sich wegen der Unordnung schuldig, weigern sich aber dennoch, sich ihr zu stellen. Sie lassen sich mit einem Roman nieder, lesen die ersten 40 Seiten und klappen das Buch zu. Sie trinken ein Glas Wein und wünschen sich dann, Sie hätten es nicht getan. Sollen Sie in die Stadt gehen? Nein. Einen Brief schreiben? Wieder nein. Fast gegen Ihren Willen zieht es Sie zurück zur Zeitung. Schließlich holen Sie verzweifelt den Staubsauger heraus, drehen das Radio auf und fangen an zu arbeiten. Zehn Minuten später ist Ihre emotionale Schwellenangst verschwunden. Sie fühlen sich glücklicher, stärker, weniger verrückt. Sie haben eine Richtung gefunden – und Ihr Mars läuft auf Hochtouren.

Vergrößern Sie den Maßstab dieses Szenarios, bis Sie ein bedeutendes *existentielles Großreinemachen* erhalten und Sie haben die Wirkung des progressiven Mars erfaßt. Wann immer dieser Planet einen Wirkpunkt berührt, müssen Sie das Niveau Ihres Engagements im Leben erhöhen. Das kostet Kraft. Bringen Sie sie jedoch auf, dann kann eine Mars-Periode aufregend und lohnend sein. Projekte werden in Angriff genommen. Hindernisse überwunden.

Ihre Intentionen nehmen Form an. Wenn Sie sich statt dessen entscheiden, im Bett zu bleiben, dann staut sich diese Energie in Ihnen an und verwandelt sich in Gift. Sigmund Freud hat einmal festgestellt, daß Depression verinnerlichte Wut ist. Astrologisch können wir eine allgemeinere Beobachtung machen: Depression hat ihre Ursache häufig in verinnerlichtem, unkonzentriertem Willen – mit anderen Worten ein Mars-Problem. Wenn Sie daran scheitern, die Botschaft dieses Lehrers zu begreifen, und nicht handeln, dann haben Sie einen deprimierenden, unzusammenhängenden Sonntagnachmittag zu erdulden – nur daß dieser Jahre und Jahre andauert, während Mars langsam über dem Wirkpunkt vorankommt.

Die Beispiele für Tapferkeit im Zusammenhang mit dem progressiven Mars sind im Überfluß vorhanden. Als sich Mars in Konjunktion mit seinem Geburts-Jupiter befand, setzte Neil

Armstrong als erster Mensch seinen Fuß auf den Mond. Seine sich entwickelnde Tapferkeit (progressiver Mars) verschmolz (Konjunktion) mit seinem Sinn für Selbstvertrauen, Glauben und Triumph (Geburts-Jupiter). Als der progressive Mars eine Konjunktion mit seinem Medium Coeli bildete, setzte der einzelgängerische Forscher Tristan Jones im isländischen Reykjavík seine Segel und brach zu seiner zweijährigen abenteuerlichen Reise durch die Arktis auf – und kehrte als Symbol für unbegrenzte menschliche Willenskraft zurück. Sein sich entwickelnder Mut trat in das öffentliche Bewußtsein ein (MC im 10. Haus). 700 Tage festgefrorenes Alleinsein gaben ihm innerlich den letzten Schliff – und die Bücher, die er danach über sein Abenteuer schrieb, fügten die öffentliche Dimension (MC) hinzu.

Nicht immer nimmt marsischer Mut eine so äußerliche abenteuerliche Form an, auch wenn viele von uns auf den roten Planeten mit körperlicher Tätigkeit und Anstrengung reagieren. Im Alter von 37 Jahren, als der progressive Mars in eine Konjunktion zu ihrer Geburts-Venus stand, heiratete die Malerin Georgia O'Keefe den Fotografen Alfred Stieglitz. Ihre sich entwickelnde Tapferkeit war bereit, sich der Herausforderung von festgelegter Liebe zu stellen. Sir Francis Chichester war mit einer tödlichen Lungenkrebsdiagnose konfrontiert – und überlebte – unter der Führung von Mars, dem Lehrer. Seine sich entwickelnde Tapferkeit (progressiver Mars) stellte sich seinem Wissen um Kräfte jenseits seiner persönlichen Kontrolle (Geburts-Pluto) *entgegen*. Er weigerte sich zu sterben, ließ sich in ein naturheilkundliches Krankenhaus einweisen und lebte danach noch viele Jahre – und besaß noch genug Energie, um drei Jahre danach allein über den Nordatlantik zu segeln, während der progressive Mars im Quadrat zu seiner Sonne stand!

Mars, der Trickser

Die Falle: Die Versuchung, »den Hund zu treten«, während man selbst unter der Angst, Leugnung und dem Eindruck, ungerecht behandelt worden zu sein, zusammenbricht.
Die Lüge: Bescheiß sie, bevor sie dich bescheißen.

Als Johnny 13 Jahre alt ist, wird ihm von Rüpeln im Waschraum der Schule das Portemonnaie abgenommen. Also geht er heim, erfindet eine Provokation und vertrimmt seinen jüngeren Bruder. Billy stürmt aus dem Haus und knallt hinter sich die Tür zu. Die Scheibe zerbricht. Billy läuft davon und ignoriert die Forderung seiner Mutter, sofort zurückzukommen. Johnny verhält sich still. Die Mutter ruft den Vater bei der Arbeit an und erzählt ihm die Geschichte – und landet ein paar Seitenhiebe zu der Belastung, die die kaputte Scheibe für den ohnehin kargen Lohn darstellt. Auf seinem Weg nach Hause geht der Vater in die Kneipe, um sich zu wappnen, und wird in eine Schlägerei verwickelt. Und an all dem sind die Rabauken im Waschraum der Schule schuld? Vielleicht. Aber drei von ihnen haben alkoholkranke, schlagende Väter, die wiederum von *ihren* Vätern geschlagen wurden, *deren* Väter sich ebenfalls an ihnen vergriffen ...

Gewalt führt zu mehr Gewalt, Angst zu mehr Angst, Opfer machen andere zu Opfern, bis unsere Analyse schließlich die Zeit bis zum großen Knall zurückverfolgt hat. Der alte Wahnsinn. Die Achillesferse des menschlichen Geistes. Sie trägt Bosheit in Ehen, Gehässigkeit in Freundschaften, Haß in menschliche Vielfalt. Wenn unsere Welt als strahlende Wüste endet, wenn Völker, statt gemeinsam nach den Sternen zu greifen, einander an die Hälse gehen, dann geben Sie die Schuld daran Mars, dem Trickser. Eine leblose, graue Erde über die in ein paar Billionen Jahren eine Kreatur stolpert, deren Art friedliebend genug war, um zu überleben – das ist das Ziel und der Preis des Tricksers.

Wenn der progressive Mars einen Wirkpunkt berührt, haben Sie die Gelegenheit, diese endlose Kette zu durchbrechen. Sie können das schwache Glied sein, sich selbst retten und die Zerstörung Ihren nächsten Mitmenschen fernhalten – und, was noch wichtiger ist, verhindern, daß dieser Wahnsinn noch weiter in die menschliche Zukunft hinheingetragen wird. Wie? Indem Sie Ihre Wut beherrschen? Nein – Wut wird nur selten transzendiert. Für gewöhnlich verzögert sich der Ausbruch »transzendierter« Wut nur und wird an einem glücklosen Opfer ausgelassen – wir treten nach dem Hund oder verpassen uns selbst ein Magengeschwür. Das Geheimnis des progressiven Mars liegt darin, erst einmal *ge-*

nau herauszufinden, worüber wir uns ärgern, und dann *wirkungsvoll und strategisch zur Tat zu schreiten, um das Problem aus der Welt zu schaffen.* Wenn Sie auch nur in einem Teil versagen, richtet der Trickser verheerenden Schaden an.

Erinnern Sie sich an den spirituellen Krieger. Der wahre Feind ist immer in uns. Wenn Johnny 15 wird, färbt er sich eine Haarsträhne orange und läßt sich das Ohr piercen. Die Mutter, deren progressiver Mars gerade im Quadrat zur Sonne steht, fährt aus der Haut. Wenn der Lehrer sich durchsetzt, wird sie sich bald beruhigen und erkennen, daß der Feind nicht der Stil des Jungen, sondern ihr eigener legitimer Wunsch ist, ihn zu kontrollieren. Das sich entwickelnde Gefühl ihrer eigenen Macht (progressiver Mars) reibt sich (Quadrat) an ihrem Ich (Geburts-Sonne) – und beide Seiten ihres Charakters müssen reifen. Wenn der Trickser die Oberhand gewinnt, dann setzt sie ihre Macht falsch ein und versucht Johnny zu zwingen, sich zu ändern. Er rebelliert, und ihre Beziehung trägt eine Verletzung davon.

Wenn Mars, der Lehrer, sich durchsetzt, dann rutscht Johnnys Mutter nicht in eine schuldbewußte Depression und in Schweigen ab, sondern arbeitet aktiv an dem Problem, spricht mit Johnny, hört ihm zu und holt sich Unterstützung von anderen »Kriegern«. Statt Johnny das Recht streitig zu machen, sich so zu präsentieren, wie er will, läßt sie ihn wissen, daß sie zwar seine Freiheit respektiert, jedoch auch fürchtet, ihr unterschiedlicher Stil könnte eine Kluft zwischen sie treiben – und sie bittet ihn, ihre Befürchtung zu entkräften. Sie hat den wahren Feind erkannt. Alles übrige war nur das Spinnennetz des Tricksers.

Andererseits erkennen wir manchmal nach eingehender Selbstprüfung, daß ein Problem nicht allein in uns selbst liegt. Wenn das der Fall ist, müssen wir *auf die Welt einwirken.* Dies ist immer die letzte Zuflucht des spirituellen Kriegers, denn solches Handeln ist von Natur aus gefährlich. Es offenbart das Ich und bietet Angriffsfläche für Verletzungen. Der Krieger handelt entschlossen, aber niemals leichtfertig. Der Trick des Tricksers ist es hier, unser Bewußtsein mit *selbstgerechtem Zorn, leidenschaftlichen Meinungen und Draufgängertum* zu füllen – in der Hoffnung, uns dazu zu bringen, daß wir die Armee schicken, wo ein Botschafter die Aufgabe ebenfalls gelöst hätte.

Als Mutter eines Fünfzehnjährigen hat Johnnys Mutter noch immer ein gewisses Maß legitimer Verantwortung für sein Wohlergehen. Als sie erfährt, daß er nicht nur seine Haare gefärbt hat, sondern auch zu einer Bande von Fahrraddieben gehört und daß er mit dem eingenommenen Geld Kokain kauft, weiß sie, daß sie etwas tun muß. Drei verschiedene Probleme, drei mögliche Reaktionsweisen. Sie erkennt, daß sein Haar seine eigene Angelegenheit ist, also schweigt sie dazu, auch wenn sie orangefarbene Haare nicht mag. Doch Fahrraddiebstähle und der Mißbrauch einer gefährlichen Droge, das überschreitet die Grenze zu ihrem legitimen Territorium des Handelns. Wie reagiert sie? Der Trickser flüstert ihr die leichteste Lösung zu:»Rasier ihm den Kopf und steck ihn in die Militärschule.« Der Lehrer bewegt sich vorsichtiger, weil er sich immer der verzerrenden Wirkung von Angst und Leidenschaft bewußt ist. Die Frau reagiert gut auf den Druck ihres verschobenen Mars, der sich nun im Quadrat zu ihrer Sonne befindet. Sie *stellt ihren Sohn zur Rede. Sie erklärt ihm ihre Gefühle.* Sie läßt ihn wissen, daß sie zwar begreift, daß er alt genug ist, seine eigenen Entscheidungen zu treffen, daß sie sich aber immer noch *persönlich verantwortlich* für ihn fühlt. Ihr Gewissen gestattet es ihr nicht zu schweigen, wenn er die Fahrräder seiner Mitschüler stiehlt. Vielleicht teilt sie ihm ruhig, aber entschlossen mit, daß sie die Polizei informieren wird, wenn die Diebstähle nicht aufhören.

Doch was die Experimente ihres Sohnes mit Kokain betreffen, da erkennt Johnnys Mutter ihre Unfähigkeit, einen entscheidenden Schlag zu landen. Sie ist eine spirituelle Kriegerin und als solche erkennt sie ihre eigenen Grenzen an. Sie spricht niemals eine leere Drohung aus oder lehnt sich zu weit aus dem Fenster. Sie erklärt ihm, daß sein Gebrauch dieser Droge ihr Sorgen macht, und sie erklärt ihm genau warum. Sie *bittet* ihn, den Drogenkonsum einzustellen, wohlwissend, daß eine Forderung zwecklos wäre. Sie fordert ihn auf, die Geschichte aus *seiner* Perspektive zu erzählen, damit sie sich ein vollständigeres Bild machen kann. Wenn die Fahrraddiebstähle weitergehen, wird Johnnys Mutter vermutlich die Polizei einschalten. Wenn sein Kokainmißbrauch weitergeht, dann kann sie nur den Versuch machen, die Kommunikation aufrechtzuerhalten. Ist das alles? Warum nicht mehr? *Weil sie die Grenzen ihrer Macht richtig einschätzt.* Johnny selbst muß wählen.

Die Schauspielerin Sharon Tate und die LaBiancas wurden ermordet, als sich Charles Mansons progressiver Mars im Trigon zu seinem Wassermann-Mond im 10. Haus befand. Eine solche lunare Konstellation im Geburtshoroskop weist auf Gefühle der Ausgeschlossenheit, auf eine Ausgrenzung aus der Gesellschaft hin. Da sich diese lunare Energie im 10. Haus befand, spürte Manson das Bedürfnis, sie in der Öffentlichkeit zum Ausdruck zu bringen. Wenn er in gesunder Weise auf sein Geburtshoroskop hätte reagieren können, dann hätte er für sich vielleicht eine Rolle als Sozialreformer gefunden. Da es aber anders kam, verstärkte (Trigon) sein sich entwickelnder Zorn (progressiver Mars-Trickser) diese Gefühle der Entfremdung (Wassermann-Mond) und er hat offenbar andere zum Mord inspiriert, die in der Gesellschaft ein Symbol für den Erfolg sind. Der Trickser trug den Sieg davon, und ein weiteres Glied wurde geschmiedet für die alte Kette des Wahnsinns.

Progressive Winkel

Der Aszendent und die Himmelsmitte sind zwei entscheidende »Winkel« des Geburtshoroskops. Im Zusammenhang mit Progressionen funktionieren sie ebenso wie Planeten. Einzig unsere Berechnungsmethode unterscheidet sich. Um ihre Position herauszufinden, schieben wir zunächst die Sonne auf die gewohnte Weise, »Ein-Tag-ein-Jahr«, voran. Dann messen wir, wie weit sich die Sonne von ihrer Geburtsposition entfernt hat. Wenn also jemand mit der Sonne auf 15 Grad in den Zwillingen geboren wurde und sich seine progressive Sonne nun auf 22 Grad im Krebs befindet, dann hat sich seine Sonne um insgesamt 37 Grad bewegt. Als nächstes nehmen wir diesen progressiven Sonnenbogen und addieren ihn zur Geburts-Himmelsmitte. Wenn sich also seine Himmelsmitte zum Zeitpunkt der Geburt bei 3 Grad im Wassermann befand, dann schieben wir sie jetzt um 37 Grad vor – und seine progressive Himmelsmitte liegt nun auf 10 Grad in den Fischen. Falls Ihnen diese Schritte unklar erscheinen, betrachten Sie Abbildung 14.

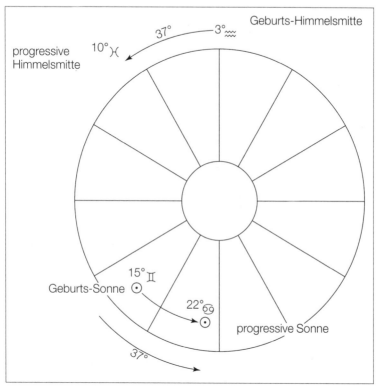

Abbildung 14: *Die progressive Himmelsmitte und die progressive Sonne kommen gleichschnell voran.*

Ein einfacher Trick, um mit den Zahlen zurechtzukommen, ist, sie in *Zeichen* und *Gradzahlen* zu verwandeln. 37 Grad werden danach zu *einem Zeichen plus 7 Grad.* (Denken Sie daran, daß ein Zeichen immer in 30 Grad unterteilt wird.) Um 37 Grad zu der Himmelsmitte auf 3 Grad im Wassermann aus unserem Beispiel zu addieren, verfahren Sie gedanklich folgendermaßen: Ein Zei-

239

chen weiter befinden wir uns auf 3 Grad in den Fischen. Die verbleibenden 7 Grad hinzugefügt ergibt 10 Grad Fische.

Denken Sie auch daran, daß der *Sonnenbogen*, da die Sonne ja etwa ein Grad pro Jahr vorankommt, immer ungefähr dem Alter eines Menschen entsprechen muß. Er kann um einige wenige Jahre abweichen, doch wenn ihre beiden Zahlen sehr weit voneinander entfernt liegen, dann sollten Sie Ihre Berechnungen überprüfen. Um den progressiven Aszendenten herauszufinden, benötigen wir die Häuser-Tabelle, um die Breite des Geburtsorts der Person zu erhalten und folgen der Spalte unter der progressiven Himmelsmitte, die wir soeben berechnet haben. Der in der Tabelle aufgeführte Aszendent ist der progressive Aszendent für das gegenwärtige Datum. Sollte Sie diese Beschreibung verwirren, dann machen Sie sich keine Sorgen, da ich die Schritte noch einmal detailliert im Anhang erkläre.

Die Himmelsmitte schiebt sich immer im gleichen Maß wie die Sonne vorwärts – ungefähr ein Grad pro Jahr. Nicht aber der progressive *Aszendent*. Seine Geschwindigkeit schwankt stark. Es ist möglich, eine »Schnellberechnung« der progressiven Himmelsmitte vorzunehmen, indem wir zu der Geburts-Himmelsmitte einfach so viele Grade, wie die Person alt ist, addieren. Das Ergebnis wird annähernd richtig sein, vor allem bei Horoskopen von Personen, die nicht älter als 30, 40 Jahre sind. Wenn sie das gleiche für den progressiven *Aszendenten* versuchen, dann könnten Sie eine Abweichung von etlichen Graden riskieren. Den progressiven Aszendenten müssen Sie also berechnen.

Wenn Sie zu diesen Menschen gehören, denen Berechnungen nicht liegen, dann überlassen Sie die Aufgabe einem Computer. Dann können Sie sich der interessanteren (und höhere Anforderungen stellenden) Aufgabe der Interpretation widmen.

Da wir nun wissen, wo in etwa der progressive Aszendent und die progressive Himmelsmitte zu finden sind, wollen wir wissen, was beide zu bedeuten haben.

Der progressive Aszendent

Der Aszendent im Geburtshoroskop steht für unseren *Stil* – das Selbstporträt, das wir oft unwissentlich im Kopf anderer erschaffen. Der Aszendent ist unsere *Maske*, womit jedoch keine Fälschung oder Heuchelei impliziert ist. Wir müssen uns ja irgendwie darstellen – und diese Darstellung kann niemals all die Feinheiten unserer Persönlichkeit wiedergeben. Wenn wir uns in Harmonie mit unserem Aszendenten befinden, fühlen wir uns wohl. Unser Stil arbeitet für uns. Wir empfinden uns als zentriert und ungezwungen. Das alte Klischee von dem Bauernjungen, der nervös ein Mädchen bittet, mit ihm auszugehen, dabei mit den Füßen scharrt und auf seine Schuhe starrt – es stellt einen kranken Aszendenten dar. Wenn wir einem gesunden Aszendenten gegenüberstehen, dann sorgt unser kranker dafür, daß wir uns dämlich fühlen. Cleverneß ohne Substanz, Stil ohne Herz – das ist eine weitere mögliche Verzerrung des Geburts-Aszendenten. Statt einem ungeschickten Bauernjungen begegnen wir einem »Salonlöwen«, der glatte Manipulation ausstrahlt und nach innerer Leere riecht. Wir haben das Gefühl, in Tombstone, Arizona, im Jahr 1869 im Hollywood-Stil zu sein: eine vollkommene Fassade mit nichts dahinter.

Bei der Beherrschung des progressiven Aszendenten geht alles darum, ob wir flexibel genug sind, um zu verhindern, daß unser Stil zu rigide wird. Der alternde Hochschullehrer, mit seinen auswendig gelernten Witzen, seinen »Stellungnahmen« zu jedem Thema und seinem Regenmantel aus dem Jahr 1957 – er hat sich zum Opfer des Tricksers gemacht. Warum? Weil er sich noch immer genauso verhält wie vor einem Vierteljahrhundert. Er steckt in einem alten Muster fest, so erscheint es zumindest von außen, und folglich fühlt er sich vermutlich wie eine Witzfigur – doch statt sich zu verändern, zieht er sich in die Defensive zurück. Sich einzugraben und den eigenen Stil so zu verteidigen, *als sei er wichtig* – das ist das Spiel des Tricksers. Der Lehrer würde dafür sorgen, daß wir uns bewegen und im Fluß sind, uns mit der Zeit verändern, aber noch mehr mit den veränderlichen Jahreszeiten unseres Geistes.

241

Wenn der progressive Aszendent von einem Zeichen ins nächste wechselt, dann tritt unser sich entwickelnder Stil in eine Phase tiefgreifender Veränderung – und schwerwiegender Krise – ein. Bei den meisten Menschen geschieht dies nur zwei- oder dreimal im Leben. Was hat das zu bedeuten? Ein Sack voller auswendig gelernter Verhaltensmuster (alter progressiver Aszendent) ist den Umständen, die wir geschaffen haben, nicht mehr angemessen. Der Sack muß ausgeleert und mit neuen Gewohnheiten gefüllt werden. Aber wir haben uns so sehr an diese alten Verhaltensweisen gewöhnt! Sie fühlen sich so natürlich an wie ein altes Lieblingshemd – eines, das inzwischen so sehr von den Motten zerfressen ist, daß es droht, uns vom Körper zu fallen. Wir brauchen einen neuen Stil. Das Zeichen, in das der progressive Aszendent gerade eingetreten ist, erhellt das Wesen dieses neuen Stils.

Als Marie Curie die Versuche machte, die zur Entdeckung von Radium führten, befand sich ihr Aszendent noch auf dem Weg durch den Krebs, das Zeichen, in dem er sich auch bei ihrer Geburt befunden hatte. Als sie Anfang 30 war, erhielt sie den Nobelpreis – und ihr progressiver Aszendent wechselte in den Löwen. Ihr sich entwickelnder Stil mußte sich der öffentlichen Bekanntheit anpassen, die sie ungewollt bewirkt hatte, indem sie das tat, was für ihren Krebs-Aszendenten natürlich war – stillschweigendes Forschen. Eines entwickelte sich natürlich aus dem anderen. Der Aszendent von Elisabeth Kübler-Ross wanderte in dem Jahr, in dem sie ihr Monumentalwerk »Interviews mit Sterbenden« veröffentlichte, in die Zwillinge. Ihr Stil mußte sich weiterentwickeln, damit sie Vortragende, Lehrerin, Workshopleiterin sein konnte – allesamt Zwillinge-Themen. Während ich hier schreibe, erlebt Bernie Ashman, einer meiner Partner bei Alpha Lyra Astrological Services, gerade den Wechsel seines progressiven Aszendenten in die Zwillinge. Der Form entsprechend hat er gerade einen Vertrag unterschrieben, um ein Buch über Beratungstechniken in der Astrologie zu schreiben.

In einem Leben von normaler Dauer, wechselt der Aszendent zunächst ins 2. und dann ins 3. Haus. Aufgrund der unterschiedlichen Häusergrößen und der Geschwindigkeitsschwankungen des Aszendenten, ist es nicht möglich, den jeweiligen Häuserwechsel mit Hilfe einer Faustregel zu bestimmen. Jeder Wechsel steht für einen Wendepunkt im Leben des Jedermanns, doch anders als bei den vorhersagbaren Transiten, mit denen wir uns im sechsten Kapitel beschäftigt haben, schwebt ihr Zeitpunkt in dem ansonsten relativ rigiden Rahmen des biopsychischen Drehbuchs frei umher.

Wenn der progressive Aszendent in das 2. Haus eintritt, ist eine beunruhigende Phase der Selbsteinschätzung die Folge. Wir werden uns plötzlich unserer Maske bewußt und fühlen uns von ihr merkwürdig abgespalten. Wer bin ich? Was bin ich wirklich wert? Wem mache ich eigentlich etwas vor? Das sind die Fragen, die dann aus dem Herzen des Selbst hervorbrechen. Pete Townshend, der brillante Rock-Komponist, der der Gruppe »The Who« ihre eigentliche Form gab, war durch Drogenkonsum bis an die Grenzen dessen vorgestoßen, was der Körper aushalten kann. Als sein progressiver Aszendent in das 2. Haus wechselte, nahm er Verbindung mit der schottischen Chirurgin Dr. Meg Peterson auf und wurde durch ihre revolutionäre neuroelektrische Therapie vor der »chemischen Selbstzerstörung bewahrt«. Die durch Selbstzweifel hervorgerufene Krise, die so typisch ist für das 2. Haus, half ihm, seinen persönlichen Stil zum Besseren zu verändern. Er verlor sein Gefühl von Unverletzbarkeit – und gab seinen selbstzerstörerischen Lebensstil auf.

Wenn der Aszendent in das 3. Haus vorrückt, haben wir im allgemeinen die mittleren Lebensjahre überschritten. Häufig fällt dieser Übergang mit der Überwindung eines toten Punktes zusammen. Wir erfahren eine erneuerte *Neugier* (3. Haus). Wir wollen erforschen, in Bewegung sein, lernen – und vielleicht lehren. Der Aszendent von Elisabeth Kübler-Ross wechselte bei Veröffentlichung ihres Hauptwerkes nicht nur in die Zwillinge, sondern zugleich auch ins 3. Haus, womit sich die Kraft des Übergangs verdoppelte und einen entscheidenden Neubeginn in ihrem Leben markierte.

Verstreut im 1., 2. und 3. Haus haben die meisten von uns eine große Zahl empfindlicher Wirkpunkte, die mit den Planeten durch verschiedene Aspekte verbunden sind. Wenn der progressive Aszendent einen dieser Punkte berührt, dann müssen wir diese Planeten-Funktion in unseren gegenwärtigen in der Entwicklung befindlichen persönlichen Stil integrieren. Ähnlich wie die progressive Sonne richtet der progressive Aszendent einen *Strahl der Selbsterkenntnis* auf jeden Planeten und trägt dazu bei, ihn fester in unsere Alltagserfahrungen einzubinden. Der Unterschied zwischen Sonne und Aszendent verschwimmt in der Praxis leicht, doch theoretisch verlangt die progressive Sonne, daß wir einen neuen Faktor in unsere *Essenz* einbauen, während eine solche Integration beim progressiven Aszendent mehr mit äußeren Angelegenheiten zu tun hat – *Erscheinungsbild und Auftreten*. Mit beiden Progressionen wird jedoch das Fundament der *Identität* verändert, folglich dürfen sie nicht außer acht gelassen werden, wenn wir die Bedeutung einer Entwicklung im Kapitel eines Menschenlebens erfassen wollen.

Als Diana Ross in »Lady Sings the Blues« ihr Filmdebüt feierte, stieß ihr sich entwickelnder Stil (progressiver Aszendent) mit ihrer betörenden, ästhetischen Empfindsamkeit (Fische-Venus) zusammen (Quadrat). Sie hatte einen Ort im existentiellen Terrain ihres Lebens erreicht, wo sich ihr Stil verändern mußte. Ihr Stil gab nicht mehr wieder, wer sie wirklich war. Ihre Fische-Venus mußte gebremst (Quadrat) werden, bevor sie mit ihr auf und davon ging. Sie erkannte die Notwendigkeit, ihren persönlichen Stil zu regulieren, reagierte stark darauf, schockierte ein paar Leute – und setzte ihr Leben gereifter fort.

Bruce Springsteen erlebte eine ähnliche astrologische Situation, jedoch mit einem wichtigen Unterschied: Sein progressiver Aszendent und seine Geburts-Venus wurden durch ein *Trigon* statt durch ein *Quadrat* miteinander verbunden. Statt Zusammenprall und Reibung erwarten wir hier Harmonisierung und Verstärkung – und das Risiko, die Gelegenheit zu verschlafen. Das Jahr war 1972. Springsteen war ausschließlich ein »Lokalmatador« und spielte in Bars. Während dieser Progression wurde er entdeckt und gefördert. Columbia Records bot ihm einen Plattenvertrag an. Sein sich entwickelnder Stil (progressiver Aszendent) erreichte den Punkt, an dem er die brütende Intensität seiner frühen Kompositionen (Skorpion-Venus) verstärkte (Trigon). In der Folge wirkte er als Künstler überzeugender. Sein persönlicher

Stil integrierte nun harmonisch seine venusische Sensibilität –
und diese Integration kam in seiner persönlichen Haltung zum
Ausdruck. Die Leute nahmen ihn nun ernst, und sein steiler Aufstieg nahm nun wirklich seinen Anfang.

Die progressive Himmelsmitte

Die Himmelsmitte repräsentiert unsere *öffentliche Identität*. Sie
unterscheidet sich vom Aszendenten insofern, als sie erheblich
unpersönlicher ist. Die Himmelsmitte zeigt die *symbolische
Funktion an, die wir in unserer Gemeinschaft übernehmen*. Häufig steht diese Funktion in enger Verbindung mit unserem Beruf –
vor allem wenn uns der Beruf Freude bereitet. Der Beruf stellt jedoch einen zu kleinen Eimer dar, um all das Wasser der Himmelsmitte aufzunehmen. Dieser Punkt zeigt nicht nur, wie uns unsere
interne Finanzbehörde sieht, sondern umfaßt auch Aussagen wie:
»Ich werde für Jones stimmen,« oder:»Ich unterstütze einen
nuklearen Aufrüstungsstopp.« Alles, was nach dem Verständnis
von Menschen, die uns nicht kennen dazu dient, uns zu definieren, hat etwas mit der Himmelsmitte zu tun. Unser Beruf ist hier
ein zentrales Thema, aber lassen Sie sich von traditionellen Astrologiebüchern dennoch nicht zu dem Glauben verleiten, daß die
Himmelsmitte sich allein mit der Frage beschäftigt, wie wir unser
Geld verdienen. Die Themen sind weiter gefächert.

Natürlicherweise *entwickelt* sich unsere Beziehung zu der Gesellschaft mit zunehmenden Alter. Diese Entwicklung zu messen
und ihre verschiedenen Wendepunkte zeitlich zu bestimmen ist
der Kompetenzbereich der progressiven Himmelsmitte. Sie symbolisiert unsere *sich entwickelnde öffentliche Identität*. Wie der
progressive Aszendent kommt die progressive Himmelsmitte nur
langsam voran, durchquert im Laufe eines Lebens nur zwei bis
drei Zeichen und Häuser und berührt eine Reihe von Aspekt-
Wirkpunkten. Wenn wir es der progressiven Himmelsmitte gestatten, unsere Lehrerin zu sein, dann spiegelt unsere sich entwickelnde öffentliche Identität die im Gang befindlichen
Veränderungen in unserem Wesen und unseren Werten wider.

Setzt sich die Trickserin in uns durch, dann bleiben wir in einer öffentlichen Rolle stecken, der wir innerlich bereits *entwachsen* sind. Langeweile faßt Fuß, macht uns taub gegenüber unseren täglichen Gewohnheiten, erfüllt uns gewöhnlich mit einem Gefühl der Ziellosigkeit.

Langeweile ist nicht das einzige Problem, das die Trickserin erzeugt, wenn sie unsere progressive Himmelsmitte verzerrt – was jeder, der über längere Zeit einen miesen Job hatte, nur zu gerne bestätigen wird. Jeder, der bereits einmal in einer solchen Rolle festgesessen ist, weiß, wie entmutigend sie sein kann. Gelingt es uns andererseits, die Rolle, die wir in der Öffentlichkeit spielen, in Übereinstimmung mit den sich wandelnden Mustern unseres Innenlebens zu bringen, dann erhalten wir Harmonie aufrecht zwischen dem, *der wir sind*, und dem, *als der wir Menschen, die uns nicht kennen, erscheinen* – und der Lehrer belohnt uns. Unsere Arbeit gleicht dann der Blüte, während unsere Individualität Wurzeln und Zweige darstellt. Und die Trickserin in uns muß hungrig zu Bett gehen.

Als die progressive Himmelsmitte in die mystischen Fische eintrat, kam George Lucas' »Krieg der Sterne« in die Kinos und wurde zum *öffentlichen Symbol* (progressive Himmelsmitte) für *Phantasie, Kreativität und Vorstellungskraft* (Fische-Themen). Unter dem gleichen Einfluß lernte Carlos Castaneda Don Juan kennen und begann seine Lehre im Weg des Schamanen. Er wurde zu einem öffentlichen Symbol (progressive Himmelsmitte), stellte für seine vielen Leser ein eindeutig fischehaftes Universum der Magie und des scheinbar Unmöglichen dar. Ein paar Monate nachdem ihre Himmelsmitte in die künstlerische Waage gewandert war, gewann Peggy Fleming 1968 in Grenoble die olympische Goldmedaille im Eiskunstlauf – auch hier trifft eine grundlegende Veränderung im öffentlichen Status mit dieser entscheidenden Progression zusammen. Tristan Jones setzte die Segel für seine arktische Expedition als die progressive Himmelsmitte in den Widder wanderte – seine sich entwickelnde öffentliche Rolle wurde nun zu einer Verkörperung des Mutes und seiner Liebe zum Abenteuer (Widder).

Der Wechsel der progressiven Himmelsmitte durch die Häuser

ist ebenfalls bedeutungsvoll. Während des ersten Lebensdrittels wandert die Himmelsmitte langsam durch das 10. Haus. Es ist typisch, daß in dieser Zeit unsere öffentliche Rolle weitgehend durch die Kultur bestimmt wird, in die wir hineingeboren wurden. Wir sind der »Student«, der »Arbeiter«, der generische »Büroangestellte«. Lassen Sie sich hier nicht vom Glanz beirren: Es ist auch möglich ein generischer »Rockstar«, ein »Filmsternchen« oder »Sportler« zu sein. Auch in diesen Fällen *hat noch immer die Gesellschaft das Sagen.* Während sich die Himmelsmitte auf die Spitze des 11. Hauses zu schiebt, brauen sich grundlegende Einstellungsveränderungen zusammen. Das 11. ist das Haus *persönlicher Ziele* – und an dieser Stelle kommt es zu einer Annäherung zwischen unseren Zielen und unserer Persönlichkeit. Wir sind bereit, uns in der Öffentlichkeit anerkennen zu lassen als *der Mensch, der wir wirklich sind.*

Die meisten astrologischen Ereignisse haben eines gemeinsam: eine Reaktion. Wir reagieren entweder gut oder schlecht, aber wir reagieren *immer.* Entweder beherrscht der Lehrer oder der Trickser den Tag. Nach meiner Erfahrung folgt die Progression der Himmelsmitte in das 11. Haus einem anderen Gesetz; wir reagieren entweder schlecht oder gar nicht. Es handelt sich um eine Freisetzung von *Potential* – das Potential, um das zu finden, was wir als unser *Schicksal* bezeichnen könnten. Wenn Ihr Radix-Horoskop viele Hinweise auf das Schicksal enthält – ein starkes 10. Haus, einen starken Steinbock-Einfluß, Pluto als Konzentrationspunkt mit Schlüsselcharakter –, dann zeigt diese Progression eine kritische Zeit, die unter dem Motto »alles oder nichts« steht. Wenn es in Ihrem Geburtshoroskop jedoch ruhiger zugeht, kann diese Phase fast unbemerkt vorübergehen und sich hauptsächlich in einem gelegentlichen vagen Gefühl, daß man »erwachsen geworden« ist, zeigen.

Jerry Brown wurde zum Gouverneur von Kalifornien gewählt, als seine progressive Himmelsmitte in die Spitze des 11. Hauses eintrat – seine öffentliche Identität fing an, seine persönlichen Ziele im großen Stil widerzuspiegeln. Eine meiner Lieblingsgeschichten in bezug auf diesen Übergang ist mehr als 1000 Jahre alt. Wenn das Geburtshoroskop, das uns für Karl den Großen überliefert ist, zutrifft, dann war er, als seine progressive Himmelsmitte ins 11. Haus wechselte, erfüllt von einem Gefühl der Unzulänglichkeit. Er suchte einen Lehrer und fand einen Gelehrtenpriester namens Alkuin. Diese merlinhafte Gestalt scheint eine tiefgreifende Rolle bei der Formung von Karls Bewußtsein und der Schaffung seines Gefühls für persönliches Schicksal gespielt zu haben. Des Kaisers Verbindung zu dem alten Zauberer richtete seine sich entwickelnde öffentliche Identität (progressive Himmelsmitte) auf sein Gefühl für persönliche Ausrichtung und Prioritäten (11. Haus) aus.

Der Eintritt der progressiven Himmelsmitte in das 12. Haus findet im allgemeinen um die Lebensmitte statt. Häufig findet zu diesem Zeitpunkt ein langsames Zurückziehen der Lebensenergie aus öffentlichen Aktivitäten statt. Der Ruhestand ist ein denkbarer Leitgedanke dieses Übergangs, obwohl der Wechsel der progressiven Himmelsmitte in das 12. Haus keine Müdigkeit oder Altersschwäche andeutet. Ähnlich wie der Beginn des dritten Saturn-Zyklus (siehe sechstes Kapitel) legt die Progression der Himmelsmitte ein »Weiterreichen der Fackel« nahe. Die Zeit ist gekommen, um das zu verteilen, was wir, in materieller oder innerlicher Hinsicht, angesammelt haben und es mit denen zu teilen, die nach uns kommen. Wieder dient uns Elisabeth Kübler-Ross als Beispiel. Zusammen mit ihrem progressiven Aszendenten, der zugleich Zeichen und Haus wechselte, war auch ihre progressive Himmelsmitte zu dem Zeitpunkt, da sie ihr Wissen mit uns allen durch die Veröffentlichung von »Interviews mit Sterbenden« teilte, dem Übergang in das 12. Haus unterworfen.

Verteilt auf das 10., das 11. und das 12. Haus befinden sich »empfindliche Punkte« – Wirkpunkte, an denen jeder vorrückende oder laufende Planet die Feuer des Wachstums entfacht, indem er mit einer grundlegenden Struktur in unserem Charakter in Wechselwirkung tritt. Manchmal findet dieser Vorgang fast ohne Anstrengung statt – wir *fließen,* unterstützt von Trigonen und Sextilen, einfach in die neue Rolle hinein. Dann wieder wird uns die Entwicklung durch Spannungen und Herausforderungen, wie Quadrate und Oppositionen sie nahelegen, *aufgezwungen.*

Als Bruce Springsteen seinen Plattenvertrag erhielt, befand sich

sein progressiver Aszendent im Trigon zu seiner Venus. Nun
können wir unser Verständnis von dieser Periode seines Lebens
um eine Ebene erweitern – seine progressive Himmelsmitte bildete ein Sextil zu seinem Geburts-Jupiter. Seine sich entwickelnde öffentliche Identität wurde von seiner natürlichen
Überschwenglichkeit und seinem Selbstvertrauen (Geburts-Jupiter) stimuliert und gestützt. Richard Pryor erlebte sein erstes
großes Jahr (1966) als sich seine progressive Himmelsmitte im
Trigon zu seinem Geburts-Uranus befand. Berufliche Durchbrüche (progressive Himmelsmitte) wurden unterstützt und gefördert (Trigon) von der natürlichen Verrücktheit und Erfin-
dungsgabe seines Charakters (Geburts-Uranus gestärkt durch ein
genaues Sextil zu seinem Aszendenten).

Thomas Eagleton, der Wahlkampfgefährte von George McGo-
vern im Jahr 1972, liefert ein Beispiel für einen der härteren Him-
melsmitte-Aspekte. Als sich seine progressive Himmelsmitte im
Quadrat zu seiner Geburts-Sonne befand, führten Enthüllungen
über seinen angeblich »mental instabilen« Zustand zu seinem
Rückzug aus McGoverns Wahlkampfmannschaft. Seine sich entwickelnde öffentliche Rolle stieß mit seiner wahren Identität zusammen. Eine Vorgeschichte in Sachen Psychotherapie konnte
mit der Einstellung, die im Amerika der frühen siebziger Jahre
gegenüber Politikern üblich war, nicht harmonieren (Quadrat).
Eine Seite mußte nachgeben. In Eagletons Fall war es seine politi-
sche Karriere. Hatte es für ihn wirklich keine andere Möglichkeit
gegeben, als sich zurückzuziehen? Vom astrologischen Standpunkt ist dies eine einleuchtende Frage. Quadrate zwingen uns
nicht zwangsläufig in die Knie. Wir wissen, daß sie unglaubliche
Reibung verursachen, und daß diese Reibung alles verbrennt, bis
auf den wirklichen Herzenskern unserer Persönlichkeit. Ohne
Zweifel war Eagletons öffentliche Identität reif für eine radikale
Veränderung. Sie hatte sich zu sehr von seinem Innenleben entfernt – das ist die wahre Bedeutung dieses Quadrats. Mit der Unterstützung eines Astrologen hätte Eagleton möglicherweise vor
der Kampagne erkannt, daß er die Integrität seines Berufslebens
nicht würde aufrechterhalten können, wenn er in der Politik
bliebe, und das Fiasko vermieden. Oder vielleicht hätte er die sich

auftürmenden Widersprüche voraussehen und die Initiative ergreifen müssen, um seine Entscheidung, während einer persönlichen Krise um Hilfe nachzusuchen, als Beweis für seine *geistige Gesundheit* statt umgekehrt darzustellen. Hätte es funktioniert? Astrologisch gesehen wissen wir nur, daß er einer spannungsreichen Zeit entgegenging. Doch eine Niederlage? Nur vielleicht. Noch ein letzter Lehrer und sein schattenhafter Trickser bleibt uns. Der progressive Mond: Luna – Symbol der Wandlung. Die Rolle des Mondes in der astrologischen Vorhersage ist so elementar, daß ich ihn im folgenden Kapitel abhandele.

Kapitel 10
Progressionen III: Der progressive Mond

Der Mond ist die Mutter der Astrologie. Vor Tausenden und Abertausenden Jahren, als menschliche Intelligenz sich erstmals auf den dunklen Himmel richtete, da war da der Mond, hypnotisierend, verlockend, faszinierend. Formveränderin, Herrin der Überraschungen, Licht in der Dunkelheit, bald schon war Luna die Göttin des Geheimnisvollen und trat neben den Sonnengott des Lichts. Die Botschaften ihrer Phasen zu entschlüsseln wurde zur Aufgabe der Priester, und rasch fanden sie heraus, daß ihre Bewegungen mehr waren als die Phasen. Erst befand sich Luna als Sichel im Sternbild des Schützen. Während ihres nächsten Zyklus einen Monat später tauchte die gleiche Sichel im Sternbild Ziegenfisch und dann unter den Sternen des Wasserträgers auf. Mondphasen wanderten vor Sternenfeldern, immer dem gleichen alten Pfad folgend, doch immer zugleich in Erneuerung und endloser Schöpfung begriffen.

Die Phasen des Mondes fesselten die Aufmerksamkeit unserer Vorfahren, aber seine *Geschwindigkeit* offenbarte etwas Grundlegenderes: Die Bewegungen des Mond waren vorhersehbar. Er folgte immer dem gleichen Weg durch das Sternenfeld: dem Zodiak oder Tierkreis. Viel später erkannten wir, daß die langsameren »beweglichen Sterne« ihre Wanderungen ebenfalls auf den Tierkreis beschränken, und noch später, daß auch die Sonne dies tut.

Alle vier Wochen legt der Mond den Weg durch Ihr Geburtshoroskop einmal vollständig zurück, berührt dabei alle Wirkpunkte und durchquert jedes Haus. Alle zwei oder drei Tage tritt er in ein neues Zeichen ein. Etwa einen Tag benötigt er, um einen Aspekt zu bilden, ihn zu vervollkommnen und die entsprechenden Orben wieder zu verlassen. Als transitierender Himmelskörper ist der Mond zu schnell, um von Bedeutung zu sein. Er hat nie Zeit, die großen Bienenkörbe der Bedeutung zu errichten, die charakteristisch für die langsamlaufenden Planeten sind. Die

Transite des Mondes sind zwar von Bedeutung (siehe Ende des vierten Kapitels), doch diese Bedeutung ist nie tief genug, um ein Leben zu formen, und er dient daher nur, um die ewig wandelbaren Stimmungen zu erzeugen, durch die der unbewußte Geist täglich mit dem Bewußtsein in Berührung bleibt; notwendig zwar, aber nicht das Werk von Lehrern und Tricksern.

Was geschieht, wenn wir den Mond vorrücken, statt seinen schnellen Transiten zu folgen? Wie die anderen Planeten wird auch er auf dramatische Weise langsamer. Tage werden zu Jahren, und ein neuer prognostischer Gigant ist geboren. Einmal mehr sehen wir uns selbst, wie wir darauf warten, daß der Ketchup aus der eiskalten Flasche fließt; einmal mehr haben wir Zeit nachzudenken – und realen, existentiellen Schwung zu den Themen aufzubauen, die die Progression anschneidet. Am Himmel kommt der Zyklus des Mondes in ungefähr vier Wochen zum Abschluß; als Progression erweitert sich dieser Zyklus auf nahezu *drei Jahrzehnte*. Erinnern Sie sich: Bei Progressionen werden Tage zu Jahren. Die 27 Tage des sichtbaren Mondzyklus werden in der Progression zu 27 Jahren. Zwei oder drei *Jahre* bringt der progressive Mond in jedem Zeichen oder Haus zu. Ein Aspekt entwickelt sich über die Dauer von *Monaten*. Reichlich Zeit zum Sinnieren – und um zu wählen.

Selbst dann, wenn er im langsamen Trott der Progressionen daherkommt, ist der Mond noch immer schnell – jedenfalls gegenüber den Progressionen. Er ist ungefähr sechsmal so schnell wie Merkur, sein nächster Mitbewerber. Für den Astrologen sehr nützlich ist die Tatsache, daß der Mond fast immer *etwas* tut. Es ist schwer vorstellbar, daß in einer Interpretation seine Aktivitäten übersehen werden könnten. Eine weitere entscheidende Auswirkung der Geschwindigkeit des progressiven Mondes ist, daß er häufig als Auslöser fungiert, Ereignisse beschleunigt, die sich durch andere progressive oder laufende Faktoren ankündigen, ähnlich wie dies in der Transit-Theorie auch im Verhältnis zwischen schnellen und langsamen Planeten der Fall ist.

Der progressive Mond löst die Wirkungen sich langsam entwickelnder astrologischer Konstellationen aus, so wie der
laufende Merkur (Schnelläufer) das Potential des laufenden
Uranus oder Saturn (Langsamläufer) auslösen könnte.

Wie wir im vierten Teil noch sehen werden, können die Grenzen
zwischen Transiten und Progressionen in der praktischen astrologischen Vorhersage leicht verschwimmen. Der progressive
Mond könnte sehr wohl die Wirkungen eines äußeren, *laufenden*
Planeten auslösen. Die beiden Systeme ziehen gemeinsam an
einem Strick.

Der progressive Mond ist schnell genug, um als Auslöser zu
fungieren, und langsam genug, um seiner Rolle als Lehrer oder
Trickser gerecht zu werden. Er ist außerdem der letzte der astrologischen Faktoren, den wir untersuchen müssen, bevor wir alles,
was wir bisher gelernt haben, zu einem wirklichen astrologischen
Prognosesystem verschmelzen können – unser Ziel für die folgenden Kapitel.

Die Bedeutung des progressiven Mondes

Im Geburtshoroskop symbolisiert der Mond die *Gefühle*. Er
steht für das *Herz* – also für das *emotionale, subjektive* Substrat
der Persönlichkeit. Traditionelle Astrologen bezeichnen den
Mond als »feminin«, da er einige Qualitäten aufweist, die traditionell mit Frauen in Verbindung gebracht wurden – das
Nährende, Empfindsamkeit, Scheu. (Die Sonne, mit ihrer Ich-
Orientiertheit und ihrer aktiven Natur wird von den gleichen
Astrologen mit dem Etikett »maskulin« versehen.) Bedienen Sie
sich solcher Sprache, wenn Sie sich damit wohl fühlen – doch vergessen Sie niemals, daß *jedes Horoskop sowohl Sonne als auch
Mond enthält.* Jeder von uns verfügt, wenn man es so bezeichnen
möchte, über eine »männliche« und über eine »weibliche« Dimension, und ich selbst reagiere sehr mißtrauisch auf astrologische Texte, in denen Unterscheidungen hervorgehoben werden

wie etwa »im Horoskop eines Mannes …« oder »im Horoskop einer Frau …«. Jede Frau muß ihre Sonne entwickeln; jeder Mann muß seinen Mond entwickeln. Der Druck durch die Kultur erschwert solche Prozesse möglicherweise, doch in einem gesunden Menschen sind beide Funktionen aktiv und befinden sich im Gleichgewicht.

Progressionen implizieren immer Entwicklungen. Im vorangegangenen Kapitel haben wir einen nützlichen Trick kennengelernt, um die Einflüsse progressiver Planeten zu definieren. Wir bedienen uns einfach ihrer Kurzdefinition aus dem Geburtshoroskop und stellen ihr die Worte »sich entwickelnd« voran. Somit steht Merkur unter anderem für unsere Intelligenz. Der progressive Merkur wird nach dem oben beschriebenen Prinzip folglich zu unserer sich entwickelnden Intelligenz. Die Sonne ist *Identität*; die progressive Sonne *sich entwickelnde Identität*. Schlagworte wie diese sind hilfreich, doch können sie die Geschichte natürlich niemals vollständig wiedergeben. Um diese Wissensebene zu erreichen, müssen Sie komplizierte Vorstellungen über jeden vorgerückten Faktor aufnehmen, und, was noch wichtiger ist, Sie müssen ihre Wirkung auf Ihr Leben prüfen. Dennoch helfen uns solche Faustregeln oft, unsere Gedanken zu sammeln, und sie lösen damit bei uns selbst kreative und intuitive Prozesse aus.

Was ist das Ergebnis, wenn wir unseren Trick auf den progressiven Mond anwenden? »Sich entwickelnde Gefühle.« »Sich entwickelndes Herz.« Diese Vorstellungen treffen zu, aber sie lösen nicht allzu viel aus. Der progressive Mond ist zweifelsohne mit Gefühlen verbunden, und wenn er sensible Zonen durchläuft, dann ist dies oft von Lachen und Weinen begleitet. Welchen Teil des Lebens der progressive Mond auch immer berührt, er *bezieht unser Herz mit ein*. Eine Zeitlang regen uns diese Angelegenheiten auf, verblüffen, ärgern oder begeistern uns vielleicht.

Wenn Mister Spock in der Serie »Raumschiff Enterprise« feststellt: »Ihr Menschen seid so emotional«, sagt er vermutlich die Wahrheit. Unter den Planeten unseres Sonnensystems ist der Mond der Erde im Verhältnis zu den Proportionen der Erde ungewöhnlich groß. Fremde Astrologen in anderen Welten geben sich sehr wahrscheinlich mit weit kleineren lunaren (emotionalen!) Einflüssen zufrieden – und haben vermutlich mehrere Monde zugleich, da dies bei vielen Planeten der Fall ist. Außerirdische Astrologie ist ein faszinierendes Thema und eignet sich hervorragend für Spekulationen, doch für uns reicht es aus, sich daran zu erinnern, daß eine kraftvolle Unterströmung der Gefühle den meisten menschlichen Entscheidungen zugrunde liegt. Wenn wir uns selbst überlassen bleiben, dann tun wir das, was sich gerade gut *anfühlt*, und bedienen uns der Logik nur dann, wenn es darum geht, Strategien zu entwickeln. Wir gehen dahin, wohin unser Herz uns führt, und selbst dann, wenn es sich dabei um das Studium von Mathematik und Buchführung handelt, dürfen wir die Tatsache nicht aus den Augen verlieren, daß die Entscheidung, diesem Weg zu folgen, wahrscheinlich nicht das Produkt reiner, körperloser Logik war. Für den betroffenen Menschen war es eine Angelegenheit des Herzens.

Der Mond im Geburtshoroskop steht für eine Art emotionalen Input, nach dem wir ein unendliches Verlangen haben. Wie der Astrologe Stephen Arroyo es ausgedrückt hat, zeigt uns der Mond, wo wir uns *wohl fühlen*. Der Astrologe Noel Tyl bezeichnet die durch den Mond symbolisierte Gefühlswelt als »*vorherrschendes Bedürfnis*«. Wenn sich unser Geburts-Mond zum Beispiel im Stier befindet, dann *fühlen* wir uns in einer sicheren, stabilen, natürlichen Umgebung *wohl*. Wir haben ein *vorherrschendes Bedürfnis*, uns in einer solchen Situation einzurichten. Befindet sich der Mond im Widder, dann ist alles anders. Nun sehen wir einen Menschen, der sich nur in einer Umgebung wohl fühlt, die der Stier als ausgesprochen unbequem bezeichnen würde – mitten im Abenteuer, in einer freundlichen Wettbewerbssituation, in der man Erfolge gegen geringe Gewinnchancen erringen kann. Das ist die Art von emotionalem Input, den ein Widder braucht, um zufrieden zu sein.

Ähnliche Argumente gelten auch für den progressiven Mond, doch anders als beim Geburts-Mond sind die vorherrschenden Bedürfnisse, auf die er Bezug nimmt, vorübergehender Natur. Wir könnten sie als *vorübergehende Launen* bezeichnen – vorausgesetzt wir erkennen, daß diese Launen aufs intimste mit psycholo-

255

gischen und spirituellen Prozessen in unserem Inneren verbunden sind. Wenn sich der progressive Mond über einen Wirkpunkt schiebt, erleben wir eine Stimmung, die für einige Zeit unser emotionales Engagement für das aktuelle Thema, das der Wirkpunkt symbolisiert, hervorhebt. Wenn der progressive Mond zum Beispiel die Venus berührt, dann ist unser Herz bei den für die Venus typischen Dimensionen des Lebens – Freundschaft, Ehe, Kreativität. Berührt er den Saturn, dann konzentriert sich unser vorherrschendes Bedürfnis eine Zeitlang auf praktische Angelegenheiten. Wir sind in der Stimmung, »alles auf die Reihe zu bekommen« – oder wir geben vorübergehend der dunklen Seite des Saturn Raum, erfüllen unser Herz mit Gefühlen der Unmöglichkeit und Frustration. Bei der Berührung des progressiven Mondes mit Uranus entdecken wir an uns rebellische Launen. Die Berührung mit Neptun läßt unser Herz Ruhe und Kontemplation suchen – oder wir ziehen uns ein paar Monate lang vor den Fernseher zurück. Der progressive Mond teilt uns also mit anderen Worten mit, *wozu wir gerade Lust haben.* In der astrologischen Vorhersage dient er als *emotionale Wetterfahne,* die immer in die Richtung weist, aus der die Winde des Herzens blasen.

> Der progressive Mond zeigt zu jedem beliebigen Zeitpunkt an, wo sich unser Herz befindet.

Wenn wir uns vom progressiven Mond zeigen lassen, wo unser Herz ist, dann wissen wir auch, daß unsere *Aufmerksamkeit* vermutlich am gleichen Ort zu finden ist, und daß dieser Bereich wohl gerade mit Entwicklungen und Aktivität aufgerührt wird. Oft rückt der progressive Mond eine Reihe von voraussehenden Einflüssen in das *Zentrum der Aufmerksamkeit* des Astrologen und deutet auf das Gebiet, das augenblicklich *von größter emotionaler Wichtigkeit* ist. Wenn Sie das durchschauen, haben Sie das Herz der Sache begriffen. Wenn nicht, dann werden sich Ihre Interpretationen, selbst wenn sie ansonsten theoretisch stimmen, leer und irrelevant anfühlen. Der Mond, die Mutter der Astrologie, ist das abschließende Glied in unserer Symbolkette. Indem die Astrologie dieses Verbindungsstück, das menschliche Herz, hinzufügt, dreht sie den Schlüssel in der versperrten Tür und bringt die Schätze zum Vorschein, denen wir uns schon so lange nähern.

Der progressive Mond in den Häusern

Solange wir jung sind, neigen wir dazu, die »Kapitel« unserer Erfahrungen nach Schuljahren zu messen: »Als ich in der vierten Klasse war ...«»Als ich Studentin im zweiten Jahr war ...« Je älter wir werden, desto kürzer scheinen die Jahre zu werden – und unsere Lebenskapitel nehmen entsprechend an Umfang zu. Das Jahr ist nicht mehr lang genug, um einen vollständigen Erfahrungszyklus darin unterzubringen. Wir brauchen mehr Zeit. Häufig stellen wir fest, daß wir unsere Erinnerungen in Kapitel von zwei und drei Jahren einsortieren. Eine solche Einheit scheint für eine »Grundmenge« persönlicher Lebensgeschichte zu stehen. Sie ist lang genug, um unsere Angelegenheit zum Abschluß zu bringen und ausreichend kurz, um in unsere Vorstellung zu passen. Diese Zeitspanne – zwei oder drei Jahre – korrespondiert mit der Zeit, die der progressive Mond benötigt, um alle Zeichen oder Häuser des Geburtshoroskops einmal vollständig zu durchlaufen. Der progressive Mond legt also die Rahmenbedingungen für die persönliche Erfahrungsgeschichte fest. Andere Planetenzyklen überlagern den lunaren Kreislauf und rufen oft dramatischere Wendepunkte hervor, doch es ist der Mondzyklus, den wir am tiefsten empfinden und durch den wir auf der mentalen Ebene unsere emotionale Geschichte ordnen.

Während er durch die Zeichen und Häuser des Geburtshoroskops wandert, legt der progressive Mond die Erfahrungskapitel des Lebens fest.

Der Zyklus der Zeichen, der Zyklus der Häuser: manchmal, wenn *Ereignisse* (Material der Häuser) *Erkenntnisse* (Material der Zeichen) hervorbringen, verwischt die Linie, die sie voneinander trennt. Denken Sie daran, daß Zeichen und Häuser jeweils einen fundamental anderen Ort der Erfahrung symbolisieren – Zeichen sind *psychologisch* und damit in Ihrem Kopf, während Häuser *Erfahrungen* darstellen und damit Orte, die Sie aufsuchen. Wenn Sie den Weg des progressiven Mondes durch ein Zeichen analysieren, dann vergessen Sie nicht, daß Ereignisse zweitrangig sind. Die Person muß etwas lernen. Wird der Mond durch ein Haus vorgerückt, dann liegt die Betonung auf dem Handeln. Das Individuum muß seine Umstände anpassen. Wissen nimmt zu und Bewußtsein wandelt sich, ebenso wie in den Zeichen – aber nun sind *Ereignisse* die Ursache dieser Entwicklungen statt umgekehrt.

Überwachen Sie den Weg des Mondes durch die Zyklen, Zeichen oder Häuser, und Sie rüsten sich mit einem der kraftvollsten und zuverlässigsten Werkzeuge aus, das die astrologische Prognose überhaupt zu bieten hat. Es ist einfach und wirkungsvoll.

Lassen Sie uns noch einmal den Weg des Mondes durch jedes der zwölf Häuser wiederholen und unsere Kenntnisse mit Beispielen aus dem wirklichen Leben veranschaulichen. Für die detaillierte Erkundung des Häuserzyklus bitte ich Sie, zum fünften Kapitel zurückzublättern. Obwohl dieses Kapitel als allgemeine Einführung für die Verwendung der Häusersymbolik in der astrologischen Vorhersage geschrieben wurde, ist es maßgeschneidert, um Ihnen ein Gefühl für den Mond zu vermitteln, der durch das Geburtshoroskop zieht. Tatsächlich habe ich das meiste, was ich dort beschrieben habe, gelernt, als ich den progressiven Mond auf seinem Weg durch die Häuser in meinem Horoskop beobachtete. Das hat mir geholfen zu spüren (Mond!), was jedes Haus bedeutet. Später habe ich dieses emotionale Wissen zu einem theoretischen Verstehen der anderen Planetenzyklen generalisiert.

Progressiver Mond im 1. Haus

Wir beginnen mit einem neuen Erfahrungszyklus, legen das Fundament für die nächsten drei Lebensjahrzehnte. Alles, was wir jetzt unternehmen – alle neuen Gewohnheiten, neue Verpflichtungen, neue Einstellungen –, sät die Saat für die nächsten drei Jahrzehnte. Das 1. Haus steht immer für einen Neuanfang. Jeder Atemzug, den wir jetzt tun, ist wichtig. Mit jedem Schritt binden wir uns an die Zukunft. Und doch haben wir keine Ahnung, was wir eigentlich tun! Diese *Ungewißheit* ist tatsächlich das, was wir auf der emotionalen Ebene verstehen müssen. Im 1. Haus improvisieren wir eine neue Persönlichkeit. Ein alter Erfahrungszyklus ist im 12. Haus zum Abschluß gebracht. Wir müssen neu beginnen.

Wenn der Mond durch Ihr 1. Haus vorrückt, dann ist es erforderlich, daß Sie zu einem Meister des *aufgeklärten Egoismus* werden und lernen, anhand Ihrer Intuition zu *spüren*, welcher Weg der richtige ist – und dann diesem Weg folgen, egal wieviel Aufregung Sie auch bei Ihren Mitmenschen bewirken. Lassen Sie es nicht zu, daß irgend jemand oder irgend etwas Sie in der Vergangenheit festhält, aus der Sie herausgewachsen sind. Sie sind bereit für etwas Neues. Fühlen Sie Ihren Weg, und *gehen Sie ihn* dann. Nehmen Sie sich dabei in acht vor egoistischen Exzessen, aber lassen Sie sich die Gelegenheit auf keinen Fall entgleiten.

Als der progressive Mond durch sein 1. Haus wanderte, veröffentlichte Walt Disney die ersten Mickey-Mouse-Zeichnungen und sprang dadurch auf eine Achterbahn der Erfahrung auf, die ihn bis zum Ende seines Lebens trug. Unter dem gleichen lunaren Einfluß erhielt Marie Curie, mit ähnlichen Folgen, ihren ersten Nobelpreis. Auf einer dunkleren Note initiierte Charles Manson ebenfalls einen neuen Zyklus. Als der Mond durch sein 1. Haus wanderte, beging er den Tate-LaBianca-Mord und trat seine lange Haft an.

Progressiver Mond im 2. Haus

Können Sie zum Abschluß bringen, was Sie begonnen haben? Das ist die Frage, die das Leben Ihnen jetzt stellt. Während dieser Phase befinden Sie sich drei oder vier Jahre in einem neuen Zyklus. Das Grundgefühl ist nun nicht mehr so schwindelerregend. Sie haben Zeit, Befürchtungen zu entwickeln, ob Sie wirklich gut genug sind, um die Projekte zum Abschluß zu bringen, die Sie begonnen haben. Alles hängt nun davon ab, den Mut zu finden, um den neu eingeschlagenen Weg auch *durchzuhalten*. Sie müssen sich *vor sich selbst beweisen*. Um sich in Ihrem Selbstvertrauen zu bestärken und das Gefühl zu bekämpfen, daß Sie in Ihrer Rolle ein Hochstapler sind, was so typisch für diese Phase der lunaren Progression ist, brauchen Sie jetzt unbedingt ein paar Erfolgserlebnisse. Erschaffen Sie sich solche Siege selbst. Übernehmen Sie weitere Verpflichtungen, akzeptieren Sie tiefergehende Herausforderungen. Sie sind wahrscheinlich besser und stärker als Sie glauben. Riskieren Sie etwas. Leisten Sie bei sich selbst Überzeugungsarbeit. Wenn Ihnen irgend etwas fehlen sollte, dann sind es vermutlich die finanziellen Mittel. Sie befinden sich in einem Zyklus. Akzeptieren Sie das. Bereiten Sie sich auf den weiten Weg vor, indem Sie ein »Materiallager« einrichten, das Ihre neues Entwicklungsmuster aufrechterhalten kann. Finanzielle Angelegenheiten könnten jetzt zum Thema werden, doch dies kann ebenso für andere Mittel gelten wie etwa bestimmte Fähigkeiten, unterstützende Beziehungen, ein Auto oder ein Boot oder ein auffälliger grüner Papagei, der auf Ihrer Schulter sitzt – alles, was Ihr Vertrauen in die neue Persönlichkeit, die Sie geschaffen haben, belebt.

Als sein progressiver Mond das 2. Haus seines Geburtshoroskops durchquerte, bewies Muhammad Ali sich vor sich selbst, indem er Sonny Liston besiegte und ihm den Weltmeistertitel im Schwergewicht abnahm. Er war berüchtigt für sein »Schweben wie ein Schmetterling, stechen wie eine Biene«-Draufgängertum, doch seine lunare Konstellation legt nahe, daß er innerlich weit weniger Selbstvertrauen aufbrachte, als er nach außen zeigte. Er hatte die Olympiade gewonnen, aber würde ihm das gleiche auch bei den Profiboxern gelingen? Marlon Brando kehrte aus dem Ruhestand zurück, um die Rolle des Vito Corleone im »Paten« zu übernehmen. Viele meinten, der sei »fertig«. Würde es ihm gelingen, die Intensität und Magie seiner früheren Filme zu erreichen?

Progressiver Mond im 3. Haus

Sie haben jetzt mehr Selbstvertrauen. Sie sind bereit, Ihre Horizonte zu erweitern und die Muskeln ihres neu entwickelten Charakters spielen zu lassen. Was Sie jetzt suchen, sind Informationen. Ihr Herz ist gefüllt mit Neugier und Ruhelosigkeit. Weniger unbeholfen und weniger durch Selbstzweifel und Unsicherheit von Ihren Mitmenschen abgeschnitten beginnen Sie nun, Beziehungen aufzubauen, Wissen und Kenntnisse durch Gespräche mit anderen zu erwerben. Häufig ist die Zeit, die der Mond im 3. Haus verbringt, dem Studieren und Lernen gewidmet. Nicht selten wird dadurch eine Phase der geographischen Mobilität ausgelöst. Möglicherweise gehen Sie auf Reisen, um Verbindungen zu neuen Umgebungen und zu anderen Menschen herzustellen.

Bei dem Versuch, meine Klienten die Bedeutung dieser Progression verstehen zu helfen, habe ich mich oft der Metapher »ein neues Auto kaufen« bedient – und viele haben die Luft angehalten und erklärt, daß sie genau das gerade getan haben. Ob Sie nun ein neues Auto kaufen oder nicht, die Aussage ist die gleiche: Jetzt ist die Zeit, um Faulheit und Reserviertheit zu vertreiben. Jetzt ist der Augenblick gekommen, um mit dem Kopf voran in das Leben zu springen und von der Welt um Sie herum zu lernen.

Der Forscher Robert Peary reagierte radikal auf die Progression seines Mondes durch das 3. Haus – er führte eine Expedition mit Hundeschlitten zum Nordpol. Unter dem gleichen Einfluß begann Pete Townshend von »The Who« sehnsüchtig auf eine Antwort hinsichtlich seiner Drogenabhängigkeit zu warten. Seine Neugier wurde durch die neuroelektrischen Therapietechniken der schottischen Chirurgin Dr. Meg Peterson geweckt. Sie war für ihn die Antwort, aber er selbst mußte die Suche nach ihr initiieren – und durch den Druck seiner lunaren Progression im 3. Haus erhielt er den notwendigen Anstoß.

Progressiver Mond im 4. Haus

Ruheloses Umherlaufen wird mit der Zeit langweilig und unproduktiv. Da Ihr progressiver Mond nun ins 4. Haus wechselt, steht für Sie an, sich zurückzulehnen und eine ruhige *Bestandsaufnahme Ihrer selbst* zu machen. Die Häuser unterscheiden sich in ihrer Größe, folglich können wir keine genaue, allgemeine Aussage über das Timing machen, doch ungefähr sieben Jahre sind nun verstrichen, seit Sie Ihren neuen lunaren Zyklus in Angriff genommen haben. Ihre »Minireinkarnation« wird langsam reif, und um die gesuchte Reife zu erreichen, muß sich Ihr neuer Charakter mit den *Wurzeln* seines Verhaltens konfrontieren. Vermutlich gehen Sie zu sehr aus sich heraus. Nehmen Sie sich etwas mehr zurück. Kommen Sie zur Ruhe – das Gespräch wird zwei oder drei Jahre dauern. Sie sind bereit für eine Begegnung mit Ihrem eigenen *persönlichen Mythos*. Welches sind Ihre Ideale? Was wollen Sie im Leben wirklich erreichen? Auf welche Weise haben Sie sich selbst zum Narren gehalten oder sich von anderen zum Narren halten lassen? Vielleicht stellen Sie fest, daß Sie sich jetzt mehr zu Ihrer Familie hingezogen fühlen – oder zu dieser modernen Version der alten Familie, dem Freundeskreis. Wie auch immer, das anstehende Thema ist die Einrichtung und Festigung persönlicher Wurzeln. Häufig kommen in dieser Zeit Umzüge in ein neues Zuhause vor oder in das alte Zuhause wird neue Energie investiert. Der »Nestbauinstinkt« ist nun in uns stark ausgeprägt – und das Ei, das wir ausbrüten, ist eine reifere und schlichtere Version der Persönlichkeit, die wir wiederbelebt haben, als sich der progressive Mond im 1. Haus befand.

Muhammad Ali wurde eingezogen, während sein Mond durch das 4. Haus wanderte. Er konfrontierte sich mit sich selbst und stellte fest, daß er nicht guten Gewissens in Vietnam würde kämpfen können. Die Entscheidung kostete ihn seinen Weltmeistertitel im Schwergewicht und katapultierte ihn für eine Weile aus der extremen Aktivität seines Lebens hinaus. Drei Jahre später entwickelte sich der gleiche astrologische Einfluß im Geburtshoroskop von Jane Fonda. Es war die Zeit des Einmarsches in Kambodscha und des Debakels an der Kent State University. Wie Muhammad Ali konfrontierte sie sich mit ihrem Gewissen und widersetzte sich.

Progressiver Mond im 5. Haus

Da Sie durch Ihre stille Konfrontation mit sich selbst im vorangegangenen Haus an Tiefe, Intensität und Scharfsinn gewonnen haben, sind Sie nun mehr als jemals zuvor bereit, sich auf eine weit niveauvollere Art *zum Ausdruck zu bringen*. Malen, schreiben, singen, tanzen Sie – wenn Sie eine künstlerische Ader haben, diese Betätigungsmöglichkeiten stärken und beglücken Sie jetzt. Wir sind nicht alle Künstler, aber jeder Mensch vermag sich selbst zum Ausdruck zu bringen, und das ist es, worum es in dieser Phase des Mondzyklus geht. Wenn Sie Sportler sind, dann investieren Sie jetzt Energie in Ihre sportliche Betätigung. Sind Sie eher häuslich eingestellt, dann kümmern Sie sich um die Innenausstattung Ihres Zuhauses. Wenn Sie geschäftlich tätig sind, dann vertrauen Sie jetzt Ihrer Phantasie – sie wird nie stärker sein. Sie müssen Ihre Fähigkeit zu *spielen* zurückerlangen. Das hört sich leicht an, ist jedoch oft eine Herausforderung. Wenn Ihnen jetzt irgend etwas fehlt, dann ist es vermutlich Freude. Finden Sie sie, und halten Sie sie fest!

Unter dem Einfluß des progressiven Mondes, der sein 5. Haus durchwanderte, brachte Michelangelo das zum Abschluß, was viele für sein größtes Kunstwerk halten – die Deckenmalerei in der Sixtinischen Kapelle im Vatikan. Nach der Progression des Mondes durch sein 4. Haus war er bereit, *seine Seele für die Welt zum Ausdruck zu bringen* – das Terrain des 5. Hauses in Reinkultur.

Progressiver Mond im 6. Haus

Jetzt ist harte Arbeit angesagt. Es geht um ganzen Einsatz, Verantwortung und nicht nachlassendes Bemühen. Traditionelle Astrologen sprechen beim Mond im 6. Haus von Berufstätigkeit. Diese Vorstellung ist bis zu einem gewissen Grad zutreffend, doch oft stellen unsere inneren Anstrengungen die äußeren in den Schatten. Das kann oft eine Phase der Selbstbescheidung sein. Es ist an der Zeit, daß Sie *an Ihren Schwächen Maß nehmen* – immer ein erbaulicher Prozeß, doch selten ein fröhlicher. Ihr Thema ist jetzt *Demut* – aber verwechseln Sie sie nicht aus Versehen mit *Demütigung*. Sie stecken nicht fest. Sie sind niemands Sklave. Sie können alle Verhaltensweisen und Umstände verändern, die Sie einschränken, sich jedoch solche Veränderung zu wünschen, ist nicht das gleiche, wie sie auch zu erreichen. Sie benötigen jetzt Selbstdisziplin und Hartnäckigkeit. Tun Sie das, was Sie sagen, und *tun Sie das Richtige.* Unterstützen Sie sich selbst mit neuen

Techniken und Fertigkeiten. Errichten Sie ein Fundament aus konzentrierter Energie, Ehrlichkeit und der Bereitschaft, berechtigte Kritik zu akzeptieren. Wie in einem Widerhall aus dem 2. Haus müssen Sie sich noch einmal vor sich selbst beweisen. Effektivität ist der Leitgedanke. Der Astronaut Eugene Cernan demonstrierte seine Meisterschaft der lunaren Progression im 6. Haus, indem er Apollo 10 zum Mond steuerte. Ohne Zweifel erforderte der Flug viele Stunden intensiver Vorbereitung und außerdem absolute Selbstdisziplin und vollkommene Konzentration während der Reise selbst – alles Lernaufgaben des 6. Hauses. Vielleicht ist es noch ergreifender, daß es erst die *nächste* Apollo-Mission war, die tatsächlich auf der Mondoberfläche landete. Neil Armstrong wird in der Geschichte neben Christoph Columbus und Leif Erikson stehen, während Eugene Cernans Rolle möglicherweise auf die Ebene von Vasco da Gama zurückgestuft wird. Dennoch, er erfüllte seine Aufgabe hervorragend und ließ es nicht zu, daß sein Ich sich der Durchführung seiner Mission in den Weg stellte, und das ist Sinn und Zweck dieser Phase des progressiven Mondes.

Progressiver Mond im 7. Haus

In dieser oft dramatischen Phase sind Sie bereit, Ihre neu strukturierte Persönlichkeit in persönlichen Partnerschaften zum Tragen zu bringen. Diese Progression wirkt sich besonders schwerwiegend auf Ehen aus, aber zu behaupten, sie würde »Trennung bedeuten« wäre destruktiv und ungenau. Eine Beziehung, ob nun sexuell oder nicht, besteht zwischen zwei im Fluß befindlichen menschlichen Totalitäten. Wenn sich ein Partner verändert, verändert sich auch die Beziehung. Jetzt, da der progressive Mond in das 7. Haus gewandert ist, müssen Sie die Kommunikationswege mit Ihrem Partner *auffrischen und erneuern*. Seien Sie ehrlich. Sondern Sie Rituale und Gewohnheiten aus und konzentrieren Sie sich auf die *Erneuerung* der Partnerschaft. Ihr Partner kann nicht wissen, wie Sie sich verändert haben, es sei denn, er ist übersinnlich veranlagt. Sprechen Sie also mit ihm. Bleiben Sie jedoch auch bei Ihrem Prozeß am Ball. Wenn dieser Prozeß scheitert und die Beziehung die Veränderungen nicht übersteht, dann ist das Scheitern wenigstens eindeutig. Neue Menschen treten nun in Ihr Leben, häufig unterstützend, manchmal aber auch die Situation komplizierend. Öffnen Sie sich ihnen – sie haben Ihnen etwas zu sagen, und wenn Sie das erst einmal erfaßt haben, dann wird es Ihr Leben verändern.

Als sich sein progressiver Mond im 7. Haus befand, trat Ram Dass, damals bekannt als Richard Alpert, als Timothy Learys Verbündeter bei der radikalen Arbeit mit halluzinogenen Drogen an die Öffentlichkeit. Beide verloren ihre Stelle an der psychologischen Fakultät von Harvard und fanden Mitte der sechziger Jahre im kollektiven Bewußtsein Amerikas ihren Platz als Symbol der Rebellion (progressiver Mond im Wassermann!).

Progressiver Mond im 8. Haus

Die Kerkertüren öffnen sich. Gespenster und Hexer, Dämonen und Betrüger fliegen heraus. Unter ihnen sind auch wilde Engel, die darauf brennen, Sie in neue Reiche der inneren Kraft zu führen, die jedoch eher *unduldsam auf Ihre Verrücktheit reagieren*. Der progressive Mond im 8. Haus konfrontiert Sie mit einigen der weniger attraktiven Aspekte Ihres Charakters. Was Sie erwartet, ist weder angenehm noch lustig, doch *wenn Sie sich öffnen, dann wird es Sie heilen*. Halbverdrängte Bedürfnisse und Befürchtungen haben sich in den Mülleimern Ihrer Psyche angesammelt, während Sie sich mit Recht anderen Angelegenheiten zugewandt hatten. Ohne daß es Ihnen so recht bewußt geworden ist, haben diese Bedürfnisse und Befürchtungen Einfluß auf Ihr Leben genommen, ihre schattenhafte Gegenwart spürbar gemacht und Ihre Verhaltensweisen verzerrt. Diese lunare Progression teilt Ihnen mit, daß diese psychischen Abfalleimer am überlaufen sind und daß es an der Zeit ist, den Müll hinauszutragen. Kommen Sie zur Ruhe. Ziehen Sie sich zurück. An mir selbst und meinen Klienten habe ich festgestellt, daß eine Stimmung, die zunächst depressiv ist, sich rasch in Ruhe verwandelt, wenn man den Betreffenden eine Weile sich selbst überläßt. In dieser Zeit verspüren wir oft ein tiefes Bedürfnis nach Nähe und Bindung

mit einem anderen Menschen. Geben Sie diesem Drang nach,
doch übertreiben Sie es nicht. Wenigstens die Hälfte der Antworten muß von Ihnen selbst kommen. Dem »Paarungsinstinkt« vertrauen zu lernen, ist eine wichtige Lektion des 8. Hauses, aber vor
allem geht es darum, daß Sie sich sich selbst stellen.

Henry David Thoreau begann seinen langen Aufenthalt in Wal-
den Pond, als der progressive Mond in sein 8. Haus wechselte.
Jerry Brown, der vormalige Gouverneur von Kalifornien, trat in
Reaktion auf den gleichen Einfluß in ein Jesuitenkloster ein. Beide
Männer spiegeln in ihrem Verhalten das Verlangen nach Selbst-
überprüfung wider, das so typisch für diese Progression ist.

Progressiver Mond im 9. Haus

Strecken Sie sich! Wenn der progressive Mond im 9. Haus steht,
würde Ihr Herz, wenn es sprechen könnte, auf den Katheder
klopfen und Ihnen klarmachen, daß das Leben zum Leben gedacht ist und daß Ihnen sonst nichts fehlt, außer daß Sie sich mit
sich selbst zu Tode langweilen. Für die mittelalterlichen Astrologen war dies das »Haus der langen Seereisen«. Die Progression ist
nicht immer ein Hinweis auf eine tatsächliche Reise, doch Reisen
ist hier die vollkommene Metapher. Ihr Thema ist es nun, alte Gewohnheiten und Muster zu durchbrechen. Sie sind interessanter,
als Ihre Umstände dies vermuten lassen. Machen Sie etwas daraus.
Nehmen Sie sich bietende Gelegenheiten wahr. Beschäftigen Sie
sich mit etwas, was Sie fasziniert. Kaufen Sie die Tickets nach Ma-
chu Picchu, von denen Sie schon so lange träumen. Philosophie-
ren Sie! Geben Sie sich Spekulationen über den Sinn des Lebens
hin! In dem Film »Harold und Maude« hält Ruth Gordon eine
Rede, die mit der Bemerkung endet, daß man, wenn man anders
lebt, »im Umkleideraum sonst nichts zu erzählen hat«. Wenn Ihr
Mond sich gerade durch dieses Haus schiebt, dann ist der beste
Rat, den ich Ihnen geben kann: »Ziehen Sie los, beschaffen Sie sich
das Video von diesem Film und sehen Sie ihn sich zweimal an.«

Jimmy Carter bewarb sich erfolgreich um das Gouverneursamt
von Georgia, als sein Mond durch das 9. Haus wanderte. Er brach
die alten Strukturen seines Lebens auf und wagte es, in unbekann-

tes und fremdes existentielles Territorium einzudringen. Ob Sie in die Politik aufbrechen oder mit dem Rucksack, spielt keine Rolle; vielmehr geht es darum, *daß Sie sich selbst so weit ver-trauen, daß Sie mit einer Aktivität beginnen, an die Sie sich nie zuvor herangewagt haben.* An diesem Punkt in Ihrem lunaren Zyklus wäre Langeweile die ultimative Dummheit.

Progressiver Mond im 10. Haus

Wir Menschen sind sozial ausgerichtete Kreaturen. Vor einer Million Jahre war das und unsere Intelligenz unsere einzigen Tugenden und das einzige, was uns vor dem Säbelzahntiger bewahrte. Die Natur belohnte Geselligkeit, und die wenigen wirklichen Einsiedler spielten im Genpool keine Rolle, weil sie als Vorspeise auf der Speisekarte eben jener Tiger landeten. Für die meisten von uns steht auch heutzutage die geistige Gesundheit in enger Beziehung mit der *Integration in die Gemeinschaft.* Wir gehören vielleicht nicht immer dem sozialen Mainstream an – einige von uns haben sich in verschiedene Subkulturen eingegliedert –, doch damit herrscht immer noch Integration vor und gibt uns *eine Rolle, die wir spielen* können, und das Gefühl der *Zugehörigkeit.* Nun, da sich Ihr progressiver Mond im 10. Haus befindet, ist die Zeit gekommen, Ihre *Beziehung zur Gemeinschaft zu überprüfen und ihr eine neue Struktur zu geben.* Sie brauchen vielleicht einen neuen Arbeitsplatz oder müssen den alten entsprechend aufmöbeln. Möglicherweise engagieren Sie sich für eine »gute Sache«. Denkbar ist auch, daß Sie heiraten oder sich scheiden lassen oder verkünden, daß Sie schwul oder Republikaner oder Christ oder Kommunist sind. Es geht darum, Ihre Position für die Augen all der anderen sozialen Kreaturen da draußen, für die Sie nicht so sehr ein Freund als vielmehr ein Symbol sind, neu zu definieren und klarzustellen. Dann können Sie sich bücken, um die Rosen aufzuheben oder um den Eiern zu entgehen. In Anbetracht der menschlichen Vielfalt werden Sie vermutlich von beidem etwas abbekommen.

Der Journalist Jack Anderson wurde im Frühling 1972 auf dem Time-Magazin abgebildet und erhielt den Pulitzerpreis für seine Rolle im Watergate-Skandal – während sich der progressive

267

Mond in seinem 10. Haus befand. Jerry Brown entschied sich unter dem gleichen Einfluß, das Jesuitenkloster, in dem er sich mehrere Jahre lang aufgehalten hatte, wieder zu verlassen. Er hatte das Gefühl, sich mehr für die Angelegenheiten der Gesellschaft engagieren zu müssen.

Progressiver Mond im 11. Haus

Hier herrscht die »Fülle der Zeit«. Die Erntezeit. Der Zyklus der Charakterentwicklung, der vor über 20 Jahren begann, streckt sich nun seinem Kulminationspunkt entgegen. Beanspruchen Sie, was Ihnen gehört, und beharren Sie vor allem auf Ihrem *Recht, Anerkennung für das zu erhalten, was Sie geleistet haben.* Sie können nun Ihren Platz in der sozialen Schicht einnehmen, in der Sie Ihre Marke hinterlassen wollen. Erweitern Sie Ihre Kreise. Teilen Sie das, was Sie haben und sind mit anderen, die einem ähnlichen Weg durchs Leben folgen. Jetzt ist nicht der richtige Zeitpunkt für Schüchternheit oder um das eigene »Licht unter den Scheffel zu stellen«. Setzen Sie sich Ziele. Legen Sie Prioritäten fest. Denken Sie strategisch. Was ist für Sie wirklich wichtig? Denken Sie darüber nach, denn es kann gut sein, daß Sie jetzt von Möglichkeiten umgeben sind, und Sie haben nicht die Zeit, ihnen allen gleichermaßen nachzugehen. Sie sind nun das, was Sie vor so langer Zeit angestrebt haben. Erfahrungen haben Ihnen Tiefe verliehen und Zusammenstöße mit der Wirklichkeit haben ihre Spuren hinterlassen, doch der alte verschwommene Traum aus dem 1. Haus hat sich schließlich gefestigt. Was damals nur ein *Gefühl* war, ist *Wirklichkeit* geworden. Ob Zweien oder Asse, Ihre Karten liegen offen auf dem Tisch.

Ich habe bereits das Buch »Interviews mit Sterbenden« von Elisabeth Kübler-Ross erwähnt, das veröffentlicht wurde, als ihr Mond das 11. Haus durchquerte. Eine solche »Tour de force« ist keine ungewöhnliche Ausdrucksweise für die durch diese Konstellation symbolisierte *Reife.* Ein dunkleres Beispiel für einen Charakter, der zu sich fand und diese Entwicklung in einer Tour de force zum Ausdruck brachte, stellt James Oliver Huberty dar. Als der progressive Mond in sein 11. Haus eintrat, kam der Haß und der Wahnsinn, der sich in seinem fast beängstigend nach innen gerichteten Horoskop zusammengebraut hatte, plötzlich zum Ausbruch. Er betrat ein McDonald's in San Ysidro, in Kalifornien, und tötete nahezu zwei Dutzend Fremde. Sein verzerrter Wachstumsprozeß hatte seinen Höhepunkt erreicht, und sein Leben wurde durch die Kugel eines Polizisten beendet.

Progressiver Mond im 12. Haus

Lassen Sie los. Sie haben das Ende des Zyklus erreicht. Akzeptieren Sie das. Etwas in Ihnen versagt jetzt, aber machen Sie sich keine Sorgen – sobald dieses Versagen abgeschlossen ist, werden Sie sich glücklicher, weiser und stärker fühlen. In zwei oder drei Jahren werden Sie eine weitere Wiedergeburt durchlaufen. Ihre jetzige Aufgabe ist es, alles aus dem Weg zu räumen, was zwischen Ihnen und diesem Neuanfang steht. Was früher einmal Gelegenheiten waren, versklavt Sie nun. Was einmal süß schmeckte, kommt Ihnen nun bitter und vertrocknet vor. Erkennen Sie diese Transformationen, und *lassen Sie die Vergangenheit los*, oder aber Sie stürzen sich in eine aussichtslose Schlacht, in der Sie Ihr Sklavendasein und Ihre Bitterkeit verteidigen. Im 11. Haus wurden Sie aufgefordert, Ihre *Prioritäten festzulegen*, zu entscheiden, was wirklich für Sie wichtig ist. Wenn Ihnen dies gelungen ist und Glanz oder Lob oder der Druck Gleichgestellter Sie nicht blind gemacht hat, dann betreten Sie das 12. Haus nun rationalisiert und vereinfacht. Wenn Sie sich andererseits jedoch an Bindungen und Identifikationen festhalten, die zu *kindisch* sind, um sie in den nächsten Zyklus zu überführen, dann werden Ihnen diese Strukturen jetzt entrissen. Erneut erleben wir eine Zeit der *Zurückgezogenheit*. Finden Sie den Mittelpunkt, um den sich das Karussell des Lebens dreht. Finden Sie es und bleiben Sie dort, wo es sicher ist. Meditieren Sie, beten Sie, entspannen Sie sich, starren Sie in eine Kerzenflamme – und *vertrauen Sie dem Prozeß, der in Ihnen abläuft*. Vertrauen Sie ihm, obwohl er jenseits Ihrer Kontrolle ist. Vertrauen Sie ihm, wenn auch aus keinem anderen Grund, als *daß Sie keine andere Wahl haben*.

Karl der Große, der große Krieger-König von vor 1000 Jahren, verspürte eine Woge der Unzufriedenheit in seinem Charakter, ein Gefühl der Unzulänglichkeit – Gefühle, die typisch für das 12. Haus sind, durch die sein progressiver Mond gerade wanderte. Er suchte Rat, und im Frühling oder Sommer des Jahres 781 fand er Alkuin, den geheimnisvollen keltischen Diakon, der ihm Astronomie, Mathematik, Medizin, Rhetorik und Musik nahebrachte – das Wissen der klassischen Welt. 19 Jahre später wurde die Vision, die zu Beginn des Mondzyklus noch jenseits seines Verständnisses war, Wirklichkeit: Er wurde zum Kaiser des Heiligen Römischen Reiches gekrönt und führte Europa näher an die Einheit heran, als es seither jemals wieder erreicht hat.

Der progressive Mond in den Zeichen

Zeichen sind *Prozesse im Kopf*. Wenn der Mond in ein neues Zeichen läuft, dann beenden wir ein Kapitel des Lebens, das von einer bestimmten Gefühlskonstellation dominiert wird, und beginnen ein neues, das von einer anderen Gefühlskonstellation bestimmt ist. Mit anderen Worten, unsere Stimmung ist einer Veränderung unterworfen. Natürlich wirkt sich dieser Stimmungsumschwung auf unser Verhalten aus, doch die Verhaltensänderungen sind eher zweitrangig und stehen nicht wie bei der Häusersymbolik an erster Stelle.

Wie wir im »Inneren Himmel« erfahren haben, dreht sich das Rad der Zeichen alle 24 Stunden einmal um die Erde. Im Laufe eines Tages geht jedes Zeichen einmal auf, erreicht den höchsten Punkt, sinkt, läuft unter uns durch und steigt wieder auf. Im Laufe eines Tages durchläuft also jedes Zeichen einmal alle Häuser. Bei der Geburt wird dieses himmlische Roulettrad für astrologische Zwecke angehalten. Ein bestimmtes Zeichen war dann gerade im Steigen begriffen. Es wird zum Aszendenten des neugeborenen Kindes. Ein weiteres befand sich direkt über ihm und ist nun seine Himmelsmitte. Für dieses Individuum ist eine *feste Beziehung* zwischen bestimmten Zeichen und bestimmten Häusern festgelegt. Solange dieser Mensch lebt, wird der Schütze in seiner Himmelsmitte stehen, Steinbock an der Spitze seines 11. Hauses usw. Die Verbindungen, die bestimmte Häuser und Zeichen im Geburtshoroskop des Individuums eingehen, ermöglichen fundamentale Einblicke in die Progression des Mondes im besonderen und in Transite und Progressionen im allgemeinen.

Bei jedem Menschen sind bestimmte Einstellungen und Motivationen (Zeichen) für immer mit bestimmten Verhaltensweisen oder bestimmten Umständen (Häuser) verknüpft.

Für Wachstum und Reifen ist reichlich Raum, doch wenn bei Ihnen der Widder (der *Prozeß* des Muterwerbs) an der Spitze des 7. Hauses (das *Verhalten* bei der Beziehungsbildung) steht, dann werden verschiedenste Partnerschaften Ihr Leben lang immer Widder-Qualitäten in Ihnen zum Vorschein bringen. Anfangs kann es vorkommen, daß Sie sich von einem dominierenden Partner *tyrannisieren* lassen, sich selbst mit Magengeschwüren und chronischen Kopfschmerzen fertigmachen. Sobald Sie dies durchschaut haben, fangen Sie vermutlich an, *sich zu behaupten* – lassen vielleicht Türen ins Schloß knallen oder werfen mit Tellern. Später lernen Sie möglicherweise den *konstruktiven* Einsatz gerechtfertigter Konflikte. All dies sind Widder-Themen, doch ist das Spektrum der Wahlmöglichkeiten groß. Um auf die Sprache im »Inneren Himmel« zurückzugreifen, es ist möglich im *Schatten* des Zeichens steckenzubleiben, seinen *Endpunkt* zu erreichen oder sich an der Landschaft dazwischen zu erfreuen. Die Entscheidung ist die Ihre, und sie kann durch die Astrologie nicht vorhergesagt werden.

Die Progressionen des Mondes durch Ihr Geburtshoroskop *stimulieren die Tätigkeit* Ihrer grundlegenden Häuser/Zeichen-Kombinationen. Um einer klareren Darstellung willen trennen wir die beiden Symbolsysteme voneinander, doch in der praktischen astrologischen Prognose sollten Sie niemals ein Haus ohne sein Zeichen und ein Zeichen niemals ohne sein Haus betrachten. In jedem Horoskop sind bestimmte Zeichen und Häuser untrennbar miteinander verbunden. Das eine kann nicht verstanden werden, ohne dabei auch Bezug auf das andere zu nehmen.

Was folgt sind bestimmte Einsichten und Beispiele zum Weg des progressiven Mondes durch die zwölf Zeichen. Um einen tieferen Einblick in die Zeichen zu erlangen, verweise ich Sie an den »Inneren Himmel«, und denken Sie daran, was in den Zeichen als Lebenswerk (Geburtshoroskop-Astrologie) vorhanden ist, kommt nun in den lunaren Progressionen als emotionaler Brennpunkt für eine Zeit von zwei oder drei Jahren zum Vorschein.

Progressiver Mond im Widder

Sie lernen, mutig zu sein. Jetzt ist keine Zeit für Passivität. Verteidigen Sie Ihr Territorium. Oder erweitern Sie Ihr Territorium, wenn Sie dies auf eine Weise tun können, die mit Ihren Prinzipien übereinstimmt. Möglicherweise spüren Sie in sich aufwallenden Zorn. Vertrauen Sie ihm – vorsichtig. Er steht für die Energie, die Sie benötigen, um Ihre innere Aufgabe zu bewältigen, da wir aber von einer Energie sprechen, die durch ein *Zeichen* ausgelöst wird, handelt es sich um eine rein psychische. Anders ausgedrückt, es könnte sein, daß sie mit der äußeren Wirklichkeit – noch – nicht viel zu tun hat. Seien Sie vorsichtig mit albernen, fehlgerichteten Ausbrüchen. Sie sind jetzt ein »spiritueller Krieger«. Denken Sie: Was will ich mit dieser neuen, rohen, ungezielten *Kraft tun*, die ich in mir aufsteigen fühle? Überprüfen Sie das Haus, in dem sich der Mond befindet; dort befindet sich Ihr Schlachtfeld. Schlucken Sie jetzt die Ängste, die Sie möglicherweise spüren, hinunter und *beanspruchen Sie, was Ihnen zusteht.*

Nachdem er mit dem Entzug seines Weltmeistertitels im Schwergewicht bestraft worden war, weil er sich der Einberufung widersetzt hatte, erkämpfte sich Muhammad Ali seinen Rang zurück. Schließlich, als sein Mond durch das Zeichen des Steinbocks wanderte, gewann er den Titel zurück. Auch Eubie Blake beanspruchte, was ihm gehörte, indem er seine erste Komposition veröffentlichte, und durchbrach damit das rassistische Muster in der Musikindustrie Amerikas vor dem Ersten Weltkrieg.

Progressiver Mond im Stier

Ihre Stimmung entfernt sich jetzt von den Themen des Ich, tritt näher an die Angelegenheiten des Herzens heran. Sie müssen Ihr Bewußtsein auf Frieden und Ruhe richten. Die Kämpfe der letzten zwei oder drei Jahre sind vorüber. Entspannen Sie sich. Gehen Sie in den Wald und setzen Sie sich am Bach auf einen Stein. Werden Sie ruhig. Kümmern Sie sich um Ihren Körper – er ist müde und angestrengt vom Kämpfen. Entlassen Sie Ihre Anspannung. Bewegen Sie sich. Lassen Sie Ihre Haare herunter. Lernen Sie, nach einem Arbeitstag die Schuhe auszuziehen. Essen Sie gut. Sie dürften ein paar Pfund zunehmen. Seien Sie in dieser Angelegenheit nicht zu streng mit sich. Sie werden das zusätzliche Gewicht schnell wieder verlieren, wenn der Mond in ein paar Jahren in die rasenden Zwillinge wechselt.

Oftmals signalisiert die Progression des Mondes durch den Stier eine Zeit der *Festigung*. Projekte kommen zustande. Einsatz wird belohnt. Nachdem er in einer Reihe von Bands gespielt hatte, fand Pete Townshend schließlich die richtigen Musiker, mit denen er seine musikalischen Visionen zum Ausdruck bringen konnte – als sein progressiver Mond im Zeichen des Stiers stand, gründete er die Gruppe »The Who«.

Progressiver Mond in den Zwillingen

Jetzt geht es um Flexibilität. Sie sind zu steif, zu schläfrig, zu voraussehbar geworden. Öffnen Sie sich. Erlangen Sie Ihre Fähigkeit zu *staunen* zurück. Sprechen Sie, lesen Sie, hören Sie zu, schreiben Sie – das sind Ihre »Yoga-Übungen«. Machen Sie sie mit Schwung und Elan. Richten Sie Ihre mentalen Antennen auf die Welt. Wenn sich eine Idee oder Erfahrung für Sie interessant anfühlt, dann gehen Sie ihr nach. Manchen Sie sich keine Sorgen, wenn es Ihnen so vorkommt, als würden Sie unnütz im Kreis herumrennen. Bleiben Sie dabei, und Sie werden zwangsläufig auf etwas Faszinierendes stoßen. Sie sammeln jetzt Material, und das ist alles, worum Sie sich kümmern müssen. Meisterhafte Pläne sind in dieser Phase des Mondzyklus nicht erforderlich. Gleichgültig, wie alt Sie jetzt sind, akzeptieren Sie die Tatsache, daß Sie vorübergehend in die *Kindheit* zurückgekehrt sind – und lassen Sie sich davon mit *Überschwang* und *Neugier* erfüllen. Wie wir bereits erfahren haben, war das genau die astrologische Stimmung, in der sich Karl der Große befand, als er Alkuin begegnete. J.R.R. Tolkiens progressiver Mond befand sich ebenfalls in den Zwillingen, als er sein Monumentalwerk »Der Herr der Ringe« zum Abschluß brachte.

Progressiver Mond im Krebs

Ihre Phantasie und Subjektivität haben auf Lunas Weg durch die Zeichen einen ihrer Höhepunkte erreicht. Der Eintritt des progressiven Mondes in den Krebs läßt Sie wissen, daß *Ihr Herz der Aufmerksamkeit bedarf.* Wenn der Mond durch andere Zeichen läuft, dann entwickelt das Leben manchmal eine übersteigerte Note; manchmal muß auch die mentale oder intellektuelle Dimension Ihrer Persönlichkeit hervorgehoben werden. Daran ist nichts falsch, aber es kostet seinen Preis. Früher oder später müssen Sie sich hinsetzen und *Ihren Gefühlen zuhören.* Der Mond im Krebs ist ein Hinweis auf eine ruhige Zeit. Gestatten Sie Ihrer Phantasie, an die Oberfläche zu kommen. Nehmen Sie sich Zeit. Kochen Sie sich einen heißen Tee. Kraulen Sie die Katze hinter den Ohren, während sie auf Ihrem Schoß schnurrt. Reduzieren Sie die Stimulierung von außen – Sie verfügen über genug Stimulierung von innen für die nächsten paar Jahre. Sicherheit ist jetzt ein Thema, vor allem wegen der Rolle, die Sicherheit bei der Freiheit spielt, der äußeren Welt keine Beachtung schenken zu müssen. Stabilisieren Sie Ihre äußeren Umstände, bringen Sie das Brüllen der Ereignisse zum Schweigen und lauschen Sie …

Eine solche Stimmung veranlaßte Henry David Thoreau, sich nach Walden Pond zurückzuziehen. Sie inspirierte auch den Trompeter Miles Davis zu seiner ersten Plattenaufnahme – und eine Jazz-Legende trat aus seiner introvertierten Seele hinaus an die Öffentlichkeit. John DeLorean wurde festgenommen, weil er angeblich auf dem internationalen Markt mit Kokain handelte, als sich sein progressiver Mond im Zeichen Krebs befand. Hatte sein Verlangen nach Sicherheit seine gewöhnliche steinbockartige Fähigkeit, die Wirklichkeit auf die Probe zu stellen, überflügelt?

Progressiver Mond im Löwen

Feiern Sie sich selbst! Sie befinden sich jetzt in einer mitteilsamen Stimmung. Sie sind bereit, sich farbenfroher zum Ausdruck zu bringen. Sie wissen die Anerkennung und Aufmerksamkeit, die Ihnen entgegengebracht wird, zu schätzen. Belasten Sie sich nicht mit Gedanken darüber, wie groß Ihr Ich geworden ist. Spielen Sie einfach. Geben Sie Ihrem armen Ich Zeit zum Verschnaufen. Lassen Sie es fließen. Versuchen Sie einfach, alles gutgelaunt zu erledigen. »Halleluja, ich bin lächerlich!« Das ist der Geist, der dahintersteht. Versuchen Sie, nicht zu *feierlich* mit sich umzugehen. Ein wenig Drama kann nicht schaden, vorausgesetzt Sie sitzen in der ersten Reihe und essen Popcorn, während die Show läuft. Diese Progression ist für Egoisten schwierig – allein schon die Ausdruckskraft des Einflusses zwingt sie, ihre Hände zu rühren. Hoffentlich reift ihre Beschämung zu etwas mehr Weisheit in bezug auf sie selbst. Sie ist auch schwer für diesen anderen Egozentriker – den, von der »spirituellen Sorte« –, der sich unweigerlich dazu verleiten läßt, zum Guru von irgend jemandem zu werden, sobald der Mond in den Löwen eintritt. Hier bleibt uns nur zu hoffen, daß er oder sie die Grundlektion des Löwen lernt: Jedes Ich ist von Natur aus absurd, und solange Sie sich in dieser Welt aufhalten, stecken Sie in einem fest, also *lachen* Sie.

Cesar Chavez drückte sich unter dem Einfluß des progressiven Mondes im Löwen aus. Er wurde zur Galionsfigur und zum Anführer des berühmten Trauben-Streiks gegen die kommerziellen Weinbauern in Kalifornien. Unter dem gleichen Einfluß bot uns der Schauspieler Ben Kingsley seine beeindruckende Darstellung von Mahatma Gandhi im gleichnamigen Film dar.

Progressiver Mond in der Jungfrau

Ihre Stimmung wechselt jetzt die Gänge. Statt sich, wie es für den Löwen typisch ist, selbst zu feiern, nehmen Sie nun Ihre Fehler und Mängel auf hyperbewußte Weise wahr. Verschwenden Sie jedoch nicht Ihre Zeit damit, zu sehr mit sich selbst ins Gericht zu gehen. Das ist nicht der Sinn dieser lunaren Progression. Statt sich selbst runterzumachen, sollten Sie die Energie nutzen, um sich aufzubauen. Natürlich sind Sie verrückt. Selbstverständlich sind Sie neurotisch, gierig, machthungrig, nicht vertrauenswürdig, unaufrichtig. Willkommen an Bord! So ist der Mensch nun einmal, und die Auflistung Ihrer Funktionsstörungen wird daran nichts ändern. Suchen Sie sich eine von ihnen aus, und fangen Sie an, daran zu arbeiten. Das ist die Stoßkraft der Jungfrau. Krempeln Sie die Ärmel hoch und stellen Sie ein paar schlechte Angewohnheiten ab. Eignen Sie sich ein paar bessere Fertigkeiten an. Wenn die Energie dieser Stimmung nicht mit sinnloser Selbstkritik vergeudet wird, dann kann sie in eine äußerst fruchtbare Periode der *Vorbereitung, Selbstverbesserung und des methodischen Wachstums* umgeleitet werden.

Eubie Blake feilte unter dem Einfluß dieser Progression an seiner kompositorischen Begabung – während er in einem Bordell Klavier spielte. Dies sind nicht immer schöne Zeiten, doch ein erfolgreiches Navigieren in den kniffligen Gängen der Jungfrau kann die *Bühne* für aufregende spätere Entwicklungen *vorbereiten.*

Progressiver Mond in der Waage

Dies ist ein *freundlicher* Mond. Sie sind in der Stimmung, um neue Menschen kennenzulernen, einige Ihrer Erkenntnisse und Erfahrungen mitzuteilen, Ihre Aufzeichnungen zu vergleichen. Die Natur hat uns so geschaffen, daß der *Beziehungs*stromkreis in unserem Kopf immer auch der Stromkreis der *persönlichen Würde* ist. Um etwas über Beziehungen zu lernen, müssen wir andere Menschen anziehen, und damit uns dies gelingt, müssen wir attraktiv sein. Sie sind jetzt bereit, sich ansprechender und charmanter zu präsentieren. Kleidung und Körperpflege werden zu einem wichtigen Thema. Sollten Sie sich bereits intensiv mit diesen Dingen beschäftigen, dann hüten Sie sich vor Eitelkeit. Es gibt mehr zu pflegen als den Körper. Falls Sie schon immer stolz darauf waren, daß Sie eine eher schludrige Einstellung zur persönlichen Pflege hatten, dann seien Sie vorsichtig, *dies* nicht in eine Art Eitelkeit zu verwandeln. Versuchen Sie, andere Menschen bewußter wahrzunehmen. Welche Wirkung haben Sie auf sie? Wie könnten Sie es ihnen leichter machen, daß sie sich mit Ihnen wohl fühlen und sich öffnen? Im Spanischen hat das Wort »gracia« eine Doppelbedeutung – »Grazie/Würde« und »Humor«. Leben Sie mit Würde/Humor während Ihr Mond durch die Waage wandert. Erfreuen Sie sich an der ästhetischen Seite des Lebens – Schönheit, Kunst, soziale Kontakte, *Qualität* –, aber tun Sie es mit Leichtigkeit und einem inneren Gefühl dessen, daß das Leben eine große Komödie ist.

Cesar Chavez beendete den Trauben-Streik, während sein progressiver Mond sich in der Waage, dem Zeichen des Friedensstifters, befand. Zur Überraschung seiner Produzenten gewann Leonard Nimoy mit seiner emotionslosen, aber dennoch unwiderstehlich attraktiven Darstellung des vulkanischen Wissenschaftsoffiziers auf der »Enterprise« die Herzen aller Zuschauer.

Progressiver Mond im Skorpion

Selten eine leichte Progression und nie eine unbeschwerte zeigt der Eintritt des Mondes in den Skorpion eine Phase intensiver innerer Konfrontation an. Da es sich um die »launenhafteste Laune des Mondes« handelt, treibt Skorpion Sie tief in Ihr Innerstes, in das Geheimnis des Lebens und manchmal in sein Grauen. Die Wahrheit ist jetzt nicht mehr zu umgehen. Der Vorhang hat sich gehoben für Ihren persönlichsten psychologischen Prozeß. Die Sexualität im weitesten, menschlichsten Sinn des Wortes ist intensiviert. Sie sind hungrig, obwohl es Ihnen oft so vorkommt, daß keine menschliche Berührung jemals diesen Hunger stillen könnte. Todesbewußtsein bildet sich. Oftmals deutet diese Progression eine tatsächliche Konfrontation mit dem Tod eines nahen Menschen an. Sie *integrieren den unbewußten Geist in Ihre Persönlichkeit* – und der Grund dafür, daß dieser Teil des Geistes überhaupt unbewußt wurde, war Ihre Unfähigkeit, sich ihm zu stellen. Doch nun sind Sie stärker und bereit, tiefer zu blicken. Achten Sie jedoch darauf, daß Sie nicht die rechte Perspektive verlieren. Ein starkes Fernrohr versetzt Sie vielleicht in die Lage, die Haare im Pelz des weit entfernten Eichhörnchens zu zählen – aber der Regenbogen darüber könnte Ihnen entgehen. Sir Francis Chichester erhielt seine Krebsdiagnose, als der Mond durch den Skorpion wanderte. Er überlebte, aber dennoch hatte er sich mit der Wirklichkeit seines Todes konfrontieren müssen. Geraldine Ferraro erlebte den Tod Ihres Vaters unter dem gleichen Einfluß. Peter Sutcliffe, der berüchtigte »Yorkshire Ripper«, begann seine letzten Mordtaten, wurde eingefangen und verurteilt, während sich sein Mond im Skorpion befand – seine inneren Dämonen ließen sich nur allzu deutlich in die wirkliche Welt übertragen.

Progressiver Mond im Schützen

Eine ausladende, überschwengliche, »mir doch egal«-Stimmung kommt nun auf und bleibt zwei oder drei Jahre bestehen. Sie reagieren auf die innerliche Intensität des eben zum Abschluß gebrachten Mond-im-Skorpion-Kapitels. Plötzlich nimmt das Universum eine dritte Dimension an. Alles erscheint leuchtender, wirklicher. Mit prickelnden Sinnen sind Sie bereit, sich ins Leben hinein auszustrecken und *Gelegenheiten zu ergreifen. Das Exotische* in all seinen Formen fasziniert Sie jetzt. Vertrauen Sie diesem Gefühl. Sie brauchen ein wenig frische Luft in Ihrem Leben. Bringen Sie den Mut auf, etwas zu verändern. Riskieren Sie ein Abenteuer. Machen Sie eine Ballonfahrt. Sie lernen, in der Routine festgefahrene Gedanken und Gefühle aufzubrechen. Sie haben eine Stimmung auswendig gelernt. Zerbrechen Sie diese Erinnerung. Überfluten Sie sich selbst mit Eindrücken. Erschaffen Sie sich neu.

Die Romanautorin Ursula K. LeGuin schrieb ihren mit Preisen ausgezeichneten Roman »Erdsee« größtenteils, als sich ihr progressiver Mond im Schützen befand. Sie dehnte ihre Vorstellungskraft in eine abenteuerliche neue Umgebung voller Magie und den Möglichkeiten der Überraschungen aus. Die Zauberwelt, die sie erschuf, spiegelt für uns die Stimmung wider, die wir erreichen müssen, während unser eigener Mond durch das Zeichen des Bogenschützen läuft. Wenn Sie keine *Inspiration* spüren, dann müssen Sie sich noch etwas weiter strecken.

Progressiver Mond im Steinbock

Nun ist es an der Zeit für Ernsthaftigkeit. Nicht bedrückt, nicht unglücklich, nicht melodramatisch – nur ernst. Betrachten Sie sich selbst und die Welt, die Sie erschaffen haben, mit klarem Blick. Steinbock und Krebs befinden sich zueinander in Opposition. Der Krebs steht für reines Gefühl. Im Steinbock sehen wir das andere Ende des Spektrums: *Selbstdisziplin*, die *Gefühle ausgleicht*. Näher als an dieser Stelle im Tierkreis, kommt der progressive Mond der Realität nie. Und Luna mag die Wirklichkeit nicht besonders. Sie sind in der Stimmung, etwas zu schaffen. Sie haben das Bedürfnis, Anerkennung für Ihre Leistungen und für Ihre Effektivität zu erlangen. Es ist eine ehrgeizige Zeit, obwohl dieser Ehrgeiz unwiderruflich mit Ihrem Innenleben verbunden werden muß. Arbeiten Sie in dieser Phase mit absoluter Integrität. Wenn der Ehrgeiz erst einmal die Bande der inneren Stimme gelockert hat, dann haben Sie ein Monster von der Leine gelassen. Beharren Sie darauf, über Ihre Gefühle zu sprechen. Nur allzuoft erzeugen wir unter diesem Einfluß für uns selbst eine Einsamkeit, die nicht notwendig ist – und bei der hier im Spiel befindlichen Macht, ist dies nicht nur schmerzhaft, sondern auch gefährlich.

Unter dem Einfluß des progressiven Mondes im Steinbock schockierte Jim Jones die Welt mit seinem entsetzlichen Jonestown-Massaker, bei dem er sich auch selbst das Leben nahm. Im Laufe der Jahre hatte ihn sein Verlangen nach Autorität und Respekt zunehmend verrückt gemacht. Diese Konstellation war ausreichend, um ihm die letzten Hemmungen zu nehmen. Unter dem gleichen disziplinierenden Einfluß überraschte uns Peggy

Fleming mit ihrer vollkommenen Darbietung im Eiskunstlauf, für die sie 1968 die olympische Goldmedaille erhielt.

Progressiver Mond im Wassermann

Brechen Sie die Regeln! Da der progressive Mond sich im Wassermann befindet, muß Ihre Stimmung nun die eines Rebellen und Freigeists sein.

Andere Menschen waren zu erfolgreich darin, Ihnen zu erklären, was Sie fühlen sollen. Nun ist es an der Zeit, Ihre *Individualität* zu verteidigen und zu erforschen. Experimentieren Sie. Denken Sie, was Sie wollen. Haben Sie keine Angst vor irgend jemands Mißbilligung.

Etwas tief in Ihnen, etwas unrettbar Irrationales, etwas Explosives verlangt dringend nach Freiheit. Diese Stimme versucht Sie dazu zu inspirieren, Ihr Leben zu Ihrem eigenen zu machen. Hören Sie auf sie. Wenn Sie die Stimme zum Schweigen bringen, weil Sie fürchten, daß jemand, dem Sie zu viel Macht gegeben haben, es hören könnte, dann bringen Sie sich in Schwierigkeiten. Früher oder später geben die Mauern nach, und all die angestaute Wut, Rebellion und Bilderstürmerei bricht gleichzeitig hervor, unkontrollierbar. Wenn Sie das zulassen, dann fühlen Sie sich verrückt und aus dem Gleichgewicht gebracht – und Sie fügen Ihren Mitmenschen ohne Grund Schaden zu. Lieber ab und an ein Zittern als ein großes vernichtendes Erdbeben.

Michael Jacksons innovative Individualität wurde durch den progressiven Mond im Wassermann stimuliert – und Anfang 1984 erkannte die Musikindustrie dies an und sprach ihm mehr Grammys zu, als irgendeinem anderen Musiker in der Geschichte.

John Belushi zeigt die andere Seite der gleichen lunaren Progression. Seine Rebellion erwies sich als selbstzerstörerisch und er tötete sich unbeabsichtigt durch eine Drogeninjektion.

Progressiver Mond in den Fischen

Entspannen Sie sich und vertrauen Sie diesem oft unrealistischen Gefühl. Lachen Sie mit, denn es wird Sie dazu auffordern – doch der Anlaß zum Humor ist Ihnen nicht der liebste. Es sind Sie selbst. Das Leben fängt nun an, wie ein Cartoon auszusehen, zweidimensional, stilisiert und lustig. Der kosmische Witz. Den Fischen eilt der Ruf voraus, ein »mystisches« Zeichen zu sein, und in gewisser Weise trifft das zu. Hier wird das Bewußtsein mit seiner wahren Natur konfrontiert: diesem weiten Raum zwischen Ihren Ohren. Doch wir setzen »mystisch« oft gleich mit »ehrfürchtig« oder »introvertiert« – und diese Stimmungen haben mit den Fischen wenig zu tun. Hier werden wir aufgefordert, die essentielle *Einheit des Lebens* zu erleben. Wir starren die Welt blauäugig und voller Erstaunen an. Die Progression des Mondes durch dieses Zeichen ist oft eine freundliche doch zugleich vage Zeit. Indem wir uns selbst weniger ernst nehmen – und indem wir unsere Verstellungen in den kristallklaren Verstellungen unserer Mitmenschen widergespiegelt sehen –, bereiten wir uns selbst auf den emotionalen Neuanfang im Widder vor. Es ist so, als sende uns unser tieferes Selbst eine einfache, aber recht erschreckende Botschaft: Lösche die Tafel deiner Persönlichkeit aus. Alles, was du weißt – und alles was alle anderen wissen – ist auf erfreuliche und hysterische Weise *falsch*.

Als sich sein progressiver Mond in den Fischen befand vernahm Jerry Brown den inneren Ruf und trat in ein Jesuitenkloster ein. Solche spirituellen Unternehmungen sind für die Fische angemessen, vorausgesetzt wir erkennen, daß der essentielle spirituelle Prozeß darin besteht, einen Aussichtspunkt im Bewußtsein zu schaffen, der sich *außerhalb des Ich* befindet. Das Ich mit aufgeblasenen Illusionen aufzupumpen, hat genau die umgekehrte Wirkung. Ich habe einmal einen tibetischen Lama sagen hören, daß für das Ich die »Erleuchtung die ultimative Enttäuschung« ist. Er durchschaute die Fische sehr gut.

Fidel Castro begann seine lange Invasion Kubas unter dem progressiven Mond in den Fischen. Er landete im Dezember 1956 mit 82 Männern, von denen alle bis auf zwölf getötet wurden, in Oriente.

Am Ende war er erfolgreich, doch er liefert einen sehr grundlegenden Einblick in seine progressive lunare Konstellation: Unsere »Überprüfung der Wirklichkeit« ist jetzt zu schwach, um kraftvolle Engagements in der Welt der Umstände zu unterstützen. Die Fische stehen für eine Zeit des *Nachdenkens*, nicht des Handelns. Bewahren Sie das Feuerwerk für den Widder in ein oder zwei Jahren auf.

Vierter Teil
Synthese

Kapitel 11
Die Zusammenführung

Werfen Sie einen Blick voraus? Dann gehen Sie wieder zurück! Ohne die ersten zehn Kapitel ist das Gebiet, das wir nun betreten wollen, ein mondloser Krokodilsumpf in einer nebligen Halloween-Nacht. Sie werden sich auf jeden Fall verirren und sich zum Schluß durch den Treibsand zurück ans befestigte Ufer kämpfen müssen. Wir sind im Begriff, die *Sprache* der astrologischen Voraussage zu sprechen – und um sprechen zu können braucht man Wörter. Das war der Zweck der ersten drei Teile dieses Buches: Vokabellernen. Nun sind wir bereit, ganze Sätze zu bilden, alles, was wir bisher über astrologische Prognose gelernt haben, in ein methodisches System einzubauen.

Wann war Ihr Leben das letzte Mal wirklich einfach für Sie? Wenn Sie so sind wie die meisten von uns, dann werden Sie jetzt angestrengt nachdenken müssen. Selbst in der »idyllischen« Kindheit hat jeder Tag neue Herausforderungen und Unsicherheiten mit sich gebracht. Bis wir schließlich erwachsen sind, werden wir hin- und hergerissen zwischen tausend zwanghaften, einander widersprechenden Launen, stehen unter Druck durch aufeinanderprallende Verantwortlichkeiten, werden vom Zynismus in Versuchung geführt, verführt von Gott oder vom Sex oder von der Literatur oder vom Geld, und haben uns allgemein so weit und dünn ausgebreitet, daß wir der Butter auf dem Brotkanten eines Flüchtlings ähneln. Diese Beobachtung läßt uns zum Kern aller astrologischen Vorhersagen kommen:

Die komplexe Wirklichkeit des Lebens, wie wir es tatsächlich erleben, macht klar und deutlich, daß einfache, unzweideutige astrologische Vorhersagen fast unweigerlich falsch sein müssen.

»Das nächste Jahr sieht wunderbar für Sie aus! Ich sehe nichts als Glück. Alles, was Sie berühren, wird sich in Anteile eines japanischen Konglomerats verwandeln.« Wenn jemand für Sie diese Art von Vorhersage trifft, dann erfreuen Sie sich daran, aber glauben Sie sie nicht. Gleiches gilt für den Fall, daß jemand in Ihr Horoskop blickt und nach Luft schnappt – seien Sie wachsam, doch verzweifeln Sie niemals. Denken Sie noch einmal zurück: Wann ist ihnen zum letzten Mal etwas so eindeutig Schreckliches zugestoßen, daß Sie es nicht wenigstens teilweise in Stärke und Weisheit und Mitgefühl verwandeln konnten? Und wann hatten Sie zuletzt ein vollkommenes Jahr, frei von jeglicher Art Streß oder Konflikt? Das Leben ist einfach nicht so, und wenn die Astrologie als genaue Metapher für das Leben dienen soll, dann kann sie auch nicht derart einfältige Bilder malen.

Ihr geheimer Trumpf

Neptun, der Lehrer. Saturn, der Trickser. Einer ausgelöst durch einen raschen Wechsel Merkurs über den Aszendenten, der andere durch einen Transit der Venus eine Woche später. Die progressive Sonne nähert sich in einem Quadrat dem Geburts-Uranus. Der progressive Mond wechselt vom Widder in den Stier im 3. Haus. Progressionen von Merkur, Venus, Mars. Transite von allen Planeten und in jeder Form. Das biopsychische Drehbuch. Das Radix-Horoskop. Starke Reaktionen, schwache Reaktionen. Entwicklungen auf der Bedeutungsebene. Entwicklungen auf der emotionalen oder psychologischen Ebene. Mögliche Handlungsweisen. Was tat Eubie Blake unter ähnlichen Umständen? Was ist mit Jane Fonda? Oder Karl dem Großen? Oder Ernest Hemingway? Wie unterscheidet sich die Interpretation des progressiven

Merkurs in diesem Buch von den Interpretationen, die Dane Rudhyar oder Liz Greene oder Robert Hand oder irgendein anderer Astrologe liefert? Diese Fragen reichen aus, um Ihnen Kopfschmerzen zu bereiten.

Verzichten Sie auf das Aspirin. Die astrologische Vorhersage ist knifflig, aber nicht halb so knifflig wie der vorangegangene Absatz – oder eines der vorangegangenen Kapitel – dies vermuten läßt. Sie haben einen Trumpf in der Hand. Schälen Sie all die notwendigen, aber verwirrenden technischen Details, die wir uns zu Transiten und Progressionen gemerkt haben, ab, und der Trumpf kommt zum Vorschein: *Die wirklich wichtigen Prognosefaktoren kommen so langsam voran, daß sie sich die meiste Zeit zwischen Wirkpunkten aufhalten und daher gefahrlos ignoriert werden können.* In der Praxis bedeutet das, daß sich Ihre Interpretationsarbeit durchgehend auf drei oder vier Hauptkonfigurationen konzentriert. Lernen Sie, diese richtig auszuwählen, und Sie haben die astrologische Vorhersage bereits zur Hälfte gemeistert.

Einige wenige astrologische Wendepunkte dominieren jedes Jahrzehnt im Leben eines Individuums. Indem der vorhersagende Astrologe seine Aufmerksamkeit von Anfang an auf diese kritischen Übergänge beschränkt, bewahrt er sich Überblick und Klarheit.

Das meiste in diesem Kapitel hat das Ziel, Ihnen zu helfen, bei Ihrer Annäherung an die astrologische Vorhersage strategisch zu denken. Jede Situation ist anders, doch es gibt viele Richtlinien und Faustregeln, die Ihnen dabei helfen, Ihre Interpretationsprioritäten festzulegen.

Bevor wir uns den Einzelheiten widmen, ist da noch eine gute Nachricht. Sie haben, wie wir gesehen haben, einen Trumpf in der Hand. Aber das ist noch nicht alles. Sie haben außerdem …

Ein As im Ärmel

Zu viele Astrologen spielen dieses As nicht aus, und der Preis, den sie für dieses Versäumnis bezahlen, ist, daß sich ihre Interpretationen trocken und abstrakt anhören. Das As in Ihrem Ärmel ist Ihr Menschsein. Lassen Sie sich von den Symbolen berühren. Verstehen Sie sie nicht nur. Sie müssen sie auch *fühlen*. Wie? Das ist nicht schwer. Lassen Sie sich nicht von der unvertrauten Sprache irritieren: Hinter diesem Schleier aus Wörtern befindet sich die unendlich geheimnisvolle Welt der gewöhnlichen Alltagserfahrung. Wenn Sie über die Progression der Venus sprechen, dann denken Sie daran, wie Sie sich das letzte Mal gefühlt haben, als Sie sich von einem liebgewonnenen alten romantischen Ideal verabschieden mußten und sich den Raum zugestanden haben, um jemanden auf neue, tiefere, reichere Weise zu lieben. *Das* ist die wirkliche Venus.

Die beste astrologische Bibliothek, die Sie je haben werden, befindet sich in Ihrem Kopf – und in Ihrem Herzen. Aufgetürmt in ihren Regalen befinden sich Ihre Erinnerungen, Ihre Erfahrungen, Ihre Freuden und Ihre Kümmernisse. Der einzige Nachteil an dieser Bibliothek ist die Tatsache, daß all die Bücher darin in der falschen Sprache geschrieben sind: Deutsch. Um das As auszuspielen, das sich in Ihrem Ärmel befindet, müssen Sie sie in die Sprache der Astrologie übersetzen. Warum die Mühe? Erstens, weil diese inneren Erfahrungen, wenn sie erst einmal übersetzt sind, zutreffend für andere Menschen verallgemeinert werden können – und die Astrologie wird Sie vor der Falle bewahren, Ihre gegenwärtigen Themen für die aller anderen Menschen zu halten. Zweitens, weil Sie diese Erfahrungen, indem Sie sie übersetzen, klarstellen und sie in der präzisesten emotionalen Sprache ausdrücken, die sich die Menschheit je ausgedacht hat. Und schließlich, weil die Astrologie in die Dynamos der Natur selbst eingestöpselt ist und daher Ihren natürlichen Scharfsinn, weit über ein Maß hinaus, das Sie unter normalen Umständen jemals allein erzeugen könnten, mit Energie versorgt und ermächtigt.

Intuition? Ist es das, worüber wir sprechen? Ja – vorausgesetzt das Wort hat für Sie keine ausschließlich weltferne Bedeutung.

Der Tischler weiß *intuitiv*, ob der Nagel, den er eingeschlagen hat, das Gewicht verkraften kann, das auf ihm lastet. Die Psychotherapeutin hat das *Gefühl*, daß Vater-Themen ihre Arbeit mit diesem bestimmten Klienten dominieren werden. Was ist die Quelle dieser Intuitionen? Einfach die Erfahrung? Handelt es sich bei ihr um eine mystische übersinnliche Funktion? Ist sie vielleicht eine Kombination aus beidem? Was immer sie ist, dieses »Etwas« ist in der astrologischen Vorhersage das As in Ihrem Ärmel. Sie haben wenigstens lang genug *gelebt*, um die Wörter hier lesen zu können – und daher haben Sie sicherlich auch einige Intuitionen, die das Leben betreffen, ebenso wie der Tischler eine Intuition zu diesem Nagel hat. Spielen Sie das As aus! Machen Sie die Verstandesarbeit – darum kommen Sie nicht herum. Bringen Sie etwas über Lehrer und Trickser in Erfahrung. Nehmen Sie alles auf, was über Interpretationsstrategien noch folgt. Dann *hören Sie auf Ihr Herz* – und sprechen über das, was es Ihnen mitteilt.

Strategischer Überblick

Jeder Mensch hat seine eigene Methode, um mit Streß fertig zu werden, und diese Methoden scheinen für den jeweils Betroffenen gut genug zu funktionieren. Eine Frau fühlt sich angespannt und reizbar. Sie vereinbart einen Monat lang Termine mit einem Psychotherapeuten, womit ihr geholfen zu sein scheint. Ihr Mann hat ähnliche Gefühle. Deshalb fängt er wieder an, regelmäßig zu joggen, und innerhalb eines Monats geht seine Anspannung merklich zurück. Sie haben eine Freundin, die an sich feststellt, daß sie auf die Kinder bissig reagiert. Einen Monat lang streicht sie daher allen Zucker und alle Milchprodukte aus ihrem Ernährungsplan. Auch sie fühlt sich schon bald besser. Sie hat eine Freundin, die auf Massagen schwört. Ihr Mann öffnet eine Flasche Bier – das ist seine Therapie. Ihre Tochter geht tanzen. Ihr Sohn vertieft sich ein paar Wochen in Science-fiction-Romane. Astrologische Interpretation ist genauso. Es gibt viele verschiedene Schulen und zahlreiche kluge, einfühlsame Menschen bevölkern jede Wellenlänge des Spektrums. Wie Sie und Ihr Onkel und alle anderen Menschen kann auch ich die Welt nur durch meine Augen sehen. Ich möchte, daß dieses Buch funktioniert; ich möchte, daß es eine praktische Anleitung für astrologische Voraussage ist. Um das zu erreichen, zeichne ich eine Reihe von Strategien und Techniken auf, die ich in meiner Praxis als wirkungsvoll und zuverlässig kennengelernt habe. Sollten Sie noch am Anfang stehen, dann rate ich Ihnen, sich erst einmal genau an sie zu halten. Sie sind für Sie vielleicht nicht vollkommen – doch sie ersparen Ihnen sinnloses Suchen, und Sie müssen nicht wie ich, als ich mir all diese Dinge allein erarbeitete, herumzappeln wie ein Fisch an Land.

Selbst wenn Sie bereits ein erfahrener Astrologe mit eigenen Vorstellungen sind, können Sie, wie ich meine, vom Rest dieses Kapitels profitieren. Und ich könnte vermutlich auch ein paar Dinge von Ihnen lernen.

Lassen Sie mich meine Karten auf den Tisch legen: Ich lege Wert auf Ordnung; die weiter unten beschriebene Herangehensweise ist ordentlich und methodisch. (Aber ich kenne ein paar *äußerst* chaotische Astrologen, die gute Ergebnisse erzielen.) Ich bin voreingenommen, insofern ich Krisen und Streß für *die* kritischen Phasen des persönlichen Wachstums halte. (Doch ich habe Menschen gesehen, die bemerkenswerte Veränderungen auch ohne erhebliche Adrenalinausschüttung vollzogen haben.) Ich bin dahingehend befangen, weil ich glaube, daß der Sinn des Lebens etwas mit Wachstum und Veränderung zu tun hat. (Aber ich bin mir der vielen Menschen bewußt, die anderer Auffassung sind als ich und dabei trotzdem zufrieden zu sein scheinen.) Ich bin darauf ausgerichtet zu glauben, daß wir die Wirklichkeit, die wir erleben, zu einem sehr großen Maß mit unseren Vorstellungen und Erwartungen selbst erschaffen. (Allerdings habe ich miterlebt, wie Menschen ohne scheinbaren Grund von Glück oder Unglück heimgesucht wurden.)

Vier Netze

Ich habe Sie gewarnt! Die astrologische Symbolik ähnelt einem ausgedehnten Gespensterwald voller Brombeerranken, dunkler Kiefern und sprudelnder Wasserläufe. Sich darin zu verirren, kann leicht geschehen. Ich kenne ein paar Wege, denen man folgen kann, und weiß, wie man zu der ein oder anderen geheimnisvollen Lichtung oder Grotte findet. Während meiner Expeditionen bin ich außerdem mehr als einem rotäugigen Grizzlybären begegnet. Folgen Sie mir, und ich bringe Ihnen das bei, was ich bereits herausgefunden habe. Folgen Sie dann Ihrer Spürnase, und vielleicht entdecken Sie Gegenden, die ich nie gesehen habe und möglicherweise auch nie sehen werde.

Die dunklen Wälder astrologischer Symbolik: Wer lebt darin? Wer sind die Bewohner? Lassen Sie uns davon ausgehen, daß die Kreaturen des Waldes in vielen unterschiedlichen Größen daherkommen und daß wir einen Vertreter jeder Art einfangen wollen. Wir plazieren Netze unterschiedlichen Gewichts und unterschiedlicher Maschenweite und warten. Unser erstes Netz ist ein riesiges Netz, dessen Maschen aus dicken Tauen geknüpft sind. Da kommt eine Maus. Sie springt durch das Netz, als sei es gar nicht da. Aber wir fangen einen Grizzlybären ein. Unser zweites Netz ist von leichterer Bauart. Der Bär zerreißt es wie feuchten Zellstoff, doch da kommt ein Fuchs. Auch ihn fangen wir. Unser drittes Netz ist noch leichter und feiner. Schon bald haben wir diese Maus und eine Reihe von Vögeln darin eingefangen. Schließlich legen wir das Netz aus, das aus den dünnsten Fäden besteht – und stellen fest, daß der Wald voller Mücken und Fliegen ist.

Probieren Sie die gleiche Herangehensweise bei den Symbolen der astrologischen Vorhersage aus. Führen Sie in einer Abfolge vier Netze durch das Horoskop. Mit Ihrem groben Netz werden Sie nicht viel fangen, doch hat es Ihnen die existentiellen Grizzlybären zu bieten. Damit sind die wirklich entscheidenden transitären und progressiven »Wendepunkte« gemeint, die im Laufe eines Lebens nur ein paar Dutzendmal daherkommen. Sobald Sie den Inhalt des ersten Netzes in sich aufgenommen haben (falls etwas darin war!), führen Sie das zweite Netz durch das Horoskop.

Stechmücken werden Sie nicht darin finden, aber für die interessieren Sie sich ohnehin noch nicht. Im zweiten Netz fangen Sie ohne Zweifel Lehrer und Trickser, aber keine Grizzlybären. Nur die Füchse.

Seien Sie nun nicht zu rasch mit dem dritten Netz bei der Hand. Denken Sie über das nach, was Sie in den beiden ersten Durchgängen erbeutet haben. Lassen Sie sich Zeit, damit es sich setzen kann. Unerfahrene Astrologen möchten vielleicht das dritte und vierte Netz überhaupt eine Weile außer acht lassen und sich zunächst einmal auf die Verdauung des Inhalts der Netze eins und zwei konzentrieren. In diesen ersten beiden Netzen haben Sie all das Grundmaterial gefangen, das Sie benötigen, um die *Umrisse* eines Zeitabschnitts in Ihrem Leben zu erfassen. Überfordern Sie sich nicht. Es ist nicht erforderlich, dem noch weitere Symbole hinzuzufügen, bis Sie die Botschaften der Symbole entschlüsselt haben, die Ihnen bereits ins Netz gegangen sind. Lassen Sie sich vor allem nicht von der Hoffnung verleiten, daß der Inhalt des dritten Netzes Ihnen beim Verstehen Ihrer Beute aus den ersten beiden helfen wird. So funktioniert es nie, was uns zu einem weiteren Grundprinzip bringt:

Der Inhalt des ersten Netzes verleiht dem Inhalt des zweiten Bedeutung, der Inhalt des zweiten dem des dritten, der des dritten dem vierten; immer in dieser Reihenfolge.

Nun sind Sie bereit, Ihr drittes Netz aufzuspannen – Mäuse und Vögel. Wir fangen noch immer Lehrer und Trickser, aber nur kleine. Damit wollen wir nicht zum Ausdruck bringen, daß bestimmte Planeten *von Natur aus* weniger einflußreich sind als andere; worauf wir hinauswollen ist, daß jeder Planet außergewöhnlichen empfindlichen Wirkpunkten vor den Latz knallen und damit radikale Veränderungen auslösen kann, oder aber, daß er einen relativ unbedeutenden Bereich des Geburtshoroskops streift und in vergleichsweise großer Anonymität vorbeizieht. Das ist immer noch das Werk von Lehrern und Tricksern, doch treibt er im Kontinuum der Bedeutung auf das zu, was wir als »Feinabstimmung« bezeichnen könnten.

Nachdem wir den Inhalt aus dem dritten Netz in das thematisch umfassendere Material aus den ersten beiden Netzen eingewoben haben, bringen wir unsere Untersuchung des astrologischen Waldes zum Abschluß, indem wir unser viertes Netz auswerfen. Gehen Sie nicht davon aus, daß Sie das, was Sie darin fangen, ebensogut ignorieren können. Haben Sie schon einmal versucht, Stechmücken zu ignorieren? Der Inhalt des vierten Netzes wirft nichts von thematischem Wert ab, nichts, was uns die großen Muster aus Widerständen und Gelegenheiten nahebringen könnte, die den Seelen von Männern und Frauen ihre Form geben. Was es jedoch abwirft sind die Auslöser: Die schnellbeweglichen astrologischen Einflüsse haben die Aufgabe, dafür zu sorgen, daß sich all das tieferliegende Material, das wir aus den übrigen Netzen gefischt haben, *in tatsächlichen Ereignissen niederschlägt.*

Keine Untersuchung einer astrologischen Situation ist vollständig, wenn nicht alle vier Netze über das Horoskop geführt wurden. *Manche Untersuchungen können sich jedoch in klareren und wirkungsvolleren Ergebnissen niederschlagen, wenn man sie in einem unvollständigen Zustand beläßt.* Wenn der Wetterbericht im Radio zu lang ist, läßt Ihre Konzentration nach, und Sie wissen immer noch nicht, ob es morgen regnen wird oder nicht. Der astrologische Wetterbericht funktioniert genauso. Werfen Sie alle vier Netze nur dann aus, wenn Sie über alle Nuancen und Details informiert sein wollen. Ansonsten setzen Sie weniger Netze, machen aber *niemals* den Fehler, das vierte Netz ohne die ersten drei zum Einsatz zu bringen. Täten Sie dies, dann wäre es so, als sorgten Sie sich um die Temperatur in Thule, Grönland – um dann in Ihrer Heimatstadt ohne Schirm vom Regen überrascht zu werden.

Wir wollen nun ein jedes der vier Prognosenetze – oder der vier Kategorien – im Detail ansehen. Um der Klarheit und des leichteren Nachschlagens willen, werde ich einfach die laufenden oder progressiven Konstellationen zu jedem Netz aufführen und außerdem den Bezug zu dazugehörigen Kapiteln in den ersten drei Teilen des Buches herstellen. Damit Sie sich der Listen bedienen können, müssen Sie zunächst das nutzen, was Sie in den vorangegangenen Kapiteln gelernt haben, um die Transite und Progressionen zu identifizieren, die gegenwärtig die Wirkpunkte in Ihrem Geburtshoroskop beeinflussen. (Unterstützung bei der Berechnung bietet der Anhang.) Dann vergleichen Sie diese Konstellationen mit den folgenden Listen, um festzustellen, in welche der vier Kategorien Ihre gegenwärtigen astrologischen Ereignisse fallen.

Netz eins (erste Kategorie)

1. Die progressive Sonne, die Zeichen oder Häuser wechselt (Kapitel 8).
2. Der progressive Mond, der das 1. Haus durchwandert (Kapitel 9).
3. Alle progressiven Planeten (außer dem Mond), die sich in Konjunktion, im Quadrat oder in Opposition zum Geburts-Aszendenten, zur Geburts-Himmelsmitte, zur Geburts-Sonne oder zum Geburts-Mond befinden (Kapitel 8).
4. Der laufende Saturn, Uranus, Neptun oder Pluto, der sich in Konjunktion, im Quadrat oder in Opposition zum Geburts-Aszendenten, zur Geburts-Himmelsmitte, zur Geburts-Sonne oder zum Geburts-Mond befindet (Kapitel 5).
5. Jede Saturn-Rückkehr (Kapitel 6).
6. Die Uranus-Opposition (Kapitel 6).
7. Die »große Konvergenz« (Kapitel 6).
8. Die progressive Sonne in Konjunktion, im Quadrat oder in Opposition zu allen Geburts-Planeten oder jedem Winkel (Kapitel 8).

Netz zwei (zweite Kategorie)

1. Der progressive Mond in allen Zeichen und Häusern (Kapitel 9).
2. Die progressive Sonne im Trigon oder Sextil zu allen Wirkpunkten (Kapitel 8).
3. Alle progressiven Planeten oder Winkel (außer dem Mond), die sich in Konjunktion, im Quadrat oder in Opposition zu allen sensiblen Punkten außer der Sonne, dem Mond, dem Aszendenten oder der Himmelsmitte befinden (Kapitel 8).

4. Alle progressiven Planeten oder Winkel (außer dem Mond), die Zeichen oder Häuser wechseln (Kapitel 8 und 9).

5. Der laufende Saturn, Uranus, Neptun oder Pluto, der sich in Konjunktion, im Quadrat oder in Opposition zu allen sensiblen Punkten außer der Sonne, dem Mond, dem Aszendenten oder der Himmelsmitte befindet (Kapitel 5).

6. Der laufende Jupiter, der sich in Konjunktion, im Quadrat oder in Opposition zur Geburts-Sonne, zum Geburts-Mond, zum Geburts-Aszendenten oder zur Geburts-Himmelsmitte befindet (Kapitel 5).

7. Der laufende Uranus, Neptun oder Pluto beim Häuserwechsel (Kapitel 6).

Netz drei (dritte Kategorie)

1. Der laufende Saturn, Uranus, Neptun oder Pluto, der sich im Trigon oder Sextil zu allen sensiblen Punkten befindet (Kapitel 5).

2. Alle progressiven Planeten oder Winkel (außer dem Mond), die sich im Trigon oder Sextil zu allen sensiblen Punkten befinden (Kapitel 8).

3. Alle Aspekte des laufenden Jupiters, die nicht bereits berücksichtigt wurden (Kapitel 5).

4. Alles Material des »biopsychischen Drehbuchs«, außer die Saturn-Rückkehr, die Uranus-Opposition und die »große Konvergenz« (Kapitel 6).

5. Der laufende Jupiter oder Saturn beim Häuserwechsel (Kapitel 6).

Netz vier (vierte Kategorie)

1. Alle Transite von Sonne, Mond, Merkur, Venus oder Mars durch alle Aspekte mit allen sensiblen Punkten (Kapitel 5).

2. Alle Aspekte des progressiven Monds zu Geburts-Planeten (Kapitel 9).

Und da sind sie nun, die vier Netze oder Kategorien, die den Grundbedürfnissen des Astrologen dienen, um Ordnung und Überblick aufrechtzuerhalten über den Fluß der Einsichten, die die Symbole hervorrufen, und die dafür sorgen, daß der Astrologe nicht in den Fluten untergeht, sondern sich von ihnen tragen läßt. Lassen Sie uns nun noch ein paar theoretische Fragen beantworten, dann herauslösen, was wir bisher herausgefunden haben, und es um ein paar konkrete Richtlinien und Verfahrensweisen ergänzen.

Die Reichweite der Zeit

Stellen Sie sich vor, Sie würden jedes Wort im »Duden« kennen, aber nichts über Grammatik und Satzbau wissen. Die Sprache würde Ihnen noch immer sehr geheimnisvoll vorkommen. An diesem Punkt sind Sie etwa bei Ihrer Arbeit mit der astrologischen Prognose angelangt. Entspannen Sie sich, falls Sie sich überfordert fühlen. Vermutlich kommen Sie besser zurecht, als Ihnen klar ist. Die vier Netze oder Kategorien sorgen dafür, daß Sie mit System vorgehen. Ähnliches werden die Richtlinien bewirken, die ich Ihnen weiter unten anbiete.

Die Komplexität der Astrologie stellt eine Herausforderung dar. Lassen Sie uns noch ein weiteres Problem so klar wie möglich definieren und dann einen Blick auf die Gesamtlösung werfen.

Das Problem ist, kurz gesagt, daß es eine große Menge Wirkpunkte im Horoskop gibt. Neben dem Aszendenten und der Himmelsmitte gibt es noch zehn Planeten, Sonne und Mond inklusive. Jeder von ihnen bildet Aspekte zu seinen sieben Wirkpunkten, breitet ein Netz aus Trigonen, Sextilen, Quadraten und Oppositionen über dem Horoskop aus. Das bedeutet, daß jedes Horoskop 84 unsichtbare Wirkpunkte enthält. Hinzu kommen noch die offensichtlichen Konjunktionen mit diesen zwölf kritischen Zonen. Das führt zu insgesamt 96 Klingelknöpfen, die von laufenden oder progressiven Planeten betätigt werden können.

Haben Sie bitte noch ein paar weitere Zahlen lang mit mir Geduld. Die laufende Sonne braucht für ihre Bahn durch das Horoskop genau ein Jahr – und berührt in dieser Zeit *jeden* der 96 Wirkpunkte. Das ist im Durchschnitt ein Treffer alle vier Tage. Der Mond legt den gleichen Weg innerhalb von *einem Monat* zurück – in einem durchschnittlichen Leben berührt er die 96 Wirkpunkte also *900mal*. Geben Sie nun noch Merkur, Venus und Mars hinzu, und Sie beginnen zu verstehen. *Die schnellen, auslösenden Planeten legen nie auch nur eine Pause ein.* Wenigstens einer von ihnen befindet sich immer über einer empfindlichen Zone, ruft die Alltagsereignisse hervor, durch die sich uns die Bedeutungen der langsameren Transite und Progressionen mitteilen. Wenn wir eine vollständige Liste der Aspekte, die die Schnelläufer im Laufe weniger Wochen bilden, anfertigen sollten, dann würde sie mehrere Seiten füllen.

Das ist also das Problem. Was aber ist mit der Lösung?

Wie lang soll die Periode sein, mit der wir uns beschäftigen wollen? Ein Tag? Ein Monat? Ein Jahr? Zehn Jahre? Die Wahl, die wir treffen, bestimmt über die Zahl von Netzen, die wir durch das Horoskop führen – und das wiederum gibt uns die Kontrolle darüber, wie komplex wir die vorherzusagende Situation werden lassen wollen. Wenn wir einen Zeitabschnitt von mehreren Jahren analysieren wollen – ein guter Rahmen für Lehrer und Trickser –, dann müssen wir auf das vierte Netz verzichten. Warum? Weil die schnelleren Planeten in einer Phase dieser Dauer im wahrsten Sinn des Wortes Hunderte von Aspekten bilden, und das ist mehr als wir mit unserem Verstand verarbeiten können.

Genauso kommt es vor, daß wir zurücktreten wollen, um uns ein umfassendes Bild zu machen. Welches sind die entscheidenden Kapitel während der *gesamten Lebenszeit*? Material ausschließlich für das erste Netz. Bei einer solchen Fragestellung muß nicht nur das vierte, sondern außerdem auch noch das dritte und zweite Netz geopfert werden.

Auf der anderen Seite des Spektrums finden wir die ultrapräzise Feinabstimmung, die nur durch die Verwendung aller vier Netze gleichzeitig möglich ist. Das ist selbstverständlich eine legitime astrologische Fragestellung, aber wenn wir auf diese Weise an die Analyse herangehen, müssen wir unser Interesse auf kürzere Zeitspannen beschränken – ein oder zwei Wochen. Aber selbst dann müssen wir die Maschen des vierten Netzes ein wenig weiten. Vergessen Sie die Mond-Transite. Sie sind derart zahlreich, daß wir sie niemals heranziehen, es sei denn, es geht uns um die Analyse eines einzelnen Tages. Außerdem ist es ratsam, daß wir uns bei den übrigen auslösenden Planeten auf die Konjunktionen, Quadrate und Oppositionen beschränken und die weicheren, weniger dramatischen Trigone und Sextile um der Klarheit willen fallenlassen. Unsere Aufgabe ist es also, auf einer strategischen Basis an die Symbole heranzugehen und uns immer bewußt zu sein, wie leicht sie uns überfordern können.

Ich treffe mich mit jedem meiner vielen Klienten etwa alle ein, zwei Jahre, und meine Interpretationen decken dann die Zeit bis zum nächsten Treffen ab. Ein Eingehen auf die Themen des vierten Netzes kann daher nicht in Frage kommen. Oft erwähne ich auch die Themen des dritten Netzes nicht. Mein Grundsatz ist es bisher immer gewesen, lieber einige wenige *kritische* Transite und Progressionen so detailliert wie möglich zu behandeln, als eine große Zahl von ihnen nur oberflächlich abzudecken. Das ist einfach meine persönliche Herangehensweise. Andere Astrologen arbeiten mit weniger Klienten, treffen sich in größerer Regelmäßigkeit mit ihnen und befassen sich eingehend mit dem vierten Netz – von der Art her ähnlich, wie es in der Psychotherapie der Fall ist. Bei mir oder bei meiner Frau und meinen engen Freunden gestatte ich es den Geschöpfen, die ins dritte und vierte Netz gehen, nicht, ohne ein längeres Interview davonzuschlüpfen. Wenn also der Mond flüstert, dann kann es vorkommen, daß wir bis in die frühen Morgenstunden darüber sprechen. Wie ich selbst werden Sie Ihren eigenen Stil entwickeln, der zum Teil auf Ihren natürlichen Neigungen basiert und zum Teil auf einer realistischen Einschätzung der Zahl astrologischer Ereignisse, die Sie miteinander zu einem stimmigen großen Ganzen verweben können, ohne daß Ihnen dabei irgendwelche psychischen Sicherungen durchbrennen.

Welche Wahl Sie letzten Endes auch treffen, es gibt zwei unwandelbare astrologische Prinzipien, die über Ihrer Entscheidung schweben:

Wenn Sie den Ablauf kleinerer Ereignisse herausarbeiten, nimmt Ihre zeitliche Reichweite und Ihr Gefühl für das große Ganze ab.

Je mehr Klarheit Sie sich über das große Ganze verschaffen, desto mehr Genauigkeit geht Ihnen hinsichtlich des Ablaufs der tatsächlichen Ereignisse, durch die sich das große Ganze in alltäglichen Erfahrungen manifestiert, verloren.

Diese Prinzipien sind nicht rein astrologischer Natur; sie haben etwas mit der Tatsache zu tun, daß die Astrologie nicht in einem Vakuum existieren kann. Ohne einen menschlichen Geist, der die Symbole erblickt, hat es nicht viel Sinn, überhaupt über astrologische Energien zu sprechen. Und sobald ein menschlicher Geist sich mit irgend etwas beschäftigt, erlegt er dieser Sache die Beschränkungen seiner Intelligenz und seines Blickwinkels auf. Anfang des Jahrhunderts bewies der Physiker Werner Heisenberg, daß man entweder die Position eines Elektrons *oder* seine Masse und Energie kennen kann – doch je mehr man vom einen weiß, desto weniger weiß man vom anderen. Eine parallele »Unschärferelation« scheint es auch in der Astrologie zu geben – Sie können wissen, was sich heute ereignet, und Sie können wissen, was sich in Jahrzehnten ereignet, doch je mehr Ihr Wissen von dem einen wächst, desto mehr muß Ihr Wissen von dem anderen zwangsläufig abnehmen. Wägen Sie sorgfältig Ihre Ziele ab, dann wählen Sie.

Die Wirkungsschwellen

Nehmen wir an, Sie wollen einen Fuchs fangen – aber nicht irgendeinen Fuchs. Sie wollen einen großen. Die kleinen interessieren Sie nicht. Packen Sie also Netz Nummer zwei aus, wie gewöhnlich. Doch nun sehen Sie es sich einmal genauer an. Es hat ein Merkmal, das Ihnen zuvor nicht aufgefallen war: Es ist in geringem Maße verstellbar. Sie können die Maschen ein wenig weiter oder ein wenig enger stellen, je nachdem, was Sie fangen wollen. Wie? Indem Sie die Orben der Aspekte einstellen. Wie wir im »Inneren Himmel« erfahren haben, ist nichts Starres an Aspektorben. Zwei Planeten, die sechs oder sieben Grad davon entfernt sind, ein perfektes Quadrat miteinander zu bilden, stehen dennoch in einer Beziehung der *Reibung* zueinander – sollte sich der Aspekt jedoch seinem Idealwinkel noch weiter annähern, dann wird das Maß der Reibung entsprechend zunehmen. Wie sollen wir festlegen, wo die Reibung eine Intensität erreicht hat, daß wir sie »offiziell« wahrnehmen? Wo liegt also unsere *Wirkungsschwelle*? Auf diese Frage gibt es nur eine rein willkürliche Antwort. Sie müssen selbst eine Entscheidung treffen. Wenn Sie nur große Füchse fangen wollen, dann setzen Sie die Wirkungsschwelle hoch an: Ziehen Sie nur Aspekte in Betracht, die höchstens zwei Grad vom genauen Aspektpunkt entfernt sind. Wenn Sie jedoch auch kleine Füchse fangen wollen, fassen Sie die Aspektorben weiter – sieben oder acht Grad weit, wenn Sie wollen.

Ich persönlich ziehe in der Prognosearbeit, vor allem wenn es um Lehrer und Trickser geht, schmale Orben vor. Wie immer ist es mein vorrangiges Ziel, die Botschaft des Horoskops auf das *Wesentliche* zu reduzieren. Schmale Orben tragen zu dieser Klarheit bei, obgleich dies zum Teil auf Kosten der Feinheiten geht. Weitere Orben funktionieren bei den auslösenden Planeten gut. Als Faustregel könnte man sagen, daß Sie die Wirkungsschwelle um so höher anlegen sollten, je langsamer ein laufender oder progressiver Planet vorankommt.

Es folgen die Orben, die ich in meiner Arbeit verwende. Experimentieren Sie am Anfang erst einmal mit ihnen, dann können Sie sich eigene einfallen lassen.

Denken Sie daran, daß keiner dieser Orben starr ist. Halten Sie sich niemals sklavisch an diese Werte. Denken Sie auch daran, daß Sie, wenn Ihr progressiver Merkur nur noch zwei Grad von einem perfekten Quadrat zur Ihrer Sonne entfernt ist, es wahrscheinlich schon spüren. Befindet sich der gleiche progressive Merkur andererseits nur ein paar Grad entfernt von einem Sextil zu Ihrem relativ unbedeutenden Neptun, dann bringen sich vermutlich andere astrologische Themen weit dramatischer zu

Progressive Sonne	2,5 Grad
Alle übrigen progressiven Faktoren (außer Mond)	1,5 Grad
Progressiver Mond	5 Grad
Laufender Jupiter	5 Grad
Laufender Saturn	3,5 Grad
Laufender Uranus	3 Grad
Laufender Neptun und Pluto	2 Grad
Alle übrigen Transite	6 Grad

Gehör. Geben Sie diesem Aspekt die Gelegenheit, noch ungefähr ein weiteres Grad aufzuschließen und versuchen Sie dann, seine Botschaft zu hören. Für diese auf natürliche Weise subtileren Einflüsse ist Ihre Wirkungsschwelle selbstverständlich höher.

Muster und Themen entdecken

Einmal mußten Sie lernen, Muster in der Welt zu erkennen. Wenn Sie in astrologischer Prognose sattelfest werden wollen, müssen Sie lernen, Muster in der *Symbolik* zu sehen. Wie haben Sie ursprünglich etwas über die Muster der Welt herausgefunden? Durch *Beobachten!* Und genauso sollten Sie auch lernen, die Muster der Astrologie zu erkennen: Sie müssen sie eine Weile beobachten. Erfahrung, Praxis, Aufmerksamkeit – das sind die Methoden, und es gibt keinen Ersatz für sie. Doch ich kann Ihnen einige Richtlinien anbieten, die den Prozeß beschleunigen könnten.

Richtlinie 1: Führen Sie Netz eins durch das Horoskop. Stopp. Entspannen Sie sich. Bevor Sie weitermachen, denken Sie sorgfältig über das nach, was Sie entdeckt haben.

Selbst mit geschlossenen Augen wissen Sie, daß alles, was Netz eins einzufangen vermag, vermutlich ein Grizzlybär sein muß. Stellen Sie sich vor, daß Sie schon die ganze Woche Rückenschmerzen gehabt haben, Ihr Boß nörgelt kleinlich an Ihnen

299

herum, Ihr Lebenspartner ist seit ein paar Tagen miserabler Stimmung, Ihr Auto ist nicht angesprungen – und gestern haben Sie herausgefunden, daß Sie unerwartet 75.000 Dollar erben! Alles in allem eine recht gute Woche, nicht wahr? Diese Erbschaft ist etwas aus Netz eins, ein Grizzlybär. Der verbleibende Rest ist Material aus dem dritten oder vierten Netz – sicherlich einflußreich, doch in diesem Fall vom Bären überrannt. Unsere erste Richtlinie ist entscheidend in Sachen Überblick: Sie sorgt dafür, daß wir das große Ganze nicht aus dem Blick verlieren.

Manchmal bleibt im ersten Netz nichts hängen. In diesem Fall haben Sie zwei Wahlmöglichkeiten, und beide stellen wirkungsvolle Strategien dar. Die erste besteht einfach daraus, mit dem zweiten Netz fortzufahren, um festzustellen, was Sie damit erbeuten. Die zweite Strategie – und dieser gebe ich den Vorzug – besteht darin, das erste Netz ein wenig mehr in die Vergangenheit und ein wenig mehr in die Zukunft zu strecken. Früher oder später begegnen Sie dort bestimmt ein oder zwei Grizzlybären. Solche Begegnungen sind immer entscheidende Wendepunkte im Leben. Die meisten der geringfügigeren Ereignisse die derart schwungvollen Zeiten folgen oder vorausgehen, können höchstens im Sinne von Nach- oder Vorspiel interpretiert werden – wir erholen uns, sammeln uns, festigen etwas, oder aber wir bereiten uns auf einen Neuanfang vor, vielleicht nur halb bewußt.

Um den eindeutigsten Fall handelt es sich – jedenfalls vom Standpunkt der Interpretation aus betrachtet –, wenn Sie einem Grizzlybären gegenüber stehen. Dieses Ereignis – zum Beispiel, wenn sich die progressive Sonne in den Schützen schiebt – beeinflußt Ihre Gefühle zu allem, was Sie in den übrigen Netzen finden. Verstehen Sie das Ereignis so gründlich wie möglich, und versuchen Sie zu erkennen, daß alle anderen Transite oder Progressionen beiderseits des zentralen Ereignisses ein paar Jahre lang einen Teil ihrer Bedeutung aus dieser progressiven Sonne ableiten. Wie? Vielleicht indem Sie sie unterstützen – der progressive Mond könnte zum Beispiel in das 9. Haus eintreten und Ihr Herz (Mond) in das vom Schützen gefärbte »Haus der langen Seereisen« plazieren. Vielleicht bildet der laufende Saturn (Selbstdisziplin) gleichzeitig eine Konjunktion mit Ihrer Venus im 6.

Haus (Verantwortlichkeiten). Anders als der progressive Mond erweitert dieses Ereignis die progressive Sonne im Schützen um Spannung. Ihre in der Entwicklung befindliche Identität tritt zwar in eine geistig freiere Phase ein, aber zugleich nimmt der Druck durch Moral und Verantwortung (Saturn) in Ihren wichtigen Beziehungen (Venus) zu. Zwei einander widersprechende Themen sind zum Vorschein gekommen. Keines von beiden kann ignoriert werden. Doch das erste Netz hat immer den Vorrang.

Daß wir vom Eintritt der Sonne in den Schützen wissen, gibt dem Saturn-Transit eine andere Färbung und ermöglicht uns einen Blickwinkel, der uns verschlossen geblieben wäre, wenn wir das Ereignis in einem Vakuum betrachtet hätten: Diese Beziehungsverantwortlichkeiten müssen geachtet, aber auch neu definiert und den Bedürfnissen des sich entwickelnden Selbst angepaßt werden. Das ist, in dieser besonderen astrologischen Situation, die wahre Bedeutung der Berührung von Saturn und Venus.

Häufig stellen Sie fest, daß sich mehr als nur ein Grizzlybär in Ihrem Netz verfangen hat. Dann finden zwei oder drei verschiedene Hauptwendepunkte gleichzeitig statt – immer eine farbenfrohe Zeit. Erfassen Sie jeden von ihnen individuell, und dann überlegen Sie: Wie passen sie zusammen? Findet einer von ihnen ein klein wenig eher statt als die anderen? Unterstützen sie einander? Wenn ja, wie? Gibt es Widersprüche zwischen ihnen? Welcher Art? Gibt es eine gemeinsame Ebene? Können Sie sich vorstellen, daß der eine irgendwie eine ausgleichende Wirkung auf den anderen hat? In dem seltenen Fall, daß zwei Bären etwas Gegensätzliches und Unvereinbares von Ihnen verlangen und es keine Hoffnung auf Einigung gibt, geben Sie der langsameren Konstellation den Vorrang. Sie ist die größere der beiden Bären. Betrachten Sie jedoch diese letzte Möglichkeit mit dem gleichen Eifer, den Sie auch bei einer bevorstehenden Beinamputation aufbringen würden – es könnte wohl die richtige, aber damit auch die letzte Herangehensweise sein. Die wirkliche Kunst der Astrologie liegt in der *Synthese*, nicht in der Amputation. Häufig kommt die ganze Kraft der Astrologie in der Aufnahme *beider* Seiten eines existentiellen Paradoxons zum Ausdruck.

Verstoßen Sie niemals gegen die erste Richtlinie. Vertrauen Sie sich ihr an, damit sie Sie zum Herzen der Sache führt und sicher an der Falle vorbei dirigiert, die Sie verleitet, vorüberziehende Nebelbänke mit Bergketten zu verwechseln.

Richtlinie 2: Nachdem Sie das erste Netz durch das Geburtshoroskop geführt haben, wiederholen Sie den Vorgang mit dem zweiten Netz und integrieren das, was Sie dort finden, sorgfältig in die Muster des ersten Netzes, die Sie bereits analysiert haben.

Würden Sie sich lieber von einem wütenden Grizzlybären oder von einem tollwütigen Fuchs in die Ecke treiben lassen? Ich persönlich würde mich beeilen, auf einen Baum zu steigen, egal welche Kreatur hinter mir her ist. Beim zweiten Netz ist es genauso – zwar sind im ersten Netz all die Bären, aber auch das zweite Netz kann Sie veranlassen, in den Ästen des Baums Schutz zu suchen. Lassen Sie das zweite Netz nur dann außer acht, wenn Sie nichts *als die gröbsten Grundrisse eines längeren Zeitabschnitts* Ihres Lebens interessiert. Andernfalls ist das Begreifen von Netz zwei entscheidend für unser Verständnis einer beliebigen, die Vorhersage betreffenden Situation.

Das Material, das wir im ersten Netz entdeckt haben, unterstützt, verdeutlicht und gleicht die Hauptthemen aus dem ersten Netz aus, aber nur, wenn wir sie bereits gründlich durchdacht haben. Wenn wir das Bild des großen Ganzen noch nicht erfaßt haben, bringen uns die Transite und Progressionen aus dem zweiten Netz nur durcheinander. Stellen Sie sich, wenn Sie sich mit Themen aus dem zweiten Netz beschäftigen, nie die Frage: Was hat das zu bedeuten? Fragen Sie sich statt dessen: *Welche Bedeutung haben diese zweitrangigen Konstellationen im Licht der Muster, die ich bereits herausgefunden habe?*

Progressionen und Transite aus dem zweiten Netz haben durchaus ihre Berechtigung – doch lernen wir sehr viel mehr, wenn wir sie im größeren Zusammenhang sehen. Durchläuft beispielsweise der progressive Mond einer Frau ihr 7. Haus, dann können wir ziemlich sicher davon ausgehen, daß ihr Herz (Mond) gegenwärtig mit Beziehungsdingen (7. Haus) beschäftigt ist. Die dortigen Ereignisse (Haussymbolik) dominieren gegenwärtig ihr Gefühlsleben. Befindet sich ihr Mond zugleich im Widder, dann können wir zusätzlich davon ausgehen, daß es sich bei der psychologischen Lektion (Zeichensymbolik), die sie in bezug auf ihr Beziehungsleben lernen muß, um den rechtmäßigen Einsatz von Selbstbewußtsein und ehrlicher Konfrontation handelt (Widder-Endpunkt) – und daß wir, wenn sie an der Lektion scheitert, eine Menge sinnloser emotionaler Explosionen (Widder-Schatten) erwarten können. All dies ist die einfache Analyse eines einzelnen der Prognose dienenden Faktors, der so betrachtet wird, als existiere er im luftleeren Raum. Die Interpretation wäre wahrscheinlich genau genug, um der Frau zu helfen, ihre Situation in den Griff zu bekommen. Doch lassen Sie uns sehen, wie die Symbolik zum Leben erwacht, wenn die Logik von Richtlinie zwei darauf angewendet wird ...

Führen Sie das erste Netz durch das gleiche Horoskop. Irgendwelche Bären? Ja – die Frau in unserem Beispiel ist 29 Jahre alt. Da die Umlaufzeit des Saturns ungefähr 29 Jahre beträgt, wissen wir, daß sie sich, unabhängig davon, was sich gerade außerdem in ihrem Horoskop ereignet, mitten in einer Saturn-Rückkehr befindet. Sie vollzieht die Wende von den Jugendjahren in die Erwachsenenzeit und versucht ihrer neugefundenen Reife (Saturn) durch sichtbare Übergangsrituale Form zu geben. Vielleicht fühlt sie sich allein, vielleicht aber auch nicht, jedenfalls wissen wir mit Sicherheit, daß dies innerlich eine Zeit der Einsamkeit ist. Sie muß nun erleben, wie sie allein mit ihrer Kraft zurechtkommt, muß sich von ihren Visionen führen lassen, kann dabei vielleicht mit anderen kooperieren, aber niemals mehr in die Rolle des Kindes schlüpfen. Unter dem drängenden Einfluß der Saturn-Rückkehr ist sie sich ihres Alters, der Kürze des Lebens und des Drangs, es voranzubringen, äußerst bewußt. Tief unter all dem liegt das Risiko, in Resignation zu verfallen – das Modell, das der Trickser für dieses astrologische Ereignis bereithält.

Interpretieren Sie nun ihren progressiven Mond im Widder und 7. Haus im Licht der Saturn-Rückkehr, und denken Sie dabei an die fundamentale Richtlinie, daß das Material aus dem zweiten Netz in seiner Bedeutung von den durch das erste Netz ausgelösten gleichzeitigen Entwicklungen beeinflußt wird. Das hört sich komplizierter an als es ist. Die Frau in unserem Beispiel durchlebt ein biopsychisches Schlüsselereignis, eine einsame saturnische Zeit, während der sie all das hinter sich zurückzulassen versucht, was sie an ihre jugendliche Vergangenheit bindet. Welche Wirkung, glauben Sie, könnten solche Entwicklungen auf ihre bestehenden Beziehungen (7. Haus) haben? Wie also könnte sich das Saturn-Ereignis auf das lunare auswirken? Vergessen Sie die Astrologie. Spielen Sie das As aus, das Sie in Ihrem Ärmel haben: Ihr Menschsein. Vielleicht sucht sie in ihrer Ehe Bestätigung für ihre Unabhängigkeit (Widder) und beansprucht ihr Recht, sich selbst zu entdecken. Scheidung? Nicht zwangsläufig. Ihre Ehe könnte sich sehr wohl auch zum Besseren verändern, wenn erst einmal alle Feuerwerkskörper abgebrannt sind. Wie? Vielleicht versucht ihr Mann sie unbewußt in ihrer adoleszenten Persönlichkeit zurückzuhalten, weil er sich von ihrer neuen Ernsthaftigkeit und Stärke bedroht fühlt, und sträubt sich gegen ihre Bemühungen, sich von ausgedienten Verhaltensweisen zu verabschieden. In diesem Fall symbolisiert er die Herausforderung durch den Widder und das 7. Haus. Wenn sie sich der Herausforderung stellt, dann wird ihre Ehe erneuert. Sie bleibt lebendig. Wer davonläuft, der erreicht nichts. Ebenso wirkungslos wäre es, wenn sie ihren Mann für ihre Machtlosigkeit verantwortlich macht. Das gleiche gilt für Türenknallen und Murren. All dies sind Werke des Tricksers. Der Lehrer in ihr möchte, daß sie ihre neu entdeckte Individualität, ihre Einsamkeit und Entschlossenheit herausarbeitet, indem sie sie ihren vertrauten Lebenspartnern ins Bewußtsein ruft. Ihre lunare Progression aus dem zweiten Netz wird das Vehikel, mit dessen Hilfe sie ihre Saturn-Rückkehr aus dem ersten Netz zum Ausdruck bringt – und indem wir das erste Netz begreifen, vertiefen wir unser Verständnis vom zweiten.

Vergessen Sie jetzt die Saturn-Rückkehr. Was ist, wenn die gleiche Mond-Progression im Widder stattfindet, während die progressive Sonne in das 5. Haus eintritt? Auch mit dieser Konstellation haben wir wieder einen Grizzlybären gefangen, doch diesmal einen mit einem anderen Pelz. Die fragliche Frau ist an einem entscheidenden existentiellen Wendepunkt angelangt. Sehr lange Zeit hat sich ihre Sonne im 4. Haus aufgehalten, wo ihre sich entwickelnde Identität (progressive Sonne) sehr oft hinter ihrer psychischen Tiefe (4. Haus) verborgen war – und vielleicht auch verschüttet unter dem Thema Heim und Familie (4. Haus). Nun ist sie bereit, das Territorium von Ausgelassenheit, Geselligkeit und kreativem Selbstausdruck des 5. Hauses zu betreten. Was hält ihr Partner davon? Sehr wahrscheinlich wird ihn die Veränderung ihres Verhaltens erschüttern, auch wenn er sie noch so sehr unterstützen möchte. Die Muster, die sich in ihrer Ehe (und in anderen tiefen Beziehungen) entwickelt haben, müssen sich verändern – und das ist nur selten ohne Streß möglich. Ihre Lebensgefährten verstehen sie nicht mehr. Das ist nicht ihre Schuld, aber auch nicht die Schuld der Frau. »Schuld« ist in diesem Fall ein Begriff, der auf den Widder-Schatten zurückgeht und den man daher meiden sollte. Das Problem ist im wesentlichen eines der Kommunikation. Sie muß sich selbstbewußt auf ihren Mann und ihre Freunde beziehen, sie von ihrer neuentdeckten Ausgelassenheit und Kreativität wissen lassen, ihnen erklären, daß sie dort, wo sie einmal Abgeschiedenheit und Stabilität (4. Haus) gebraucht hatte, nun in ihren Interaktionen mit ihnen mehr an Abenteuer und emotionaler Intensität (5. Haus) interessiert ist. Vor allem muß sie am Ball bleiben, sich selbst und den ihr nahestehenden Menschen genug Zeit geben, um sich der neuen Situation anzupassen – der progressive Mond kann bis zu drei Jahre im Widder und im 7. Haus bleiben.

In beiden Fällen liegt die emotionale Betonung (progressiver Mond) darauf, eine dem Widder gemäßere Herangehensweise an die Umstände des 7. Hauses zu lernen. Das ist es, was das Ereignis aus dem zweiten Netz zu unserem Verständnis beiträgt. Darüber hinaus sind die beiden Beispiele recht unterschiedlich. Im ersten bringt die Frau ihr saturnisches Bedürfnis nach Respekt in die Beziehungsebene ein; im zweiten macht sie ihre Ausgelassenheit und Kreativität geltend. In beiden Fällen bleiben bestimmte Grundlagen konstant – sie muß die Kommunikationswege ihres Beziehungsnetzwerks erneuern, um Platz für ihr eigenes Wachstum zu schaffen –, doch über diesen Kern hinaus, weicht die Färbung dieser beiden Interpretationen stark voneinander ab. Erst im *Zusammenspiel* des ersten mit dem zweiten Netz tritt die *menschliche* Wirklichkeit der Situation hervor und beginnen die astrologischen Symbole auf ihre wirkliche Macht hinzuweisen.

Richtlinie 3: Legen Sie entschlossen fest, welchen Zeitraum Sie bearbeiten wollen.

An dieser Stelle kommt unsere astrologische »Unschärferelation« ins Spiel. Wenn wir das dritte Netz aufspannen, dann werden wir mit Sicherheit ein paar Mäuse und Vögel fangen – doch wenn wir uns mit ihnen beschäftigen, dann haben wir unweigerlich weniger Zeit, um die Bären und Füchse zu studieren, die wir in unseren ersten beiden Netzen eingefangen haben. Kommt dann noch der Inhalt des vierten Netzes hinzu, so wird unser Problem ungleich größer. Je mehr wir unsere Aufmerksamkeit astrologischen Feinheiten zuwenden, desto mehr verblaßt unser Bild vom großen Ganzen. Machen Sie sich folgendes so klar wie möglich: Es ist möglich, eine präzise Analyse der täglichen Ereignisse für eine kurze Zeitspanne zu erstellen – wobei allerdings einiges an Klarheit in bezug auf die umfassendere Gesamtentwicklung verloren geht –, oder aber Sie können den Gesamtplan so klar wie eine Blaupause vor sich ausbreiten, vorausgesetzt Sie sind bereit, auf das Netz kleiner Details zu verzichten, aus dem sich das Leben in Wahrheit zusammensetzt. Welche Entscheidung ist die richtige? Beide gleichermaßen. Es hängt davon ab, wo Ihr Interesse liegt, und gemäß Richtlinie drei muß eine klare Entscheidung getroffen und beibehalten werden.

Sollte es Ihnen um einen Einblick in das Gesamtbild gehen, dann müssen Sie auf Netz drei und vier verzichten. Die Mäuse, Vögel und Mücken, die sie darin gefangen haben, werden Sie bloß verwirren. Um die großen Lebensthemen eines Zeitraums von drei bis fünf Jahren zu analysieren, ist Ihnen bereits alles in die Netze eins und zwei gegangen, was Sie brauchen. Betrachten Sie, was ihnen dort vorliegt, mit einem Vergrößerungsglas, entschlüsseln Sie jede Bedeutungsnuance, jedes Zusammenspiel, jeden Widerspruch, jedes Bündnis – und dann blättern Sie vor zu Richtlinie vier.

Entscheiden Sie sich aber für das engere Blickfeld, dann werden Sie das dritte Netz leeren und vielleicht auch das vierte – aber noch nicht sofort. Selbst wenn Sie sich nur für die Ereignisse eines Nachmittags interessieren, dürfen Sie *niemals* und unter keinen Umständen die Grizzlybären und Füchse gänzlich außer acht lassen. Erinnern Sie sich an die Quelle unserer »Unschärferelation« – es handelte sich um keine rein astrologische; sie entstand aus der Interaktion des *menschlichen Bewußtseins* mit den *astrologischen Symbolen*. Wie unsere Augen muß auch unser Verstand wählen, ob er sich auf die Entfernung oder auf die unmittelbare Umgebung scharf einstellen will. Wir müssen die Möglichkeiten unserer geistigen Beschränkung realistisch einschätzen.

Die Bären und Füchse im Hinterkopf zu behalten, ist der Trick, falls Sie sich für die Arbeit mit der unmittelbaren Umgebung entscheiden. Lassen Sie sie verblassen, verlieren Sie sie jedoch nicht vollkommen aus dem Blick. Egal, welches Ziel Sie auch verfolgen, die ersten beiden Richtlinien bleiben die ersten beiden Richtlinien. Führen Sie *immer* das erste Netz durch das Horoskop, dann das zweite. Nehmen Sie auf, was Sie dort finden. Erfassen Sie es, aber halten Sie sich nicht daran fest. Sie könnten sich beispielsweise an ein Ereignis aus dem ersten Netz erinnern – eine Saturn-Rückkehr etwa –, während Sie sich im Detail mit einer Konjunktion des laufenden Jupiters mit Ihrem Merkur im 10. Haus befassen. Bei dieser »Maus« geht es für das betreffende Individuum um eine Gelegenheit (laufender Jupiter), die sich in Verbindung mit seinen kommunikativen Fähigkeiten (Geburts-Merkur) ergibt und im Kontext der Karriere oder des sozialen Status (10. Haus) zum Ausdruck kommt. Das Ereignis ist von relativ geringer Bedeutung und entfaltet sich über einen Zeitraum von zwei bis drei Wochen. Doch es stößt etwas in Ihrem Gedächtnis an. Diese kritische Saturn-Rückkehr! Öffentliche Identität und Selbstrespekt sind in diesem Zusammenhang große Themen – und dieser unbedeutendere Jupiter-Transit schließt genau an diese großen Fragen an. Was immer unter dem Einfluß Jupiters geschieht, das Individuum ist ohne Zweifel *reif* dafür – die Saturn-Rückkehr aus dem ersten Netz garantiert dies. Sollen wir uns also auf eine gründliche Auseinandersetzung mit der Saturn-Rückkehr werfen? Nein – nicht wenn wir uns mit den Themen der unmittelbaren Umgebung beschäftigen. Wir legen in unserer

Interpretation einfach *mehr Gewicht* auf diesen Jupiter-Transit –
und stellen entsprechend andere Transite des dritten Netzes, deren Beziehung zu den Bären und Füchsen schwächer ist, mehr
zurück.

Wo liegen die Trennlinien zwischen den Netzen oder Kategorien? Die folgenden Faustregeln stellen eine gute Basis dar, doch
vermeiden Sie eine zu starre Herangehensweise:

• Für *Jahrzehnte oder länger*: Berücksichtigen Sie nur das erste
  Netz.
• Für Zeitabschnitte von *drei bis vier Jahren*: Fügen Sie das
  zweite Netz hinzu.
• Für *ein Jahr*: Fügen Sie die drei oder vier hervorstechendsten
  Ereignisse aus dem dritten Netz hinzu.
• Für *sechs Monate*: Berücksichtigen Sie das dritte Netz vollstän-
  dig; behalten Sie Netz eins und zwei mehr im Hinterkopf.
• Für *einen Monat*: Stellen Sie Netz eins und zwei weiter zurück;
  beziehen Sie alle Konjunktionen, Quadrate und Oppositionen
  aus dem vierten Netz ein (mit Ausnahme jener, bei denen der
  laufende Mond beteiligt ist).
• Für *eine Woche*: Das vollständige vierte Netz, auch alle Mond-
  Transite durch die Häuser, jedoch nicht die übrigen lunaren Ereignisse.
• Für *einen Tag*: Das vollständige vierte Netz.

Richtlinie 4: Denken Sie. Fühlen Sie. Sprechen Sie. Spekulieren
Sie. Spielen Sie. Machen Sie Witze. Geben Sie zu hohe An-
sprüche auf. Seien Sie ernsthaft. Erzählen Sie Geschichten –
und vor allem, haben Sie Spaß.

Das Entschlüsseln von Symbolen ist eine fast ausgestorbene
Kunst. Diese scheinbar fast halbmagische Fähigkeit unterscheidet
den Astrologen vom Astrologieschüler. Ein Blick auf die Hiero-
glyphen, und ein Lächeln bildet sich auf dem Gesicht des erfahre-
nen Astrologen. Gedanken fließen, verbinden sich, verbinden
sich neu, während sein Geist in die geheimen Strukturen eines
fremden Innenlebens eindringt. Die Konzentration ist groß. Der

Kopf arbeitet auf Hochtouren. Die Inanspruchnahme durch den Interpretationsprozeß ist vollkommen – doch eine bemerkenswerte Wahrnehmung sticht aus allen anderen hervor: Der Astrologe hat seinen Spaß.

Gute Astrologen amüsieren sich unweigerlich prächtig, wenn sie bei der Arbeit sind. Das ist nicht einfach nur eine falsche Behauptung. Ganz im Gegenteil – diese Beobachtung ist die Essenz von Richtlinie vier. Die Astrologie ist ebenso ernst wie das Leben selbst, doch eine effektive Interpretation und ein Geist der spielerischen Selbstvergessenheit sind untrennbar miteinander verbunden. Es trifft einfach zu, daß das Lesen von Symbolen Spaß macht. Noch relevanter ist die Versicherung, daß die Interpretation von Symbolen Spaß machen muß, denn *sonst funktioniert es nicht*. Wie ein Kind muß der Astrologe *spielen*. Er muß *Spontaneität* kultivieren – auf diese Weise wird die Weisheit des tieferen Selbst in den Interpretationsprozeß einbezogen.

Wie macht man das? Man läßt die Bilder kommen. Wenn Sie in Anbetracht eines frustrierenden Saturn-Transits an eine Karotte denken müssen, die vor der Nase eines Esels baumelt, dann *sprechen* Sie über dieses Bild. Erzählen Sie davon wie in einer Geschichte. Lassen Sie sich darauf ein. Entwickeln Sie Begeisterung. Machen Sie sich keine Sorgen darüber, ob Sie naiv oder wenig elegant wirken. *Spüren Sie es.* Falls Bilder nicht spontan in Ihnen aufsteigen, dann erfinden Sie welche. Lassen Sie sich etwas einfallen. Oder lesen Sie in der griechischen Mythologie, in Äsops Fabeln, in der Bibel oder bei Wilhelm Busch oder irgendwo sonst nach. Füllen Sie Ihren Geist mit Bildern – und nutzen Sie sie. Warum? Weil die Verbindung von kindlicher Begeisterung mit archetypischem Bilderwerk die Tür zum Unbewußten ist. Nur das Unbewußte vermag ein Symbol wahrhaftig zu entschlüsseln, denn es ist der einzige Teil von uns, der schlau genug ist, um mit all diesen Bällen gleichzeitig zu jonglieren.

Lehrer, Trickser, vier Netze, zahllose Wirkpunkte, das Geburtshoroskop – wie kann man all das ständig parat haben und dabei noch *spielen*? Das ist eine gute Frage. Doch hier ist eine Parallele: Der Druck auf Ihre Zehen, das Schwingen Ihrer Arme, die Unebenheit des Bodens – wie können Sie *gehen* und sich zugleich auch noch an der Schönheit der Landschaft erfreuen? Die Antwort in beiden Fällen lautet gleich: Erfahrung. Astrologie ist wie Gehen, etwas, was Sie *lernen* müssen. Jeder der beiden Prozesse – Gehen und die Interpretation astrologischer Symbole – hat ohne Zweifel geistige Komponenten, und wenn wir nicht genau wissen, was wir tun, geraten wir ins Stolpern. Doch weder der eine noch der andere Vorgang ist ausschließlich »geistig«.

Fangen Sie an, astrologische Vorhersage genauso zu lernen, wie Sie das Gehen gelernt haben – indem Sie herausfinden, wie es geht. Sehen Sie sich die Konzentration und die Freude an, die sich im Gesicht dieser Zweijährigen dabei abzeichnet, wenn sie ihren ersten richtigen Spaziergang um den Block macht. Sie sehen vermutlich ähnlich aus, wenn Sie zum ersten Mal die Reisen der Lehrer und Trickser durch Ihr Geburtshoroskop studieren. Reiner Geist, der sich bis an seine Grenzen anstrengt – genau wie bei dem Kind. Aber auch Sie werden vorankommen.

Das Buch, das Sie lesen ist ein methodisches Buch. Es ist voller neuer Vokabeln, hervorgehobener Vorstellungen, vorfabrizierter Interpretationsstrategien und praktischer Richtlinien. Futter für den Geist. Ich habe es so geschrieben, weil ich weiß, daß man den ersten Schritt beim Lernen der Astrologie nicht umgehen kann, und der verlangt es nun einmal, daß man sich die Bedeutung all dieser grundlegenden Symbole zu eigen macht. Egal wie spielerisch oder intuitiv Sie auch sind, wenn Sie nicht wissen, wofür der Stier steht, dann werden Sie nicht viel zu sagen haben, wenn jemand sein Geburtshoroskop vor Ihnen ausbreitet.

Es ist nicht leicht, Astrologie zu lernen. In einer besseren Welt würde sie an Universitäten gelehrt und ebenso ernst genommen wie Psychologie und Physik. Letztlich ist sie ebenso komplex wie jede dieser beiden Disziplinen – oder, besser ausgedrückt, wie Psychologie und Physik verschwindet auch die Astrologie schließlich in den gewaltigeren Fragestellungen über die Natur und die Bedeutung des Lebens selbst. Dennoch, trotz der Komplexität der Astrologie kann jeder den »Inneren Himmel« und dieses Buch lesen, sie beide zusammenfassen und sich diese alte Kunst-Wissenschaft zunutze machen. Selbst ein geringes astrologisches Wissen ist bereits sinnvoll – vor allem, wenn Sie *Freude* an diesem Wissen haben und es nutzen, um das Schloß am Schatzhaus Ihres Unbewußten aufzusprengen. Noch einmal sei gesagt, daß die Arbeit mit den Symbolen der Astrologie Freude macht, ist nicht einfach nur so dahergesagt, und es handelt sich dabei auch nicht nur um eine nette Nebenwirkung. Ganz im Gegenteil, in der Astrologie ist Freude eine *Methode*. Um einen akademischen Grad in Astrologie an dieser erleuchteten Universität zu erhalten, müßten Sie ebenso bis zur Geisterstunde die Ideen anderer Leute lernen wie auf jedem anderen Gebiet – doch Sie würden auch Seminare wie »Spontanes Geschichtenerzählen« und »Wiedererlangen der Unschuld« besuchen müssen. Falls Sie ein Skeptiker sind, dann werden Sie den nächsten Satz lieben, aber ich stehe zu ihm: Die zwanghaft kontrollierte, unaufhörlich erwachsene und im höchsten Maß kultivierte Persönlichkeit kann einfach nicht nah genug an die Einfachheit und Spontaneität des Unbewußten heranreichen, um je ein sehr effektiver Astrologe zu sein. So jedenfalls sehe ich die Sache.

Wenn Sie die Transite und Progressionen beschreiben, die Sie mit Ihren Netzen eingefangen haben, dann *hören* Sie sich selbst beim Reden zu. Stellen Sie Verbindungen her. Assoziieren Sie frei. Schweigen Sie sich auch nicht über Ihr Tun aus. Sprechen Sie darüber! Lassen Sie einen Freund an dem Prozeß teilhaben. Vermutlich werden Sie feststellen, daß Ihr Wissen über die Symbole, wenn Sie entspannt sind, damit spielen und es *laut aussprechen*, tiefer ist als Sie es sich vorgestellt haben. Versuchen Sie, das, was Sie sehen, in Worte zu fassen – und lassen Sie die Worte spielerisch sein. Sprechen Sie über einen Transit oder über eine Progression aus Netz eins – einen Grizzlybären. Lassen Sie sich detailliert darüber aus. Fühlen Sie sich vielleicht an eine Geschichte aus »1001 Nacht« erinnert? Dann erwähnen Sie auch dies. Führen Sie als nächstes das zweite Netz durch das Horoskop. Was haben Sie gefangen? Drei Füchse, von denen jeder mit den anderen zwei zankt. Reden Sie über jeden von ihnen. Sprechen Sie über deren Streit. Einen Augenblick – da ist etwas an diesem zweiten Fuchs, das Sie an eine der Gestalten aus der Geschichte aus »1001 Nacht« erinnert, die Sie eben erzählt haben. Treffer: Sie haben eine Verbindung hergestellt. Jetzt haben Sie einen *Namen* für diesen zweiten Fuchs, der ihn unwiderruflich mit dem Grizzlybären verbindet. Wie in der Literatur stellt auch in der Astrologie diese Art *metaphorische Folgerichtigkeit* einen scharfen Brennpunkt und ein hohes Maß emotionalen Engagements her. Die Astrologie ist nicht das Leben – wie jede andere Kunst ist sie nur der Schatten des Lebens, nur ein Mythos. Machen Sie sie also zu einem raffinierten Mythos! Machen Sie sie zu einem Mythos, so wie die alten waren, schockierend, kraß, spannend, die Wahrheit jenseits von Worten heraufbeschwörend. Wie? Fangen Sie an, indem Sie sich in die Fachausdrücke der astrologischen Prognose vertiefen. Lernen Sie als nächstes, den Symbolen zu vertrauen. Denken Sie dann daran, das zu *fühlen*, worüber Sie reden. Folgen Sie schließlich der Richtlinie vier – und *spielen* Sie!

Kapitel 12
Künstler, Prediger, Verrückter

Es gibt nur eine Handvoll astrologischer Symbole, doch wenn es darum geht, ein Geburtshoroskop zusammenzustellen, dann ist der Kosmos unendlich einfallsreich. Abgesehen von dem relativ seltenen Fall, daß zwei Kinder im gleichen Ort zur gleichen Zeit geboren werden, ist das Horoskop jedes Menschen einzigartig und allein für ihn gültig, genauso unwiederholbar wie eine perfekt gesungene Arie. Ähnlich hat jeder Augenblick in der Zeit sein einzigartiges astrologisches Wetter, geformt durch den endlos variierenden Tanz der laufenden Planeten. Hinzu kommt, daß Progressionen jedes Horoskop mit ihrem »inneren Wetter« versorgen, das sich unabhängig von äußeren Einflüssen entfaltet. Jeder astrologische Fall ist folglich ein ganz besonderer Fall, und daher ist jede astrologische Interpretation über weite Strecken eine kreative Kunst. Man kann Richtlinien bereitstellen und Muster zugrunde legen, doch wenn die ganze Kraft der Symbole freigesetzt wird, ist jede zutreffende Voraussage ebenso beispiellos wie ein Gesicht oder Fingerabdruck.

Für Sie ist die Hauptauswirkung all dieser Einzigartigkeit und Komplexität, daß Sie, wenn Sie die Astrologie wirklich *nutzen* wollen, früher oder später die ausgetretenen Pfade verlassen und Ihren Weg allein weiterverfolgen müssen. Aus diesem Buch können Sie bestimmte Stamminterpretationen lernen, so wie auch ich sie aus anderen Veröffentlichungen gelernt habe. Diese Interpretationen haben die Prüfung durch die Zeit und durch ehrliche Beurteilung überstanden. Doch letztlich müssen Sie über eine stückwerkhafte, vorfabrizierte Interpretation hinausgehen. Sie müssen in die Terra incognita eintreten und kreativ ein noch nie dagewesenes Zusammenspiel der Transite und Progressionen, die ein noch nie dagewesenes Geburtshoroskop durchliefen, entwirren. Mit den vier Netzen oder Kategorien, die wir im vorangegangenen Kapitel behandelt haben, und einem allgemeinen Einblick in das Symbolsystem der Astrologie, müssen Sie den Erfolg bei dieser Aufgabe nur noch für sich in Anspruch nehmen. Doch früher oder später müssen Sie das Buch schließen und sich selbst vertrauen!

Dieses Kapitel ist vor allem der Präsentation eines Beispiels für die Interpretation eines Horoskops mit dem Ziel der astrologische Prognose gewidmet. Kaum etwas dessen, worauf Sie in der folgenden Analyse stoßen, wird sich direkt auf irgend jemanden anderen als den Betroffenen anwenden lassen. Mir geht es nur darum, Ihnen Transite und Progressionen in Aktion zu zeigen und Ihnen praktische Erfahrungen mit den vier Netzen oder Kategorien zu vermitteln.

Vincent van Gogh

Abbildung 15 zeigt das Geburtshoroskop des berühmten Malers Vincent van Gogh, dessen leidenschaftliches in Armut geführtes Leben ein tragischer Archetypus für das unerkannte künstlerische Genie ist. Am 30. März 1853 um ungefähr elf Uhr Ortszeit in Zundert, Holland, geboren weist van Gogh ein explosives Geburtshoroskop auf, das ein farbenprächtiges, dramatisches Leben verspricht – und vor wildem Ungleichgewicht und Exzessen warnt.

Wie immer besteht unser erster Schritt darin, das Geburtshoroskop in Augenschein zu nehmen. Wie wir im dritten Kapitel gelernt haben ist das Geburtshoroskop die *Wurzel der astrologischen Prognose*. Kein Transit und keine Progression vermag Ereignisse hervorzubringen, wenn sie dort nicht bereits angedeutet sind.

Der Platz in diesem Buch macht es erforderlich, daß unsere vorbereitende Tour durch van Goghs Horoskop kurz ist. Glücklicherweise ist sein Horoskop, obwohl in vielerlei Hinsicht problematisch, vom astrologischen Standpunkt recht einfach. Sowohl die Sonne als auch der Mond befinden sich in Feuerzeichen – im Widder und im Schützen. Diese Kombination legt enorme Intensität des Charakters, Vitalität und Entschlossenheit nahe – und das Risiko eines emotionalen Thermonuklearkriegs. Der

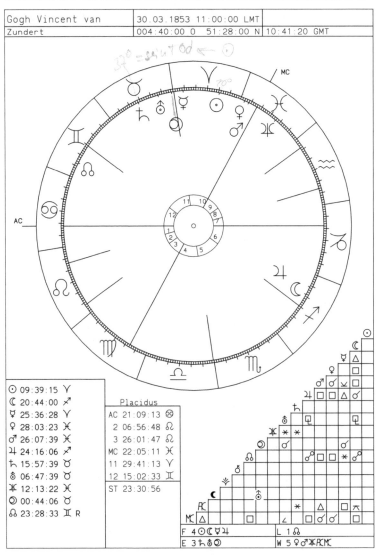

Gogh Vincent van	30.03.1853 11:00:00 LMT	
Zundert	004:40:00 O 51:28:00 N	10:41:20 GMT

⊙ 09:39:15 ♈
☾ 20:44:00 ♐
☿ 25:36:28 ♈
♀ 28:03:23 ♓
♂ 26:07:39 ♓
♃ 24:16:06 ♐
♄ 15:57:39 ♉
⚷ 06:47:39 ♉
⚥ 12:13:22 ♓
◎ 00:44:06 ♉
☊ 23:28:33 ♊ R

Placidus
AC 21:09:13 ♋
2 06:56:48 ♌
3 26:01:47 ♌
MC 22:05:11 ♓
11 29:41:13 ♈
12 15:02:33 ♊
ST 23:30:56

F 4 ⊙ ☾ ☿ ♃
E 3 ♄ ⚷ ◎

L 1 ☊
W 5 ♀ ♂ ⚥ AC MC

Abbildung 15: *Das Geburtshoroskop Vincent van Goghs.*

Mann verfügt über ausgedehnte Reserven an reiner Willenskraft. Die Frage ist, vermag er sie in ein großes Werk zu *leiten*? Sein psychologisches Bedürfnis nach diesem »großen Werk« ergibt sich eindeutig durch die Häuserplazierung von Sonne und Mond. Da sich beide in arbeitsorientierten Häusern befinden, ist die Stabilisierung von van Goghs feurigem Geist davon abhängig, daß er sich selbst in einer bedeutsamen öffentlichen Rolle (Sonne im 10. Haus) etabliert, durch die er sein emotionales Bedürfnis zum Ausdruck bringen kann, seinen Mitmenschen durch seine Begabungen und Talente zu dienen (Mond im 6. Haus).

Ein Blick auf das Aspekte-Gitter offenbart eine erstaunliche Tatsache: Die Widder-Sonne des Künstlers im 10. Haus – eindeutig der Angelpunkt des Horoskops – *bildet keinerlei Aspekte*. Wie eine abgerissene Hochspannungsleitung schlägt und peitscht sie umher, völlig außer Kontrolle geraten und aus dem Zusammenhang gerissen – es sei denn, es gelingt van Gogh durch eine gewaltige Willensanstrengung, diese blinde Energie vor eine ausgleichende Aufgabe aus dem Bereich des 10. Hauses zu spannen.

Um den raschen Überblick über die primäre Dreiheit des Künstlers zum Abschluß zu bringen, sei noch darauf hingewiesen, daß sich sein Aszendent im Krebs befindet – und damit einen disharmonischen Ton einbringt. Anders als Sonne und Mond führt der Krebs das Thema Innengekehrtheit und Sensibilität ein. Der Aszendent ergänzt den Mond in seiner Dimension des 6. Hauses insofern, als er ebenfalls auf den Wunsch hinweist, zu dienen oder zu pflegen. Doch, wenn man von dieser Parallele einmal absieht, verfolgt der Aszendent hauptsächlich das Ziel, das Bild zu verwirren – oder zu vertiefen. Der Krebs lauert defensiv in seinem Panzer, zeigt seine Scheren oder eben nicht, je nachdem, wie ernst die Bedrohungen sind, die die Umgebung produziert. Vincent van Gogh kennenzulernen, kann nicht einfach gewesen sein. Sein äußeres Auftreten (Aszendent) war unergründlich – meistenteils distanziert und unerreichbar, dann wieder warm und beflissen, aber doch vor allem schwer zu fassen. Und hinter all dem glimmten Feuer, umgaben den Mann mit einer Aura der Dringlichkeit und verliehen seinen »Vibrationen« vermutlich eine gewisse Gefährlichkeit. Entsprechend der Formel, die ich im »Inneren Himmel« eingeführt habe, war van Gogh der Krieger (Widder-Sonne) mit einer Zigeunerseele (Schütze-Mond), der die Maske des Unsichtbaren (Krebs-Aszendent) trug – eine interessante Kombination, doch keine besonders vertrauenerweckende. Wenn wir das Horoskop genauer betrachten, dann erkennen wir, daß Mars und Venus eine Konjunktion in den Fischen im 10. Haus bilden. In den letzten Graden des 10. Hauses und am Rand des Widders stoßen wir außerdem auf Merkur. Unsere Eingangsbeobachtung unterstützend, weist die Anwesenheit dreier weiterer Himmelskörper im »Haus der Karriere« darauf hin, wie zentral eine klare, stabile öffentliche Identität für die Aufrechterhaltung seines mentalen Gleichgewichts ist. Dieses Thema weiterentwickelnd, befindet sich Jupiter in Konjunktion mit dem Schütze-Mond im 6. Haus. Wieder Arbeit. Perspektive: Sechs der zehn astrologischen Planeten sind in den beiden arbeitsorientierten Häusern des Geburtshoroskops stationiert. Das ist eine beeindruckende Gewichtung, und sie gibt dem Entwicklungsschub im Leben dieses Mannes Form: Seine Aufgabe war es, seine ansonsten ziellose Intensität und Leidenschaft in ein Gefühl des Sendungsbewußtseins zu gießen. Ein Sendungsbewußtsein welcher Art? Jeder der Planeten trägt einen Teil der Antwort in sich. Zweifelsohne war es hier ein großes Motiv, anderen Menschen zu helfen (aufgehender Krebs; Betonung des 6. Hauses). Am glücklichsten würde er sein, wenn er unabhängig arbeitete (Feuer-Betonung). Damit sie wirklich befriedigt, muß die Arbeit herausfordernd und wettbewerbsbetont (Mars), künstlerisch (Venus) sein und etwas mit Kommunikation (Merkur) zu tun haben. Würde ihm das gelingen? Das hätte selbstverständlich niemals anhand seines Geburtshoroskops festgestellt werden können.

Drei Planeten befinden sich in van Goghs 11. Haus, alle im Stier – Pluto, Uranus und Saturn. Allein schon, daß so viel Energie in einem Haus versammelt ist, verleiht ihm Bedeutung, ganz egal, welche Planeten sich nun im einzelnen dort befinden. Zielsetzung, Strategien, das Etablieren klarer Prioritäten – das sind die kritischen Entwicklungsthemen für van Gogh. Um sich einen derart klaren Kopf bezüglich seiner Zukunft bewahren zu können, muß der Künstler bedeutsame *Allianzen* mit Menschen schließen, die mit ihm auf einer Linie liegen. Wird ihm das gelingen? Auch das ist unsicher. Wenn es ihm gelingt, dann wird der positive Einfluß dieser drei Planeten im 11. Haus mit den Jahren in seinem Charakter und in seinen Lebensumständen immer offensichtlicher werden. Er wird sich des Gefühls bewußt werden, eine größere Mission in seinem Leben (Pluto) erfüllen zu müssen; seine Innovationskraft und Unabhängigkeit wird wachsen (Uranus); und er wird an Selbstdisziplin und Kompetenz gewinnen (Saturn). Falls er die Lektionen dieses Stelliums im 11. Haus nicht annehmen kann, wird ihr Einfluß dennoch wachsen, jedoch auf keine sehr hilfreiche Weise. Pluto wird sich in ein giftiges Gefühl der Leere und letztlichen Sinnlosigkeit des Lebens verwandeln; Uranus wird Ausbrüche alberner Rebellion und reiner Exzentrizität auslösen; und Saturn wird zu Einsamkeit und Verzweiflung verkommen. Wir wissen nur eines mit Sicherheit: Im Laufe seines Lebens wird eine starke Reaktion auf diese drei Planeten immer entscheidender für sein Wohlergehen. Er muß lernen, daß für einen Menschen wie ihn, das Glück abhängig ist von seiner Hingabe an eine große Aufgabe (Pluto), harter Arbeit (Saturn) und dem Mut, seinen Sternen zu folgen, wohin auch immer sie ihn führen mögen (Uranus).

Neptun ist der einzige Planet, der noch übrig ist. Er befindet sich in seinem eigenen Zeichen, den Fischen im 9. Haus. Was hat das zu bedeuten? Kein jetzt lebender Mensch hat Erfahrungen mit Neptun in den Fischen. Im Augenblick da ich dieses Buch schreibe, sind bei der Umlaufzeit des Planeten von 164 Jahren all jene, die unter diesem Einfluß geboren wurden, tot, und die Eltern derer, die diese Konstellation als nächste erleben werden, noch nicht einmal selbst geboren. Ohne Zweifel hatte van Gogh mit seinem Neptun in den Fischen eine bemerkenswert lebhafte Phantasie. Er gehört zu der Generation der impressionistischen Maler, die nicht die objektive Wirklichkeit malten, sondern den subjektiven Prozeß des *Bewußtseins, das diese Wirklichkeit wahrnimmt*. Wie sieht es mit der Hausplazierung Neptuns aus? Das 9. Haus bezieht sich auf unsere Gesamtvorstellung von der Wirklichkeit, stellt die Linse dar, durch die wir auf das Leben sehen. Van Gogh blickte durch die Augen Neptuns – idealistisch, mitfühlend und mit unerbittlicher *Subjektivität*. Hohe Prinzipien haben hier ihren Ursprung – aber auch schwärmerische Zwänge und romantische Realitätsferne.

Mit ein paar Absätzen kann man einem Geburtshoroskop kaum Gerechtigkeit widerfahren lassen, aber wenigstens können wir nun die ungefähren Umrisse des Himmels über Holland an jenem Märzmorgen erfassen. Durch unsere Rundreise durch van Goghs Radix-Horoskop, haben wir uns auf die Herausforderung durch die astrologische Prognosearbeit vorbereitet. Mit seinem feurigen Wesen und seinem inneren Zwang, eine Marke in der Welt zu hinterlassen, ist jeder Transit und jede Progression, die lange Phasen ruhigen Arbeitens in der örtlichen Post nahelegen, von vornherein suspekt – das Radix allein schon macht das unmöglich. Ähnlich wird sich wohl jeder Astrologe irren, der angesichts einer derart beunruhigenden Mischung von Schroffheit und Sensibilität, von Unergründlichkeit und Mangel an Selbstbeherrschung »eine erholsame Periode ungetrübter Popularität« ankündigt. Warum? Weil dieser Astrologe gegen die Hauptregel der astrologischen Voraussage verstoßen hat – er hat die Botschaft des Geburtshoroskops ignoriert und dadurch den Überblick über die Transite und Progressionen des Mannes verloren.

Nun also, hier ist er: Vincent van Gogh, der Krieger mit der Zigeunerseele, der die Maske des Unsichtbaren trägt. Was geschieht, wenn die Lehrer und Trickser des Lebens anfangen, verschiedene Dimensionen seines Geburtshoroskops zur aktiven Entwicklung zu stimulieren?

Wie wir in Kapitel neun erfahren haben, ist die progressive Sonne der mächtigste aller voraussagenden Faktoren. Obwohl sie in van Goghs kurzem Leben nur 37 Grad zurücklegte, stellt sie mit der von ihr bewältigten Wegstrecke doch das Skelett seines Entwicklungsmusters dar. Ein Blick auf sein Horoskop offenbart den Sonnenbogen – und den Verlauf seines Lebens. Bei seiner Geburt befand sich die Sonne auf 9 Grad 39 Minuten im Widder. Eine Reihe von Konjunktionen mit Wirkpunkten breitet sich vor ihr aus. Zunächst, nachdem sie einen Bogen von 16 Grad durchwandert hat, begegnet die progressive Sonne dem Merkur. Ungefähr vier Jahre später tritt sie in den Stier und fast gleichzeitig in das 11. Haus ein – in van Goghs Horoskop fallen sie fast zusammen. Wann würde dieser Übergang stattfinden? Um es genau herauszufinden, müßten wir rechnen, aber wir wissen bereits, daß jedes Grad, das sich die progressive Sonne vorwärtsschiebt, etwa einem Lebensjahr entspricht. Mit anderen Worten, als van Gogh etwa 20 Jahre alt ist, verläßt die Sonne den Widder sowie das 10. Haus und eröffnet für ihn eine neue Lebensphase. Unmittelbar danach berührt die progressive Sonne Pluto, der sich in den Anfangsgraden des Stiers befindet. Etwa sechs Jahre später erfolgt eine solare Konjunktion mit Uranus und dann, ungefähr im Alter von 37 Jahren, eine weitere Konjunktion mit dem Saturn. Letztere deckt sich ziemlich genau mit dem Lebensende des Künstlers, also ist es nicht erforderlich, noch weiter zu suchen. Sein Tod hätte astrologisch selbstverständlich nicht *vorhergesagt* werden können, doch da er nun einmal an dieser Stelle eingetreten ist, findet unsere Analyse dort ihr Ende.

Was ist mit den übrigen Themen der ersten Kategorie? Sind sie nicht ebenfalls wichtig? Aber natürlich, wie wir noch sehen werden. Doch die progressive Sonne ist des Lebens Dreh- und Angelpunkt, und ein Großteil unseres Gesamtbildes von van Goghs Biographie hat etwas mit dem kurzen, aber dramatischen Sonnenbogen durch sein Horoskop zu tun.

Wir wollen mit der ersten entscheidenden solaren Konjunktion und ihrer Berührung mit Merkur beginnen. Sie fand statt, als van Gogh 16 Jahre alt war. Er war noch jung und seine Freiheit in der Reaktion auf astrologische Faktoren war noch nicht so groß, wie sie es in späteren Jahren sein würde. Dennoch, eine Sonnen-Progression ist *immer* kritisch, selbst in der Kindheit. Mit Sicherheit braute sich etwas Bedeutsames zusammen. Was war es? Beginnen Sie, indem Sie sich das Radix-Horoskop noch einmal vornehmen. Merkur befindet sich im Widder im 10. Haus. Dort liegt ein *Potential*, das auf einen Auslöser wartete. Dieses Potential hat etwas mit Lernen und Veränderung zu tun (Merkur), die beide auf anstrengende oder kraftvolle Weise (Widder) in der öffentlichen Arena (10. Haus) ausgedrückt werden. Da nun die progressive Sonne ihren Strahl des Selbstbewußtseins auf diese Bewußtseinsdimension des jungen Künstlers richtet, können wir sicherlich entscheidende Veränderungen in seinem offiziellen Status (10. Haus), eine Phase intensiven Lernens (Merkur) und einen Streßhöhepunkt (Widder) erwarten. Ein moderner Astrologe würde dem jungen Mann raten, seiner Intelligenz (Merkur) zu vertrauen und zu erkennen, daß er jetzt, obwohl er noch jung ist, die Gelegenheit hat, Fertigkeiten zu lernen, die seine berufliche Entwicklung ein Leben lang unterstützen werden – und daß es sich dabei um eine einmalige, nicht wiederkehrende Gelegenheit handelt. Was geschah tatsächlich? Heutzutage würde ein solcher Faktor im Geburtshoroskop eines Sechzehnjährigen vermutlich auf die Schule oder auf die Wahl eines bestimmten Kurses hinweisen, der für die weitere Karriereentwicklung von Bedeutung ist. Im 19. Jahrhundert war die Adoleszenz kürzer. Van Goghs Eltern entschieden, daß er genug zur Schule gegangen und daß es nun an der Zeit für ihn war, seinen Lebensunterhalt selbst zu verdienen. Sie traten mit seinem Onkel Cent in Verbindung, der in La Hague ein Partner des erfolgreichen Kunsthandelshauses Goupil & Co. war. Es wurde abgemacht, daß der junge Vincent in dem Geschäft anfangen sollte, wo sein Kunstinteresse ein praktisches Ventil fand. Er zog aus dem Elternhaus aus und fing an, die geschäftliche Seite der Kunstwelt kennenzulernen. Er war voller Begeisterung und Pflichtbewußtsein und machte seinen Umzug zum Erfolg.

Jupiter befindet sich im letzten Drittel des Schützen in van Goghs 6. Haus – und als die progressive Sonne in Konjunktion zum Geburts-Merkur stand, bildete sie gleichzeitig ein Trigon mit dem Geburts-Jupiter. Hierbei handelt es sich um ein der zweiten Kategorie zuzurechnendes Ereignis, doch da es mit der Konjunktion aus dem ersten Netz zusammenfällt, müssen wir es bei unserer Interpretation berücksichtigen. Folglich treffen an dieser Stelle in van Goghs Leben zwei entscheidende solare Ereignisse zusammen. Neben den durch Merkur hervorgerufenen Entwicklungen wird auch die sich entwickelnde Identität (progressive Sonne) des Künstlers vorübergehend durch eine Gelegenheit (Jupiter) im Arbeitsbereich (6. Haus) gestärkt und gefördert (Trigon). Die Chance, in der erfolgreichsten Kunsthandlung Europas zu arbeiten, fiel ihm in den Schoß, weil er mit einem Mann verwandt war, der ihm diese Tür zu öffnen vermochte. Jupiter übermittelt das im Geburtshoroskop versprochene *Glück* aus dem 6. Haus – und van Gogh packte zu.

Kein astrologischer Faktor kann sich in einem Vakuum auswirken. Ein weiteres Ereignis der ersten Kategorie findet gleichzeitig mit den beiden solaren statt. Der progressive Mars bildet eine Konjunktion mit van Goghs Sonne. Sein sich entwickelnder Mut (progressiver Mars) verschmilzt mit seiner Widder-Identität des 10. Hauses. Selbstbewußtsein im Arbeitsbereich ist hier das Ziel, obwohl es unrealistisch wäre, die subjektive Dimension des Ereignisses zu ignorieren – es ist eine im höchsten Maße *angsteinflößende* (Mars) Zeit für den jungen Mann. Die Wirklichkeit verlangt von ihm, in der beruflichen Abteilung die »Gelegenheit beim Schopf zu packen«, doch besitzt er dazu genug Mut? Der Entwicklungsastrologe wäre hier voller Ermutigung, würde dem Jungen erklären, daß die Gelegenheit da ist, um ergriffen zu werden, daß jedoch Entschlossenheit (Mars) erforderlich ist, um dies erfolgreich zu tun – und daß diese Entschlossenheit, wenn er Erfolg hat, noch mehr für ihn tun wird, als ihm nur einen Arbeitsplatz zu beschaffen. Sie wird die Zündkerze sein, die sein Schicksalsmuster zum Laufen bringt.

Der bereits vorhandene Knoten wird von einem weiteren Ereignis der ersten Kategorie umklammert: Van Goghs progressive Himmelsmitte bildet ebenfalls eine Konjunktion mit seiner Geburts-Sonne. Seine sich entwickelnde Beziehung zur Gesellschaft (progressive Himmelsmitte) erreicht einen kritischen Wendepunkt. Seine soziale Rolle (progressive Himmelsmitte) ist bereit, seinen Kern (Geburts-Sonne) zu reflektieren. Es ist eindeutig Zeit für ihn, in der beruflichen Dimension des Lebens die Initiative zu ergreifen.

Van Gogh fängt mit seiner natürlichen Begeisterungsfähigkeit an, mit großer Entschlossenheit und offensichtlich glücklich bei Goupil zu arbeiten. Mit seinem starken 10. Haus spürt er ohne Zweifel intuitiv, daß persönliches Wohlergehen und beruflicher Erfolg für ihn aufs engste miteinander verbunden sind. Vermutlich ist er glücklich, die Kindheit hinter sich zu lassen und sein Leben selbst in die Hand zu nehmen. Er lernt schnell, wird doch sein Geburts-Merkur durch die progressive Sonne stimuliert.

Nach vier Jahren in La Hague wird van Goghs harte Arbeit belohnt: Er wird befördert und in Goupils Londoner Dependance versetzt. Van Gogh trifft im Mai 1873 in London ein – und seine progressive Sonne etwa gleichzeitig an der Spitze seines 11. Hauses. Er schließt das erste Kapitel seines Lebens ab und beginnt mit dem zweiten. Nur wenige Monate später wechselt die progressive Sonne vom Widder in den Stier. Wieder erreicht er einen sein Leben formenden Wendepunkt, diesmal auf der Motivebene (Zeichen!). Im Jahr darauf steht ihm ein neuerlicher Meilenstein bevor – im Herbst 1874 bildet die progressive Sonne eine genaue Konjunktion mit Pluto. Erinnern Sie sich, alle Transite und Progressionen haben »Orben« – daraus kann man mit Sicherheit schließen, daß die Sonne/Pluto-Konjunktion bereits bei van Goghs Ankunft in London wirkt. Nach seinem Eintreffen gewinnt sie an Schwung – und bleibt, nachdem sie ihren Höhepunkt erreicht, noch ein paar Jahre maßgeblich. Astrologisch gesehen fällt der Umzug des Künstlers nach London in eine bedeutsame Zeit. Wenn derart viele Sonnen-Ereignisse gleichzeitig stattfinden, dann dürfen wir ihn nicht geringer einschätzen, denn als Neuanfang.

Wie können wir eine solche Kombination von Faktoren entwirren? Vorgefertigte Interpretationen werden in einer Situation wie dieser nicht sehr zutreffend sein. Die Bedeutung des Vorrückens der Sonne ins 11. Haus wird zum Teil durch ihr gleichzeitiges Vorrücken in den Stier geformt, und beide müssen gemeinsam mit einem starken Pluto-Thema wechselwirken. Jedes Ereignis für sich zu interpretieren, ist eine wirkungsvolle Taktik – vorausgesetzt wir setzen die Einzelteile wieder zusammen, bevor wir den Mund öffnen. Sonst verlieren wir die *Einzigartigkeit* und *insbesondere* die Konstellation aus dem Blick.

Wenn die progressive Sonne das Zeichen oder das Haus wechselt, dann handelt es sich um eine komplexe Angelegenheit, und wir müssen dies immer aus zwei unterschiedlichen Perspektiven in Betracht ziehen. Erstens ist dies ein Hinweis auf eine *unmittelbare Veränderung*. Grundlegende psychische Elemente oder Umstände rutschen in neue Muster, und die Veränderung wird

unweigerlich von Ereignissen angekündigt, die sich *im nachhinein als symbolisch für die neue Phase erweisen*, in die das Individuum eingetreten ist. Die zweite Perspektive spielt eine bedeu-
tendere Rolle – ein *neuer Lebensabschnitt* fängt an, und es dauert
Jahrzehnte, bis sich dieser Abschnitt vollständig entwickelt.
Durch die zweite Perspektive wird uns bewußt, daß, auch wenn
symbolische Ereignisse wichtig sind, die tiefere Bedeutung der
durch ein Zeichen oder ein Haus vorrückenden Sonne nie von
Anfang an auf reife Weise zum Ausdruck kommen kann. Wie bei
den meisten Lektionen im Leben braucht es eine Weile, um die
Bedeutung der neuen solaren Situation zu durchschauen.

Van Gogh bringt eine vom 10. Haus bestimmte Lebensphase
zum Abschluß und beginnt mit einem neuen Zyklus im 11. Haus.
Bis zu seiner Ankunft in London ist seine sich entwickelnde
Identität damit zufrieden, sich selbst durch gesellschaftlich definierte und akzeptierte Ventile (Terrain des 10. Hauses) auszudrücken. Nun, da die Sonne ins 11. Haus wechselt, wird sich diese
Identität mehr durch ihre *persönlichen* Ziele und Bedürfnisse
(Terrain des 11. Hauses) zu Wort melden. Der Samen, der schließlich das Ende seiner konventionellen Karriere bei Goupil her-
beiführt, ist nun gesät, auch wenn er noch drei weitere Jahre für
die Firma arbeitet. Außerdem erweitert sich mit dem Eintritt seiner Sonne in das traditionelle Haus der Freunde das Blickfeld seines Bewußtseins und schließt nun die Identifikation mit größeren
Menschengruppen oder vielleicht mit gesellschaftlichen Bewegungen ein. Der Beruf, im engeren Sinn des Wortes, verliert einen
Teil seines Einflusses auf van Goghs Verhalten.

Das Vorrücken der progressiven Sonne in ein neues Zeichen unterstützt noch die Wendepunktqualität dieses Abschnitts in van
Goghs Leben. Er ist mit der Sonne im Widder zur Welt gekommen, und gleichgültig wie lange er lebt, immer wird er sich eine im
wesentlichen durch den Widder bestimmte Identität bewahren.
Der Wechsel der Sonne in den Stier ändert daran nichts – aber er
fügt seinem durch den Widder definierten Verhalten eine Reihe
von durch den Stier beeinflußte Motive hinzu. Das Bedürfnis nach
Stabilität nimmt in ihm ebenso zu wie der Hunger nach Ruhe. Er
verliebt sich in die Tochter seiner Vermieterin und will sie heira-

ten. Doch als er den Mut aufbringt und ihr seine Zuneigung erklärt (denken Sie an seinen Krebs-Aszendenten!), wird er abgewiesen und in der Folge depressiv. Sein neuentdecktes Bedürfnis nach einer stabilen häuslichen Umgebung wird ihm verweigert. Möglicherweise ist von den durch die progressive Sonne ausgelösten stierhaften Entwicklungen seine knospende Wertschätzung für die Schönheit der Natur am bedeutsamsten, ein Bewußtsein, das allerdings erst nach einem weiteren Jahrzehnt zur vollen Blüte kommen wird. Wie wir im »Inneren Himmel« gelernt haben, gehört die Liebe zur Natur zu den Grundeigenschaften des Stiers. Die neugefundene auf den Stier zurückgehende ästhetische Sensibilität soll sich erst viele Jahre später voll entwickeln, als er in seine reife Schaffensperiode eintritt, doch wir sehen ihre Wurzeln bereits hier, als er gerade Anfang 20 ist.

Was ist mit der Berührung Plutos durch die progressive Sonne? Im besten Fall ist Pluto ein Planet altruistischer Visionen, des Drangs, »etwas Großes zu leisten«. Im schlechtesten Fall füllt Pluto das Bewußtsein mit dem Geist der Sinnlosigkeit und Leere. Als van Gogh sich in London eingewöhnt, kollidiert seine sich entwickelnde Identität mit den ultimativ plutonischen Fragen des Lebens – und wir wissen, daß er entweder in Verzweiflung versinken oder aber sich nach einer umfassenderen, gesellschaftlich bewußteren Motivstruktur strecken wird. Kunstkritiker und Biograph Ian Dunlop beschreibt diese Periode im Leben des Künstlers mit den folgenden Worten: »... ihn verfolgten mehr und mehr religiöse Fragen und Fragen nach dem Sinn des Menschen auf der Erde. Er begann zu spüren, daß das Leben eines Kunsthändlers weder besonders erbauend, noch besonders sinnvoll war. ... [Er] ging seiner Arbeit pro forma nach, doch mit wenig Begeisterung.« Die dunklere Seite Plutos wirkt sich auf Vincent van Gogh aus, schiebt ihn auf eine Weggabelung zu, an der er sich zwischen Verzweiflung und der Suche nach einem größeren philosophischen Bild entscheiden muß – und die Intensität dieser Periode wird noch dadurch vergrößert, daß seine progressive Sonne gerade Zeichen und Haus wechselt. Sein bisheriges Leben – und daher seine alte Vorstellung von der Welt – bricht auseinander. Etwas muß nachgeben.

Religion beschäftigt van Gogh in zunehmendem Maße. Er zieht sich innerlich zurück und »verbringt einen Großteil seiner Zeit in einem kleinen Raum ... in dem er gemeinsam mit einem anderen düsteren jungen Mann in der Bibel liest ...« Der Druck durch Pluto nimmt zu, obwohl die progressive Sonne nun den Höhepunkt ihrer Konjunktion mit dem dunklen Planeten überschritten hatte. Als die Sonne etwa anderthalb Grad über Pluto hinausgewandert ist, verliert van Gogh seine Arbeit bei Goupil, weil er die Galerie impulsiv während der Hauptgeschäftszeit verlassen hat. Es ist der 1. April 1876 – zwei Tage nach seinem 23. Geburtstag. Andere astrologische Belastungen in dieser Zeit sind offensichtlich. Der laufende Pluto bildet im 11. Haus ein Sextil zum Aszendenten und setzt in van Gogh das Bedürfnis frei (Sextil), sich hochfliegendere Ziele zu stecken (11. Haus). Gleichzeitig befindet sich der laufende Neptun in Konjunktion mit seinem Geburts-Pluto und hat eine ähnliche Auswirkung, der er möglicherweise einen Hauch Realitätsferne hinzufügt. Der laufende Uranus (Impulsivität) steht im Quadrat (Reibung) mit seinem Geburts-Saturn (Wirklichkeitsüberprüfung). Hierbei handelt es sich um Faktoren der zweiten und dritten Kategorie. Wenn wir unseren Blick auf den Inhalt des vierten Netzes richten, wird klar, warum es gerade der 1. April ist, an dem das Kartenhaus einstürzt. Die laufende Sonne steht in Konjunktion mit der Geburts-Sonne – und verstärkt van Goghs angeborene widderhafte Explosivität. Dann der Auslöser: Der laufende Merkur kommt an seiner Himmelsmitte an. Normalerweise ist dies kein Schlüsselereignis und hat häufig nicht mehr zu bedeuten als ein kleines Gespräch mit dem Chef. In diesem Fall hat sich so viel mentale Energie angestaut, daß das »kleine Gespräch mit dem Chef« zum Wendepunkt im Leben des jungen Künstlers wird.

Lassen Sie uns die entscheidende plutonische Periode noch einmal im Licht des Geburtshoroskops betrachten. Van Gogh ist ein im höchsten Maß idealistischer Mann (Mond/Jupiter-Konjunktion im Schützen) mit einem tiefgreifenden Gespür für das Schicksalhafte (vier Planeten im 10. Haus; zwei im 6. Haus). Er weist jedoch eine Tendenz auf, bereits bei Kleinigkeiten unnötig leidenschaftlich zu sein und auf ungelenkte Weise in die Luft zu gehen (unaspektierte Widder-Sonne; starker Feuereinfluß). In Anbetracht all dieser Faktoren ist zu vermuten, daß seine besten Aussichten, sich ein geistiges Gleichgewicht zu bewahren, in einer stabilen, sinntragenden Karriere bestehen. Van Gogh ist jemand, für den die Aufrechterhaltung einer Struktur entscheidend ist: Ansonsten kann er sich durch die ihm innewohnende Explosivität Schaden zufügen.

Und was geschieht von 1873 bis 1876 wirklich? Seine progressive Sonne wechselt das Haus, das Zeichen und bildet eine Konjunktion mit Pluto. All seine alten Strukturen versagen gleichzeitig. Auf der Motivebene tauscht er Widder gegen Stier aus. Auf der Ebene der Umstände gibt er die tröstliche Enge des 10. Hauses auf und tritt in die beunruhigende Freiheit des 11. Hauses ein. Und obendrein drückt Pluto mit Macht all seine sinnsuchenden, philosophiehungrigen Knöpfe. An dieser Stelle, mit Mitte 20, wird van Gogh aus der Bahn geworfen – aber hier aktiviert er auch sein atemberaubendes kreatives Potential.

Instinktiv begreift der Künstler, daß er, um sein Gleichgewicht zurückzuerlangen, eine Rolle in der Gemeinschaft für sich finden muß – aber diesmal muß diese Rolle von *plutonischer* Art sein. Da sein auf natürliche Weise idealistisches Wesen durch die dunkle Kraft Plutos verstärkt und vorangetrieben wird, ergreift die Religion immer mehr Besitz von ihm, und er faßt den Entschluß, Prediger oder Missionar zu werden. Kurz nachdem Goupil ihn entlassen hat, wird van Gogh – Uranus bildet ein Trigon mit seinem in Arbeitsdingen Glück verheißenden Jupiter – von einem Methodistenpastor in einem Vorort Londons als eine Art Kurat angenommen. Sein progressiver Aszendent gelangt mittlerweile in eine kritische Zone: Er tritt in das 2. Haus ein, legt eine entsprechend tiefe Selbstvertrauenskrise nahe und befindet sich obendrein auch noch im Quadrat zum Uranus – ein Faktor, der vermuten läßt, daß van Goghs sich entwickelnder äußerer Stil (progressiver Aszendent) nun mit seiner wahren Individualität (Geburts-Uranus) zusammenstößt (Quadrat). Die Kombination von Selbstzweifeln und verstärktem Extremismus und erhöhter Impulsivität durch seine uranische Aszendenten-Progression führt zu einer instabilen, ungewissen Periode. Unter dem Druck seiner Familie (Uranus!) und seiner alles verkomplizierenden Unsicherheit bricht van Gogh zusammen, verläßt England und die Kirche und nimmt eine Tätigkeit in einer holländischen Buchhandlung an – erneut vermittelt durch seinen Onkel Cent. Doch der Künstler ist nicht mit dem Herzen bei der Sache. Er verbringt seine Zeit damit, Männchen zu kritzeln und in die Luft zu starren. Nach drei Monaten gibt er auf.

Sein Verlangen, Missionar zu sein, verzehrt ihn auch weiterhin. Mit der Unterstützung seiner Familie verbringt van Gogh die nächsten Jahre damit, sich auf den Eintritt in ein Seminar vorzubereiten. Unglücklicherweise sind akademische Studien ebenfalls nicht das Richtige für ihn. Sein Tutor bemerkt, daß es schwierig ist, jemandem böse zu sein, der sich so sehr »danach verzehrt, den Unglücklichen beizustehen«. Doch sein Altruismus hilft van Gogh nicht beim Konjugieren lateinischer Verben, und er fängt an, nach Alternativen zu suchen.

Zwei kritische astrologische Ereignisse der ersten Kategorie brauen sich in dieser Zeit zusammen. Zum einen hält der laufende Saturn auf van Goghs Sonne zu. Von Mitte 1878 bis Mitte 1879 kollidiert (Konjunktion) die Wirklichkeit (Saturn) mit seiner ehrgeizigen Identität (Geburts-Sonne im Widder und 10. Haus). Diese Konstellation läßt immer auf eine Konfrontation mit der Wirklichkeit schließen, auf eine Zeit, in der nichts als klares Denken, faire Kompromisse und harte Arbeit für Glück und fortgesetztes Wachstum sorgen können – und für Vincent van Gogh ist die Arena für diese Schlacht sein beruflicher Werdegang. Unter diesem positiven Potential verbirgt sich Saturn, der Trickser, der versucht, van Gogh mit Lügen über Bitterkeit und Unmöglichkeit zu überwältigen. Eindeutig würde ihm ein Entwicklungsastrologe an dieser Stelle raten, jetzt *etwas zu tun*, ernste und konkrete Schritte zu unternehmen – und vor allem nicht in Trauer oder Gefühlen der Niederlage zu schwelgen.

Das zweite Schlüsselereignis ist eine weitere solare Progression der ersten Kategorie, die sich gerade zu entwickeln beginnt. Mitte 1878 ist van Goghs progressive Sonne ungefähr zweieinhalb Grad von einer Konjunktion mit seinem Geburts-Uranus entfernt. Der Höhepunkt dieses hochdramatischen Aspekts liegt noch zwei oder drei Jahre entfernt, doch es werden bereits die übertriebene Impulsivität, die Menschenscheu, die Entfremdung – und das Genie – sichtbar, die so charakteristisch für den Einfluß des Uranus sind. Diese kritische Entwicklung voraussehend, würde der Astrologe van Gogh raten, nicht seiner angeborenen Unbesonnenheit zu erliegen. Außerdem würde er ihm helfen zu verstehen, daß seine sich entwickelnde Identität (progressive Sonne) im Begriff ist, auf den Funken seiner einzigartigen Individualität (Geburts-Uranus) zu stoßen, daß er sich jedoch jetzt, unter dem Einfluß des Saturn, disziplinieren und die Verbindung von harter Arbeit und Geduld meistern muß, die ihn auf die größeren Entwicklungen, die in seiner Psyche jetzt in Schwung kommen, vorbereiten wird.

Der Saturn erreicht als erster seinen Höhepunkt. Realistische Einschätzung brachte van Gogh dazu, seinen Traum von der Aufnahme in ein Seminar aufzugeben und sich für einen Dreimonatskurs in einer Predigerschule in Belgien einzuschreiben. Seine Mutter bemerkt zu dieser Zeit: »Ich habe immer solche Angst, daß, wo immer Vincent auch ist oder was immer er auch tut, er alles durch seine Exzentrizität, seine komischen Ideen und merkwürdige Weltsicht ruiniert.« Ihre Analyse seines Uranus erweist sich als richtig; van Gogh ist bei seinen Lehrern nicht beliebt, und es gelingt ihm nicht, den Kurs zu Ende zu führen. Bittere Enttäuschung ergreift ihn. Warum? Weil er versagt hatte? *Nein* – weil van Gogh sich weigert, die Notwendigkeit des Lernens und der Selbstdisziplin zu akzeptieren, und da der laufende Saturn gerade eine Konjunktion mit seiner Sonne bildet, ist dies ein fataler Fehler.

Das Komitee der Schule stimmt zu, ihre Beurteilung in ein paar Monaten noch einmal zu überprüfen. Bis dahin erlaubt es, daß der Künstler – auf eigene Kosten – Bibelstunden in einem belgischen Distrikt namens Borinage, der mehr mit einer rauhen, aufgerissenen Schlackenhalde als mit einer Landschaft gemein hat, geben darf. Van Gogh müht sich in dieser klassischen saturnischen Landschaft sechs Monate lang ab, während er die ganze Zeit unter dem Einfluß der besagten Saturn/Sonne-Konjunktion steht. Auch die progressive Sonne nähert sich langsam seinem

Uranus – und die Bleistiftzeichnungen, die er in dieser Phase anfertigt, haben bereits etwas von seiner späteren Kraft, obwohl es nichts gibt, was nahelegt, daß van Gogh sie selbst ernst genommen haben könnte. Im Juli 1879, als der Saturn sich dem Ende seines langen Transits mit der Sonne nähert, gibt das Komitee erneut ein negatives Urteil ab, und van Goghs Mission als Wanderprediger ist vorüber – und zum zweiten Mal entschwindet die dringend benötigte Unterstützung durch eine bedeutungsvolle Rolle in der Gesellschaft (Geburts-Sonne im 10. Haus!) vor seinen Augen wie eine Fata Morgana.

Die progressive Sonne, die sich jetzt ihrer Konjunktion mit Uranus deutlich nähert, fängt an, das Bewußtsein des Künstlers zu dominieren. Bei jeglicher starker Reaktion auf diesen Planeten erhebt sich die Individualität über den Druck der Konformität. Die eigene innere Natur macht sich geltend, und eine Zeitlang muß sich die betroffene Person mit der Angst auseinandersetzen, in der Welt völlig allein und ohne die Unterstützung durch von der Kultur vorgeschriebene Lebensmuster dazustehen. Ein solcher Zustand ist für jeden beängstigend und anstrengend. Für einen Mann wie Vincent van Gogh, der kulturelle Unterstützung *braucht*, um seinen Hang zu schwärmerischer Unvernunft auszugleichen, ist ein solcher Uranus-Einfluß gefährlich. Hätte er damals einen modernen Astrologen aufsuchen können, dann wäre ihm viel über langsame, ruhige Anstrengung, um diese tiefe innere Stimme zu hören, gesagt worden – und noch mehr über die ungestüme Tollkühnheit, die sich manchmal unter der Maske wahrer Individualität versteckt und die Menschen über den Abgrund in die Klauen von Uranus, dem Trickser, führt.

Jeglicher sozialer Unterstützung beraubt, wandert van Gogh ziellos zurück in die Borinage. Damals schreibt er: »Gegen meinen Willen bin ich ... zu einer Art unmöglichen und verdächtigen Person in der Familie geworden. ... Ich glaube das Beste und Vernünftigste, was ich tun kann, ist, fortzugehen und mich in einer angemessenen Entfernung aufzuhalten, damit ich für euch alle aufhören kann zu existieren.« Klassische Uranus-Worte. Bei der Familie gescheitert. Bei der Kirche versagt. Die Depression überwältigt ihn – und in diesem Zustand der Verlassenheit, ertönt der wahre Ton seiner wirklichen, *uranischen Individualität* durch den Nebel. 1880 schreibt er: »Ich habe zu mir selbst gesagt, obwohl alles gegen mich ist, werde ich wieder hochkommen: Ich werde meinen Bleistift aufnehmen, den ich in meiner Entmutigung aufgegeben habe, und werde mit meinen Zeichnungen weitermachen. Von diesem Augenblick an erscheint mir alles verwandelt.« Im Oktober 1880, als die progressive Sonne eine fast genaue Konjunktion mit Uranus bildet und der Gelegenheiten webende Jupiter über seine Geburts-Sonne läuft, zieht van Gogh aus der Borinage nach Brüssel, um andere Künstler kennenzulernen und Unterricht zu nehmen. Sein wirkliches Schicksal hat angefangen, die Sedimentschichten kultureller und familiärer Erwartungen zu durchbrechen – genau nach Plan.

Dennoch, die progressive Sonne wird sich noch ein paar weitere Jahre im Orbis ihrer Konjunktion mit Uranus aufhalten. Weitere Schritte und mehr Erkenntnisse – und zusätzliche Gefahren – liegen vor Vincent van Gogh. Außerdem steht ein weiteres Ereignis der ersten Kategorie bevor: eine Saturn-Rückkehr. Im erbarmungslosen Rhythmus des biopsychischen Drehbuchs ist die Zeit für den Künstler gekommen, den Übergang von der Jugendzeit zur Reife zu bewältigen. Wieder einmal kollidiert van Goghs Energie und seine Begeisterung mit der Wirklichkeit.

Im Sommer 1881 kehrt er nach Zundert zurück, um mit seiner Familie Frieden zu schließen. Er arbeitet weiter hart an seinen Zeichnungen, obwohl es ihm chronisch schwerfällt, mit den Proportionen zurechtzukommen. Seine Bemühungen lassen nicht nach, und Verbesserung wird sichtbar. So weit, so gut. Die Saturn-Rückkehr ist, wie wir im sechsten Kapitel gelernt haben, eine Zeit, in der wir durch selbstdisziplinierte Anstrengung unsere Vision von unserer Zukunft als Erwachsener wahr machen. Van Gogh hat einen guten Start. Im Spätsommer kommt seine junge verwitwete Kusine zu Besuch. Er verliebt sich in sie. Sie hat keine Ahnung von seiner Vernarrtheit (Krebs-Aszendent), und als er ihr schließlich einen Antrag macht, ist sie schockiert und entgegnet: »Nein, niemals, niemals!« Da seine natürliche Impulsivität durch die Konjunktion der progressiven Sonne mit seinem Uranus verstärkt wird und unausgewogen ist, akzeptiert der

Künstler ihr Nein nicht. Er verfolgt die Frau beharrlich, richtet, nachdem sie nach Hause zurückgekehrt ist, zahllose Liebesbriefe an sie. Bei einer Gelegenheit reist er ihr sogar nach Amsterdam nach, um sie zu sehen, doch er dringt nicht weiter vor als bis zu ihren Eltern – sie weigerte sich, ihn zu sehen. Die Situation ist van Goghs Eltern wegen der familiären Beziehungen peinlich. Sie flehen ihren Sohn an, die Zurückweisung seiner Kusine zu akzeptieren, doch van Gogh *weigert sich, die Wirklichkeit anzuerkennen,* und bereitet sich damit auf die überwältigende Bitterkeit und Frustration einer teilweise gescheiterten Saturn-Rückkehr vor.

Während seine Frustration wächst, nimmt auch die Spannung zwischen dem Künstler und seinem Vater zu. Weihnachten 1881, kurz vor seinem 29. Geburtstag und noch immer im Anfangsstadium der Saturn-Rückkehr, weigert sich van Gogh, zur Kirche zu gehen, und der Zorn seines Vater explodiert – er wirft den Sohn aus dem Haus der Familie. Van Gogh wandert nach La Hague und beschreibt Gefühle »als läge man mit gebundenen Händen und Füßen und vollkommen hilflos auf dem Grund eines tiefen, dunklen Brunnens«.

In diesem Lebensabschnitt lernt er eine Frau kennen, eine Prostituierte namens Sien, die krank, verarmt, schwanger und verantwortlich für die Pflege ihrer kranken Tochter ist. Van Goghs Mitgefühl überwältigt ihn. Er nimmt die Frau auf und erklärt schon bald, sie heiraten zu wollen – ein eindeutig uranischer Entschluß, da er damit gegen alle kulturellen Verhaltensnormen verstößt. Sie lernen sich kennen, als sich sein progressiver Mond im 6. Haus befindet – und ein tiefes Bedürfnis in ihm auslöst, anderen Menschen zu helfen –, doch schon bald ist sein Mond in das 7. Haus (Haus der Ehe) weitergewandert, und ihre Beziehung entwickelte sich ernsthaft. In seiner Verbindung zu Sien – obwohl sie immer schwierig ist –, kommt van Gogh einer erfüllenden Beziehung zu einer Frau am nächsten.

Gegen Ende seiner Saturn-Rückkehr durchbricht die Wirklichkeit dieser Beziehung den idealistischen Mythos, den der zunehmend aus dem Gleichgewicht geratene Verstand van Goghs fabriziert hat. Im Juni 1882, nachdem er drei Wochen Fieber gehabt hatte, begibt er sich in ein Krankenhaus, wo er erfährt, daß er sich »einen Tripper zugezogen hat, allerdings nur eine milde Form«. Scheinbar ohne irgendwelche Anschuldigungen bleibt er noch mehrere Monate bei Sien und bringt an ihrer Seite seine Saturn-Rückkehr zum Abschluß. Im September 1883 fühlt er sich von der Beziehung desillusioniert und verläßt sie, um in eine düstere Moorlandschaft im Norden Hollands zu ziehen, wo sich viele Maler versammeln.

Nachdem seine Saturn-Rückkehr vorüber ist, tritt van Gogh in seinen mittleren Lebensabschnitt ein. Einer der zentralen Wendepunkte in seinem biopsychischen Drehbuch liegt hinter ihm. Was hat er dabei gelernt? Wie die meisten Saturn-Erfahrungen war dies eine schwierige Zeit für ihn, aber auch eine produktive. Auf der negativen Seite steht, daß er sich in eine für ihn unerreichbare Frau – seine Kusine – verliebt hat und aufgrund des nachfolgenden Dramas von seiner Familie verstoßen wurde. Unfähig, das notwendige *Alleinsein* der Saturn-Rückkehr zu akzeptieren, ist er in eine Beziehung mit einer Prostituierten gefallen, die ihn letztlich nur ausgepumpt und krank gemacht hat. *All dieses Elend hat seinen Ursprung in einer eindeutig saturnischen Quelle: Die Unfähigkeit des Künstlers, Wünsche, Ängste und Träume von der Wirklichkeit zu unterscheiden.* Auf der positiven Seite ist zu verzeichnen, daß van Gogh am Ende seiner Saturn-Rückkehr entschlossen ist, seinem Schicksal als Künstler zu folgen. Alles andere ist von ihm abgefallen. Die Berührung der progressiven Sonne mit dem Uranus hat ihm die Vision gegeben, und von Seiten Saturns kommen Einsatzbereitschaft und Selbstdisziplin hinzu.

Erfolg oder Mißerfolg? Entscheiden Sie. Wie die meisten menschlichen Entwicklungen enthält van Goghs Saturn-Rückkehr und seine Uranus-Konjunktion Elemente von beidem. Gezeichnet, aber entschlossen setzt er seinen Weg in die mittleren Jahre hinein fort.

Während der Jahre 1883 bis 1886 ballen sich mehrere kraftvolle Progressionen in Vincent van Goghs Geburtshoroskop zusammen. Der progressive Mars bildet ein Quadrat mit seinem Aszendenten. Sein sich entwickelndes Selbstbewußtsein und seine sich entwickelnde Wut üben starke Reibung (Quadrat) auf seine auf natürliche Weise nach innen gekehrte und zurückhaltende Maske

(Krebs-Aszendent) aus. Seine Bemühungen, sich selbst als Künstler in Nordholland über Wasser zu halten, scheitern, zum Teil wegen seiner menschenscheuen Unfähigkeit, Verbindungen mit anderen Künstlern, Förderern oder Händlern aufzunehmen. Sein Bedürfnis, sich beruflich zu behaupten (der progressive Mars befand sich im 10. Haus), prallt mit seinem verschlossenen Wesen zusammen. In der Weihnachtszeit des Jahres 1883 kehrt er nach Hause zurück und unternimmt, zum Teil aufgrund seiner finanziell verzweifelten Lage, den kläglichen Versuch, die Beziehung mit seiner Familie zu kitten. Obwohl sie ihn freundlich aufnimmt, ist van Gogh in dieser Zeit abscheulich, reizbar und leicht gekränkt. Das Quadrat zwischen progressivem Mars und Aszendent aktiviert das tiefere Widder-Schattenmaterial in ihm – und die Energie, die er hätte einsetzen sollen, um zu lernen, wie man das eigene Verhalten (Aszendent) rechtmäßig um Selbstbewußtseinsstrategien (Mars) ergänzt, verschwendet er in sinnlosen Streitereien, deren Ziele für ihn keine Gefahr bedeuteten. Die Runde geht an den Trickser.

Zwei weitere Progressionen entwickeln sich harmonischer. Van Goghs progressive Sonne tritt nun in ein Sextil mit seinem Fische-Neptun im 9. Haus ein, und seine progressive Venus befindet sich in Konjunktion mit seinem Uranus. Beide Entwicklungen haben großen Einfluß auf van Goghs Werdegang als Künstler.

Verborgen in diesem Fische-Neptun lagert die Saat der impressionistischen Malerbewegung, das Bedürfnis, lieber *Bewußtsein zu malen* als die Wirklichkeit. Unter dem Sextil aus progressiver Sonne und Neptun integriert van Goghs in der Entwicklung befindliche Identität Mitte der achtziger Jahre das wahre Potential der neptunischen Vision. Obwohl ihm seine zurückgezogene Lebensweise nur wenig persönlichen Kontakt mit den Philosophien des Impressionismus ermöglicht, schreibt er: »Ich wäre verzweifelt, wenn meine Figuren richtig wären. ... wirkliche Künstler ... malen Sachen nicht, wie sie sind, auf trockene, analytische Weise nachgezeichnet, sondern so, wie sie ... sie fühlen.« Langsam nimmt seine Vision als Künstler Form an.

Gleichzeitig kommt van Goghs progressive Venus in eine Konjunktion mit seinem Uranus, so wie es die Sonne vier Jahre zuvor getan hat. Bei der solaren Progression lag die Betonung auf der Integration seiner wahren Individualität (Uranus) in sein Selbstbild (progressive Sonne) – er hatte begonnen, sich selbst als Künstler zu sehen. Als die Venus den Uranus überquert, geht es weniger um seine Identität als Ganzes, sondern um sein sich entwickelndes künstlerisches Zartgefühl. Auch dieses ist bereit, seine uranische Individualität zu integrieren. Unterstützt durch das solare Sextil zu Neptun ist van Goghs reifem künstlerischen Genie der Anstoß gegeben. Anfang 1885 vollendet er, was häufig als sein erstes wahres Meisterwerk bezeichnet wird: »Die Kartoffelesser«. Der Kunstkritiker und Biograph Ian Dunlop beschreibt das Werk mit den Worten: »Möglicherweise ist es tatsächlich das Meisterwerk der holländischen Periode, wie einige behauptet haben, aber ... es ist der leibhaftige Vincent, ein scheußliches, unhöfliches Gemälde, dunkel, düster, unbeholfen, leidenschaftlich und voller Gefühl.« Trotz des unfreundlichen Tons dieser Worte, beleuchten sie doch den entscheidenden astrologischen Punkt: Van Gogh hat schließlich doch noch begonnen, sich *selbst* durch seine Kunst zum Ausdruck zu bringen. Seine Entwicklung als Künstler (progressive Venus) ist zu guter Letzt mit seiner visionären Individualität (Geburts-Uranus) verschmolzen (Konjunktion). Er ist bereit, mit seiner wirklichen Arbeit zu beginnen. Alles Bisherige war nur ein Vorspiel.

Eine Konjunktion der progressiven Venus mit dem Geburts-Uranus kann auch mit Trennungen, tiefgreifenden Veränderungen und ungewöhnlichen Ereignissen assoziiert werden. Van Gogh lebt all diese Möglichkeiten aus. Als die bezeichnete Konjunktion im Entstehen begriffen ist, gehen er und seine Partnerin getrennte Wege. 1884 wirbt er auf bizarre Weise um eine ältere Frau. Eine Episode, die darin gipfelt, daß sie versucht, sich mit Strychnin das Leben zu nehmen. Und dann stirbt am 27. März 1885 sein Vater an einem Herzinfarkt – womit für van Gogh eine weitere stürmische Beziehung zu Ende geht. Diese beiden Ereignisse sind emotional gefärbt durch van Goghs progressiven Mond im 8. Haus – dem traditionellen »Haus des Todes«. Beim Ableben seines Vaters befindet sich außerdem der *laufende* Uranus in Opposition zur *Geburts*-Venus und erzeugt eine Art astrologischen Doppelschlag. Wie gewöhnlich funktionieren die auslösenden Transite der inneren Planeten innerhalb der Struktur des großen Uranus-Venus-Potentials, um den Tag des väterlichen Herzinfarkts zu bezeichnen. In seinem Geburtshoroskop hat van Gogh eine Venus/Mars-Konjuktion in den Fischen. Als sein Vater stirbt, bildet die laufende Venus und der laufende Mars auf der gleichen Stelle wiederum eine Konjunktion – ein weiterer Doppelschlag.

Als sich das Sextil aus progressiver Sonne und Geburts-Neptun zu bilden beginnt, findet sich van Gogh zum Kunststudium zuerst in Antwerpen und dann in Paris ein, wo er zum ersten Mal direkten Kontakt mit der Arbeit anderer Impressionisten hat. Seit dieser Zeit ist er fasziniert von Farben. Dunlop schreibt über van Goghs zwei Jahre in Paris: »Er traf ein als Maler dunkler Bilder, er reiste ab als Maler von Farben und Licht.« In der »Stadt des Lichts« fängt er außerdem an, Klavierstunden zu nehmen, weil er spürt, daß zwischen Farbe und Musik eine Verbindung besteht. Ein Freund stellt fest, daß van Gogh »während der Unterrichtsstunden die Töne des Flügels unablässig mit preußisch Blau und Dunkelgrün und Ocker vergleicht ... der arme Mann [sein Lehrer] muß glauben, daß er es mit einem Verrückten zu tun hat.« Die Klavierstunden werden nicht fortgesetzt, doch die Besessenheit von Musik und Licht und Farbe ist ein Hinweis darauf, wie tief van Gogh von den weichen, ätherischen Energien Neptuns berührt worden war.

Auch mit Neptuns dunkler Seite kommt er in Berührung. Geistig bereits etwas von der Bahn abgekommen, wird van Gogh scheinbar durch den »mystischen« Planeten weiter destabilisiert, während dieser ihn zugleich mit Inspiration und Vision erfüllt. Seine Zeitgenossen halten ihn für ein wenig »übergeschnappt«, wie es einer seiner Mitschüler in der Kunstschule formuliert. Obwohl er so merkwürdig war, nimmt eine sehr wichtige Freundschaft in dieser Lebensphase ihren Anfang – van Gogh lernt den Künstler Paul Gauguin kennen, und die beiden Männer werden Freunde. In sexueller Hinsicht wissen wir bis auf das, was das Bruchstück eines Briefes an seine Schwester preisgibt, wenig über seine Aktivitäten in dieser Zeit: »Ich habe auch weiterhin die unmöglichsten und wenig schickliche Liebschaften, aus denen ich in der Regel beschädigt und beschämt und noch etwas schlimmer hervorgehe.« Wieder Neptun. Als van Gogh Paris verläßt, hat Neptun, der Trickser, eine weitere Narbe auf seinem Geist zurückgelassen: Der Maler hat mit seinem legendären exzessiven Trinken begonnen. In einem Brief an Gauguin beschreibt er sich selbst »fast als Alkoholiker«.

In diesem inspirierten, doch instabilen Zustand besteigt van Gogh den Zug nach Arles in den Süden Frankreichs, um dort, wie viele meinen, den großartigsten Erguß künstlerischen Genius zu beginnen, den je ein Mann oder eine Frau in 29 Monate gepreßt hat. Es trifft auch zu, daß er zugleich mit dem Abstieg in die Hölle beginnt.

Was ereignet sich astrologisch, als van Gogh die Grenze zur aktiven Genialität überschreitet? Wie wir weiter unten sehen werden, wird die Reise des Künstlers nach Arles von einer Reihe im höchsten Maße aufgeladenen Transite und Progressionen begleitet. Doch über all dem schwebt die progressive Sonne. Als er in Paris den Zug besteigt, ist die progressive Sonne auf 13 Grad 44 Minuten im Stier vorgerückt – damit befindet sie sich noch immer mit anderthalb Grad im Sextil zu seinem Neptun. Doch weit wichtiger ist, daß sie nur 2 Grad von einer Konjunktion mit seinem Geburts-Saturn entfernt ist. Es ist dieses allmächtige Ereignis der ersten Kategorie, das die Beschaffenheit aller Einstellungen und Umstände des Künstlers für den verbleibenden Rest seines Lebens dominieren soll.

Saturn! Das Schreckgespenst der traditionellen Astrologen – und ohne Zweifel ein herausfordernder Planet, selbst wenn unsere astrologischen Vorstellungen ausgesprochen modern sind. Als seine Sonne sich dem Saturn nähert, muß van Goghs in der Entwicklung befindliche Identität (progressive Sonne) mit einer ununterbrochenen, stiertypischen Wirklichkeitsüberprüfung (Geburts-Saturn im Stier) verschmelzen. Er muß in einem Maß Realismus und Selbstdisziplin entwickeln wie niemals zuvor. Sich tief in ein *großes Werk* vergraben – dieser Gedanke, der durch das Geburtshoroskop so deutlich zum Ausdruck gebracht wird, wandert nun in den Mittelpunkt der Bühne. Als seine progressive Sonne auf diese Weise den Geist des Ringplaneten in sich aufnimmt, ist van Gogh eindeutig an einem Engpaß auf seinem Entwicklungsweg angelangt. Um mit seinem Leben weiter voranzukommen, muß er ohne Einschränkungen bereit sein, die Wirklichkeit zu akzeptieren, ebenso strategisch wie wirkungsvoll innerhalb ihrer Grenzen zu arbeiten und auf einer praktischen Basis mit Angelegenheiten wie Geld, Gesundheit, Beziehungen und Zeit zu hantieren. Wenn er versagt, steht ihm eine vernichtende Erfahrung bevor, da seine sich entwickelnde Identität (progressive Sonne) mit der Wirklichkeit (Saturn) kollidiert (Konjunktion), und sämtliche falschen, romantischen und von Selbstverherrlichung bestimmten Spiele, wie er sie bisher mit sich gespielt hat, werden ihm ins Gesicht schlagen.

Aus vergangenen Erfahrungen mit seinem Geburtshoroskop wissen wir, daß van Gogh auf die Vorwärtsbewegung seiner progressiven Sonne unweigerlich explosiv reagiert. Als sie eine Konjunktion mit Merkur bildete, ging er von zu Hause fort und begann eine intensive Zeit des Lernens und Reisens (Merkur-Terrain). Als sie gleichzeitig Haus und Zeichen wechselte und eine Konjunktion mit Pluto bildete, begann er seine Metamorphose vom scheinbar glücklichen, beliebten, doch einfallslosen jungen Berufstätigen zum finsteren, menschenscheuen, religiösen Fanatiker. Als der Schatten der progressiven Sonne in einer weiteren Konjunktion auf seinen Uranus fiel, rebellierte er gegen Religion, Familie und Gesellschaft und wurde sich seiner wahren Identität als Künstler bewußt (Uranus-Terrain). Als die progressive Sonne seinen Neptun mittels eines Sextils stimulierte, da fing er an, Bilder aus Farbe und Licht zu malen, die den für Neptun typischen, die Wirklichkeit beobachtenden Bewußtseinsprozeß reflektierte. Und nun, da die Sonne auf Saturn zuhält, wird er die Lektion des Ringplaneten lernen, oder wird Saturn den Künstler zerstören?

Astrologisch besteht selbstverständlich keine Möglichkeit, diese Frage zu beantworten. Nur die Geschichte kann offenbaren, auf welche Weise van Gogh oder irgend jemand sonst den allmächtigen Joker der Willenskraft ausspielt. Jedoch erkennen wir Muster in seinen bisherigen Reaktionsweisen. *Bei jeder solaren Progression trifft van Gogh eine gesunde Entscheidung für seine*

Entwicklung als Künstler, und eine selbstzerstörerische für seine Entwicklung in jeder anderen Hinsicht. Kann dieses Muster standhalten? Auch das ist wieder eine Frage für Historiker und nicht für Astrologen. In Anbetracht seines forschen Temperaments wissen wir, daß der Saturn sein Selbstbild bis in die Wurzeln herausfordern wird. Wie niemals zuvor wird er sich ändern müssen, um sich der Wirklichkeit anzupassen. Der Entwicklungsastrologe würde nichts anderes tun können, als van Gogh zu Ehrlichkeit, Selbstdisziplin und einer realistischen Bewertung der Umstände zu raten, während der Wahrsager seinen Geist vermutlich mit erschreckenden Prophezeiungen noch zusätzlich quälen würde.

Van Gogh steigt als veränderter Mann in den Zug nach Arles. Während seiner zwei Jahre in Paris, hatte sich seine Identität als Künstler weiter verfeinert. Mehrere astrologische Ereignisse leisteten einen Beitrag zu diesem Klärungsprozeß. Den überwältigenden Einfluß des Sextils zwischen progressiver Sonne und Neptun haben wir bereits erwähnt. Ein weiteres Ereignis der ersten Kategorie – die Opposition des laufenden Uranus zu seiner Geburts-Sonne – hatte ihn weiter darin unterstützt, seine wahre Identität von den Wünschen und Erwartungen anderer zu trennen. Er war in Paris nicht beliebt, kein »Mitglied des Klubs« gewesen, aber er hatte sich von der Herde abgesondert und angefangen, die Welt im Glanz seines inneren Auges erstrahlen zu sehen. Die beiden Zwillingstürme des Uranus – Genie und Entfremdung – richteten sich hoch in ihm auf. Auch der Saturn hatte während seines Parisaufenthalts sein 1. Haus durchlaufen und war nun im Begriff, diesen sensiblen Bereich wieder zu verlassen. Unterstützt durch die Selbstdisziplin und relative Bescheidenheit dieses Baumeisterplaneten, hatte van Gogh seine Zeit in Paris gut genutzt, neue Techniken studiert, gelernt und das Fundament für einen neuen Persönlichkeitsausdruck errichtet.

Im Frühling 1887 verließ van Goghs progressiver Mond sein 9. Haus und erreichte seine Himmelsmitte – ein wichtiges Ereignis der zweiten Kategorie. Während der Mond, wie dies seinen ganzen Parisaufenthalt hindurch der Fall war, sein 9. Haus durchlief, hatte van Gogh sich gestreckt, sich ausgedehnt und seinen

Horizont erweitert – klassische Aktivitäten des 9. Hauses. Außerdem befand sich der Mond während dieses gesamten Lebensabschnitts auch in den Fischen, verstärkte und unterstützte somit die phantasievollen Neptun-Energien – und führte ihn zunehmend in Versuchung, ein Leben in Auflösung zu führen. Als der Mond an der Spitze des »Hauses der Karriere« anlangte, da wußte van Gogh intuitiv, daß die Zeit des Lernens vorüber war und daß er nun in die Öffentlichkeit treten mußte (10. Haus). Er hielt sich noch ein paar Monate in Paris auf, doch als der Mond aus den nachlässigen Fischen in den feurigen Widder trat, packte er seine Koffer. Getreu dem launenhaften Wesen des Mondes veränderte sich plötzlich seine Einstellung. Sechs Wochen später lebt er in Arles und platzt in einen Widder-Neuanfang hinein.

Ereignisse der dritten und vierten Kategorie erläutern die Wendepunktqualität dieses Tages im Februar 1888. Sehr wichtig ist, daß Venus nun den Orbis eines Sextils zu van Goghs Fische-Neptun erreicht hat. Was das bedeutet? Zu einem früheren Zeitpunkt im Leben des Künstlers war Venus der progressiven Sonne über den Uranus gefolgt – im ersten Fall integrierte sein Selbstbild (progressive Sonne) die Individualität des Uranus; im zweiten Fall tat dies seine künstlerische Identität (progressive Venus). Ähnliches gilt auch für die Progression von zunächst der Sonne und dann der Venus durch das Sextil mit Neptun. Fasziniert von Farbe, Klang und Licht hatte van Gogh in Paris angefangen, sich selbst (progressive Sonne) durch Neptun auszudrücken. Als er im Begriff ist, die inspirierteste Schaffensphase seines Leben zu beginnen, da ist seine künstlerische Identität (progressive Venus) selbst bereit, die Neptun-Vision zu integrieren. Hierbei handelt es sich um ein Ereignis der dritten Kategorie. Dies ist ein gutes Beispiel dafür, daß wir manchmal die allgemeinen Interpretationsrichtlinien bestimmten Individuen eigens anpassen müssen. Für einen Künstler ist jedes durch die progressive Venus ausgelöste Ereignis von erhöhter Bedeutung, da ein so großer Teil seines Schicksals von ästhetischen Entwicklungen betroffen ist.

Als Auslöser all dieser durch Transite und Progressionen aufgebauten Spannungen und Potentiale beobachten wir drei Ereignisse der vierten Katergorie – die ansonsten *immer von sich aus* unbedeutend sind –, die Vincent van Gogh an diesem Wintermorgen in Paris zum Bahnhof schieben. Die laufende Sonne tritt in das 9. Haus ein, traditionell das »Haus der langen Seereisen«. Der laufende Merkur bildet eine Konjunktion mit der Himmelsmitte. Mars ist in die Spitze seines ausdrucksstarken 5. Hauses gewandert, nachdem er sich viele Wochen innerhalb der Grenzen des 4. Hauses zurückgezogen hatte. Dabei löst der rote Planet den veränderlichen Widder-Merkur durch eine Opposition aus. Wären die Netze eins und zwei relativ leer und frei von Potentialen gewesen, hätten all diese Transite nur geringe Bedeutung gehabt. So aber sind sie so »unbedeutend« wie die Schachtel Streichhölzer in der Dynamitfabrik.

Versuchen Sie sich den Überblick zu bewahren: Lassen Sie sich nicht von diesen Details überschwemmen, so daß Sie das Angelpunktereignis der ersten Kategorie vergessen – *van Goghs progressive Sonne nähert sich seinem Geburts-Saturn.* Dieser kompromißlos krasse Einfluß, der bereits lebhaft zu spüren ist, umklammert den Geist des Künstlers mit jedem Atemzug, den er macht, fester.

Gleich nach seiner Ankunft in Arles wirft sich van Gogh in eine saturnische Schaffensraserei, die sich bis zu seinem Tod 29 Monate später unvermindert fortsetzt. Ian Dunlop beschreibt die Periode folgendermaßen: »Vincent erkannte instinktiv, daß er sich selbst gefunden hatte, daß all die Jahre des Studiums sich nun auszuzahlen begannen, daß er Hilfsmittel wie einen perspektivischen Rahmen oder vorbereitende Kohleskizzen auf seiner Leinwand nicht mehr länger brauchte. Er mußte sich nur mehr ... vor seinem Sujet niedersetzen und malen. ...« Van Gogh selbst beschreibt seinen künstlerischen Ausbruch prosaischer. »Ich bin schwer am Werk«, schrieb er, »wie ein Marseiller, der seine Fischsuppe ißt.« Die progressive Sonne, die Lehrerin, verinnerlicht, wenigstens in dieser Hinsicht, die Lektion des Saturn gründlich: Hör auf, dir Sorgen zu machen und zu zweifeln und zu zögern, *tu es einfach!* Man könnte nur wenig bessere Beispiele für die krasse Pracht eines starken Saturn finden, als Vincent van Goghs unerbittliche, leidenschaftliche Hingabe an seine Kunst während dieser Periode und mehr Beispiele sogar noch später, als alles um ihn her im Einstürzen begriffen ist.

Dunklere Saat wird ebenfalls offensichtlich. Der Streß der Sonne/Saturn-Verbindung tritt in Wechselwirkung mit der Intensität der lunaren Progression durch den Widder, um in dem Mann ein gefährliches Niveau psychischer Spannung hervorzurufen. Wo wird sie zum Ausdruck kommen? Sicherlich, vieles davon wird in der Malerei sublimiert, doch es gibt auch andere, neptunischere Ventile für diese aufgestaute Explosivität. In einem Brief an seinen Bruder beschreibt van Gogh die enorme geistige Anstrengung, die erforderlich ist, um jeden Tag ein Ölgemälde, normalerweise draußen mit Hitze, Insekten und Wind, fertigzustellen. Er schließt mit den unheilverkündenden Worten:»Schließlich ist das einzige, das Erleichterung und Ablenkung schafft, ... die Selbstbetäubung mit schwerem Trinken und Rauchen.« Außerdem sucht er häufig das örtliche Bordell auf, obwohl sein körperlicher Verfall damals bereits zu einem gewissen Grad zu sexueller Impotenz geführt hat.

Nach mehreren Monaten des Alleinseins kommt am 23. Oktober 1888 van Goghs guter Freund Paul Gauguin aus Paris nach Arles. Van Gogh ist außerordentlich begeistert von dessen Ankunft. Die laufende Sonne tritt gerade in sein spielerisches 5. Haus ein, und die laufende Venus (Freundschaft) bildet ein Trigon zu ihrer eigenen Geburtsposition. Van Gogh verehrt Gauguin und sieht ihn als den Überlegenen an.»Ich empfinde meine künstlerischen Kompositionen immer als äußerst gewöhnlich, wenn ich sie mit den Deinen vergleiche«, schreibt er. Was Gauguin selbst betrifft, so nutzt er, der nie sein Licht unter den Scheffel stellte, van Goghs Minderwertigkeitsgefühle geschickt aus. Erinnern Sie sich, daß van Gogh ein Widder im 10. Haus mit einem Schütze-Mond ist – ein feuriger Mann. Nach irgend jemandem die zweite Geige zu spielen, ist ihm nicht gegeben. Mit seiner Sonne im Widder ist er auf natürliche Weise und instinktiv von Konkurrenzdenken geprägt. Denken Sie auch daran, daß seine Geburts-Sonne *keinerlei Aspekte bildet* – daß er folglich Mühe hat, sein eigenes Konkurrenzdenken zu verstehen, zu kontrollieren oder auch nur anzuerkennen, was der Situation um so vulkanischere Ausmaße verleiht. Fügen Sie noch das folgende empfindliche Ereignis der ersten Kategorie hinzu: Der laufende Uranus (Explosivität) ist im Begriff, Reibung (Quadrat) auf van Goghs verschlossene *Maske* (Krebs-Aszendent) auszuüben. Und dann noch ein wichtiger Auslöser: Van Goghs progressiver Mond befindet sich am Tag von Gauguins Ankunft in einer mehr oder weniger vollkommenen Konjunktion mit seiner Geburts-Sonne – seine sich entwickelnden Gefühle (progressiver Mond) verschmelzen (Konjunktion) mit seinem angeborenen, nicht anerkannten Konkurrenzdenken (nicht aspektierte Widder-Sonne). Van Goghs feuriges Herz ist so instabil wie ein Reagenzglas mit Nitroglyzerin in den Händen eines Neandertalers.

Zunächst kommt das Konkurrenzdenken zwischen den beiden Männern in Form von kreativer Produktivität zum Ausdruck. Meistenteils im Freien und immer an unterschiedlichen Sujets arbeitend, gelingt es ihnen, einander nicht in die Quere zu kommen. Es bauten sich jedoch Spannungen auf. Gauguin erfährt, daß eine seiner Arbeiten für 500 Francs verkauft worden ist – sicherlich ein Schlag für den Stolz des verarmten van Gogh. Außerdem hält sich Gauguin häufig im Bordell auf, und in Anbetracht von van Goghs offenbar zunehmender Impotenz ist auch das ein Schlag. Der Winter kommt. Das Malen im Freien wird unmöglich. Gauguin und van Gogh werden immer häufiger in eine klaustrophobische Intimität gezwungen. In einem Café wirft van Gogh dem Freund ein Glas Absinth ins Gesicht. Wenigstens einmal trifft Gauguin Vorbereitungen, um Arles zu verlassen. Doch irgend etwas verbindet die beiden Männer miteinander. Da sich seine progressive Sonne dem Saturn nähert, hätte ein moderner Astrologe van Gogh vor Abhängigkeiten in dieser Zeit gewarnt. Von Saturn beeinflußte Lebensabschnitte müssen nicht zwangsläufig einsam sein, doch sie erfordern *Selbstgenügsamkeit*. Van Gogh jedoch hält an Gauguin fest, wie jemand, der sich mit den Fingern an eine Klippe klammert. Als van Gogh den Freund einmal bezüglich seiner Pläne zur Rede stellt, erwidert Gauguin, daß er plane, Arles zu verlassen – und van Gogh reißt einen Satz aus der Zeitung, in dem es heißt: »Der Mörder ist geflohen.« So dick ist die Luft zwischen ihnen inzwischen geworden.

Die Entscheidung fällt zwei Tage vor Weihnachten. Der laufende Uranus befindet sich genau im Quadrat zu van Goghs Aszendenten und reißt ihm die irreführende Krebs-Maske vom Gesicht. Uranus befindet sich außerdem in Opposition zu seinem Merkur, ergänzt seine geistigen Prozesse (Merkur) um ein Element des schwindelerregenden Extremismus. Der progressive Mond hält sich in seinem feurigen Widder auf, noch immer etwa zwei Grad von der Sonne entfernt, steigert und emotionalisiert noch immer den Zorn und das Konkurrenzdenken des Künstlers. Es findet eine Jupiter-Rückkehr statt – normalerweise ein Anlaß zur Freude, doch immer auch eine Versuchung, sich zu weit aus dem Fenster zu lehnen. Die progressive Sonne ist bis auf anderthalb Grad an van Goghs Saturn herangerückt, und seine progressive Venus befindet sich *genau* auf dem Aspektpunkt des Sextils mit seinem Neptun und löst so die Freigabe dieser inspirierten – aber auch irrationalen – Energie aus. Ein klassisches Ereignis der vierten Kategorie läßt die Sicherung durchbrennen: Der leidenschaftliche, impulsive Mars, der Herrscher von van Goghs Sonnen-Zeichen, ist nur ein Grad vom Quadrat zum Saturn entfernt. Das bißchen Selbstkontrolle (Saturn), das er zusammenkratzen kann, wird durch einen vorübergehenden Zornesausbruch (laufender Mars) zerrieben (Quadrat).

Was geschieht? Um der Spannung, die zwischen ihnen herrscht, zu entfliehen, bricht Gauguin am 23. Dezember zu einem Abendspaziergang auf. Van Gogh folgt ihm, doch Gauguin bedenkt ihn mit einem vernichtenden Blick, der ihn veranlaßt, in ihr gemeinsames Haus zurückzukehren. Als van Gogh den psychischen Druck nicht mehr ertragen kann, nimmt er eine Rasierklinge in die rechte Hand, sein Ohrläppchen in die linke und verletzt sich selbst. Die Legende will, daß er sich das ganze Ohr abschnitt. Wahrscheinlicher scheint jedoch, daß er nur das Ohrläppchen abtrennte. Wie auch immer, jedenfalls blutet er stark. Van Gogh packt das abgeschnittene Ohrläppchen in Zeitungspapier ein, setzt sich eine große Baskenmütze auf, um die Selbstverstümmelung zu verbergen, und macht sich auf den Weg zum Bordell, wo er Gauguin vorzufinden erwartet. Da er ihn dort nicht antrifft, übergibt er das Päckchen einer Prostituierten namens Rachel und macht sich wieder auf den Heimweg.

Die Hölle bricht los. Die Polizei wird gerufen. Sie findet van Gogh bewußtlos in seinem Haus und läßt ihn ins Krankenhaus einliefern. Gauguin selbst kommt erst am nächsten Morgen zurück, und nachdem er van Goghs Bruder informiert hat, kehrt er nach Paris zurück. Van Gogh bleibt eine Zeitlang im Krankenhaus und darf am 7. Januar 1889 nach Hause zurückkehren. Ein geheiltes Ohr und ein geheiltes Herz sind jedoch nicht ein und dasselbe. Vincent van Gogh, nie ein besonders stabiler Mensch, hat die Linie überschritten, die wir ziehen, um uns von jenen, die wir als verrückt bezeichnen, abzugrenzen. Es gibt zahlreiche Theorien über seinen selbstzerstörerischen Wahnsinn. Manche bringen ihn mit Epilepsie in Verbindung. Andere führen ihn auf Alkoholismus zurück, der noch durch die gesundheitsschädlichen Eigenschaften des Absinth, den van Gogh so gerne trank, verkompliziert wird. Wieder andere sprechen von Schizophrenie. Und eine weitere Gruppe sieht einen Zusammenhang mit der Geschlechtskrankheit, die er sich Jahre zuvor bei Sien geholt hatte. Astrologische Erklärungen verfolgen nicht den Zweck, mit den übrigen Modellen in Konkurrenz zu treten. Sie stehen als *Symbole der spirituellen, psychologischen und Entwicklungsthemen*, mit denen van Gogh zu der Zeit konfrontiert ist, für sich. Vermag er in der realen Welt zu leben? Das ist die Sonne/Saturn-Frage, die in zunehmendem Maße auf van Gogh lastet.

Drei weitere »mentale Zusammenbrüche« folgen im Februar. Der laufende Uranus (Instabilität) befindet sich noch immer in Opposition zu van Goghs Merkur (Gedankenprozesse) und im Quadrat zu seinem Aszendenten (äußeres Erscheinungsbild). Die progressive Sonne rückt dem Saturn weiter auf den Pelz. Der Mond feuert im Widder noch immer drauflos und löst entsprechende irrationale Feuerstürme im 10. Haus aus – dem von allen Häusern öffentlichsten Terrain. Und dann betritt ein weiterer Auslöser die Bühne: Der laufende Mars tritt in den Widder ein und stößt herab auf van Goghs ohnehin schon belagerte Geburts-Sonne. Schwierigkeiten (Mars im Widder) mit seiner sozialen Position (10. Haus) kollidieren (Konjunktion) mit seiner Identität (Geburts-Sonne). Die konservativeren Einwohner von Arles fühlen sich durch das Verhalten ihres neuen Nachbarn merkwürdig berührt, die Kinder verspotten ihn. Sein Vermieter setzt ihn unter Druck, damit er auszieht. Ende Februar wird eine Petition in Umlauf gebracht, in der die Bürger seine Einweisung in eine Anstalt verlangen. Als der laufende Uranus ein Quadrat zu seinem Aszendenten bildet, tut der Druck der Gesellschaft (Uranus) sein Möglichstes, um van Goghs soziale Persönlichkeit (Aszendent) zur Kapitulation zu bewegen. Am 27. Februar 1889 wird er ohne Gegenwehr ins Krankenhaus eingeliefert.

Nach einigen Wochen der Unsicherheit, in denen weitere Anfälle folgen, verläßt van Gogh Arles von sich aus und begibt sich in die Irrenanstalt nach Saint-Rémy. Einem Geistlichen, der sich mit ihm anfreundet, sagt er: »Ich bin nicht in der Lage, mich selbst oder meine Angelegenheiten zu beherrschen« – und bringt später die wilde Idee vor, sich der französischen Fremdenlegion anschließen zu wollen, derart gehen bei ihm Klarheit und Wahnsinn durcheinander. Am Tag seines Eintritts in die Irrenanstalt, dem 8. Mai 1889, verbindet sich die *laufende* Sonne in einer Konjunktion mit seinem Geburts-Saturn und kündigt damit das weit tiefgreifendere Vorrücken der *progressiven* Sonne auf den gleichen Punkt an. Nun trennen die beiden nur noch etwas mehr als ein Grad.

Das Leben in der Anstalt von Saint-Rémy hat eine stabilisierende Wirkung auf den Künstler. Er fängt wieder zu arbeiten an, zieht im Sommer oft hinaus, um die Zypressen der Gegend zu malen. Dennoch setzen sich seine Anfälle, diagnostiziert als periodisch auftretende Epilepsie, fort. Er berichtet seiner Schwester, daß er es nicht wagt, in die weite, offene Landschaft hinauszutreten aus Angst vor den Gefühlen der Einsamkeit (Saturn!), die ihn dort ergreifen. Obwohl er während seines einjährigen Aufenthalts in Saint-Rémy 150 Gemälde vollendet, meint er zu verkümmern und fürchtet, seine »Energie zu verlieren« (Saturn).

Wenn der Mond durch ein Haus vorrückt, kommt es häufig zu einem Aktivitätsausbruch gleich zu Beginn und dann wieder am Schluß der Phase. Dies ist natürlich insbesondere wahrscheinlich, wenn sich am Ende des Hauses ein oder zwei Wirkpunkte befinden. Der Mond war gegen Ende von van Goghs Aufenthalt in Paris in sein 10. Haus eingetreten. Nun, ungefähr drei Jahre später, geht dieses emotionale Kapitel seines Lebens (progressiver Mond) langsam zu Ende. An dieser Stelle würde man einen Kulminationspunkt öffentlicher Anerkennung oder Aktivität (10. Haus) erwarten, vor allem da der Mond sich am äußeren Rand des Widders dem sensiblen Merkur des Künstlers nähert. Seine Einlieferung in die Anstalt muß sicherlich den Spielraum seiner Entwicklung in der Öffentlichkeit einengen, doch wird sie dadurch nicht vollständig erstickt.

Im Januar 1890 erscheint in der angesehenen französischen Kunstzeitschrift »Mercure de France« ein Artikel, in dem van Gogh als einer der wichtigsten, aber bisher unerkannten Künstler Anerkennung findet – genau zu dem Zeitpunkt, als sich der progressive Mond in eine Konjunktion mit seinem Geburts-Merkur im 10. Haus schiebt. Ein paar Monate zuvor hatte man ihn aufgefordert, ein paar seiner Bilder in einer Ausstellung zu präsentieren, die Ende 1890 in Brüssel stattfinden sollte. Als die Ausstellung eröffnet wurde, zog der Artikel Aufmerksamkeit auf seine Arbeiten, die jedoch nicht nur vorteilhaft beurteilt wurden – tatsächlich reagierte eines der Komiteemitglieder so heftig und beleidigend auf van Goghs Werke, daß ein anderer Künstler, Henri de Toulouse-Lautrec, ihn zum Duell forderte. Zwar wurde dann nichts daraus, aber das war die traurige Berühmtheit, die van Gogh schon bald umgab. Bei der Ausstellung wird eines seiner Bilder für 400 Francs verkauft. Im Frühling werden zehn weitere Gemälde in einer angesehenen Ausstellung präsentiert, und auch hier wird ihnen wieder viel Aufmerksamkeit zuteil. Unglücklicherweise erleidet van Gogh, da die progressive Sonne nur noch den Bruchteil eines Grades von der Konjunktion mit seinem Saturn entfernt ist, zu diesem Zeitpunkt einen weiteren Anfall, den bisher schlimmsten. Den März und April des Jahres 1890 verbringt er in einem Dämmerzustand. Als er sich erholt hat, ist er entschlossen, Saint-Rémy zu verlassen, und Mitte Mai packt er seine Koffer und bricht in den Norden auf.

Auf den Rat eines anderen Künstlers, Camille Pissaro, zieht van Gogh nordwestlich von Paris in das Städtchen Auvers und begibt sich bei einem Dr. Gachet in Behandlung, der auf Nervenkrankheiten spezialisiert, selbst etwas wie ein Künstler ist und weiß,»wie man mit schwierigen Charakteren fertig wird«. Der laufende Jupiter bildet ein Sextil mit der Sonne, und der Umzug scheint vielversprechend. Anfangs begegnet van Gogh seinem Arzt Dr. Gachet, der ihm das Gefühl gibt,»recht exzentrisch zu sein«, mit Mißtrauen. Bald jedoch entwickelt sich Vertrauen zwischen den beiden Männern. Am 4. Juni schreibt van Gogh:»Wir sind schon gute Freunde.«

Auvers kommt van Goghs Bedürfnissen entgegen. Eine kleine Stadt an einem Fluß, eingebettet in eine hügelige Landschaft mit Weizenfeldern. Angefeuert durch die letzten Wochen seines progressiven Mondes im Widder und unter dem Einfluß der den Höhepunkt erreichenden Konjunktion von progressiver Sonne und Saturn macht sich der Künstler mit unvergleichlicher Entschlossenheit ans Werk. Seine geistige Kraft – und sein geistiger Aufruhr – erfährt durch das Einsetzen eines weiteren Ereignisses der zweiten Kategorie eine zusätzliche Steigerung: Der progressive Mars nähert sich einer Konjunktion mit seinem Geburts-Merkur. Das sich entwickelnde Selbstbewußtsein (progressiver Mars) verschmilzt (Konjunktion) mit seiner geistigen Einstellung (Geburts-Merkur), verspricht zunehmenden Schwung, droht jedoch gleichzeitig mit Unbesonnenheit und Leidenschaftlichkeit. Van Gogh lebt nur sieben Tage in Auvers. Während dieser Zeit führte er 70 Ölgemälde aus und über 30 Zeichnungen und Aquarelle – ein ungeheuerlicher Ausstoß, und viel davon von schockierender Schönheit. Die Arbeit fordert in physischer und geistiger Hinsicht ihren Tribut. Die Anstrengung beschreibt er in einem nicht abgeschickten Brief vom 23. Juli an seinen Bruder:»Ich riskiere mein Leben dafür, und mein Verstand ist darunter schon fast zusammengebrochen«.

Kurz bevor er diese Worte niederschreibt, ist die progressive Sonne schließlich genau auf dem Aspektpunkt der Konjunktion mit Saturn eingetroffen. Für van Gogh hat die Herausforderung, sein Selbstbild (progressive Sonne) mit den Anforderungen der Wirklichkeit (Saturn) in Übereinstimmung zu bringen, ihren Höhepunkt erreicht. Wie wird er reagieren? Van Gogh wählt einen albernen, sinnlosen Streit mit Dr. Gachet über die Rahmung eines Bildes eines anderen Künstlers, um sich von einer wichtigen

Quelle der Unterstützung zu distanzieren. Schlimmer noch, sein
Bruder, von dem van Gogh finanziell abhängig ist, war wirtschaft-
lich in Schwierigkeiten geraten – eine Entwicklung, die sich für
den verwundbaren, erschöpften Künstler wie die sich zuziehende
Schlinge des Saturn um seinen Hals angefühlt haben muß.

Anfang Juli verläßt van Goghs progressiver Mond den Widder
und wechselt in den Stier, um dort unmittelbar eine Konjunktion
mit seinem Geburts-Pluto auszulösen. Erinnern Sie sich, daß
Jahre zuvor, als die progressive Sonne den gleichen Punkt
berührte, van Gogh in seine düstere, verzweifelte Phase religiösen
Fanatismus eingetreten war? Nun, da sich der progressive Mond
durch das gleiche Terrain schiebt, hätte man erwarten können,
daß ein Mikrokosmos dieses gleichen emotionalen Territoriums
zum Vorschein kommt, wenn auch in einer sehr viel milderen und
in einer vorübergehenden Form. Doch nachdem der Mond den
überaktiven Widder durchlaufen hat, kann sein Eintritt in den ru-
higeren Stier als ein, vielleicht sogar deprimierendes, »im Stich
gelassen werden« erlebt werden. Ein Entwicklungsastrologe
hätte van Gogh geraten, *langsam zu treten*, sich um seinen Körper zu kümmern, stehenzubleiben, »um an den Rosen zu rie-
chen« und allgemein anzuerkennen, daß die emotionale Schlacht
des Widders nun vorüber war. Allein seine kampfbereite emotionale Einstellung – eine Stimmung, die nicht mehr länger erforderlich und auch nicht mehr angemessen war – steht nun zwischen
ihm und der dringend benötigten Ruhe.

Am letzten Sonntag im Juli 1890 ist der progressive Mars weniger als ein Grad von einer Konjunktion mit van Goghs Merkur
entfernt. Die progressive Sonne hat den genauen Aspektpunkt
ihrer Konjunktion mit dem Saturn lediglich um acht Minuten
überschritten. Der laufende, empfindliche, explosive Uranus bildet ein nahezu vollkommenes Quadrat mit seinem Aszendenten.
Und als Auslöser fungiert der progressive Mond, der sich in einer
auf die Minute *genauen* Konjunktion mit dem Geburts-Pluto
befindet. Van Goghs Herz (progressiver Mond) hätte von einer
großartigen, expansiven Sicht auf den Sinn des Lebens (Pluto, der
Lehrer) erfüllt sein können – und von einem vollkommenen Vertrauen auf seine Fähigkeit, den gegenwärtigen Sturm zu überste-

hen. Doch der Trickser vermag einem müden und fast gebrochenen Mann leicht etwas einzureden, und seine Geschichten handeln von der letztlichen Vergeblichkeit, Bedeutungslosigkeit und Unmöglichkeit des Lebens.

Vincent van Gogh, das Herz voll von der plutonischen Dunkelheit, geht an diesem Juliabend hinaus und schießt sich mit einem geliehenen Revolver in die Brust. Die Kugel dringt unterhalb des Herzens in seine Brust ein. Die blutende Wunde mit seinem Mantel verbergend, stolpert er zurück zu dem Gasthaus, in dem er wohnt. Als er sich zum Abendessen nicht zeigt, macht sich der Wirt Sorgen und geht in van Goghs Zimmer. Sofort wird Dr. Gachet geholt, zusammen mit der Polizei. Ruhig auf seinem Bett liegend, raucht van Gogh eine Pfeife. Der Bruder des Künstlers, Theo, wird am nächsten Morgen in seinem Büro in Paris kontaktiert – van Gogh hatte sich geweigert, seine Privatadresse preiszugeben –, und er kommt im Laufe des Tages in Auvers an. Van Goghs erste an ihn gerichteten Worte lauten: »Wieder daneben« – der schwarze Humor Plutos. Die beiden Männer sprechen miteinander, und van Gogh scheint bei Verstand zu sein und keine starken Schmerzen zu erleiden. Später sagt er zu Theo: »Der Schmerz wird ewig dauern«. Sein Lebenswille ist erloschen. In der Nacht verliert er das Bewußtsein, und gegen ein Uhr morgens stirbt Vincent van Gogh in den Armen seines Bruders.

Er war arrogant. Er war töricht. Er warf sein Leben fort. Er hinterließ ein Vermächtnis der Schönheit, das die Menschheit begeistern wird, bis die Sonne das Leben aus der Erde gebrannt hat.

Worte vermögen das Geheimnis des Weges eines Individuums nicht zu fassen. Es ist nicht der Sinn der Astrologie, Epitaphen zu schreiben. Sie ist ein Werkzeug der Lebenden, eine Linse zum klaren Sehen und eine Verbündete in den endlosen Schlachten gegen den Trickser in uns allen. Astrologisch gesehen spielt nichts sonst eine Rolle. Van Goghs Weisheit verließ diese Welt mit ihm, und die Astrologie kann sie nicht zurückerlangen. Nur seine Kunst bleibt, und Spuren seiner Geschichte, die wie die Runen einer verlorenen Sprache entziffert werden müssen, vorsichtig, im Licht von Mond und Sonne und von den Sternen.

Kapitel 13
Wetterwirkung

Amsterdam ist eine kalte, nasse Stadt. Die Westwinde blasen feucht und stark über die Nordsee und pfeifen durch die nebligen Straßen. Für jemanden, der an das gemäßigte Klima von North Carolina gewöhnt ist, ist das herbstliche Holland kein idealer Aufenthaltsort. Zehn Minuten, nachdem ich aus dem Zug gestiegen war, hatte ich mir bereits eine Erkältung eingefangen. In einem Monat, so stellte ich mir vor, würde ich eine Lungenentzündung haben.

Es war das Jahr 1973. Ich war 24 Jahre alt und schwebte zwischen den Träumen vom Ruhm und dem durchweichten Heimweh eines noch unerfahrenen Vagabunden. Ich war auf dem Amsterdamer Bahnhof eingetroffen mit nichts als meinem Rucksack, meinem Europa-Monatsticket und ohne Pläne. Ein paar Monate zuvor war in der Stadt ein neues Van-Gogh-Museum eröffnet worden. Ich erinnere mich an den Ort so klar und deutlich, als sei es erst gestern gewesen: ein ausgedehntes, luftiges Gebäude mit zahlreichen ansteigenden Ebenen, eine jede von ihnen eine freie Fläche, einen Schacht des weit offenen Nichts umgebend. Jede einzelne Ebene war vollgestopft mit Kunst, und am Fuße des zentralen Freiraums befand sich ein Käfig mit Papageien von strahlender Farbenpracht. Sprachlos stieg ich von Ebene zu Ebene und erlebte, wie sich das Leben des Künstlers vor mir anhand seiner Gemälde und Zeichnungen entfaltete, sah, wie ihn Wahnsinn und Genie ergriffen hatte. Die ganze Zeit war ich durchdrungen und begleitet von dem verrückten Kreischen der Vögel im Käfig. Dies war entnervend, doch das ist auch van Goghs Kunst.

Wenn man den ungeheuren Umfang der Sammlung in Amsterdam gesehen hat, dann ist es schwer vorstellbar, daß für andere Museen noch Bilder übrig sein können. Dennoch scheint van Goghs Werk über die ganze Welt verstreut zu sein. Jede größere Kunstausstellung, die ich gesehen habe, besitzt offenbar mindestens eines oder zwei seiner Werke. Eine der Gefahren des 20.

Jahrhunderts ist, daß wir gegenüber Zahlen abstumpfen. Zu erfahren, daß van Gogh während seines Aufenthalts in der Anstalt 150 Gemälde malte oder daß er 70 weitere während der verbleibenden zehn Wochen seines Lebens fertigstellte, kann man sich vielleicht nicht vorstellen – doch wenn man an diesen Gemälden vorübergeht, Reihe um Reihe der Bilder, von denen ein jedes mit Vision und Kunstfertigkeit geschaffen wurde, an sich vorbeiziehen läßt, dann macht die überwältigende Intensität die Zahlen greifbar. Wir gewinnen einen Eindruck von der Leistung des Mannes. Denkt man dann noch daran, daß er mit 37 Jahren starb, krank, arm und verrückt, dann gewinnt die Geschichte nahezu heldenhafte Züge. Wäre sie erfunden, dann würden wir sie als unrealistisch zurückweisen.

Uns mag van Gogh wie »Superman« vorkommen – und bei unserer menschlichen Vorliebe, aus Menschen, die wir zu Lebzeiten ausgegrenzt haben, Götter zu machen, wenn sie tot sind, können wir leicht der Versuchung erliegen, die Wirklichkeit dieser Biographie so zu verzerren, daß sie uns tatsächlich romantisch und beneidenswert erscheint.

Aber hier handelt es sich um einen Mann, der sich eigenhändig sein Ohrläppchen abgeschnitten hat! Das ist ein Mann, der einmal Terpentin getrunken hat! Das ist ein Mann, der jedem Menschen, der ihm nahe genug kam, Schmerzen zufügte!

Dunkelheit und Licht. Wahnsinn und Vision. Leiden und Freude. Das ist nicht nur Vincent van Goghs Geschichte; das ist Ihre Geschichte und die meine und die aller anderen. Jedes Drehbuch ist anders, doch auf eine unsägliche Weise ist jeder Charakter gleich. Die Menschheit: verrückt, gewalttätig und egoistisch. Inspiriert, liebevoll und transzendent. Vor allem: geheimnisvoll.

Und in diesen unergründlichen Brunnen des menschlichen Mysteriums läßt die Astrologie eine Lampe hinunter. Was offenbart sie? Nur Schatten. Nur tiefere Dunkelheit.

Was *ist* diese Kunst, die wir praktizieren? Verzichten Sie auf die Nebelwand des sogenannten »Okkultismus«, hinter der die Astrologie immer schon zurücktreten mußte. Vergessen Sie die Proteste von Wissenschaftlern, die alles als unwahr bezeichnen, was ihnen durch das Netz ihrer Messungen schlüpft. Schütteln

Sie den kalten Nebel von Fatalismus und Zynismus ab. Lassen Sie Ihr Wissen und Ihre Kenntnisse los. Reißen Sie alles herunter bis auf die Rohheit des Lebens selbst: sich von Augenblick zu Augenblick erstreckendes Bewußtsein. Sekunden. Millisekunden. Die Mikrostruktur der Wahrnehmung: spüren, handeln, reagieren. *Das* ist das Revier der Astrologie. *Das* ist es, was wir in unseren Horoskopen, mit unseren Transiten und Progressionen vermessen wollen. Wie ein greller Laserstrahl, der auf der nachtschwarzen Wand einer alten Schlucht spielt, erklärt die Astrologie nichts. Sie taucht lediglich die Adern und Spalten der undurchdringlichen Wand in Licht. Sie ermöglicht klare Sicht. Klares Verstehen müssen wir selbst hinzufügen.

Und wahrhaft klares Verstehen ist ein schwärmerischer Traum. Letztlich ist das klarste Verstehen, auf das man hoffen darf, nichts als *ein Bild im eigenen Kopf*. Albert Einstein verglich das Universum einmal mit einer Taschenuhr, die wir niemals öffnen können. Wir sehen, wie sich die Zeiger bewegen. Wir denken uns Theorien aus, wie die Uhr wohl funktionieren mag. Aber wir werden es niemals *wissen*! Lehrer und Trickser sind genauso: nur Theorien. Nur Konstruktionen. Nur ein Versuch, das Ticken der Uhr zu erklären.

Der Sinn der Astrologie liegt darin, Ihnen sehen zu helfen. Was darüber hinausgeht, so sind Sie Ihr eigener Herr. Wie die Lampe im dunklen Brunnenschacht oder der Laserstrahl an der Felswand der Schlucht, so *beleuchtet* die Astrologie das Leben – aber sie vermag es niemals für Sie zu führen. Wenn beispielsweise Merkur in eine Konjunktion mit Ihrem Geburts-Uranus vorrückt, dann wissen wir, daß Ihre sich entwickelnde Intelligenz Gefahr läuft, daß ihr der Boden unter den Füßen fortgerissen wird. Auf welche Weise? Zu einem großen Teil hängt das davon ab, was Sie bisher mit Ihrem Leben gemacht haben. Was haben die Lehrer Ihnen beigebracht? Wie haben die Trickser Sie an der Nase herumgeführt? Was genau diese Merkur/Uranus-Konjunktion bedeutet hängt teilweise davon ab, welche Art Zukunft Sie sich bereits – in der *Vergangenheit* – geschaffen haben. In der Astrologie gibt es keine Möglichkeit, das herauszufinden. Astrologisch können wir nur die *Umrisse* der Themen wiedergeben, die Ihnen bevorstehen. Die Gesellschaft – Ihre Eltern, Ihr Freundeskreis, der Fernseher – hat Ihnen versichert, daß eine bestimmte »Wahrheit« ein sicheres Fundament ist, um darauf ein geistiges Bild von der Wirklichkeit zu errichten. Und nun, im Rahmen der natürlichen Entwicklung Ihrer Vorstellungen (progressiver Merkur), ist diese »Wahrheit« schachmatt gesetzt worden. Diese Perspektive funktioniert nicht mehr länger. In Ihrem innersten Selbst – im »Herzen Ihres Herzens« (Geburts-Uranus) – haben Sie schon immer die tiefere Wahrheit angezweifelt. Wenn die Lüge zusammenbricht, dann reißt sie auch das Haus mit ein. Egal! Sie sind ohnehin *bereit*, ein neues Modell zu erschaffen. Sie brauchen eines. Bisher hat Ihnen die alte Sichtweise nicht geschadet, doch wenn Sie sich in dieser weiseren, reiferen Lebensphase weiter daran festhalten, dann erlegen Sie sich selbst unnötige Grenzen auf.

Welcher Art ist der Merkur-Durchbruch? Der Astrologe vermag sogar bei dieser Frage Klarheit zu schaffen. Welches Zeichen und welches Haus sind beteiligt? Was geschieht gleichzeitig bei anderen Transiten und Progressionen? Welche allgemeine Stoßrichtung weist das Geburtshoroskop auf? All dies Material verleiht dem Bild Dreidimensionalität, verdeutlicht, verstärkt und hebt die entscheidenden Themen dieser Lebensphase hervor. Doch sagt es Ihnen auch, was der Abschnitt für Sie persönlich bedeutet? Nein. Das hängt von Ihnen ab. Und wie können Sie seine Bedeutung herausfinden? Nur, indem Sie ihn leben.

Um die Lektionen der Lehrer und Trickser zu leben, bedarf es mehr als der Kenntnis von Transiten und Progressionen; Mut ist erforderlich. Ausreichend Demut wird vorausgesetzt, um sich vom Leben in den eigenen Fehleinschätzungen korrigieren zu lassen – und genug Kraft, um die Wahrheiten zu verteidigen, die wir erkannt haben, auch wenn alle anderen meinen, daß diese Wahrheiten Symptome für unsere Verbohrtheit sind. Wir müssen sowohl Berge als auch Weiden sein – flexibel, wenn das Leben Biegen und Fließen und Beugen fordert, und stark, wenn Stärke verlangt ist. Die Wachsamkeit darf uns niemals verlassen, doch müssen wir die Gelegenheit zum Ausruhen ergreifen, wenn sie sich bietet – und dann mit einem offenen Auge schlafen. Der

Spielplan unserer Stimmungen und der Spielplan unserer Umstände muß vollkommen und effizient aufeinander abgestimmt sein. Wir müssen jede Illusion enttarnen, so tröstlich sie auch sein mag. Wir müssen wie eine grünäugige Katze in der Bewegung erstarren, wenn eine Gelegenheit des Weges kommt. Wir müssen, bewegungslos wie ein Stein, auf den richtigen Augenblick warten – dann, wie bei einer Katze, muß jede Zelle unseres Körpers vorschießen, als ob diese »Maus« das letzte bißchen Hoffnung in diesem Teil des Weltalls ist.

Endlose Wachsamkeit. Vollkommene Zentriertheit. Selbstvertrauen – und Demut. Makelloses Handeln – und unfehlbares Einfühlungsvermögen. Ein Gefühl für den Ernst des Lebens – und ein Gespür für den kosmischen Witz. Das ist erforderlich, um dem Weg der Planetenlehrer zu folgen. Und die Alternative? Die Trickser warten schon auf Sie, reiben sich in freudiger Erwartung die Hände.

Wem kann das gelingen? Wer vermag so zu leben? Ich nicht. Keiner, den ich je kennengelernt habe. Vielleicht kann dies einem Christus oder einem Buddha gelingen, aber für die meisten von uns ist eine solche Vorstellung vom Leben nur inspirierende Phantasie. An manchen Tagen stehen wir mit dem falschen Fuß auf, und das wird uns auch weiterhin so gehen.

Was können wir tun?

Fangen Sie an, indem Sie sich an Vincent van Gogh erinnern.

Wie wir führte van Gogh ein ambivalentes Leben. Sein feuriges Wesen machte ihn zum Extremisten. Durch die Betonung seiner oberen Hemisphäre war sein Innenleben *sichtbarer* als bei den meisten Menschen. Diese beiden Faktoren bereichern seine Geschichte um Lebendigkeit und heben die Gegensätze in ihr in den Vordergrund. Sein Leben ist astrologisch gesehen lehrreich, nicht, weil er sich so sehr von uns unterscheidet, sondern vor allem weil sein Wesen von ihm verlangte, jede Laune, die aus seinen Tiefen aufstieg, *auszuleben*. Von dieser Schrulle einmal abgesehen, war er einer von uns – halb Engel, halb Teufel, ein unvorhersagbares Gemisch aus Weisheit und Wahnsinn.

War sein Leben ein Erfolg? Nur ein hoffnungsloser Romantiker könnte dies bejahen. Van Gogh war ein Mann, der allem, das er berührte, Schaden zufügte und schließlich einsam und bemitleidenswert mit einer Kugel sein Leben beendete.

War van Gogh ein Versager? Eine Stunde in diesem Museum in Amsterdam nahm dieser Vermutung jegliche Grundlage – es sei denn, Sie sind ein Mensch, der glaubt, daß das Leben zwischen den Deckeln eines Psychologiebuches zu erklären ist.

Um Vincent van Gogh – und uns selbst – zu verstehen, brauchen wir feinere Kategorien als Erfolg und Versagen. Das Universum, das uns die astrologischen Lehrer nahelegen, ist unerreichbar. Eine derartige Perfektion ist unmöglich, inspirierend vielleicht, aber völlig außer Reichweite. Auch das Universum der Trickser ist Schwindel. Eine Abstraktion. Auch dort lebt nicht wirklich ein Mensch. Keiner ist so unaufhörlich dumm, faul oder böse. Das Bild des Tricksers von unserem Leben ist nur eine überdimensionierte Warnung, nur Handschrift auf der Wand.

Astrologie ist nicht das Leben selbst; sie ist eine *Metapher* für das Leben. Ein Symbol. Leben ist dieses sich von Augenblick zu Augenblick erstreckende Bewußtsein, das die Synapsen Ihrer Seele antreibt oder Ihr Gehirn oder wie immer Sie es nennen wollen. Da sie ein Symbol ist, *repräsentiert* die Astrologie die Wirklichkeit, und in der Repräsentation eingebettet sind immer Verzerrungen. Unmöglich, dem zu entgehen. Nur das Leben selbst könnte als vollkommenes Symbol des Lebens Bestand haben – und die überwältigende Komplexität *dieses* Symbols ist es, die uns überhaupt zur Astrologie führt. Wir *wollen* eine Vereinfachung und sind bereit, den Preis in Form von Verzerrung dafür zu bezahlen. Der Trick besteht darin, in jedem Symbolsystem das *Wesen* der Verzerrung zu durchschauen. Dann kann man korrigieren – oder sich wenigstens darüber im klaren sein, wo Überraschungen zu erwarten sind.

Die Astrologie ist nicht das einzige Symbolsystem, das zum Teil verzerrt, was es zu repräsentieren sucht. Alle Systeme tun dies bis zu einem gewissen Grad. Nehmen Sie die Wissenschaft vor der Quantenphysik – ein anderes bekanntes Symbolsystem. Sie funktioniert als Metapher, aber sie verzerrt Erfahrungen, um sie in ein logisches Schema zu pressen, und verführt uns dazu, das Irrationale – oder das »Unmeßbare«, wie wir es zuvor genannt

haben – unterzubewerten. Und früher oder später holt die Verzerrung den Menschen ein. Das »Irrationale« kneift ihn, wo er es
am wenigsten erwartet.

Welche Verzerrung beinhaltet die Astrologie? Wie vereinnahmt
sie unsere Wahrnehmung gegenüber der Wirklichkeit des Lebens?
Die Antwort ist einfach, doch sie zu verstehen, ist entscheidend
für die rechte Anwendung der Symbolik: Astrologie »glaubt« an
Vollkommenheit. In jeder Situation wagen es die astrologischen
Symbole, vom *Ideal* zu sprechen. Sie fordern uns dazu heraus, daß
wir nach dem Unmöglichen streben, jeden Augenblick vollkommen zu nutzen. In dieser idealen Welt stellt jeder vollkommene
Augenblick die Basis für den nächsten vollkommenen Augenblick
dar, wie eine Kette makellos geschnittener Smaragde, die sich in
einer Abfolge von idealisierten geometrischen Formen herausbilden.

Was ist, wenn jemand faul ist, und ein Stück Kohle mitgehen
läßt? Was also, wenn wir es wirklich vermasseln und Haken,
Schnur und Senkblei dem Trickser überlassen? Ich weiß, daß ich
dies gelegentlich getan habe. Ich nehme an, Ihnen ist das ebenfalls
passiert. Aus der astrologischen Perspektive reißt die Kette dann
ab. Alles bricht in sich zusammen. Doch anders als die Astrologie
sind Sie und ich an Unvollkommenheit *gewöhnt*. Wir haben jeden
Tag damit zu tun. Wir haben anders als die Symbole gelernt, die
Sache zu korrigieren, die Scherben aufzuheben und mit unserem
Leben weiterzumachen.

Vielleicht ist Phantasie der Schlüssel. Häufig führen wir in ihr
ein ganz anderes Leben als das, was wir mit unserem Körper aus-
leben. Sicherlich, wenn wir dem Trickser anheimfallen, leiden wir
– und instinktiv *stellen* wir uns einen Verlauf *vor*, den die Ereignisse genommen hätten, wenn wir wachsamer gewesen wären.
Vielleicht korrigieren wir durch diese Phantasievorstellung unseren Fehler teilweise. Oder möglicherweise verinnerlichen wir die
Lektion noch tiefer, indem wir diese Phantasie mit dem Schaden
vergleichen, den wir angerichtet haben. In dieser Welt der Unvollkommenheit, die sich so sehr von dem klaren Universum unterscheidet, das die Symbole porträtieren, haben wir gelernt, zu
überleben und sogar Niederlagen und Blamagen in Weisheit zu

verwandeln. Wenn diese Fähigkeit zur Regeneration richtig zum Einsatz kommt, dann kann sie Trickser in Lehrer verwandeln und uns, mächtiger als jemals zuvor, weiter voranbringen.

Wenn Sie mit Transiten und Progressionen arbeiten, vergessen Sie niemals die den Symbolen selbst innewohnende Verzerrung. Sie bieten jederzeit ein kristallklares Bild dessen, was sich ereignen *sollte*. Wie ein unnahbarer, gleichgültiger Gott beschreiben sie genau das, was Sie lernen sollen. Und sie irren sich nie – auf dieser Ebene. Unsere Aufgabe als Interpreten ist es, der idealen Welt der astrologischen Symbole für das Universum, das wir tatsächlich bewohnen, Bedeutung zu verleihen. Wir müssen Sie *zum Funktionieren bringen* – daß heißt, wir müssen sie der Aufgabe dienlich machen, das Wachstum des Menschen zu fördern. Um das zu erreichen, müssen wir die Flammen von Hoffnung und Phantasie anfachen. Wir müssen erkennen, daß es keinen noch so grundlegenden Fehler gibt, als daß unsere Fähigkeit zur Selbsterneuerung ihn nicht korrigieren könnte. Die Astrologie ist ein Produkt des menschlichen Geistes, doch das Leben übersteigt unsere Fähigkeiten. Dieses Geheimnis enthält Hintertüren – Wunder, Gnade, Magie –, die kein Astrologe bisher durchschauen konnte. Vernachlässigen Sie den Joker, und die Astrologie wird zu einem gefährlichen System – und dieser Text zu einem gefährlichen Buch. Warum? Weil die Astrologie, indem sie das Vollkommene beschreibt, uns auffordert, über die Grenzen des Möglichen hinauszugehen.

Vertrauen Sie diesen Symbolen – vorsichtig. Lassen Sie sich von ihnen führen. Sie sind manchmal auf schmerzliche Weise scharfsinnig, doch wenn Sie stark und ehrlich sind, dann werden sie Sie nie betrügen. Wann immer Sie sich in einer bequemen Lüge eingerichtet haben, wann immer Sie sich damit abgefunden haben, weniger zu sein als Sie sein könnten, werden die Symbole Ihr Spiel untergraben. Sie werden Sie inspirieren, beschämen, beschwatzen, beleidigen – nur, damit Sie sich zum Wachstum entschließen. Gelegentlich werden sie Sie auch über sich selbst hinaus tragen, und Sie erhaschen einen Blick auf die *Ordnung*, die dem scheinbaren Chaos alltäglicher Erfahrung zugrunde liegt. Vertrauen Sie ihnen – aber gestatten Sie es ihnen nie, sich zwischen Sie und die nackte Realität Ihres Lebens zu stellen. Lernen Sie, auf die Symbole zu hören, aber lernen Sie auch, sie zum Schweigen zu bringen.

Vor allem aber denken Sie daran: *Die astrologischen Symbole in sich und aus sich heraus sind machtlos.* Sie sind nur Symbole. Sie sind nur der Wetterbericht.

Sie – Magier, Lebensmeister, Zeitgestalter – sind das Wetter.

Anhang

Wie man Transite bestimmt

Mit Transiten zu arbeiten, ist eine Freude. Es ist fast so einfach wie ein Buch aufzuschlagen. Sie benötigen lediglich zwei Hilfsmittel: ein Geburtshoroskop und eine Tabelle des täglichen Gestirnsstandes, die Ephemeriden.

Schlagen Sie die Ephemeriden für den betreffenden Tag nach und stellen die Positionen der laufenden Planeten fest. Mehr ist nicht zu tun. Ephemeriden sind ähnlich wie ein Kalender aufgebaut, ein Monat folgt dem anderen. Es gibt verschiedene Aufmachungen, doch ein rascher Blick stellt normalerweise bald klar, um welche es sich handelt.

Wahrscheinlich werden Sie nur auf die eine Begrenzung stoßen, daß nämlich in den Ephemeriden die Planetenpositionen nur in 24 Stunden angegeben werden. Im allgemeinen ist das vollkommen ausreichend, vor allem für die Langsamläufer, deren Bewegung in diesem Zeitraum winzig ist. Gelegentlich wollen Sie vielleicht den genauen Standpunkt eines Planeten *innerhalb* dieser 24-Stunden-Periode errechnen. In den meisten Fällen handelt es sich hierbei um Haarspalterei, doch wenn Sie gerne experimentieren möchten, dann können Sie die Verfahrensweise aus dem folgenden Text oder, in größerer Ausführlichkeit, aus dem »Inneren Himmel« entnehmen.

Wie man sekundäre Progressionen berechnet

Anders als bei den Transiten betreten wir bei den sekundären Progressionen die Welt der Arithmetik – die Art von Rechnen, die Sie in der achten Klasse dazu gebracht hat, sich die Haare vom Kopf zu reißen. Wenn Sie bereits wissen, wie Sie ein Geburtshoroskop erstellen können, dann ist es ein Klacks, das Berechnen von sekundären Progressionen zu lernen.

Zunächst einmal ein kleiner psychologischer Test, nur um herauszufinden, ob Sie diesen Abschnitt überhaupt lesen sollten. Würden Sie lieber ein Schlammloch mit einer Klapperschlange in einer regnerischen Novembernacht teilen als Ihre Fahrtkostenabrechnung zu machen? Wenn die Zeit für Ihre Steuererklärung gekommen ist, haben Sie die wiederkehrende Phantasie, unter falschem Namen in die Berge von Ecuador zu fliehen? Wenn dies zutrifft, dann lesen Sie den falschen Abschnitt. Sie sollten sich dann besser über mögliche astrologische Dienste oder über entsprechende Computerprogramme informieren.

Ist noch irgend jemand da? Wenn Sie mir noch folgen, aber nur zögerlich, dann fassen Sie sich ein Herz. Vor Ihnen liegen zwei Wahlmöglichkeiten. Wenn Sie Rechnen als notwendiges Übel betrachten oder keinen Spaß daran haben, dann ist das Unterkapitel »Schnellbestimmung der Progressionen« (Seite 363) das richtige für Sie. Dort müssen Sie nicht wirklich etwas berechnen, nur ein wenig nachdenken und zählen – und Sie erhalten ausreichend genaue Ergebnisse.

Hantieren Sie jedoch gerne mit Zahlen, und dazu müssen Sie kein Einstein sein, dann lesen Sie zuerst die »Schnellbestimmung …«, stecken Ihre Energie jedoch erst in den Abschnitt »Genauigkeit« (Seite 366). Mit den dort angebotenen Informationen, ein wenig Konzentration und einem Taschenrechner lernen Sie dort, sekundäre Progressionen mit der Genauigkeit eines Computers zu berechnen.

Um fortzufahren, benötigen Sie einige Hilfsmittel. Erstens, besorgen Sie sich die *Ephemeriden für die Monate unmittelbar nach Ihrer Geburt.* Sie benötigen also, um die *Transite* zu bestimmen, die Ephemeriden für das laufende Jahr; für die Berechnung der *sekundären Progressionen* sind jedoch die Ephemeriden der Zeit unmittelbar nach Ihrer Geburt erforderlich. Zweitens, Sie brauchen eine *Häuser-Tabelle.* Wenn Sie diese Bücher nicht bereits besitzen, dann schlagen Sie in der Literaturliste nach, um sich entsprechend zu informieren. Ein Taschenrechner – es kann ein einfacher sein – ist ebenfalls eine Hilfe im Umgang mit den großen

Zahlen, auf die Sie manchmal stoßen. Mit diesen Hilfsmitteln, außerdem der Kopie des Geburtshoroskops, für das Sie Progressionen bestimmen wollen, und ein wenig Geduld wird Ihnen die Aufgabe keine Schwierigkeiten bereiten.

Schnellbestimmung der Progressionen

Wie wir im achten Kapitel erfahren haben, werden sekundäre Progressionen auf der Basis von »ein Jahr entspricht einem Tag« berechnet. Wenn Sie also die sekundäre Progression für Ihren 23. Geburtstag herausfinden wollen, dann müssen Sie lediglich feststellen, wo sich die Planeten 23 Tage nach Ihrer Geburt befanden. Das läßt sich leicht herausfinden; zählen Sie in den Ephemeriden einfach ebenso viele Tage ab Ihrem Geburtstag vor und entnehmen Sie der Tabelle die Planetenpositionen. Damit haben Sie auf einfache Weise Ihre gegenwärtigen sekundären Progressionen erhalten.

Zu Komplikationen kommt es, wenn wir wissen wollen, wo sich die Planeten ganz *genau* 23 Tage nach Ihrer Geburt befanden. Wenn Sie nach mitteleuropäischer Zeit (MEZ) abends um 21 Uhr am 3. Juni 1958 geboren wurden, dann wollen wir herausfinden, wo sich die Planeten nach mitteleuropäischer Zeit abends am 26. Juni 1958 befanden – genau 23 Tage später.

Die in den Ephemeriden angegebenen Positionen für den 26. Juni beziehen sich entweder auf Mittag oder Mitternacht mittlerer Zeit am Nullmeridian von Geenwich, und wenn wir ganz genau sein wollen, dann müssen wir Verbesserungen vornehmen. Doch hier handelt es sich eindeutig um ein großes »Wenn«. Die Ephemeriden geben die Planetenpositionen alle 24 Stunden an, und in dieser Zeit ist ihr Vorankommen nur gering. Für alle progressiven Planeten – mit Ausnahme des schnellen Mondes – sind die Positionen, die wir direkt aus der Tabelle entnehmen, für die meisten praktischen Anforderungen genau genug. Selbst beim Mond gibt uns das Abzählen der Tage bereits eine Vorstellung, wo er sich aufhält, obwohl bei dem größeren Fehlerspielraum des Mondes Unsicherheiten bei der Feststellung der genauen Haus- oder Zeichenposition entstehen können. Wenn wir es sehr eilig haben, dann können wir mit dieser Unsicherheit leben und uns dafür lästige Berechnungen sparen.

So funktioniert es also. Wie alt sind Sie? Zählen Sie in den Ephemeriden so viele Tage vom Tag Ihrer Geburt vor. Die in der entsprechenden Zeile angegebenen Planetenpositionen sind Ihre sekundären Progressionen.

Mit ein wenig mehr Einsatz erhalten wir mit unserer Schnellbestimmung der sekundären Progressionen fast ebenso genaue Ergebnisse wie mit der weiter unten beschriebenen aufwendigeren Methode.

Das funktioniert folgendermaßen:

Zunächst konvertieren Sie Ihre Geburtszeit in Weltzeit (Universal Time; UT) oder Greenwichzeit (GZ). Auf diese Weise stellen Sie klar, daß die Ephemeriden und Sie die gleiche Sprache sprechen. Für diese Umrechnung müssen Sie lediglich von Ihrer mitteleuropäischen Zeit (MEZ) eine Stunde abziehen. Ist die Stunde Ihrer Geburt bekannt, dann müssen Sie also eine Stunde subtrahieren, um die Greenwichzeit zu erhalten.

In unserem Beispiel haben wir uns vorgestellt, daß Sie abends um 21 Uhr am 3. Juni 1958 geboren wurden. Wenn Sie eine Stunde abziehen, dann erhalten Sie die Geburtszeit nach Greenwichzeit um 20 Uhr. Genau 23 Tage später ist 20 Uhr am 26. Juni 1958. Wenn Sie die entsprechenden Planetenpositionen aus den Ephemeriden entnehmen, dann haben Sie Ihre sekundären Progressionen – fast. Um die Genauigkeit noch einen Schritt weiter voranzubringen, überprüfen Sie die erste Seite Ihrer Ephemeriden, auf der sich Hinweise für den Gebrauch finden, und stellen fest, ob sich die Positionsangaben auf Mittag oder Mitternacht beziehen. Angenommen, Ihre Ephemeriden orientieren sich an der mittäglichen Weltzeit, dann gelten die Planetenpositionen, die Sie aus der Tabelle ablesen für den 26. Juni 1958 mittags. Wir interessieren uns jedoch für ihre Position acht Stunden später, um 20 Uhr.

Näherungswerte reichen für uns aus. Acht Stunden sind ein Drittel von 24 Stunden. (Runden Sie *alle* Stundenangaben auf Brüche wie diese auf oder ab.) Um die genauen Planetenpositionen genau 23 Tage nach Ihrer Geburt zu erhalten, schieben wir die in den Ephemeriden angegebenen Werte ein wenig vor. Wie weit? Um ein Drittel des Zwischenraums zur Position am folgenden Tag. Merkur zum Beispiel befindet sich am 26. Juni um 12 Uhr GZ auf 13 Grad 40 Minuten im Krebs. Am 27. Juni um 12 Uhr GZ ist er auf 15 Grad 42 Minuten im Krebs anzutreffen. Um dies herauszufinden, lesen Sie die Zahlen einfach aus der Tabelle ab. Merkur kommt also in dieser bestimmten 24-Stunden-Periode ungefähr um zwei Grad voran. Ein Drittel dieses Wertes sind etwa ein Zweidrittelgrad. Also ist Merkurs Position um 20 Uhr GZ ungefähr 40 Minuten (zwei Drittel eines Grads) jenseits von 13 Grad 40 Minuten. Ihr Ergebnis lautet also 14 Grad 20 Minuten im Krebs. Sie müssen jedoch keineswegs so genau sein, wenn Sie es nicht wünschen. Aus praktischen Gründen reicht es aus zu wissen, daß Merkur genau 23 Tage nach Ihrer Geburt ein wenig weiter vorangekommen war als in den Ephemeriden angegeben ist – sich also ungefähr auf 14 Grad im Krebs befindet. Mit ein wenig Übung können Sie solche Ergebnisse auf der Basis der Ephemeriden direkt schätzen.

Die Geschwindigkeit des Mondes stellt ein besonderes Problem dar, obwohl die Verfahrensweise hier ungefähr gleich ist. Wieder schlagen Sie die Ephemeriden beim 26. Juni 1958 auf. Wie weit *bis zum nächsten vollen Grad* ist der Mond zwischen dem 26. und dem 27. Juni vorangekommen? Was ist ein Drittel davon? Addieren Sie diesen Wert zur Positionsangabe des Mondes am 26. Juni und Sie haben seine progressive Position einigermaßen genau bestimmt.

Mit dieser Herangehensweise an sekundäre Progressionen ermitteln Sie die Planetenpositionen für den *Geburtstag der Person*. Da die progressiven Planeten mit Ausnahme des Mondes außerordentlich langsam vorankommen, reichen diese Ergebnisse für einen Zeitraum von sechs Monaten vor und nach dem gegenwärtigen Geburtstag aus. Wenn Sie noch weiter in die Zukunft blicken wollen, dann wiederholen Sie das Verfahren einfach für den nachfolgenden Geburtstag. Wenn Sie erst einmal einen herausgefunden haben, dann kommen Sie auch mit weiteren gut zurecht. Sie haben die Ephemeriden bereits für den richtigen Monat aufgeschlagen, und Sie kennen die Zahl der Stunden, die Sie addieren oder subtrahieren müssen. Sie können die Berechnungen für mehrere Jahre mit wenig mehr Aufwand bewältigen, als es die Bestimmung nur eines Jahres erfordert.

Beim progressiven Mond ist die Faustregel nützlich, daß er jeden Monat um ein Grad vorankommt. Befindet sich der Geburtstag im Juni und der progressive Mond beim gegenwärtigen Geburtstag auf 17 Grad im Schützen, dann ist er im Juli auf 18 Grad im Schützen, im August auf 19 Grad im Schützen usw. lokalisiert. Auch hier muß gesagt werden, daß die Ergebnisse nicht vollkommen genau, aber durchaus ausreichend sind.

Um die progressive Himmelsmitte zu bestimmen, beginnen Sie, indem Sie die Position der progressiven Sonne ermitteln. Wie weit hat sie sich von Ihrer Geburtsposition entfernt? Wenn sich die Sonne gegenwärtig bei 12 Grad in den Zwillingen befindet und zum Zeitpunkt der Geburt bei 9 Grad im Stier, dann hat sie insgesamt 33 Grad zurückgelegt. Addieren Sie diesen Wert zur Geburts-Himmelsmitte. Wenn sich beispielsweise Ihre Geburts-Himmelsmitte auf 19 Grad im Löwen befand, dann ist sie gegenwärtig auf 22 Grad in der Jungfrau.

Das Bestimmen des progressiven Aszendenten ist immer der letzte Schritt in unserem Verfahren. Schlagen Sie Ihre *Häuser-Tabelle* bei der *progressiven* Himmelsmitte auf, die Sie soeben errechnet haben. Dann folgen Sie dieser Zahlenkolonne, bis Sie an die Häuserspitze auf dem *Längengrad* kommen, auf dem sich Ihr Geburtsort befindet. Lesen Sie Ihren progressiven Aszendenten (beziehungsweise die Spitze Ihres 1. Hauses) dort ab und Ihre Rechenarbeit ist beendet.

Genauigkeit

Wenn Sie nachweislich ein menschlicher Computer sind und den vorangegangenen Abschnitt überblättert haben, dann kehren Sie bitte dorthin zurück und lesen ihn. Die Theorie wird dort im Detail behandelt. Im folgenden Abschnitt wollen wir lediglich noch einige Verfeinerungen hinzufügen.

In unserem Beispiel haben wir uns vorgestellt, daß Sie am 3. Juni 1958 um 21 Uhr MEZ geboren wurden. Wir wollen die Geburtsstunde ein wenig verschieben, um die Situation realistischer und komplexer zu machen. Ihre Geburtszeit ist jetzt 21.47 Uhr MEZ, was 20.47 Uhr GZ entspricht. Wir wollen Ihr Horoskop auf Ihren 23. Geburtstag vorrücken. Wir addieren 23 Tage und blicken nun auf die mittägliche (GZ) Planetenposition am 26. Juni 1958. Wir wollen herausfinden, wo sich die Planeten genau acht Stunden und 47 Minuten später befanden. Gehen Sie folgendermaßen vor:

- *Schritt eins*: Holen Sie Ihren Taschenrechner.
- *Schritt zwei*: Rechnen Sie 8 Stunden 47 Minuten in Minuten um (8 Stunden ergeben 480 Minuten, plus 47 Minuten, das Ergebnis lautet 527 Minuten).
- *Schritt drei*: Dividieren Sie 527 Minuten durch 1440 (die Minutenangabe für einen Tag) und Sie erhalten den Wert 0,3659722. Schreiben Sie ihn auf.
- *Schritt vier*: Schlagen Sie die Sonnenposition für den 26. Juni 1958 und für den 27. Juni nach. Wie weit ist die Sonne vorangekommen? Rechnen Sie den Wert in Bogenminuten um. (Wenn also die Sonne ein Grad zwei Minuten vorangekommen ist, dann entspricht dies 62 Minuten. In unserem Beispiel hat die Sonne 57 Minuten zurückgelegt.)
- *Schritt fünf*: Multiplizieren Sie 57 mit 0,3659722. Sie erhalten einen Wert von fast 21 Bogenminuten.
- *Schritt sechs*: Addieren Sie den Betrag zur Positionsangabe der Sonne für den 26. Juni 1958. Das Ergebnis ist die genaue Position der Sonne an Ihrem 23. Geburtstag.
- *Schritt sieben*: Wiederholen Sie die Schritte eins bis sechs für die Planeten Merkur, Venus, Mars und für den Mond.

Die progressive Himmelsmitte und der Aszendent werden wie oben beschrieben berechnet. Der Unterschied besteht darin, daß wir jetzt genau wissen, wie weit die Sonne vorangekommen ist, folglich werden auch unsere Werte für die progressive Himmelsmitte und den Aszendenten genauer sein.

Sehen Sie sich noch einmal an, wie weit der Mond zwischen den beiden Ephemeriden-Eintragungen vorangekommen ist. Angenommen, er hat sich um 13 Grad 24 Minuten verschoben.

Rechnen Sie die Angabe in Minuten um, Sie erhalten einen Betrag von 804 Minuten. Nun dividieren Sie die Mondbewegung durch zwölf und Sie erhalten einen Wert von 67 Minuten. Das ist der ungefähre progressive Mondbogen. Greifen Sie auf ihn zurück, wenn Sie die Mondposition für andere Monate in diesem Jahr herausfinden wollen. Zum Beispiel kommt der Dezemberanfang sechs Monate nach Ihrem Geburtstag. Um die progressive Mondposition für diese Zeit herauszufinden, addieren Sie zur *Geburtstagsposition* des progressiven Mondes 402 Minuten oder 6 Grad und 42 Minuten. Wie haben wir diesen Wert erhalten? Bei 67 Minuten im Monat kommt der Mond in sechs Monaten 6 Grad und 42 Minuten voran.

Sollten Sie ganz genaue Angaben wünschen, dann wenden Sie die gleiche Logik auch auf andere progressive Planeten an, obwohl solche Genauigkeit für praktische Zwecke nicht erforderlich ist.

Glossar

Aspekte: Bestimmte Winkelabstände zwischen Planeten oder zwischen Planeten und Horoskop-Punkten.

Aspekte-Schlüssel: Tabellarische Darstellung aller Aspekte des Horoskops.

Aszendent: Der Osthorizont beziehungsweise das Zeichen, das am Osthorizont aufsteigt. Das 1. Haus in seiner Gesamtheit.

Auslöser: Jeder relativ schnelle Transit oder jede schnelle Progression, die Potentiale auslöst, die zuvor durch langsamere Einflüsse aufgebaut wurden.

Biopsychisches Drehbuch: Der zugrundeliegende menschliche Entwicklungsrhythmus, der durch Planetentransite durch Aspekte mit ihren Geburts-Wirkpunkten entsteht; astrologische Ereignisse, die in Verbindung mit dem chronologischen Alter stehen.

Bogenminute: Ein 60stel eines Grades, zumeist einfach *Minute* genannt.

Deszendent: Der westliche Horizont beziehungsweise das Zeichen, das an der Spitze des 7. Hauses steht. Das 7. Haus in seiner Gesamtheit.

direktläufig: Die normale Bewegungsrichtung der Planeten durch den Tierkreis. Siehe auch *rückläufig, stationär.*

Eckpunkte: Die Spitzen des 1., 4., 7. oder 10. Hauses. Die Endpunkte der Aszendent/Deszendent- und der MC/IC-Achse.

Einzelgänger: Ein Planet, der allein in einer Horoskophälfte steht.

Ekliptik: Die scheinbare Bahn von Sonne, Mond und Planeten um die Erde vor dem Hintergrund der Sterne. Auch *Zodiak* oder *Tierkreis* genannt.

Element: Feuer, Erde, Luft und Wasser. Einer von vier fundamentalen psychischen Prozessen beziehungsweise eine der vier Bewußtseinshaltungen.

Ephemeride: Ein tabellarisches Verzeichnis, das die Himmelspositionen aller Planeten für eine bestimmte Tageszeit während eines bestimmten Zeitraums angibt.

Erde: Eines der vier Elemente. Erde symbolisiert Geduld, einen Sinn für das Praktische, Realismus und Stabilität.

Feuer: Eines der vier Elemente. Feuer steht für die Formung des Willens, für das Ergreifen der Initiative, für den Drang zu herrschen.

fix: Eine der drei Qualitäten der Zeichen. Steht für Stabilität, Willensstärke, eine markante Identität, Dickköpfigkeit. Stier, Löwe, Skorpion und Wassermann sind die fixen Zeichen.

große Konvergenz: Eine Serie von Planetenzyklen, die im neunten Lebensjahrzehnt einen gemeinsamen Höhepunkt erreichen. Siehe *biopsychisches Drehbuch.*

Häusertabelle: Ein auf komplizierten Berechnungen beruhendes Verzeichnis, das für die verschiedenen Breitengrade angibt, wo zu welchen Zeiten die Häuserspitzen liegen.

Haus: Der Raum oberhalb und unterhalb des Horizonts wird in zwölf Häuser eingeteilt. Diese stehen für die speziellen »Arenen« oder Gebiete, aus denen sich das Leben – wie von der Psyche erfahren – zusammensetzt.

Hemisphäre: Es gibt vier Hemisphären im Horoskop: Oberhalb des Horizonts, unterhalb des Horizonts, die Horoskophälfte östlich der MC/IC-Linie und die Horoskophälfte westlich davon. Eine Hemisphäre ist dann betont, wenn auffallend viele Planeten in ihr stehen.

Herrschaft: Eine besonders starke Beziehung zwischen Planet und Zeichen, die zu einem klaren Ausdruck beider führt.

Himmelsmitte/Medium Coeli (MC): Der höchste Punkt des Tierkreises – mehr oder weniger genau die Stellung der Sonne zu Mittag. Die Spitze des 10. Hauses oder auch das 10. Haus in seiner Gesamtheit.

Himmelstiefe/Immum Coeli (IC): Siehe *Nadir.*

Horizont: Die horizontale Achse des Horoskops, die den Aszendenten und den Deszendenten miteinander verbindet.

Horoskop: Die Darstellung, wie die Planeten einschließlich Sonne und Mond zu einem gegebenen Augenblick – zum Beispiel dem Moment der Geburt – am Himmel standen, auf den Geburtsort bezogen.

kardinal: Eine der drei Qualitäten der Zeichen. Gekennzeichnet durch viel Aktivität, den Wunsch, die Initiative zu ergreifen, und Bestimmtheit. Kardinale Zeichen sind Widder, Krebs, Waage und Steinbock.

Konjunktion: Ein Aspekt, bei dem die Planeten 0 Grad voneinander entfernt sind (im Idealfall – siehe auch das Stichwort *Orbis*). Symbol des Prozesses der Verschmelzung.

Lehrer: Die Personifizierung der positiven, wachstumsorientierten Manifestation eines beliebigen wichtigen Transits oder einer Progression.

Luft: Eines der vier Elemente. Luft symbolisiert einen wachen Geist, klare Wahrnehmungen und Intelligenz.

Meridian-Achse: Die mehr oder weniger genau senkrecht verlaufende Horoskop-Achse, die die Himmelstiefe (IC) und die Himmelsmitte (MC) miteinander verbindet (deshalb auch MC/IC-Achse genannt).

Nadir: Der tiefste Punkt des Tierkreises – mehr oder weniger genau die Stellung der Sonne um Mitternacht (auch IC oder Himmelstiefe genannt). Die Spitze des 4. Hauses oder auch das 4. Haus in seiner Gesamtheit.

Nebenaspekte: Die Aspekte, die keine Hauptaspekte sind (siehe auch dort), zum Beispiel Anderthalbquadrat, Quintil, Septil usw.

Opposition: Ein Aspekt, bei dem zwei Planeten in einem Abstand von 180 Grad zueinander stehen. Es geht dabei um den Prozeß der Polarisierung beziehungsweise um Spannung. Siehe auch *Orbis.*

Orbis: Die Abweichung, bei der man eine noch planetarische Verbindung als einen bestimmten Aspekt bezeichnen kann (in Grad angegeben). Eine subjektive und veränderliche Größe. Oberhalb von sieben Grad wird es kritisch, noch von Aspekten zu sprechen.

Planeten: Himmelskörper, die sich auf berechenbaren Bahnen auf der Ekliptik um die Erde bewegen. Astrologisch schließt dieser Begriff auch Sonne und Mond mit ein.

primäre Dreiheit: Die Sonne, der Mond und der Aszendent als »Skelett« oder auch »Gerippe« der Individualität.

Progression: Bestimmte künstliche Prognosetechnik, bei der Planeten in unterschiedlicher Geschwindigkeit durch das Geburtshoroskop vorgerückt werden.

Quadrat: Ein Aspekt, bei dem zwei Planeten in einem Abstand von 90 Grad zueinander stehen. Symbolisiert einen Prozeß von Reibung. Siehe auch *Orbis.*

Qualität: Zeichen können in Form von drei verschiedenen Qualitäten zum Ausdruck kommen: *kardinal, fix* und *veränderlich* (siehe auch dort).

rückläufig: Der Zustand, bei dem sich ein Planet scheinbar entgegen der normalen Bewegung rückwärts auf der Ekliptik bewegt. Siehe auch *direktläufig, stationär.*

sekundäre Progression: Progressionen, die auf der Basis einer Gleichsetzung von Jahren nach der Geburt mit Tagen nach der Geburt berechnet werden.

Sextil: Ein Aspekt, bei dem zwei Planeten in einem Abstand von 60 Grad zueinander stehen. Symbolisiert den Prozeß der Anregung. Siehe auch *Orbis.*

siderische Zeit: Die astronomische Zeit, die man zur Ermittlung des Geburtshoroskops unbedingt braucht.

Sonnenwende: Der kürzeste Tag des Jahres (*Wintersonnenwende*) oder der längste (*Sommersonnenwende*).

Spitze: Der Beginn eines Hauses (auch Hausspitze genannt). Eine etwas undeutliche Zone, die sich über anderthalb Grad zu jeder Seite der Spitze erstreckt.

stationär: Phase der Planetenbewegung durch den Tierkreis zwischen Direktläufigkeit und Rückläufigkeit (siehe auch dort) und umgekehrt: Der Planet steht vor dem Hintergrund der Ekliptik still.

Stellium: Eine Häufung von drei oder mehr Planeten in einem Zeichen oder Haus.

Symbole: Die Darstellung der Planeten, Zeichen und Aspekte in graphischer Form.

Transite: Die tatsächliche physische Bewegung der Planeten durch den Himmel und daher über die Wirkpunkte des Horoskops.

Trickser: hier gebraucht als: Die Personifizierung der negativen, einschränkenden Seite eines beliebigen wichtigen Transits oder einer Progression.

Trigon: Ein Aspekt, bei dem zwei Planeten in einem Abstand von 120 Grad zueinander stehen. Symbolisiert den Prozeß von Harmonisierung. Siehe auch *Orbis.*

veränderlich: Eine der drei Qualitäten der Zeichen. Steht für Beeindruckbarkeit, Unbeständigkeit, für die Fähigkeit, sich mit dem Strom zu bewegen. Zwilling, Jungfrau, Schütze und Fische sind veränderliche Zeichen.

Wasser: Eines der vier Elemente. Es steht für Subjektivität, Emotionen, Tiefe und die Fähigkeit zu lieben.

Wirkpunkte: Jeder empfindliche Punkt im Geburtshoroskop; ein Punkt, der durch einen Aspekt an einen Planeten oder Winkel geknüpft wird.

Wurzelhoroskop: Das Horoskop selbst; weder Transite noch Progressionen können wichtige Ereignisse auslösen, ohne daß sie bereits im Wurzelhoroskop angedeutet sind.

Zeichen: Eines der zwölf grundlegenden Segmente des Tierkreises; eine Phase in der Umlaufbeziehung der Erde um die Sonne; ein fundamentaler psychologischer Prozeß.

Weiterführende Literatur

Die globalen Häuser-Tabellen nach Placidus. O.W. Barth 1995
Die deutsche Ephemeride, Band I-VIII (1850-2020). O.W. Barth 1975-1982

Addey, John: Harmonic Anthology. Cambridge Circle 1976
–: Harmonics in Astrology.
Arroyo, Stephen: Astrologie, Karma und Transformation. Hugendubel 1980
–: Astrologie, Psychologie und die vier Elemente. Rowohlt 1989
–: Astrologie und Partnerschaft. Heyne 1991
Arroyo, Stephen und Liz Greene: Saturn und Jupiter. Hugendubel 1986
Busteed, Tiffany Wergin: Phases of the Moon. Shambala 1974
Carter, Charles E.O.: The Astrological Aspects. Fowler 1930
–: The Principles of Astrology. Theosophical 1925
Collin, Rodney: The Theory of Celestial Influence. Shambala 1984
Cunningham, Donna: Astrologie und spirituelle Entwicklung. Hugendubel 1994
–: Being a Lunar Type in a Solar World. Weiser 1982
Davison, Ronald: Astrology. Arco 1963
–: Synastry. Understanding Human Relationships Through Astrology. ASI 1977
–: The Technique of Prediction. Fowler 1955
De Vore, Nicholas: Encyclopedia of Astrology. Littlefield, Adams & Co. 1977
Dobyns, Zipporah: Expanding Astrology's Universe. ACS Publications 1983
Epstein, Alan: Psychodynamics of Inconjunctions. Weiser 1984
Freeman, Martin: How to Interpret a Birthchart. Aquarian 1981
Gauquelin, Michel: Birth Times. Hill & Wang 1983 *(Eine besonders überzeugende wissenschaftliche Überprüfung der Astrologie.)*
–: Cosmic Influences on Human Behavior. ASI 1974 *(Statistische, die Astrologie stützende Beweise.)*
–: Scientific Basis of Astrology. Stain and Day 1969
–: The Spheres of Destiny: Your Personality and the Planets. 1980
Goodavage, Joseph F.: Write Your Own Horoscope. World 1968
Greene, Liz: Jenseits von Saturn. Hugendubel 1991
–: Saturn. Hugendubel 1981
–: Schicksal und Astrologie. Heyne 1990
Hamblin, David: Harmonic Charts. A New Dimension in Astrology. 1983
Hand, Robert: Planeten im Composit. Hugendubel 1997

–: Planets in Youth: Patterns of Early Development. Para Research 1977
–: Das Buch der Horoskopsymbole. Hugendubel 1990
–: Das Buch der Transite. Hugendubel 1997
Jansky, Robert: Astrology, Nutrition, and Health. Para Research 1977
Jones, Marc Edmund: Guide to Horoscope Interpretation. Theosophical 1972
–: How to Learn Astrology. Doubleday 1969
Lei, Grant: Astrology for the Millions. Bantam 1940
–: Heaven Knows What. Bantam
Leo, Alan: The Art of Synthesis. Fowler 1968
Lofthus, Myrna: A Spiritual Approach to Astrology. CRCS Publications 1983
Lundsted, Betty: Astrologische Aspekte. Knaur 1988
Marks, Tracy: How to Handle Your T-Square. Sagittarius 1978
–: Neptune. Illusion or Illumination. Sagittarius 1980
–: Pluto. From Darkness into Light. Sagittarius 1980
–: Principles of Depth Astrology. Sagittarius 1980
–: Transits. The Next Step in Our Becoming. Sagittarius 1980
–: Die Kunst der Horoskop-Synthese. Hier & Jetzt 1993
Meyer, Michael: Handbook for the Humanistic Astrologer. Anchor/Doubleday 1974
Oken, Alan: Mensch, Spiegelbild des Kosmos. Tabula Smaragdina 1996
Penfield, Marc: An Astrological Who's Who. Arcane 1972 *(Eine Sammlung mehrerer Hundert Geburtshoroskope berühmter Menschen.)*
–: Horoscopes of the Western Hemisphere. ACS Publications 1984
Pottenger, Maritha: Healing with the Horoscope. ACS Publications 1982
Rodden, Lois: The American Book of Charts. Para Research
Rosenblum, Bernard: The Astrologer's Guide to Counseling. CRCS Publications 1983
Rudhyar, Dane: Das astrologische Häusersystem. Hugendubel 1993
–: Astrological Insights into the Spiritual Life. ASI 1979
–: Astrologischer Tierkreis und Bewußtsein. Hugendubel 1993
–: An Astrological Study of Psychological Complexes and Emotional Problems. Servire, Wassenaar 1966
–: Astrologie der Persönlichkeit. Hugendubel 1988
–: The Practice of Astrology. Penguin 1936
–: The Lunation Cycle. Shambala 1971
Ruperti, Alexander: Kosmische Zyklen. Ullstein 1997
Sargent, Lois: Partnerschaftsastrologie. Droemer Knaur 1988
Schulman, Martin: Celestial Harmony: A Guide to Horoscope Interpretation. Weiser 1980
Seymour-Smith, Martin: The New Astrologer. Macmillan 1981
Tierney, Bil: Dynamik der Aspektanalyse. Hugendubel 1990
Toonder, Jan Gerhard und John Anthony West: The Case for Astrology. Penguin 1970

Townley, John: Astrological Cycles and the Life Crisis Periods. Weiser 1977

Tyl, Noel: Analysis and Prediction. Llewellyn 1974

–: The Expanded Present. Llewellyn 1974 *(Eine gute Einführung in Progressionen.)*

–: Guide to the Principles and Practice of Astrology. Llewellyn 1979

–: Holistic Astrology. TAI 1980

–: Integrated Transits. Llewellyn 1974

–: Special Horoscope Dimensions. Success, Sex and Illness. Llewellyn 1975

Weingarten, Henry: The Study of Astrology. ASI 1969

Wickenburg, Joanne: A Journey Through the Birthchart. 1981

Steven Forrest schloß sein Studium an der University of North Carolina 1971 mit einem Diplom in Religionswissenschaft ab. Seitdem hat er seinen Lebensunterhalt als Astrologe bestritten. Er und seine Frau, Jodie Forrest, betreiben den Alpha Lyra Astrological Service in Durham, North Carolina. Steven Forrest ist ein begeisterter Hochseesegler. Hier die Zeit und der Ort seiner Geburt: Mount Vernon, New York, 6. Januar 1949, 3 Uhr 30.

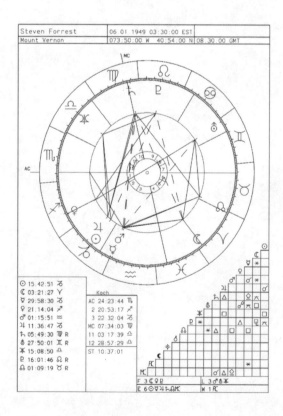